ED3100을 이용한

RFID 구조 및 응용

남상엽 · 변상기 · 정교일 공저

도서출판 상학당

머리말

RFID는 유비쿼터스 컴퓨팅 구현의 핵심으로 향후 u센서 네트워크의 핵심기술로 BcN과 연계한 새로운 응용시장을 창출할 수 있고 모든 산업에 접목하여 새로운 정보화 혁명을 주도할 것이다. RFID는 비접촉식(Contact-less)이고 비가시선(non-line-of-sight)의 데이터 수취 기술로써 초소형 IC 칩에 식별정보를 입력하고 무선주파수를 이용하여 이 칩을 지닌 물체나 동물, 사람 등을 판독 추적 관리할 수 있기 때문에 M2M에서 상황인식을 가능케 하는 역할을 수행하게 된다.

RFID는 최근 주목받고 있는 유비쿼터스 비즈니스의 주요 개념인 고요한 상거래(Silent Commerce)를 가능케 한다. 유비쿼터스 컴퓨팅 환경에서의 핵심 역할을 수행할 RFID를 네트워크에 연동시키기 위하여 RFID를 이용한 B2B, B2C 등 전자지불 결제를 실현하는 것과 EPC와 같은 일련번호의 표준화를 IPv6와 같은 인터넷 표준과의 연동을 위한 연구가 진행되고 있다.

RFID관련 표준화는 ISO를 중심으로 이루어지고 있으며 전자실(e-Seal)의 정보보호 등 일부 WG에 있어서는 한국도 적극적으로 활동하고 있다.

또, 표준화 동향 조사를 바탕으로 분석하여 차별화된 기술 개발을 통한 새로운 표준화 주도가 가능하다. RFID는 자동으로 인식 확인하는 작업이나 데이터 수집을 위한 미래형 신기술이다.

RFID 기술에 대한 표준화를 통하여 기술력을 확보하고 표준화 명세를 만족하는 제품을 개발함으로써 세계 시장으로의 진출을 촉진시킬 수 있으므로 세계 기술 동향에 거스르지 않으며 시장을 주도할 수 있는 기술 개발이 절실하다.

RFID 산업은 아직까지 시장형성의 초기단계라고 말할 수 있지만 최근 유비쿼터스 개념이 도입되고, RFID 시스템과 USN의 경계가 희미해지면서 RFID 시스템에 대한 관심도와 산업에서의 입지가 넓어지고 있는 실정이다. 그리고 전자산업에 관한 권위 있는 통계자료에서는 낙관적인 산업으로 전망하고 있다. 특히, 최근 표준화 규격 단체의 활동으로 RFID 시스템에 대한 관심과 시스템 개선, 시스템 개발 노력이 많이 대두되고 있다.

이 책에서는 RFID 시스템의 개념과 이에 관련된 프로세서와 그와 관련된 프로그램에 대한 개념의 이해와 그와 관련된 개발환경에 대하여 서술하였다.

RFID 시스템을 공부하면서 가장 어려운 점은 참고서적과 충실한 교육과정의 부재를 들 수 있을 것이다. 아무리 인터넷을 통해 방대한 자료를 수집할 수 있다고 해도 정작 개발에 필요한 응용 실습 자료를 찾기 어렵다. 그래서 이 책은 입문자의 관점에서 해석하여 실습자로 하여금 동작의 흐름과 이해를 돕고, 차후 개발을 위한 밑거름이 될 수 있도록 하였다. 그러나 처음 접해보는 초보개발자의 입장에서 설명한 것이기에 내용의 깊이보다는 전반적인 이해에 중점을 두었다.

이 책은 RFID 기반으로 한 ED-3000 시스템을 이용하여 컴퓨터 · 전자 · 통신 분야 관련 학생 및 초보개발자를 대상으로 한 RFID 프로그램에 대한 기본학습 및 실습을 위한 교재로서, 처음 RFID를 접하는 개발자에게 쉽고 빠르게 접근할 수 있도록 하는 데 초점을 맞추어 편찬되었기 때문에 RFID 시스템의 작동원리에 대한 이해와 감각을 키우기 위한 것에는 부족함이 없을 것이라 생각된다.

이 책의 제1장인 초반부에는 RFID의 포괄적인 내용과 특징에 관한 내용을 간단히 설명하고, 제2장은 RFID의 하드웨어 및 소프트웨어 기술에 대한 전반적인 이해에 대하여 기술하였고, 제3장은 RFID의 표준화 및 정보보호 및 보안에 대하여 기술하였다. 이어지는 중반부 내용은 RFID 시스템의 소프트웨어 개발 교육장비인 ED-300의 구조를 알아보고, 처음 접하는 개발자들이 가장 어렵게 느끼는 개발환경 설정 실습을 통해 익히도록 하였다. 그리고 제6장부터 이어지는 후반부에는 소스를 장비에 적용함으로써 ED-3000 교육장비의 실질적인 실험실습을 통해 다양한 기능과 특징을 실습을 통해 확인해 봄으로써 RFID에 대한 쉽고 빠른 이해를 얻을 수 있을 것이다.

끝으로 이 교재를 집필하는 데 많은 도움을 주신 (주)ED의 박용후 사장님과 강용식 부사장님, 김창일 상무님 그리고 기술연구소의 박정석 차장님, 이효영 과장님, 박효진님과 전략상품기획실의 김석중 부장님, u-IT마케팅의 양영규 팀장님, 이춘택 과장님, 곽석민 과장님, 출판홍보팀의 최정윤 대리님 등 관계자 여러분과 도서출판 상학당의 관계자 여러분에게 감사의 마음을 전한다. 그리고 어려운 환경 속에도 묵묵히 이 책의 집필에 많은 도움을 준 노성민, 전정화, 천지현 학생에게 감사의 말을 전한다.

어떤 일이든 첫발을 내딛고 개척하는 것이 가장 힘든 일일 것이다. 그러나 그 어려움을 극복하였을 때 얻는 것이 무엇보다 값진 결실이 될 것이다. 아직은 열악하고 힘든 개발환경이지만 이 책이 보다 많은 RFID개발자 양성에 힘이 되어주길 바란다.

저자 씀

차 례

Part 1 RFID의 개요

Part 2 RFID 응용 시스템 환경 설정

제7장
RFID 시스템의 전자태그
제어 기술

Part 1

ED3100을 이용한 RFID 구조 및 응용

RFID의 개요

제1장 RFID의 개요 및 특징

제2장 RFID의 하드웨어 및 소프트웨어 기술

제3장 RFID의 표준화 및 보안

제1장
RFID의 개요 및 특징

1.1 RFID의 개론

1) RFID 역사

RFID(Radio Frequency Identification)는 초기의 군사용 신분확인체계에 근거에서 1940년대 초 기술혁신의 토대에서 역사를 찾을 수 있다. 1948년 해리 스탁맨(Harry Stockman)의 무선신호의 반향을 이용한 대상물 확인하는 논문과 1950년의 해리스(D.H.Harris)와 버논(F.I.Vernon)의 투과된 무선신호가 확인가능하고 인식이 가능한 응답신호를 만드는 시스템인 전파탐지기(Rader;radio detection and ranging)에 대한 기술로써 RFID의 기술적인 선구자인 레이더가 탄생하게 되었다. 결국 레이더의 개발에 자극을 준 것은 2차 세계대전이었다.

제2차 세계대전 중에 영국군이 항공기 피아식별용으로 사용한 Chain Home 레이더가 그 효시이며, 군사 목적으로 전파를 사물의 식별에 이용하는 RFID 기술이 발전을 하게 되었다. 이것의 발전에 기인한 4개의 문자코드 "Squawk 코드"는 오늘날 항공통신에 이용된다.

그러므로 레이더와 RFID의 관련성이 매우 유사하다. 수동형 RFID태그는 레이더 시스템이 찾아내려고 노력했던 목표물과 매우 흡사하다.

레이더 이후의 개발 노력들은 1960년대의 현대적인 컴퓨터의 탄생, 반도체 IC, 레이저의 탄생, 디지털 자료망의 완성 등으로 과학세계를 사로잡았다. 로버트 리차드슨(Robert Richardson)의 원격조정 무선주파수 전력장치(1963), 빈딩(J.P.Vinding)의 질의 응답 신분확인 시스템(1967)을 포함한 매혹적인 연구들이 개발되었다.

상업적 목적으로 사용한 것은 1960년대 도난 방지 목적으로 개발된 전자 상품 감시 시스템(Electronic Item Surveillance)이 시작이며 이후 1970년대의 로스 알라모스 과학 연구소(Los Alamos Scientific Laboratory;LASL)는 현대적인 RFID 시스템 개발의 중심점이었고 1980년대를 거치면서 RFID에 대한 연구가 꾸준히 이루어져 통행료 자동 인수, 출입 통제 등으로 그 활용 범위가 확대되었다.

1990년대에 접어들면서 RFID시스템은 더욱 정교해져 가축 개체관리, 부품관리 등으로까지 그 영역이 확대되었으며 상품의 추적 관리 분야에 RFID를 이용하는 연구가 본격화되면서 RFID의 발전 가능성이 더 많은 주목을 받게 되었다.

현재 RFID는 미국, 일본 등 선진국을 중심으로 관련 기술이 활발하게 개발되고 있으며 보다 효과적인 보급을 위하여 하드웨어 및 시스템 관련 표준 제정을 위해 많은 연구 개발이 진행 중이다.

2) RFID의 주요 기술 발전

(1) 사람 동물 상품 등에 대한 **자동식별 방법**은 과거에 여러 가지 방식이 개발되어 사용 대표적인 예인 **바코드 시스템**은 일용품 산업계 요구에 의해 1976년에 설계된 것으로 13개의 디지트로 구성되며 지난 20년간

가장 성공한 자동 인식 시스템이며 **광문자 인식**(Optical Character Recognition)은 1960년도에 처음 사용되었으나 다른 자동인식 시스템에 비해 고가이며 복잡하다.

(2) **스마트카드**는 전자식 데이터 저장 시스템이며 1984년에 처음으로 공중전화 스마트카드에 사용 접촉부분을 통한 직렬 인터페이스를 통해서 카드와 리더 간에 쌍방향으로 데이터 전달이 이루어지며 메모리카드와 계산가능 카드로 세분된다.

(3) 과거의 식별 시스템 혁명을 주도했던 현존하는 바코드 라벨은 매우 저렴하지만 저장 능력이 적고 재프로그램이 불가능하여 현재 여러 분야의 수요에서 적당치 않은 점들이 지적되고 있다. 기술적으로는 실리콘 칩에 데이터를 저장하는 것이 효과적이며 전화카드나 은행카드와 같은 접촉방법에 의한 스마트카드를 생각할 수 있으나 이 카드 사용을 위한 체계적인 접촉은 실용적이지 못하다.

〈그림 1-1〉 RFID 기술의 발전 방향

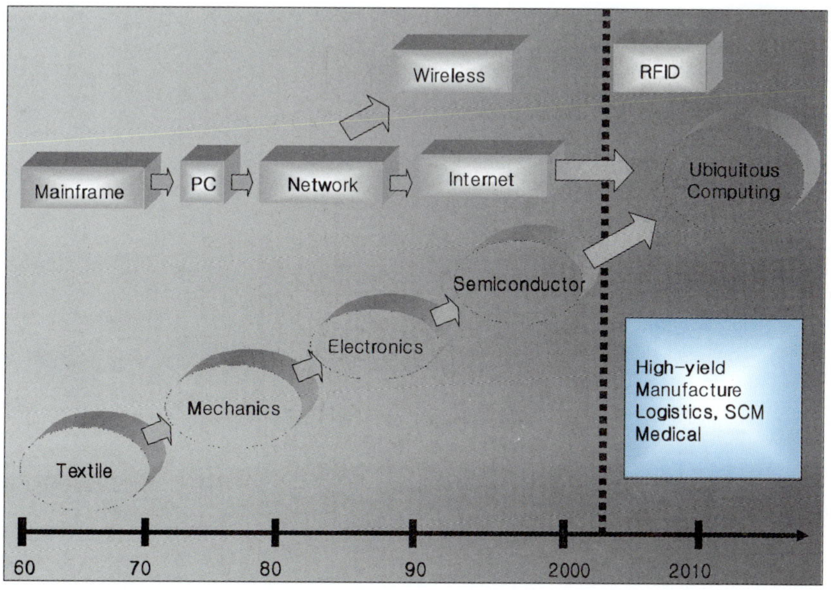

(4) 데이터 운반장치와 리더(Reader) 간의 비접촉식 데이터 전달이 보다 더 실용적이며 이와 같이 전원과 데이터를 전달하기 위해서 사용되는 절차 때문에 비접촉식 식별 시스템을 **RFID 시스템**이라고 한다.

(5) 기술이 발전될수록 **Ubiquitous Computing기술**로 변하고 생산력이 높아지고 의학 분야에서도 많이 응용될 가능성이 있으며 〈그림 1-1〉에서 RFID기술의 발전 방향을 나타낸다.

3) RFID 개요

〈그림 1-2〉처럼 RFID는 가청 주파수 대역인 무선 주파수(RF, Radio frequency, MHz · GHz)와 제품에 붙이는 태그(Tag)에 생산, 유통, 보관, 소비의 전 과정에 대한 정보와 연동되는 식별자인 전자 칩을 이용하여 물체(물건, 사람 등)를 식별할 수 있는 기술로써 자체 안테나를 갖추고 있으며, 리더로 하여금 이 정보를 읽고, 인터넷과 이동통신망이나 인공위성 등의 다양한 네트워크를 통해 정보시스템과 통합하여 사용되는 시스템을 말한다. 용도 및 형태에 따라 RFID, 무선 주파수 인식 시스템, 전자태그 등 다양한 명칭으로 불리고 있다. 다른 인식 시스템과의 RFID 시스템과의 여러 조건에 따라 관계를 〈표 1-1〉에 나타내었다.

〈그림 1-2〉
RFID 시스템

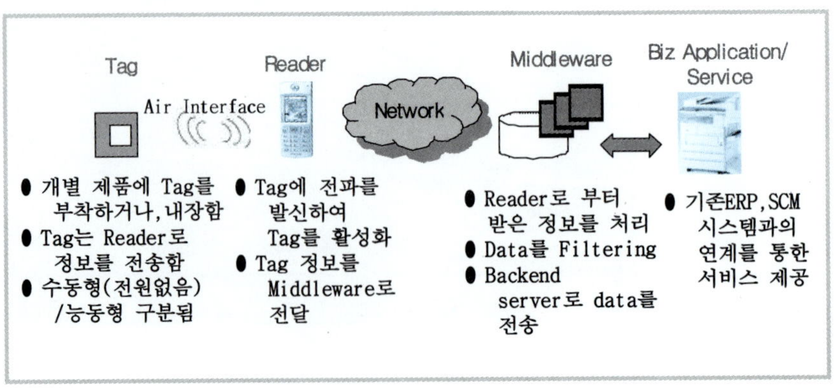

〈표 1-1〉 다른 인식 시스템과 RFID 시스템과의 비교

시스템 항목	바코드	OCR	음성 인식	생체 인식	스마트 카드	RFID 시스템
전형적인 데이터 크기(byte)	1-100	1-100	–	–	16-64k	16-64k
데이터 밀도	낮음	낮음	높음	높음	매우 높음	매우 높음
기계적인 인식률	좋음	좋음	낮음	낮음	좋음	좋음
사람에 의한 인식	제한적	간단함	간단함	어려움	접촉식의 경우 가능함	불가능
오염물질에 의한 영향	매우 높음	매우 높음	–	–	–	영향이 없음
시야 가림에 대한 영향	완전 차단	완전 차단	–	가능		영향이 없음
방향과 위치에 의한 영향	낮음	낮음	–	–	단방향성	영향이 없음
마모성	제한적	제한적	–	–	접촉에 의함	중간
가격	매우 낮음	중간	매우 높음	매우 높음	낮음	없음
운영비용(예, 프린터)	낮음	낮음	없음	없음	중간(접촉식)	
비인가 복사/수정 가능성	약간	약간	가능 (오디오 테이프)	불가능	불가능	불가능
인식 속도 (데이터 운반 포함)	낮음 ~4초	낮음~3초	매우 낮음 〉5초	매우 낮음 〉5-10초	낮음 ~4초	매우 빠름 ~0.5초
최대 인식거리	0~50cm	〈1cm 스캐너	0-50cm	직접 접촉	직접 접촉	0-5m, 마이크로파

RFID 시스템은 **하드웨어**(태그, 리더기, 안테나, 호스트컴퓨터)와 **소프트웨어**(운영체계, 미들웨어, 호스트 어플리케이션)로 구성된다.

RFID 시스템의 하드웨어 구성은 **트랜스폰더**(Transponder ; **태그), 리더**(reader)와 **안테나**(결합장치;coupling device)로 구성된다.

RFID 시스템은 **ISM**(Industrial, Scientific, and Medical) 주파수 대역에서 135 kHz, 13.56 MHz, 433 MHz, UHF(860~960 MHz), 2.45 GHz 대역의 주파수를 사용한다.

〈표 1-2〉처럼 태그가 송신하는 전파의 에너지원(전원)을 얻는 동작 방법에 따라 **수동형(passive)**과 **능동형(active)**으로 구분하고, 수동형은 리더기로부터 수신되는 전파에서 송신 전원을 얻고, 능동형은 별도의 배터리

에서 송신 전원을 얻는다. 리더기는 수집된 정보를 네트워크를 통해 센터에 전달한다.

〈표 1-2〉
RFID 시스템의 주파수별 구분

주파수	저주파	고주파	극초단파		마이크로파
	125kHz,135kHz	13.56MHz	433.9MHz	860~930MHz	2.45GHz
인식거리	60Cm 미만	60Cm까지	50~100m	3.5~10m	~1m이내
일반특성	•비교적 고가 •환경에 의한 성능 저하 없음	•저주파보다 저가 •짧은 인식거리와 대중 태그인식이 필요한 응용 분야에 적합	•긴 인식거리 •실시간 추적 및 컨테이너 내부 습도, 충격 등 환경 센싱	•IC기술발달로 가장 저가로 생산 가능 •다중태그인식 거리와 성능이 가장 뛰어남	•900대 태그와 유사한 특성 •환경에 대한 영향을 가장 많이 받음
동작방법	•수동형	•수동형	•능동형	•능동형/수동형	•능동형/수동형
적용분야	•공정자동화 •출입통제/보안	•수화물관리 •대여물품 관리 •교통카드 •출입통제/보안	•컨테이너 관리 •실시간 위치 추적	•공급망 관리 •자동통행료 징수	•위조방지

태그는 사용목적과 크기에 따라 **Chip형**, **Chip-less형**, **센싱 및 초소형 태그**, **태그 안테나** 등이 있다. chip형 태그는 현재 500원 이하의 가격을 목표로 하고 있으며, chip-less형은 100원 이하를 목표로 기술을 개발하고 있다. 또 RFID는 부착물의 특성 및 주변 환경에 매우 민감함에 따라 각각의 특성에 적합한 **패키징 기술**도 연구되고 있다. 태그에 저장 가능한 **데이터 용량**은 ISO(International Organization for Standardization) 18000-6 시리즈와 EPCglobal에서는 태그에 저장 가능한 기본 데이터 용량을 최소 64비트에서 최대 256비트로 정의하고 있다. 현재 구입 가능한 태그는 태그 제조업체에 따라 사용자 영역이 최소 32비트에서 최대 1024비트까지 제공되고 있다.

RFID 리더는 태그 **신호충돌 방지 알고리즘**을 채용해 현재 초당 100개까지 인식이 가능한 수준이며, 수백 개 이상을 목표로 기술이 개발되고 있다. 아울러, 여러 대역에서 인식이 가능한 멀티밴드, 멀티 프로토콜 리더기도 개발되고 있다.

현재 리더기는 인식성능을 높이기 위해 2~4개의 안테나를 배열해 사용하고 있으나, 앞으로 주변 환경에 적응해 빔을 제어할 수 있는 **안테나 기술**도 개발되고 있다.

RFID시스템의 **결합방식**은 전자파를 이용하는 방식(**후방 산란 결합**, backscatter coupling)과 자장을 이용하는 방식(**상호 유도 결합**, inductive coupling)이 있다.

RFID를 이용해 사물의 식별이 가능해야 하므로 용도에 따라서 단위지역 또는 전 세계적으로 유일한 인식번호를 부여하는 **식별체계**를 정립해야 한다.

현재 유럽표준화기구(EAN)와 북미표준화기구(UCC, Uniform Code Council)가 공동 제안한 **EPC**(Electronic Product Code)와 일본에서 제안한 **u-ID 체계**가 있으며, **국제표준화**가 진행되고 있다. 한편 인터넷 주소체계로는 IPv6를 추진하고 있어 EPC와 연계를 위한 코드체계의 표준대응방안을 수립할 필요가 있다.

리더기가 읽은 RFID 정보를 이용해 다양한 상품정보를 사업응용에 연계해주는 **미들웨어**도 개발되고 있다

RFID 시스템은 인간중심의 **유비쿼터스 컴퓨팅 환경 실현**을 위한 차세대 핵심 기술이며 2000년대 들어 무선 인식 기술의 중요성이 부각되면서 크게 주목받기 시작하여 물류, 유통 분야에 본격적으로 도입되기 시작하였다. 최근 정보통신 분야의 최대 화두는 사람과 사람, 사물과 사람, 나아가 사물과 사물 간에 의사소통이 가능한 유비쿼터스 사회를 실현하는 것이다.

유비쿼터스 컴퓨팅이 가능하기 위해서는 가장 기본적으로 사람 혹은 사물을 유일하게 식별하고, 이를 바탕으로 서비스되어야 한다는 점이다. RFID는 자동인식 및 데이터획득 기술의 하나로, 사람의 작업이나 판단을 궁극적으로 배제하고 객체의 ID를 자동적으로 취득, 온라인으로 관련정보를 자동 처리하는 기술이다. 즉, 차세대 유비쿼터스 기술의 핵심기반 기

술이며, 가장 가시적인 성과를 낼 수 있는 기술인 셈이다.

RFID 분야의 중요한 이슈로는 **비용**, **주파수 규제**, **상호 운영성**, **보안 및 사생활침해** 문제, **표준화** 문제 등을 꼽을 수 있다.

비용 면에서 RFID 태그의 가격이 최소한 50원 이하로 형성돼야만 비로소 RFID시장이 본격적으로 활성화될 것으로 판단된다.

주파수 규제에 관해서는 기존의 서비스를 위해 사용되는 주파수와 RFID 서비스간의 간섭이 발생할 것으로 예상됨에 따라 관계자간의 의견 조정이 요구된다.

RFID의 시장은 1996년 이후 매년 25% 이상 성장하여 세계시장의 경우 2005년 30억 달러 규모에서 2010년 100억 달러 규모로, 국내시장은 2007년 3,180억 원 규모로 성장할 것으로 예상된다. RFID는 단순한 상거래뿐만 아니라 일반적인 기업경영, SCM(Supply Chain Management), CRM(Customer Relationship Management), 자산관리, 현장인력관리, 지식관리, 유통관리, 안전관리 등 거의 모든 비즈니스 활동에 혁신적으로 적용되어 미래 IT시장을 주도해 나갈 것으로 예상된다. 우리나라에서도 RFID 기반의 통합 인프라 구축에 대한 요구가 증가하고 있으며 제품의 제조에서 소비자에 이르는 상품 라이프사이클에서 발생하는 물류정보의 통합관리 솔루션의 개발이 필요한 시점이다. RFID 기반의 상품 라이프사이클 물류정보 통합관리 솔루션의 개발은 국내 제조, 유통 물류뿐 아니라 우리나라 경제의 큰 부분을 차지하고 있는 수출입 물류까지 고려되어 Global visibility 확보와 함께 국가 산업 구조를 개선하여 전 산업에 걸쳐 비즈니스 효율을 향상시키는데 기여할 것이다.

4) RFID의 중요성

RFID 기술에 대한 관심이 최근 몇 년 동안에 크게 늘어났으며 많은 기업과 정부 기관들이 RFID 기술을 차세대 핵심 기술 분야로 선정하여 집중

투자하고 있는데 그 이유는 유비쿼터스 컴퓨팅을 위한 핵심 기술 확보 및 제조, 물류, 유통 등의 산업 분야의 업무 효율 향상을 위한 핵심 기술 확보와 새로운 국제 표준에 대한 대비 등이다.

(1) 유비쿼터스 컴퓨팅을 위한 핵심 기술 확보

RFID 기술은 인간의 중요한 가치 향상을 위해서 컴퓨터 능력을 활용하는 유비쿼터스 컴퓨팅의 실현을 위한 핵심 기술로서 제품의 자동 인식, 현황 파악, 상품 정보 관리 등에 쓰일 핵심 기술이다. RFID 기술을 확보하는 것은 곧 유비쿼터스 컴퓨팅 실현을 위한 핵심 기술을 확보하는 것으로 이를 통해 우리나라가 IT 선도 국가로서의 위치를 더욱 확고하게 할 수 있다.

(2) 제조, 물류, 유통 등의 산업 분야의 업무 효율 향상을 위한 핵심 기술 확보

RFID는 비접촉형 인식, 긴 도달거리, 다른 통신망과의 연계 및 통신 가능성 등에 의한 확장성으로 인해 물류, 유통, 제조 등 다양한 비즈니스 영역에서 킬러 어플리케이션으로서 파급효과가 매우 클 것으로 예상된다.

제조, 물류, 유통 등의 산업 분야가 총 망라된 Visibility의 확보로 금융 분야 등과 의 긴밀한 협업체계가 확립되고 이에 따라 전 산업에 걸친 비즈니스 시너지가 발생할 것으로 예상된다.

(3) 새로운 국제 물류 시장에 대비한 표준화

RFID 기술은 작게는 바코드를 대체할 새로운 상품 인식 기술로서 차세대 국제표준으로 자리 잡을 것이 확실시되며 넓게는 세계 물류의 핵심 표준이

될 것으로 예상된다. 따라서 RFID 기술 표준에 대한 대비는 향후 원활한 수출입 물류와 함께 국내 상품 라이프사이클 관리에도 매우 중요하다.

5) RFID 기술의 과제

RFID기술이 가져다주는 편리함으로 활용가능성이 매우 높지만 상업화되기 위한 몇 가지의 중요한 과제와 장해에 직면하고 있다. 이 기술은 제조, 공급자망, 물류/유통 등의 운영, 추적, 보안과 ID 응용 등을 현실화하는 중요한 시장 요소가 된다. 그러나 RFID 기술이 상용화되기 위해서는 기술의 신뢰성이나 정밀도의 문제, 기술의 표준화 문제, 바코드에 비교해 판독장비 수의 부족, RFID미들웨어 인프라의 부재 등이 있다. 특히 RFID 기술을 현재의 시스템에 도입하기 위해서 관련 하드웨어 및 소프트웨어를 구축하기 위해 높은 수준의 비용 및 기술 습득 등이 문제점으로 부각된다.

(1) 표준화 문제

어느 기업이 자사의 제한된 환경 하에서 RFID를 이용한다면, 어떠한 RFID 기술을 사용해도 문제는 없다. 그러나 복수의 기업 간에 정보를 공유하려고 하는 경우 호환성이 확보될 필요가 있다. 이러한 정보의 호환성을 유지하기 위한 표준화 작업이 복수의 단체에 의해 진행되고 있다. 기업의 입장에서는 표준화가 전망이 설 때까지는 대규모 투자는 피하고자 할 것이기 때문에 표준화의 지연은 RFID 보급의 장해가 되고 있다.

RFID는 각종 서비스 산업은 물론 물류, 산업 현장, 제조 공장과 물품의 흐름이 있는 곳이면 어디에서나 적용이 가능하며, 사회 여러 분야로부터 큰 관심의 대상이 되고 있다. 이와 같은 상황을 반영하여 ISO/IEC (International Electrotechnical Commission)의 JTC1/SC31(Joint Technical Committee1/Sub-committee31) 전문위원회를 중심으로 RFID 글로벌 표준화가 진행되고 있다. 국내에서도 RFID 관련 기술기준 제반 규정을 정비할 필요성이 대두되고 있다. 현재 국내에는 13.56MHz대와 2.45GHz대 RFID에 대한 기술기준이 제정되어 있으나 새로운 기술 발전 및 응용에 부합되도록 시급히 개정되어야 하며 또한 세계적으로 대두되고 있는 UHF대역이 RFID에 대한 기술기준 제정도 필요하다.

(2) RF태그의 가격의 문제

RF태그는 차세대의 바코드라고도 일컬어지고 있지만, 이것은 RF태그의 도입에는 높은 비용이 요구된다고 하는 것을 의미하고 있다. 바코드는 많은 경우 패키지의 인쇄와 동시에 부여되고 있으므로, 바코드를 부여하기 위한 코스트는 사실상 제로에 가깝다. 그러나 RF태그의 경우는 나중에 부여해야 하는 것에 가세해 부재 비용이 인쇄에 비해 절대적으로 높기 때문에 가격하락이 어려워 도입시 장벽이 되고 있다. 현재의 RF태그의 가격은 싼 것으로 500원 이하이고, 50원 이하가 되지 않으면 보급은 어렵다고 여겨지고 있다. 그러나 포스트바코드라고 하는 한정된 관점에서는 RFID가 가질 가능성을 과소 평가해버릴 가능성도 있다. RFID의 기술의 장점을 적극 활용할 수 있는 응용분야를 발굴해야 할 것이다.

(3) 통신거리

현재 국내에서 사용할 수 있는 RFID의 통신거리는 최장 2m 정도이다. 그러나 실제 운용 환경에 있어서 통신거리는 1m 이하나 수십 cm 정도가 된다. 이 통신거리에서는 적어도 트럭 전체를 단번에 읽어낸다든가, 선반 전체를 단번에 읽어내는 것은 불가능하다. UHF 대역이 개방되면 3~5m정도의 통신거리를 확보할 수 있지만, 역작용으로 원하지 않는 것까지 판독할 수 있는 문제점이 발생할 수 있다. 가령, 근처의 선반에 있는 상품을 오독하거나 타인의 쇼핑카드내의 상품을 오독하는 것 같은 문제가 발생할 가능성이 나오는 것이다. 이러한 문제를 해결하기 위해서는 단순하게 통신거리를 조정하는 것은 의미가 없고, 이용 장면에 맞추어 출력을 조정하거나 판독 범위를 한정하는 것 같은 구조를 확립할 필요가 있을 것이다.

(4) 금속에의 대응

현재의 RFID 기술에서는 인식 대상물이 금속이거나 인식 대상물의 근처에 금속이 존재하고 있으면 인식 정밀도나 통신거리가 떨어진다. 금속 케이스에 들어간 내용물을 읽어내는 것은 거의 불가능에 가깝다. 그러나 실제의 이용환경을 상정했을 경우 금속으로 되어 있지 않은 창고나 선반은 없다. 그러나 금속 대응 태그라고 하는 제품도 일부 존재하고 있어, 금속에 부착시켜도 정상적으로 기능한다. 그러나 어느 정도 통신거리가 제한되거나 태그에 있는 정도의 크기가 두께를 필요로 하기 때문에 모든 용도에 이용할 수 있다는 것은 아니다.

이 금속 대응 문제는 현재 RFID 기술 혁신이 일어나고 있다. 현재 RFID 업계에 있어서의 기술 혁신에는 메모리 용량증가, 소형화, 멀티주파수 대응 등의 방향으로 가는데 금속 대응의 명확한 해결안이 제시되고 있지 않다.

향후 RFID 기술의 문제점을 현실적으로 인식하고 RFID 기술을 적재적소에 이용할 수 있는 분야를 찾아내는 것이 바람직하다.

(5) 웹(Web) 서비스의 가능성

RFID 시스템 구현에는 웹서비스가 큰 역할을 담당한다. 기업 내 그리고 기업 간의 데이터 제휴의 수요가 증가하므로 RFID 등의 Non-PC 디바이스의 제휴, 실시간 시스템의 요구가 증가되므로 웹 서비스 요구는 날마다 증가하고 있다.

1.2 RFID 특징 및 기술동향

1) RFID의 특징

RFID는 리더를 통하여 접촉하지 않고 태그의 정보를 판독하거나 기록하는 시스템으로써, 주로 ISM 주파수 대역을 통하여 태그의 IC 칩에 있는 데이터를 인식하여 관리 및 제어를 할 수 있는 기술이다.

RFID 시스템은 〈그림 1-3〉처럼 흔히 태그라 불리는 고유 정보를 저장하는 **트랜스폰더**, 판독 및 해독 기능을 하는 송수신기(**리더기** 또는 판독기), 호스트컴퓨터(**서버**), 네트워크, 응용프로그램(ERP , SCM)으로 구성된다.

〈그림 1-3〉
RFID 시스템 주요 구성도

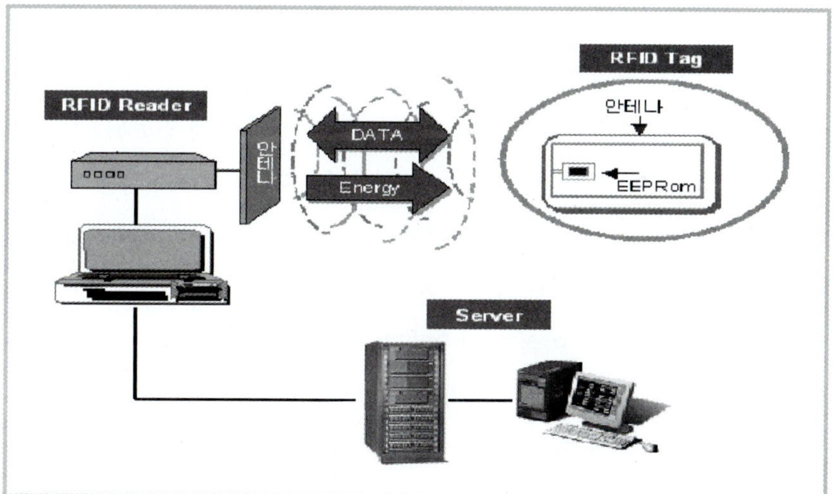

RFID기술의 특징은 데이터정보 인식을 레이저와 같은 광학적 인식방식과 달리 가시성을 확보해야 하는 단점이 없고, 무선전파영역에 위치하면 쉽게 비접촉으로 전계 혹은 자계의 세기변화에 의해 RF 태그의 정보 판독이 가능하다.

종래의 접촉식 바코드나 광학적 판독방식과 달리 데이터의 판독 및 쓰기도 가능하다. 그러므로 읽기/쓰기가 가능한 RF태그는 몇 번이고 저장된 데이터의 판독 및 수정이 가능한 이점을 갖는다. 또한 바코드에 비해 고속으로 정보처리가 가능하며 내구성이 뛰어나고 정보량이 바코드에 비하여 월등히 크다.

종래의 상품 패키지에 사용되고 있는 바코드는 제조국, 제조자 및 상품명 등이 표시되고 있으나 상품종류 단위로 관리하기가 어려웠다.

이에 비하여 RF태그의 특징으로는 대용량 데이터 보유, 데이터 입력 및 수정이 가능하므로 상품관리, 물류관리 및 리스크관리 측면에서 매우 상세한 데이터베이스 처리가 가능하다. 상품 하나하나에 대하여 개별코드를 부여할 수 있기 때문에 제조공장, 제조연월일, 물류이력, 유통이력 등의 데이터관리가 가능하여 물류관리에 유효한 툴이 된다.

또한 화물의 출하로부터 분배 등을 취급함에 있어서 효율적이고 이력이 투명하게 되며 RF 태그에 보안기능을 부여하는 경우에 도난방지, 위조방지가 가능하게 된다. 또한 인터넷 등에 연동된 서비스 제공이 가능하다.

RFID 기술의 또 다른 장점은 여러 개의 RF태그 데이터를 동시에 판독이 가능하다. 즉 1개의 RF 태그를 판독하는 수ms이므로 수십 또는 10개 이상의 무선 태그를 동시에 판독하는 다수 태그 동시인식이 가능한 장점을 갖는다. 이러한 다수태그 동시인식 기술은 데이터의 전송속도에 비례하기 때문에 특히 주파수가 높은 마이크로파 방식 RFID 시스템에서는 수백의 무선 태그 동시인식이 가능하며 주파수가 낮은 저주파 RFID방식에서는 수십 개의 무선 태그 동시인식이 가능하다.

RFID는 많은 기능에서 우월하나 여러 가지 가능성을 갖는 RF 태그는 현재로서는 비용이 우선 IC 칩 가격이 고가인 상태이다. 바코드 시스템의 대체에 관하여 논의하기 위하여는 우선 비용이 검토되어야 한다.

RF 태그 가격이 내려가긴 하였어도 현재 500원 정도인 점에 비하여 바코드는 수 원 정도에 발행되고 있어 시스템 도입시에 초기 비용이 크게 된다. 그러나 IC 칩은 10만회 이상 메모리 쓰기가 가능하기 때문에 정보변경을 위한 바코드를 재발행하는 경우를 고려하면 장기적으로 운용비용의 절감이 가능하다.

그 외에 RF 태그의 특징으로는 메모리의 대용량, 복수동시 판독 및 표면에 설치할 필요가 없는 장점이 있어 운용측면에서 전체 비용대 효과가 경제적인 경우가 있기 때문에 시스템운용 측면에서 종합적으로 검토되어야 한다.

〈표 1-3〉 RFID 시스템의 주파수별 특징 및 응용 비교

주파수	주요특징	사용분야
저주파(LF) 135kHz 이하	• 1980년대부터 쓰이기 시작해 현재 널리 사용 • 금속과 액체 주위에서도 인식률이 매우 높다 • 데이터 전송 속도가 느리다 • 10cm 정도의 인식거리	• 동물 식별 • 산업 자동화 • 출입관리
고주파(HF) 13.56MHz	• 1990년대부터 쓰이기 시작해 현재 널리 사용 • 세계표준 • LF보다 긴 인식 거리(1M이상) • LF 태그에 비해 태그 가격이 싸다 • 금속 주위에서 성능이 좋지 않다.	• 결제 카드와 포인트 카드 (스마트카드) • 출입 관리 • 위변조 방지 • 책, 수화물, 보석과 같은 물품단위를 추적하는 애플리케이션 제작이 가능하다. • 지능형 선반 • 사람 식별 및 모니터링
극초단파 (UHF) 433MHz, 860~930 MHz	• 1990년대 후반부터 사용되었다. • HF보다 긴 인식 거리 (3M이상) • 능동형 433MHz 시스템의 데이터 전송거리는 수십 m가 넘는다. • 대형 소매업체에 납품하는 업체는 RFID의 무화에 따라 세계적으로 각광받고 있다. • 태그 가격이 가장 저렴할 것으로 예상된다. • 지역별 법규 차이에 따른 비호환성 문제가 있다. • 액체와 금속으로 인한 간섭 가능성이 높다.	• 다음의 공급망과 물류 분야 - 재고 관리 - 창고 관리 - 자산 추적
마이크로파 2.45~5.8 GHz	• 수십년 전부터 사용되었다. • 빠른 데이터 전송 속도 • 일반적으로 능동형 또는 반 능동형이다. • 인식 거리는 UHF와 유사하다. • 액체와 금속 주위에서 성능이 좋지 않다.	• 출입 관리 • 전자 통행료 징수 • 산업 자동화

요약하면 RFID는 이와 같은 네트워크로부터 얻는 이점이 있기 때문에 공급하는 측에서 본 사용하는 측의 운용성을 충분히 이해하여 쌍방이 협력하여 이와 같은 성능을 충분히 운용할 수 있도록 노력하는 일이 매우 중

요하다. 즉, 단순히 바코드를 대체하는 경우만을 고려하지 않고 본질적으로 RFID로부터 얻는 여러 장점을 활용하지 못하면 새로운 비즈니스 모델은 생성될 수 없다.

LF(125/135kHz)/HF(13.56MHz)/UHF(433MHz, 900MHz, 2.45GHz) 대역의 반송파를 사용하는 RFID 시스템은 전통적인 자동인식(AIDC: Automatic Identification and Data Capture)기술의 한 종류로서 마이크로칩을 내장한 태그, 카드, 라벨 등에 저장된 데이터를 허용 대역 주파수의 무선 전파에 실어서 비접촉 방식으로 읽어낸 다음, 그 읽힌 ID 정보들을 지정 컴퓨터로 처리하여 물품들의 진위 여부를 식별하고, 해당 물품의 이력을 자동으로 관리할 목적으로 생산시점에서 해당 물품에 부착되거나 내장되는 반도체 칩 태그들, 관리하는 공간에 설치된 리더(ID 판독기), 그리고 리더들의 데이터를 수집 처리하는 호스트 서버로 구성된다. 사용주파수별 대표적인 RFID태그 제품명과 제조업체를 〈표 1-4〉에서 비교하였다.

〈표 1-4〉 주파수별 RFID태그 제품 및 업체 비교

대역	주파수	제품명	메모리 용량	제조업체
장파대	125/135kHz	HITAG	32bytes	Philips
		V700	112bytes	OMRON
단파대	13.56MHz	I-CODE	48bytes	Philips
		my-d	256bytes	Infinion
		Tag-It	32bytes	Texas Instruments
		FeliCa	4000bytes	Sony
UHF대	915MHz (860~930 MHz)	Auto-ID추천	96bits	
		유비쿼터스 ID 추천	128bits	
마이크로파대	2.45GHz	μ 칩	128bits(read only)	히타치
		Intelitag	1024bits	Intermec Technologies
		유비쿼터스 ID추천	128bits	톳판 인쇄 (T-Junction) etc

현재 마이크로파 대영역인 2.45GHz onechip은 일본 히타치 제작소에서

뮤칩〈표 1-5〉이라고 하여 mode 1에 해당하는 수동형 태그용칩이 있다. 그 외에는 직접 쓸 수 있는 칩은 custom 제작하여 RFID 업체들이 태그로 조립하여 판매하고 있는 실정이다. 필립스의 I-code와 EM microelectronics 사의 EM4223, EM4422 UHF chip을 적절히 개조하여 사용할 수도 있다고 생각된다. 리더용 OneChip은 계속 개발되고 있다. 히타치제작소가 개발한 무선자동인식IC 태그용 '뮤칩' 은 아래의 〈그림 1-4〉와 같이 가로, 세로 0.4mm의 집적회로(IC) 칩과 안테나가 연결된 뮤칩 태그를 리더와 호스트 서버 또는 유/무선 인터넷을 경유한 u-ID 서버를 구성하여 활용한다.

〈표 1-5〉 뮤칩사양

항 목	설 명
사이즈	0.4 x 0.4mm
심플한 기능	독해 전용, congestion 제어 없음, 제품 관리 대응 가능(저비용)
데이터 격납	128비트 유니크 ID (제조 시로 설정) 네트워크 베이스의 상품 정보 관리
통신특성	주파수 2.45GHz, 최대 거리 약 30cm(외부 안테나 첨부)
수동형	전지 없이 동작

〈그림 1-4〉 히타치 뮤칩

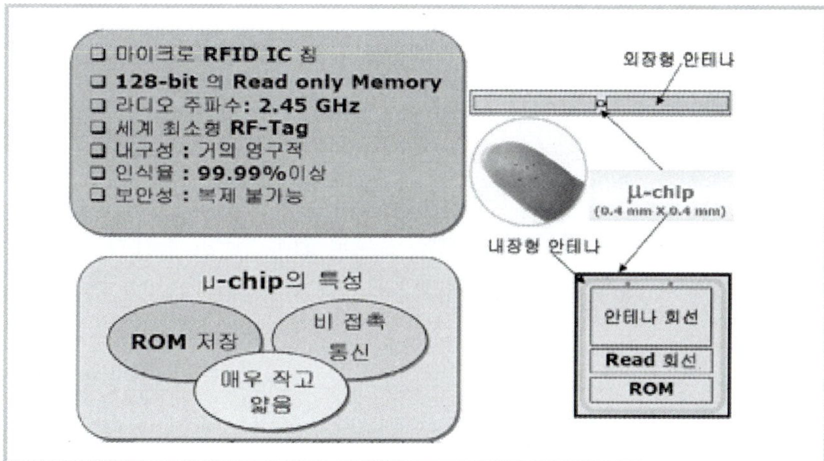

지금까지 뮤칩은 2.45GHz 대역의 무선주파수를 사용하고, 뮤칩은 제조 공정 시에 128비트의 ROM(Read Only Memory) 영역에 고유의 '뮤 ID(μ

ID)' 데이터를 내장시켜, 데이터를 변조하거나 임의의 데이터를 재기입하는 것이 불가능하여 완벽한 보안성을 보장한다. 뮤칩에 사용하는 고유식별자인 128비트의 뮤 ID는 헤드, 서비스 ID, 실행데이터로 구성되어 있다. 히타치의 뮤 ID는 독자적인 체계를 가진 것으로 추정된다. 지금까지 극소성, 집적성, 비접촉형 등의 특징을 살리고, 물품관리 태그 등에 이용되고 있으며 종이에 내장시켜 이용하는 서비스도 가능하다.

초소형 크기를 강점으로 물류, 유통, 자산, 위조, 의료 등의 각종 관리 시스템 외에 농수산물 유통관리 등에도 적용할 수 있다.

① 초소형으로 신 비지니스 전개에 최적합

뮤칩은 초소형 무선 자동 인식 IC 칩으로 다양한 소재나 부품 도입이 가능해져, 지금까지 어렵다고 여겨지고 있던 미디어나 기기에의 실장 등, 소형 신산업의 전개가 기대된다.

② 세계에 1개의 유일한 ID로 높은 보안

뮤칩의 데이터는 모두 세계에 1개 밖에 없는 독특한 ID가 저장 관리되고 있다. 보안이 요구되는 제품 관리가 가능하다.

③ 뮤칩의 데이터는 복사나 수정 불가능한 독해 전용

뮤칩은 독해 전용 칩으로 위조, 수정, 복사의 방지에 큰 위력을 발휘해 높은 보안을 실현할 수 있다. 상품 등의 진정성 판별, 신뢰성의 확보 및 관리 효율 등에 유효하다.

④ 종이나 지폐에도 장착 가능

초소형으로 강도가 뛰어난 뮤칩은 지금까지 어렵다고 여겨지고 있던 종이나 지폐에도 장착, 매입이 가능하다. 티켓이나 상품권 등의 유가증권, 각종 증명서류 등의 위조를 방지할 수 있어 신뢰성과 관리 성능을 향상시킨다.

⑤ 추적 시스템, SCM을 실현

상품의 생산 이력 정보를 확인해 생활환경의 안전과 안심을 확보하고 싶다고 하는 소비자 요구에 대응할 수 있도록 뮤칩에 의한 추적 시스템 도입으로 기업의 공급자망을 최적화해 경영 효율의 최대화를 실현한다.

(3) EPC의 개요

MIT Auto-ID센터가 개발, 세계 표준화를 추진하고 있는 EPC(Electronic Product Code)라 불리는 4 단위 ID 시스템은 헤더 8비트, 제조업자 24비트(16미터 이상의 다른 항목), 제품 24비트, 일련번호 40비트(십억 이상의 다른 항목)로 구성되어 96비트 메모리칩에 저장한다.

EPC(EPC는 웹 어드레스와 같은 기능)에 의하여 각각의 태그를 부착한 아이템의 정보는 구별되어 하나의 데이터 파일 포맷으로 정보전송이 가능케 되는데 이러한 파일 정보를 규정하는 언어 방식으로 MIT Auto-ID센터는 널리 사용되는 XML을 응용한 PML(Physical Markup Language)를 개발하였다. 이 PML 파일은 PML 서버에 저장되어 HTTP를 이용 관리할 수 있으며, 또 아이템의 정보뿐만 아니라 각각의 아이템을 구별하여야 하는데 이러한 정보를 저장하기 위하여 MIT Auto-ID센터는 DNS 개념과 비슷한 ONS(Object Name Service)를 개발하였다.

아이템의 정보를 활용한 응용을 위하여서는 백-엔드 시스템과의 연동이 필요한데 이러한 인터페이스를 미들웨어라 한다.

EPC글로벌에서는 RFID의 다양한 특징 및 용도를 기준으로 RFID를 Class 0,1,2,3,4,5로 구분하여 각각의 특성에 따라 다양한 분야에 적응 가능하도록 하고 있다.

〈표 1-6〉
EPC글로벌 태그분류

<table>
<tr><th></th><th>Class 0</th><th>Class 1</th><th>Class 2</th><th>Class 3</th><th>Class 4</th><th>Class 5</th></tr>
<tr><td>개요</td><td>제조사입력
/읽기전용</td><td>사용자입력
/읽기전용</td><td>읽기쓰기가
능동형/수
동형</td><td>반수동형/
읽기쓰기가능</td><td>능동형/읽기
쓰기가능</td><td>능동형/독립
형/읽기쓰기
가능</td></tr>
<tr><td>능동형/
수동형</td><td colspan="3">수동형</td><td>반수동형</td><td colspan="2">능동형</td></tr>
<tr><td>읽기/쓰기</td><td colspan="2">읽기전용</td><td colspan="4">읽기쓰기가능</td></tr>
<tr><td>전송성공률</td><td colspan="3">낮다</td><td colspan="3">높다</td></tr>
<tr><td>배터리</td><td colspan="3">없음</td><td colspan="2">리튬/마그네슘 전지</td><td>전원확장성
용이</td></tr>
<tr><td>수명</td><td colspan="2">길다</td><td>짧다</td><td colspan="3">길다</td></tr>
<tr><td>도달거리</td><td colspan="2">짧다</td><td>길다</td><td>중간</td><td colspan="2">길다</td></tr>
<tr><td>무선망
네트워크</td><td colspan="5">기능 없음</td><td>네트워크
구성가능</td></tr>
</table>

2) 기술동향

IC 태그는 2005년경부터 본격적으로 보급될 것이라는 견해가 강하다. 선구자적인 IC 태그 제조업체로서는 필립스 반도체(Philips Semiconductors)와 텍사스 인스트루먼트(Texas instruments, TI)가 있다.

필립스는 'I-CODE' 를 자사 제품의 중심으로 하여 RFID 토탈 솔루션을 제공하고 있으며, TI사는 'Tag-it' 에 대응한 태그나 리더/라이터 등을 자사 제품의 축으로 하여 RFID 토탈 솔루션을 제공하고 있다. 히타치, 미쓰비시 매터리얼사(Mitsubishi Materials) 등도 자사 제품을 중심으로 RFID 토탈 솔루션을 제공하고 있다.

필립스는 오래전부터 비접촉형 카드 및 RFID 태그의 개발을 준비하여 왔다. 필립스의 UCODE HSL(High frequency Smart Label)은 수동형 태그와 라벨 칩이다. UCODE HSL은 0~8m 전후의 거리에서 동작 가능하며, 특히 미국의 공급망 관리와 물류 응용에 적합하다. 이 제품은 충돌 회피와 충돌 조정 기술을 사용하여 같은 안테나로 다양한 태그의 읽기/쓰기가 가능하다. 스마트 라벨 또는 태그가 리더기(읽기/쓰기 장치)의 가독 범위 내에 있을 때 고속의 양방향 데이터 전송이 가능하다. UCODE HSL은 공급사슬 관리, 자산 관리, 컨테이너 신원, 팔래트 트레킹(pallet Tracking) 등의 응용에 활용된다.

TI에서는 비접촉형 IC 태그인 Tag-it 스마트 라벨은 ISO 15693 규격을 따르는 태그 및 트랜시버를 제공하고 있다. Tag-it은 13.56MHz 주파수 대역을 사용하며 사용자 메모리가 256비트의 TI 오리지널 제품(HF)과 2,048 비트의 ISO/IEC 15693 제품(HF-I)을 제공하고 있다. Tag-it은 무전원의 저가격 수동형이기 때문에 2차 미디어에 내장하기에 적합하다.

① Basic : 물류관리, 출입보안, 주차관리, 항만관리, 공장자동화, 동물관리
② Automotive Transponder : 자동차 도난방지, 타이어관리, 카드키 출입, 원격시동
③ ARC Transponder : 주유 무인 정산제, 슈퍼마켓 고객관리, 놀이공원관리
④ Tag-it Transponder : 항공화물, 우편물, 교통티켓
⑤ AVI Transponder : 자동(무선) 요금징수(915MHz, 5.8GHz)-태그형, OBU형

IC 태그는 통신사의 문제로 종이나 플라스틱이 아닌 금속에는 장착하기가 어려웠다. 그러나 미쓰비시 매터리얼사는 축적된 재료 기술력을 기반으로 금속에 부착 가능한 태그와 광범위한 통신거리를 갖는 IC 태그를 개발하여 2001년 10월 세계 최초로 13.56MHz 주파수 대역의 온메탈(on metal) IC 태그 제품을 발표하였다(<그림 1-5참조>). 그때까지 125kHz 주파수 대역의 IC 태그가 주류를 이룬데 반하여 13.56MHz 주파수 대역은 일본 전파법의 규제완화에 의해 개방된 새로운 주파수 대역으로, 곡면을 포함하는 다양한 형상의 금속에 온메탈 태그를 용이하게 부착할 수 있게 하였다. 또한, 내열 태그의 개발이나 타사의 기존 IC 태그의 온메탈화도 가능하게 하였다.

〈그림 1-5〉
금속대응 온메탈 태그

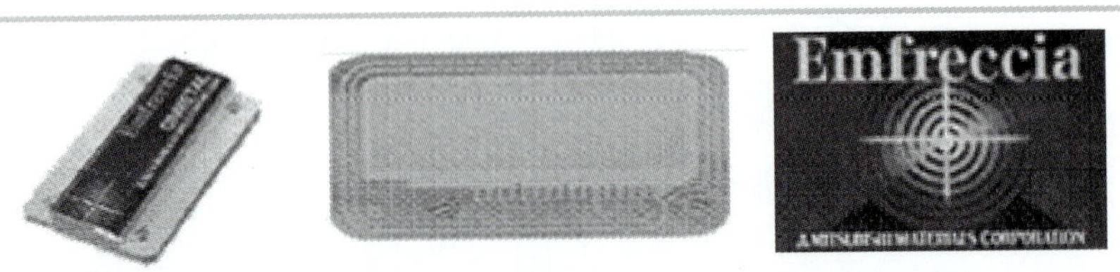

온메탈형 보급형 일반형

현재 미쓰비시 매터리얼사의 온메탈 IC 태그인 '엠프레시아 온메탈(Emfreccia ONMETAL) 시리즈'는 각종 형태를 선택할 수 있으며, 무전원 태그이기 때문에 설치 장소나 용도에 대한 제한을 받지 않는다. 따라서 금속제품을 다루는 자동차의 생산 라인이나 유통 · 물류 · 각종 대여업 등의 다양한 응용에 적용 가능하다. 13.56MHz 주파수 대역은 125kHz 주파수 대역과 달리 전파가 수분에 흡수되지 않기 때문에 태그가 인체에 접촉된 상태 또는 태그가 비에 젖은 상태에서도 인식이 가능하다. 미쓰비시 매터리얼사의 'BitTag 시리즈'는 다양한 통신 거리 및 환경에 대응 한 IC태그로 라벨형, 카드형, 코드형, FA용 내열 태그 등 다양한 형태가 있다.

RFID기술은 유통 물류 분야에 핵심기술로 부상하면서 2003년도에 미국의 Matrics, Alien 사에서 EPC 규격의 3m이상의 인식이 가능한 UHF대역의 단일 칩 제품의 태그와 시스템을 발표하면서 전 세계적으로 개발의 열기가 가속되어 2004년에는 국제표준(ISO)이 확정되어 Philips, EM, ST Micro에서 UHF대역의 태그용 단일 칩을 발표하고, 2005년 가을에는 IMPinJ에서 EPC C1G2(ISO type C)규격의 태그용 단일 칩 발표를 시작으로 Philips, TI사 등이 출시하고 그 외 많은 대형 반도체기업에서 출시를 발표하고 있다.

2004년 3월부터 착수한 ETRI 중심의 국내 RFID/USN 기술개발도 2년 차의 종반에 있으며, 시작 당시 해외선진국에 비해 3년 정도 뒤진 것으로 분석되었던 UHF대역 RFID 기술은 많은 참여업체와 독자적인 기술개발되고 있다.

① UHF 태그칩

기능, 성능, 가격과 글로벌 마켓의 확보가 경쟁력의 관건이지만 안정적 공급을 위한 대체 수단과 핵심기반 기술의 확보라는 측면에서 국내 기술 개발이 중요하다. ETRI는 Gen 2 1.04 버전의 칩을 개발하여 기본적인 시험을 완료했으며, 최종 버전인 Gen 2 1.09(type C) 칩은 2차년도 중에 시제품을 완성할 계획으로 국내유수 반도체업체인 '메그나칩' 을 공동개발에 참여시켜 상용화와 양산에 대비하고 있고, 삼성전자도 유사한 일정으로 UHF태그 칩을 개발 중이다.

② 태그 안테나 개발과 패키징 기술

태그를 부착할 물품의 전기적, 구조적, 환경적인 특성에 적합한 안테나와 패키지가 개발되어야 하고, 글로벌한 유통을 위한 광대역 태그의 개발이 필수적이다. ETRI는 국외에서 도입한 C0, C1 칩을 사용하여 종이, 목재, 금속 부착형 등 다양한 태그 안테나를 개발했고, 특허기술을 이용한 60MHz이상의 광대역 태그도 다수 개발해 3개 업체에 기술을 이전하였다. 앞으로 Gen 2(Type C)칩을 이용한 100MHz의 광대역 안테나를 개발하고 시범사업에서 발견된 현장 애로기술의 개발에 역점을 두고 있으며, 패키징은 삼성테크윈, LS산전, 알에프캠프 등 국내유수업체들이 생산설비를 구축하고 대량생산을 준비 중이다.

③ UHF 리더 기술

국내에서도 다수 업체들이 EPC 글로벌, C0, C1와 ISO 18000-6A/B 규격의 리더를 개발 발표하였고, 2005년에 발표된 Gen2(ISO type C) 규격을 지원하는 멀티프로토콜 리더, 모델의 다양성 및 대외 경쟁력 확보가 필요하며, ETRI는 기존 규격을 지원하는 멀티프로토콜 리더를 개발하여 4개 업체에 기술 이전을 하였고 리더아날로그 칩을 개발 중이며, 핸드 헬드형 리더의 경쟁력을 향상시키기 위한 아날로그, 디지털 칩을 개발 중이다.

④ UHF 미들웨어와 네트워크 기술

식별코드를 관리하고 응용서비스를 지원하기 위한 미들웨어와 인터넷망을 통한 물품정보를 구축, 관리 및 이용이야말로 부가가치를 창출하는 가장 중요한 기술로 ETRI는 휴먼테크, 코리아컴퓨터 등을 포함한 다수 국내업체와 공동으로 멀티리더 프로토콜 지원, 리더 인터페이스, 태그 데이터 필터링 및 요약, 차세대 주소체계인 IPv6 연계 오브젝트 네임 서버(ONS), 규칙기반 실시간 비즈니스 프로세스 연동기능을 가진 자동식별 미들웨어 기본기술을 개발하고 있다. 2005년부터는 능동형 태그 메모리 데이터 저장 및 관리, 전자태그 객체 정보관리, 플로(Flow) 기반 실시간 비즈니스 프로세스 연동, 경량 (Light-Weight) 키 관리서버기능을 가진 자동식별 미들웨어 확장기술과 USN의 게이트웨이를 위한 상황인식 미들웨어를 개발 중이다.

⑤ 433MHz 능동형 RFID 기술

433MHz 능동형 RFID 기술은 항운, 항공 물류 관리는 물론 군사, USN 등 다양한 응용분야가 있으나 수요가 가장 많은 항만물류용 컨테이너 관리를 위한 기술개발에 중점을 두고, ETRI는 ISO 18000-7 규격의 433MHz 능동형 태그와 리더를 개발하여 3개 참여기업과 개발하였고, 2005년부터는 전자실(e-seal)형 태그개발, 환경시험, 응용프로그램개발, 시스템 및 서비스시험 등을 수행중이며, 컨테이너위치 확인을 위한 2.45GHz RTLS(Real Time Location System) 기술개발도 진행 중이다.

⑥ 스마트 액티브 라벨(SAL), USN 기술

국내 RFID 기술은 선진국에 비해 진입시기가 늦었으나 SAL, USN 기술은 기술선도가 가능하다는 판단 하에 금년부터 본격적으로 기술개발에 착수되었으며, 센서와 배터리가 부착된 얇고 유연성이 있는 SAL(반능동형 태그, Smart Active Label)은 인식거리, 부착 물체 영향 등 RFID의 단점을 보완하고 간단한 센싱 기능을 부가할 수 있는 기술로 ETRI는 2006년 말까지 SAL 기술을 개발 완료하여 실용화한다는 계획으로 추진 중에 있다. 모든 곳에 스며들어 있는 센서 노드에서 획득한 실시간 데이터를 어디서나 다양한 분야에 활용하기 위한 USN 기술의 응용은 실로 광범위하며 유비쿼터스 사회의 기반으로 센서 노드를 위한 소형 운영체제(OS), 저전력 프로세서, 전지기술, 무선통신기술, 애드혹(AD-HOC)네트워크 기술과 패키징 기술 등 핵심기술을 중점 개발하고 2006년까지는 산업적 파급효과가 큰 3~4개 서비스를 선보인다는 계획이다.

⑦ 모바일 RFID와 관련 기술

휴대폰에 RFID 리더를 장착하여 태그가 부착된 광고물, 물품 등에 관한 정보를 이동통신 네트워크에서 가져다 보여주고 구매 등을 할 수 있게 하는 기술로 이 분야는 세계적인 이동통신 인프라를 갖추고 있는 우리나라가 기술을 선도할 수 있으며, UHF 모바일, RFID는 노키아 등이 추진하는 근거리통신 기술인 NFC에 비해 인식거리가 1m까지로 훨씬 길기 때문에 다양한 서비스 발굴, 기술의 표준화 리더시스템 온칩(SOC) 기술개발이 성패의 관건이다.

⑧ RFID 핵심 반도체

RFID 관련 기기산업은 핵심 칩을 해외에서 수입하여 재가공하거나 주요 부품을 수입하여 단순 조립하는 수준으로서 2004년 '삼성전자' 에서 13.56MHz태그 칩을 발표하였고, 중소기업인 '3A 로직스' 에서 13.56MHz 리더용 칩을 개발하여 공급하고 있으며 그 외 전량 수입에 의존하고 있다.

⑨ 정보보호기술

RFID 정보보호기술은 태그와 리더구간의 도청방지기술과 불법적인 리더의 접근방지기술리더와 로컬서버구간의 접속환경문제, 네트워크 인프라 보안기술적용, DNS 시스템 보안방법도입, 정보서버에 저장된 데이터, 실질적인 RFID 정보보호의 핵심내용, 시스템 보안방법 도입의 필요 등이 있다. 망을 국내외 업체들이 RFID정보보호를 위하여 RF태그와 보유자 밀리더 등 구성환경에 대한 연구가 활발히 진행되고 있다.

3) 경쟁기술

(1) 2차원 바코드 기술

RFID와 유사한 기능을 하는 기술로 현재는 2차원 바코드가 있다. 1차원 바코드는 바(Bar)와 스페이스(Space)를 조합하여 구성된 심볼로 제한된 텍스트 정보만 표현할 수 있었지만, 2차원 바코드에 비해 100배 이상의 고밀도 정보를 2차원 형태의 심볼로 코드화가 가능하고 문자, 숫자, 사진, 지문, 서명, 심지어 간단한 소리까지 포함하는 대량의 정보를 표현할 수 있다. 〈표 1-7〉은 이들을 비교하였다.

〈표 1-7〉
IC 태그와 바코드, 2차원 코드의 주요 차이

비 교 항 목	IC 태그	바코드	2차원코드
1한개 당 가격	고가	염가	
장거리 인식	가능	곤란	
더럽혀졌을 때의 인식	가능	곤란	
인식 자동화	비교적 용이	비교적 곤란	
정보의 재입력	가능	불가능	
복수 일괄인식	가능	불가능	
기록 가능한 최대 정보량	수십 킬로바이트	수십 바이트/수 킬로 바이트	

〈그림 1-6〉
2차원 바코드

또한 정보가 훼손되더라도 상당부분 복구가 가능하며, 자체에 정보를 저장할 수 있기 때문에 데이터베이스와 연동하지 않고서도 해당 정보를 파악할 수 있는 potable data file의 기능과 전기적으로 연결되지 않은 두 컴퓨터 사이에서 데이터 교환의 가교 역할을 할 수 있는 기능도 동시에 가지고 있다.

1차원 바코드는 인식매체 가운데 제조 원가가 가장 싸고, 세계 표준이 제정되어 있어 가장 널리 사용되고 있는 기술이다. 그러나 2차원 바코드는 1차원 바코드에 비해 가격은 다소 비싸지만 많은 정보를 저장할 수 있기 때문에 1차원 바코드 시장을 대체하고 있다.

2차원 바코드는 1차원 바코드의 사용영역이던 유통 · 물류 분야 외에도 금융서비스, 문서 및 신분증 코드화 등의 고도서비스와 행정 분야에도 적용이 가능하고 많은 응용분야에서 활용이 가능하다.

현재 2차원 바코드는 국제표준규격〈표 1-9〉으로 등재되었으며, KS 규격은 1999년 제정된 'Data Matrix', 'Maxi code'와 2002년 10월에 제정된 'PDF417', 'QR 코드'를 합쳐 모두 4종이다. 특히 'PDF417', 'QR 코드'는 한글표기가 가능하고 태그, 라벨, 용지인쇄 등 모든 용도에서 활용이 가능해 RFID가 활성화되기 전까지 국내에서 사용이 많이 증가할 것으로 기대된다.

2차원 바코드가 1차원 바코드에 비해 정보 저장능력이 향상되었으나, RFID에 비해 저장용량이 작고, 장애물 투과 능력이 없는 등 자동인식 능력이 떨어지는 단점이 있다. 또한 현재 국내의 2차원 바코드 판독 기술수준은 외국에 비해 낮은 수준이다. 카메라가 연결된 PC를 통한 판독은 가능하지만, 핸드헬드 기기를 통한 판독은 초기 수준이고, 판독 기술의 상당부분을 외국 원천기술에 의존하고 있는 실정이다.

RFID의 태그 가격이 현재 2차원 바코드 생산수준으로 낮아지면 자동인식 능력이 뛰어난 RFID기술이 2차원 바코드 시장을 대체할 것으로 판단된다.

현행 바코드와 RFID 기술과의 차이〈표 1-8〉는 바코드와 비교하여 장점은 바코드는 눈으로 볼 수 있는 위치에서 하나씩 스캐닝되어야 하고, 인쇄

된 종이가 찢어지거나 훼손되면 사용이 불가능하지만, RFID는 눈으로 직접 볼 수 없는 지역이나 거리가 상당히 떨어진 위치에서도 인식할 수 있다. 또한, 한 번에 대량으로 인식가능하며 메모리도 내장하고 있어 태그에 다른 데이터도 저장할 수 있다.

특히, 고속 정보처리가 가능하며, 바코드와 달리 상품 각각에 개별코드를 부여하여 물류관리 도구로 유효하게 사용가능한다.

〈표 1-8〉 바코드와 RFID의 비교

구분	바코드	RFID
인식방법	광학식 Read Only	무선 Read/Write
정보량	수십단어	수천단어
인식거리	최대 수십Cm	최대 100m
인식속도	개별 스캐닝	최대 수백 개
관리레벨	상품그룹	개개상품(일련번호)
가격	라벨인쇄 10원 미만	태그 수백원이하('07년 50원 목표)

〈표 1-9〉 2차원 바코드의 국제표준/KS 규격 현황

CODE명	Data Matrix	Maxi code	QR code	PDF417
심 볼				
개발회사	미국(1987) International Data Matrix	미국(1987) UPS	일본(1994) Denso	미국(1987) Symbol Technologies
특 징	•고밀도기록중점 •심볼의 극소화 가능 •이미지 판독만 가능	•택배 화물의 고속분류용 •이미지 판독만 가능	•해독이 쉽고 대용량화 •심볼 모서리에 3개의 파인더에 의한 고속 판독 •일본시장에서 주로 사용 •이미지 판독만 가능	•대용량화 •2D코드 시장의 60~70% 점유 •파손 오염시 복구율 가장 유효 •레이저스캐너 및 이미지 판독
용 도	•전자부품에 사용 •소품에 직접 마킹, 라벨인쇄	•UPS •택배라벨	•태그, 라벨 용지인쇄 등 모든 용도	•태그, 라벨 용지인쇄 등 모든 용도
최대 정보량	•숫자(3,116) •영문숫자(2,335) •2진 1,556바이트	•숫자(138) •영문숫자(93)	•숫자(7,336) •영문숫자(4,464) •2진 3,096바이트	•최대문자(2,725) •영문숫자(1,850) •2진 1,108바이트
KS 현황	KS X6721 (한글불포함)	KS X6720 (한글불포함)	KSX ISO IEC18004 (한글포함)	KSX ISO IEC15438 (한글포함)
한글표기	부적격	부적격	적 격	적 격

(2) 컬러코드와 아이콘

〈표 1-10〉 컬러코드(Color code)와 〈그림 1-7〉 아이콘(icon)은 인터넷 환경을 기준으로 설계되어 콘텐츠, URL 등의 실제 정보는 인터넷 상에 위치하고 컬러코드나 아이콘은 그 정보들을 불러주는 역할을 하도록 하는 새로운 개념의 인식 기술이다. 국내에서 개발된 이 두 기술은 코드의 초기 생성, 정보의 업데이트, 정보의 이용권한 조정 등에 매우 유연한 대응 가능하도록 하는 장점이 있다.

컬러코드는 기존의 1차원 바코드보다 정보량을 10배 가까이 늘린 첨단 컴퓨터 인식 기술로서 가로×세로 각 3mm인 사각형 안에 적 · 녹 · 흑 · 청 4가지 색깔을 조합하여 나오는 경우의 수를 이용하여 각종 정보를 인식한다.

〈표 1-10〉
컬러코드의 종류

Code 종류	5x5 ColorCode	5x8 ColorCode	5x5 GrayCode	5x8 GrayCode
Pattern 수	약 170억 개	약 7,2경 개	약 8,600만 개	약 22,8조 개
	Code의 cell 수를 늘리면 pattern수는 더욱 증가			
Code Size	최소: 3mm x 3mm 최대: 제한 없음			

컬러코드는 10만 화소 이상의 일반 PC카메라가 장착된 PC, 노트북에서도 인식이 가능하며, 무선 인터넷 환경의 경우 10만 화소 이상의 카메라가 부착된 PDA, 카메라 폰으로도 인식이 가능하다. 카메라가 없는 경우에는 컬러코드 하단의 숫자를 이용해 인식할 수 있다.

아이콘은 19개의 원이 육각형 모양으로 배열된 코드로, 각각의 원의 크기 차이로 정보를 저장한다. 컬러코드와 마찬가지로 2차원 코드 형태의 아이콘에 비추기만 하면 손쉽게 해당 인터넷 사이트 등에 자동 접속할 수 있는 On-Off Line 자동연결 서비스에 주로 사용되고 있다. 정보의 저장용량은 원의 개수와 원의 크기, 단계를 늘림으로써 정보의 양을 확장시킬 수 있다.

〈그림 1-7〉 아이콘 모형

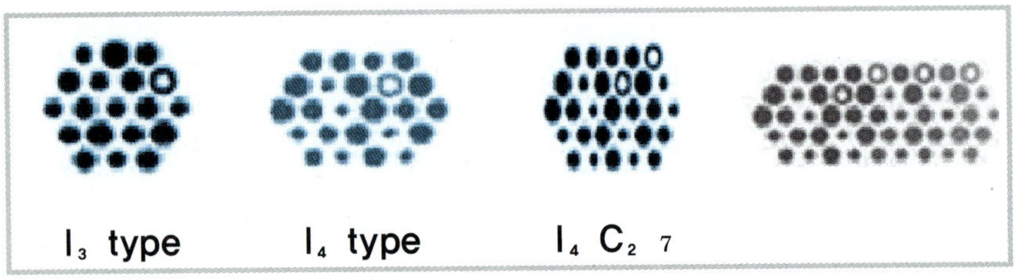

아이콘은 원의 형태를 채택하고 있기 때문에 초점이 맞지 않거나 카메라를 비스듬하게 대는 경우에도 화상의 왜곡을 매우 안정적으로 인식할 수 있고, 어느 각도에서 인식하더라도 동일한 결과를 얻을 수 있다. 또한 컬러코드와 마찬가지로 카메라 인식을 목적으로 설계되어 최소 10,000화소의 저해상 CCD/CMOS 센서로도 인식이 가능한 장점이 있다.

컬러코드와 아이콘 등 특수코드는 저렴한 일반 저해상 PC카메라 및 휴대폰카메라 등으로도 인식이 가능하기 때문에 바코드처럼 고가의 전용 스캐너가 필요 없고, 별도의 입력장치도 필요 없으며, PDA, 휴대폰 등으로도 효과적으로 이용될 수 있어 모바일 상거래가 활발해질수록 점차 수요가 증가할 것으로 보인다. 〈표 1-11〉애 인식매체별 비교를 나타내었다.

〈표 1-11〉 인식매체별 비교

	컬러코드	바코드	RF 태그
인식기	10만 화소급 이상의 일반 PC 카메라, 카메라 부착 단말기	고가의 전용 스캐너	고가의 전용 인식기 인식 거리도 중요
패턴 수	5X5의 경우 170억개	Size에 따라 다름	1038
통신환경	필요	불필요	필요
발행 cost	저가	최저가	고가
보안	낮음	중간	높음

이러한 조건을 만족시키기 위해서는 사람들이 접하는 모든 사물에 RFID 태그가 설치되어야 하고, 음료수나 과자 등과 같은 사물의 단품 단위까지 RFID 태그가 부착될 수 있어야 한다. 이와 같이 단품 단위까지 RFID 태그를 부착하기 위해서는 가격이 매우 중요한 요소가 되는데, 13.56MHz 기술보다는 900MHz 기술이 훨씬 경제적인 것으로 실증되어 현재 물류 및 유통분야에서 900MHz RFID 기술이 채택되고 있다. 향후에 RFID 태그 가격이 급격히 하락하게 되면 각종 사물의 단품 단위에까지 부착될 것이며 언제 어디서나 만나는 주변 사물들에서 900MHz RFID 태그를 만나게 될 것이다.

따라서 B2C 서비스 모델 특성을 가지는 모바일 RFID 서비스는 주변 환경에서 만나는 대부분 또는 모든 RFID 태그가 900MHz RFID 태그일 것이기 때문에 900MHz RFID 리더를 기반으로 동작하는 것이 사업적으로 더 효과적이라 할 수 있다.

1) 모바일 RFID 응용서비스 사례

모바일 RFID는 휴대폰에 RFID 리더를 장착하여 사람과 사물 사이의 직접적 정보소통 관계를 만들어 유비쿼터스 환경에서의 정보 단말로 활용하고자 하는 것이다. 〈그림 1-8〉에서와 같이 박물관이나 전시회에서 전시물품의 세부 정보를 모바일 RFID 휴대폰으로 전자태그를 읽어 확인할 수 있고, 영화 포스터 앞에서 영화 예고편을 감상할 수 있으며, 시장에서 수입산 제품의 원산지 정보를 확인하여 구입할 수 있고, 약품의 복용법과 부작용 정보를 휴대폰을 통해 즉시 살펴볼 수 있다.

기존의 RFID 서비스는 기업의 업무적 목적으로 활용되는 B2B 응용의 용도였으나, 모바일 RFID 서비스는 최종 소비자가 보유하는 휴대폰을 통해 제공되므로 B2C응용의 용도이다.

따라서 모바일 RFID 서비스는 RFID기술이 B2B 영역에 머물고 있던 것을 B2C 영역으로 확장하는 최적의 수단이며, 이를 통해 사용자들은 유비쿼터스 정보화 세상을 실감하고 기업들은 시장 확대를 통해 사업적 기회를 확보할 수 있을 것으로 보인다.

〈그림 1-8〉 모바일 RFID 응용 서비스 사례

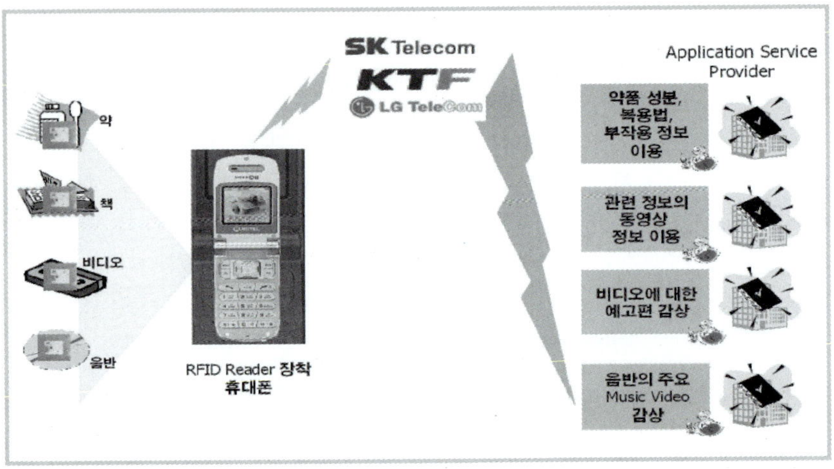

이렇게 해서 우리가 얻을 수 있는 정보는 단편적인 자료에 그치게 되지만, 만약 모바일 RFID를 사용한다면 해당 유적, 전시물품에 대한 무한대의 정보를 휴대폰을 통해 얻을 수 있게 된다.

고가의 물건을 사고 싶을 때, 물건의 진위여부가 신경쓰일 때가 있다. 이럴 때에도 물건에 붙여진 태그로부터 키워드를 얻고 바로 네트워킹을 통해 해당 물건에 대한 자세한 정보를 확인할 수 있다.

그렇다면 바코드로도 충분히 가능하다고 생각할 수 있다. 하지만, 바코드는 프린트를 통해 쉽게 복사해서 가짜 물품에 붙일 수도 있다. RFID 태그는 칩이 내장되어 있어서 관리자가 아니면 쉽게 복사할 수 없으며, 설사 복사한 태그가 부착된 물품이 다른 장소에서 판매되고 있다고 해도, 별도의 유일한 코드로 관리되기 때문에 판매가격, 판매장소, 유통기한 등 모바일 RFID 네트워킹을 통해 바로 체크할 수 있다. 이 외에도 심야에 택시 등을 탈 때 도난차량여부, 허가된 운전자인지 등도 확인가능하며, 각종 광고

물 등에도 제한된 광고 공간 안의 정보보다 훨씬 많은 양의 정보를 모바일 RFID를 통해 전달할 수 있다.

이와 같이 모바일 RFID 기술은 단순히 RFID 리더에 이동성을 부여한 기술이 아니다. 일정구역 내에 산재되어 있는 태그들을 이동하면서 인식할 수 있는 핸드헬드형 리더와는 구별하여, 구역이나 배치에 구애받지 않고 어디서든 실생활에 밀접하게 관련되어 있는 물품 태그들을 인식하고 곧바로 모바일 네트워크를 사용하여 인식된 정보를 가공/활용할 수 있도록 하는 것이 모바일 RFID 기술이다. 국내의 경우 이미 세계 어느 나라보다 완벽한 모바일 네트워크가 갖춰져 있기 때문에 모바일 RFID 서비스를 위한 인프라가 잘 갖췄다고 여겨지며, 이제 모바일 RFID 구현을 위한 기술 개발만이 남겨져 있는 것이다.

〈그림 1-9〉
모바일 RFID 서비스 예

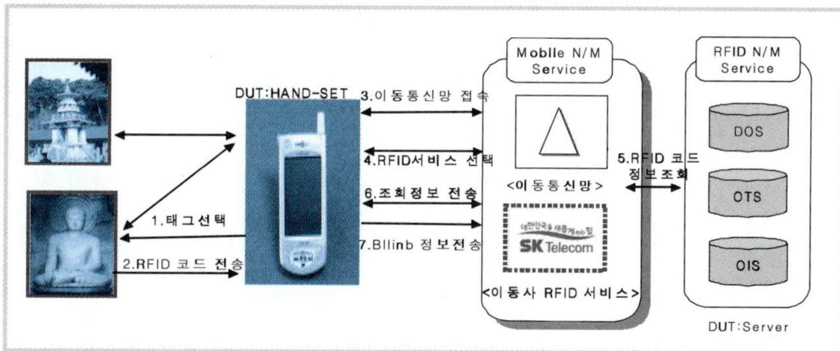

〈그림 1-9〉는 모바일 RFID서비스 예를 나타내었다.

2) 모바일 RFID의 주요 기술적인 이슈

모바일 RFID 기술의 경우 아직 개념 단계이므로 향후 다양한 서비스 모습으로 진화될 것이므로 현재 기술적인 이슈를 완전히 설명하기에는 한계가 있을 수 있다. 하지만, 기존의 RFID 기술과 휴대폰 기술과의 융합 시 예측 가능한 기술적인 이슈를 바탕으로 정리하여 보면 다음과 같은 주요 기술적 이슈가 있을 것으로 판단된다.

(1) 인식 거리 문제

현재 기술적인 이슈(휴대폰 통화시간, 크기) 등의 문제로 고정형 RFID와 같이 고성능의 안테나 및 전력증폭기를 휴대폰에 설치하기는 매우 어렵다. 오히려 내장형 안테나를 휴대폰에 삽입하여야 하는데 이 경우 RFID 신호가 셀룰러 주파수와 인접하여 있으므로 간섭의 문제가 있을 수 있다.

또한 내장형 안테나 및 저출력 리더를 사용하는 관계로 인식거리가 수십 cm단위로 한정될 수 있다. 이에 따라 현재 가능성이 있다고 생각되는 다양한 모바일 RFID 서비스가 실현되기 어려운 문제가 있을 수 있다. 또한 고정형 RFID리더의 경우 송신과 동시에 수신이 동일 주파수에서 일어나므로 송수신 안테나를 분리하는 것이 일반적인데 이를 모바일 RFID에 적용할 경우 휴대폰 내에 2개 이상의 안테나를 사용하는 문제가 발생한다.

리더 출력을 20dBm(~0.1W), 리더의 안테나 이득을 2dB로 가정한다면 인식거리는 이론적으로 1m 정도되지만, 앞서 고려한 안테나 문제 등을 고려하면 실제 환경에서는 수십 cm 이하가 될 전망이다. 따라서 인식거리를 확대하기 위한 다양한 기술적인 접근이 필요하다.

(2) 주파수 간섭 문제

모바일 RFID환경은 기존의 유통물류용으로 설계된 RFID환경과 다르므로, 표준화를 서두르기 보다는 주파수 간섭 문제를 해결하기 위한 다양한 연구가 선행되어야 할 것으로 보인다. 이에 따라 태그의 위치를 선정할 때 이동통신처럼 적절한 Cell Planning이 필요할 수도 있으며, 리더간에 Ad-hoc 통신을 통해 적절히 주파수 및 시간을 조절함으로써 간섭을 줄일 수도 있다. 이 연구는 아직 개념 단계에 있으므로 지속적인 연구를 통하여 원천 기술을 획득하고자 하는 노력이 요구된다.

(3) 구현 상의 문제

무선통신 기술은 통신 주체간 상호 보완적인 관계가 있다 예를 들어, 이동통신 기지국의 경우 기지국의 성능을 늘리면 단말기의 성능을 작게할 수 있다. 반대로, 단말기의 성능을 높이면 기지국의 성능을 줄일 수 있다. RFID시스템의 경우는 대중화를 위해 태그의 성능을 5% 이하로, 전원 없이 만들어야 하므로 상대적으로 RFID 리더 시스템이 블루투스, Zigbee 등 타 무선통신 시스템에 비해 매우 복잡하고, 따라서 관련 하드웨어도 소형화하기가 매우 어렵다.

따라서 RFID 리더기를 휴대폰에 집적하는 것 자체가 매우 어려운 기술이며, 실제 제작 및 현장 시험을 통해 최적의 규격을 정하고 특화된 소자를 개발하는 것이 필요하다. 현재 이에 대한 휴대폰 생산업체 및 RFID 리더기 생산업체의 공감대가 필요하며, 전지소모를 최소화하고 간섭을 줄이면서도 인식거리를 늘릴 수 있도록 전력증폭기, 안테나 등 RF 핵심소자를 설계해야 하며, 기기내 CDMA 통신부와의 간섭을 최소화하도록 소자의 배치 등도 고려되어야 한다.

구현시 전지문제를 고려하면, 휴대폰의 경우 2차 전지를 사용하므로

RFID시스템을 사용함으로써 통화시간이 감소된다면, 이는 향후 모바일 RFID도입에 장애가 될 것으로 판단된다. RFID규격은 유통물류 환경에서 리더가 언제나 ON 상태인 Stationary 리더 환경을 고려한 규격이므로 모바일 RFID 리더의 경우 주변 태그를 먼저 검색하여 태그가 존재하지 않는 경우 RFID 리더가 켜지지 않도록 하는 등 저전력 설계가 필요하다.

1.4 RFID의 응용

RFID는 상황, 환경의 인식기술이나 필요한 정보의 추출, 분석기술에 의해 다양한 사회의 경제활동에 있어서 이용자 요구에 보다 가까운 고도화된 서비스를 제공할 수 있다. 이에 따라 공공행정, 경제 산업, 개인생활 분야의 각종 생산, 수요, 공급과정에서 이용자 상황이나 환경에 입각한 IT 이용의 고도화를 도모할 수 있다. 이러한 특징에 따라 응용분야를 분류하면 〈그림 1-10〉과 같다.

〈그림 1-10〉
RFID/USN응용서비스 적용분야

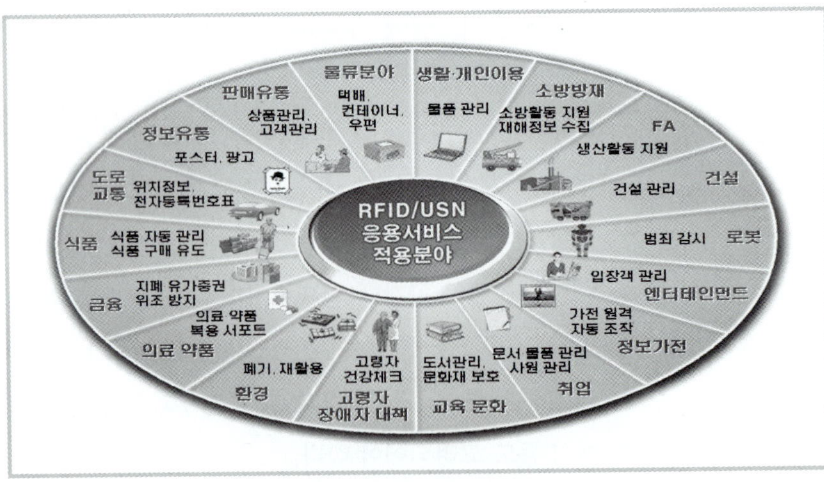

1) 생활 속의 RFID

주파수	활용분야	원리	
125kHz	동물관리		출생내력 등 식별정보가 입력된 칩을 동물에 이식하여 혈통관리 및 위치파악에 활용
133kHz	스키어 관리시스템		스키장 통로에 수직 게이트형 안테나를 설치해 스키어들의 입장확인
133kHz	마라톤선수 추적시스템		가벼운 무선태그가 선수 운동화에 부착되며 루프안테나가 마라톤 주행도로의 출발선, 중간 반환점, 결승선 등에 설치되어 선수의 기록을 관리
13.56MHz	교통카드		카드를 리더에 가까이 대면 카드에 내장된 RFID 칩이 리더와 무선으로 교신하여 자동으로 요금을 징수
13.56MHz	주차관리		태그가 부착된 차량이 접근하면 자동으로 출입통제 장치가 자동으로 개폐

13.56MHz	도서관리		도서에 RFID 칩을 삽입하여 도서 부당 반출 시 경보음 울림
13.56MHz	출입통제		신원정보가 입력된 칩이 내장된 카드를 리더에 가까이 대면 출입자격 여부를 조회하여 출입문 개폐
UHF	물류창고 관리시스템		팔레트/박스 단위로 태그를 부착해 자동 입출고 처리 및 공급체인을 경유하는 상품의 실시간 위치추적 및 재고관리
UHF	농산물 이력관리	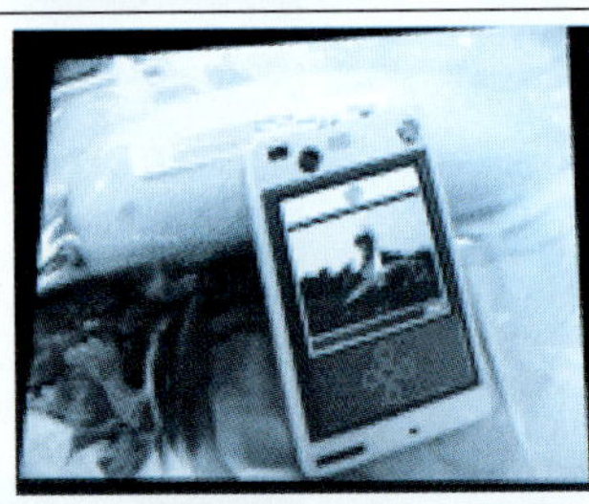	RFID 태그에 농산물의 원산지와 생산자에 대한 정보를 입력하여 농산물의 이력 추적 및 관리
UHF	고속도로 전자요금 징수시스템		고속도로 톨게이트에 태그가 부착된 차량이 접근하면 자동으로 요금이 징수되는 시스템
900MHz/ 2.45GHz	타이어 이력관리	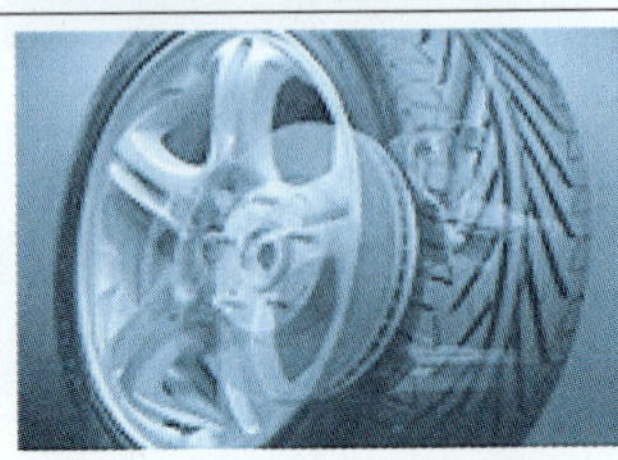	타이어에 RFID 태그를 부착해 생산공정에서 생산/품질 이력 정보를 기록하고, 불량품을 자동적으로 선별하며 개별 타이어에 대한 재고 상황을 관리

2.45GHz	항공 화물처리		항공 수화물의 보다 신속·정확한 판독과 분류, 위험 물품 재검사
2.45GHz	의약품 위변조 방지	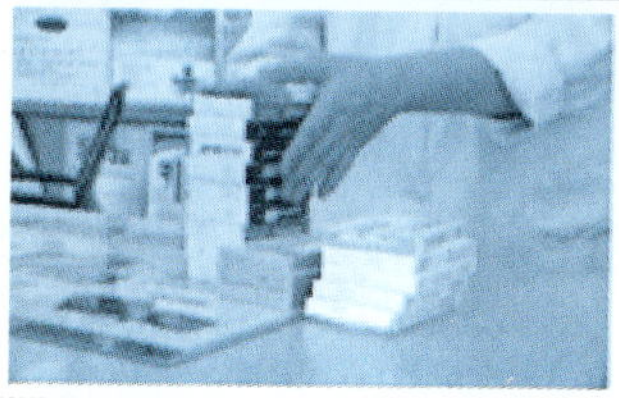	의약품 생산과정에서 RFID를 부착하여 생산공정 관리에 활용하고, 제품이 판매된 후에도 RFID 추적 시스템을 통해 유통 경로를 투명화하고 해당 제품의 진품여부를 판단

2) 산업별 활용

RFID의 보편적 활용분야는 유통물류 산업 중심에서 다양한 산업으로 확산이 전망된다.

생산자동화, 상품위치관리, 팔레트/박스, 컨테이너, 물류 Vehicle, 식품유통, 의료유통, 항공수화물, 의약품 유통, 도서/도서관, 우정, 공급사슬(SCM) 관리 등에 적용가능하다.

(1) 유통산업

유통산업은 상품의 제조, 물류, 판매 및 소비자에 이르는 통로가 길고 복잡하여 RFID 활용 효과가 가장 클 것으로 전망된다. 현재 공급체인 상에서 발생하고 있는 과다재고, 결품, 리드타임, 도난 등의 문제를 RFID기술을 활용하여 해결할 수 있다.

〈그림 1-11〉
RFID 산업적용 전망

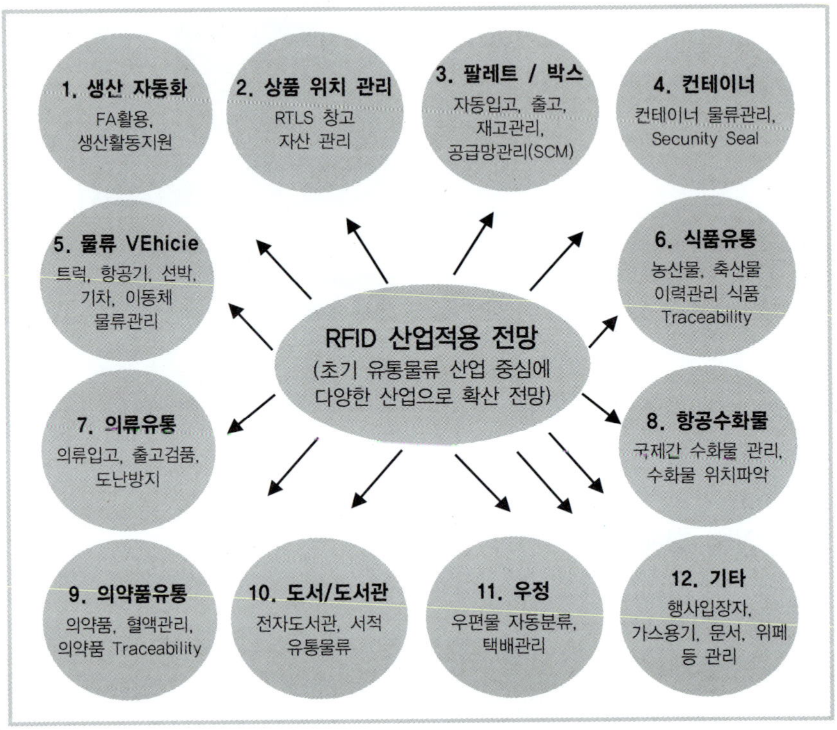

▶ 기대 효과

① 재고 절감 ; 상품 재고수준의 실시간 파악으로 판매량에 따른 최소 재고 수준 유지 가능

② 입출고 리드타임 및 검수 정확도 향상 ; 입출고 상품 대량 판독과 무검수/무검품의 실현에 따른 리드타임 획기적 절감

③ 도난 등 상품 손실 절감 ; 상품 수량 및 위치를 실시간 파악할 수 있어 도난 등 상품 손실 예방 가능

④ 반품 및 불량품 추적/조회 ; 반품 및 불량품 수량 및 처리현황 실시간 추적/조회를 통한 고객 만족도 향상

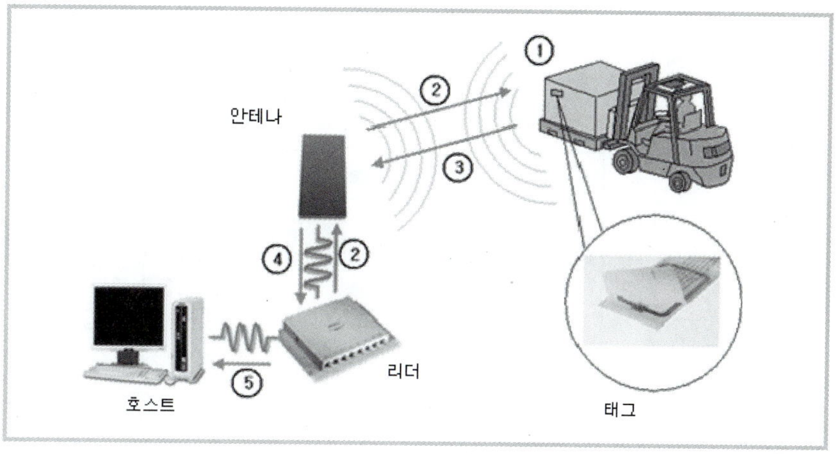

〈그림 1-12〉
유통산업 RFID적용사례

(2) 물류산업

물류산업에 RFID 도입을 통해 얻을 수 있는 혁신적 효과는 상품의 이동 과정을 실시간으로 추적할 수 있는 트레이서빌리티(Traceability)의 확보이다. 교통수단의 발달로 인해 신속성은 매우 높아졌으나 트레이서빌리티 부재로 인한 화물의 오배송과 도난으로 많은 비용이 발생한다는 문제점을 안고 있다. 또한 상품의 환적과 인수 인계 시 검품 수작업에 따라 많은 시간과 인력이 소요되는 비효율이 상존해 왔다. 이 같은 문제점들은 RFID를 적용함으로써 해결될 수 있다.

▶ 적용 운영 프로세스

- 화물을 단품, 케이스, 팔레트, 컨테이너에 RFID 태그를 부착
- 화물이 지나는 거점마다 RFID 리더를 설치, 자동으로 위치 정보 전송
- 운송업체, 화주, 배송인 등 네트워크에 접속하여 화물 이동 정보를 실시간으로 파악

〈그림 1-13〉
물류산업 RFID적용사례

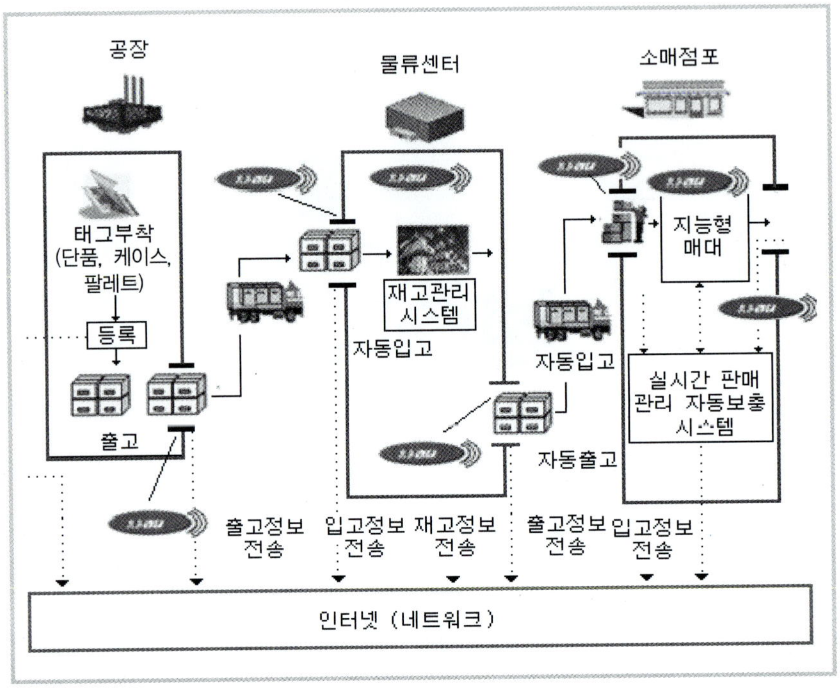

▶ **기대효과**

① 운영 효율성 제고

화물의 이동 상황과 이력의 실시간 파악으로 보다 효율적인 배차 계획 수립 가능

② 화물 입출고 및 환적 시간 단축

포장 해체없이 화물의 내용물 파악 가능에 따른 입출고 및 환적 시간 단축

③ 보안성 강화

RFID 기술을 활용한 전자 봉인(Electronic Sealing) 이용 화물의 도난 및 손실 예방

④ 대고객 서비스 향상

고객이 주문상품의 현재 위치를 인터넷 통해 직접 확인 가능, 고객 서비스 향상

(3) 의료산업

의료 산업의 경우 의약품 제조 및 유통, 의료 장비 관리, 환자 및 투약 관리, 폐기물 처리 등 다양한 기능들이 복합적으로 얽혀 있어 공급사슬의 복잡도가 매우 높다. 또한 환자의 생명과 직결된 업무로서 100%의 정확도를 요구하며, 사고 발생 시 신속한 이력 추적이 필요한 산업이다. 현재는 높은 의약품 재고 수준과 위조 의약품의 만연, 처방 및 투약오류 발생 등으로 많은 비효율이 내재되어 있다. RFID를 적용함으로써 신속·정확성과 안정성을 동시에 확보할 수 있다.

▶ 기대 효과

① 의약품 재고 및 결품 관리 향상

의약품 공급체인 가시성을 향상시켜 재고 절감 및 결품률 축소 가능

② 도난 및 위조 의약품 방지

고유 식별 정보 삽입 및 보안성 강화로 유통과정 상의 도난 및 위조 방지

③ 의료재료(Medical Devices) 관리 효율성 향상

고가의 진료 장비 외에 수술장비 및 각종 소모품의 이력 및 위치추적 가능

④ 환자의 병력 관리

환자의 병력이 입력된 태그와 의약품 정보 대조를 통한 처방 오류 방지

⑤ 의약품 리콜 효율적 대응

사고 발생 시 의약품의 신속한 이력 추적, 제품 회수 및 사고 원인 규명 가능

(4) 의류산업

의류는 상품의 종류가 매우 다양하고 계절적 요인이 크게 작용하는 상

품으로서 상품 회전이 매우 빠른 산업이다. 또한 상품 도난과 반품 요청도 빈번하게 발생한다. 그러나 다품종 생산·유통이라는 특성상 정보화가 미비하여 재고수준이 높고 상품 검수/검품에 많은 시간이 소요되는 등 많은 문제점을 안고 있다. RFID를 적용함으로써 이러한 문제들을 크게 개선할 수 있다.

▶ 적용 운영 프로세스

〈그림 1-14〉
의류산업 RFID적용사례

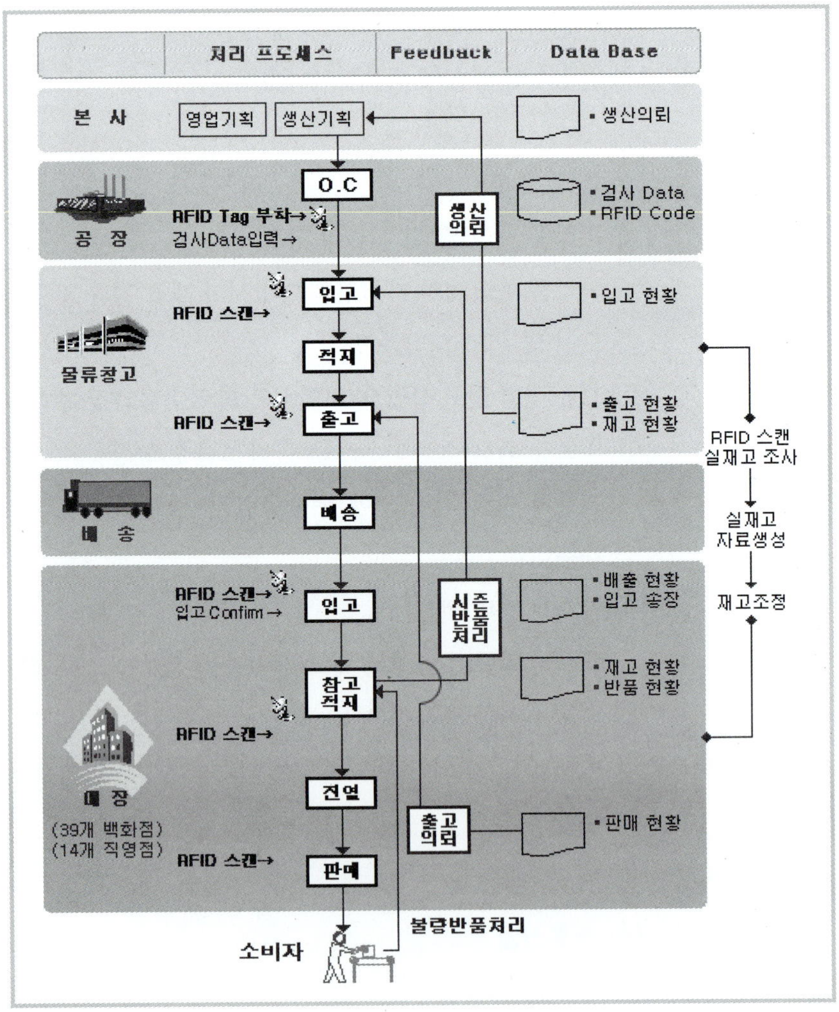

▶ **기대효과**

① 재고관리 효율성 개선

상품 이동 현황 실시간 파악 및 거래업체 간 공유를 통해 판매량에 따른 생산량 및 재고수준 조절 가능

② 이월 상품 관리 어려움

이월 상품의 수량과 종류를 신속하게 파악함으로써 상품 판매 손실을 절감 가능

③ 상품 도난 방지

상품에 부착된 태그의 이동을 감지하는 자동감시시스템을 매장 내 설치하여 비정상적인 상품 반출 방지

④ 입고 검수 검품 시간 획기적 단축

모든 상품에 대한 육안 검사 생략에 따른 입고 시간의 획기적 단축 가능

⑤ AS 수준 제고

반환 상품에 대한 진위여부 파악이 용이하고, 반품 횟수가 잦은 고객의 별도 관리 가능

(5) 항공산업

항공산업에는 항공기의 제작은 물론 관제와 수화물 관리 등 공항 관리까지 포함된다. 수 만 가지에 이르는 항공기 부품을 적재적소에 공급하는 것은 항공기 제작회사들에게 항상 큰 과제였으며 신속함과 보안성이 동시에 요구되는 공항 운영은 항공 수요 및 테러 위협의 증가와 함께 그 중요성이 더욱 높아졌다. RFID는 항공산업의 이러한 요구를 모두 충족시켜줄 핵심 기술이다.

▶ **기대 효과**

① 항공기 부품 관리 효율성 향상

항공기 부품에 RFID 태그 부착하여 재고 수준과 수요량을 업체별, 공항별로 신속하게 파악, 대응 가능

② 수화물 관리 향상

항공 수화물의 보다 신속 정확한 판독과 분류 가능, 위험 물품의 재검사

③ 주차장 등 부대시설 출입 통제

주차장의 자동 출입관리, 택시 및 대중교통 배차 관리, 보안 구역 출입통제 관리 등의 효율성 제고

④ 공항 내 기자재 관리

공항 내 각종 시설 기자재 (카트, 트롤리 등)의 신속한 위치 파악 및 재배치 가능

⑤ 비자 및 여권 관리 강화

RFID 칩을 내장한 비자 및 여권 발급을 통해 위조 및 부정사용 차단

〈그림 1-15〉
항공산업 RFID적용사례

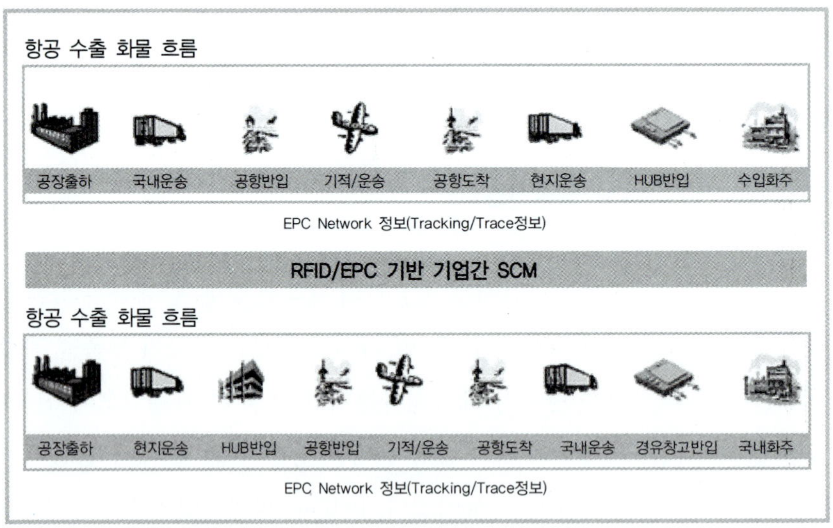

(6) 자동차산업

자동차 산업은 차량 제조뿐만 아니라 판매 후 관리 부문도 큰 시장을 형

성하고 있는 특성을 갖고 있다. 그러나 공급체인 가시성의 부족으로 부품의 적재적소 배급이 이루어지지 않고 있으며 도난 및 사고방지, 리콜 관리 측면에서도 많은 문제점과 비용이 발생하고 있다. RFID를 활용하면 이 같은 비효율성을 상당 부분 개선할 수 있다.

▶ **자동차 산업의 공급체인**

〈그림 1-16〉
자동차산업 RFID적용 사례

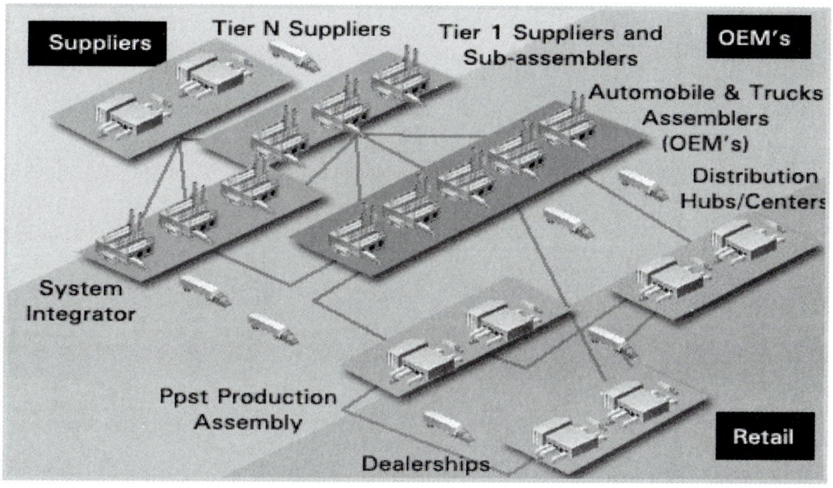

▶ **기대효과**

① 재고관리 효율성 향상

실시간 부품 추적이 가능해져 최소 재고 보유와 적재적소 배급 가능

② 부품의 도난 및 위품 차단

고유 식별 정보 삽입 및 보안성 강화로 부품 유통과정 상의 도난 및 위조 방지

③ 리콜 관리 강화

차량 및 부품에 대한 이력관리가 가능해져 리콜 시 신속한 회수 및 조치 가능

④ 차량 안전도 제고

타이어 압력 감시시스템, 후방 감지 시스템, 도난 방지 시스템 구현 가능

자동차 자동 요금 징수 및 주차장 출입통제

(7) 농축산업

농축산업은 출하시점부터 판매될 때까지 상품의 선도 유지가 생명일 뿐만 아니라 문제 발생 시 유통 과정을 역추적할 수 있는 이력관리가 매우 중요한 산업이다. 그러나 유통 과정이 복잡하고 상품 이동 중 라벨이 훼손되는 경우가 많아 유통기한 관리와 이력관리 등에 있어 문제점을 내재하고 있다. 특히 농산물 수입 자유화에 따른 원산지 표기 문제, 광우병 등 질병 유입 문제 등이 대두되면서 농축산업 공급체인의 가시성 확보에 대한 요청이 더욱 커지고 있다. RFID를 활용하면 이 같은 문제에 효과적으로 대처할 수 있다.

▶ 적용 운영 프로세스

〈그림 1-17〉 농축산업 RFID의 적용사례

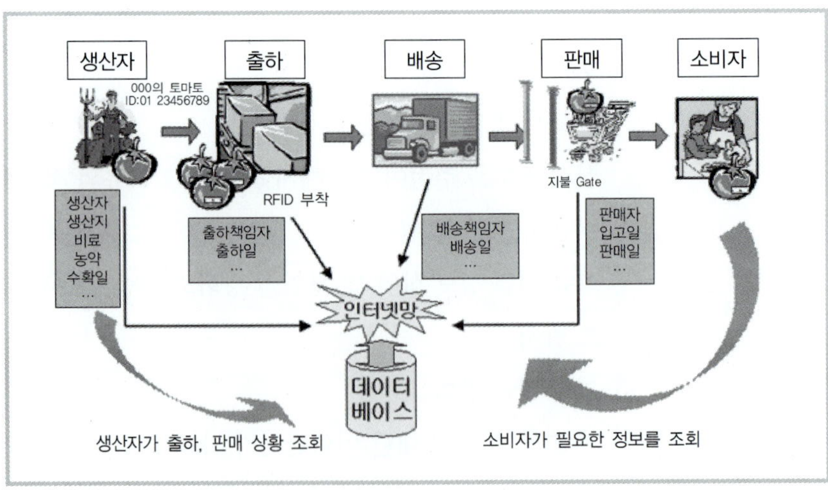

▶ **기대 효과**

① 유통기한 관리

유통기한 초과 상품의 자동 선별 및 선도에 따른 가격 차별화 가능

② 원산지 관리

RFID 태그에 원산지 정보를 입력하여 원산지 허위 표기 사전 예방 가능

③ 이력 관리

식중독, 광우병 등 발생 시 신속한 이력추적과 회수로 확산 차단 가능

1.5 RFID 비젼과 이슈

1) RFID를 통한 유비쿼터스 컴퓨팅 구현

RFID는 유비쿼터스 컴퓨팅 구현의 핵심으로 향후 u센서네트워크의 핵심기술로 BcN과 연계한 새로운 응용시장을 창출할 수 있고 모든 산업에 접목하여 새로운 정보화 혁명을 주도할 것이다. 유비쿼터스 컴퓨팅(줄여서 유비컴)의 핵심개념은 네크워크로 연결되어 상호 협력하는 분산 컴퓨팅 시스템이다. 각각의 유비컴 기기들은 유무선 네트워크로 연결되어 있고 상황에 따른 판단을 하고 정보의 효율적 전달을 위하여 동적인 네트워킹을 하는 '스마트 텔레컴퓨터' 이다. 유비컴의 Com은 단순히 컴퓨팅만을 의미하는 것이 아니라 커뮤니케이션도 포함하는 것으로 분산되어 있는 많은 기기들이 효율적으로 통신하는 방법이 무선통신인데 블루투스, 무선랜, UWB, Zigbee 등 최근의 다양한 근거리 무선통신 기술들이 유비컴 시대의 도래를 앞당기고 있으며 이러한 다양한 기기간의 통신이 M2M의 개념을 가능하게 하고 있다.

〈그림 1-18〉
u센서네트워크 개념도

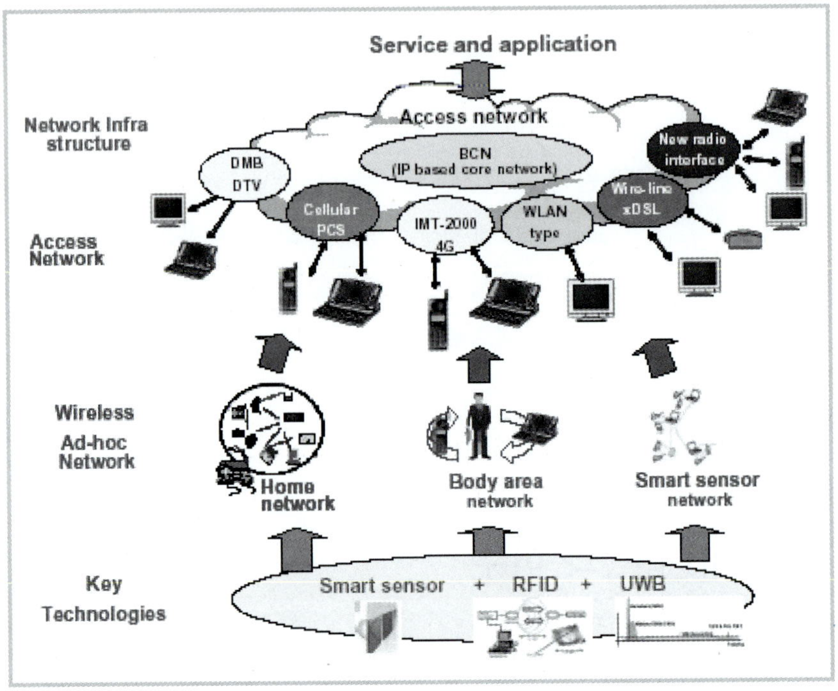

M2M의 가장 대표적인 비즈니스 모델은 Forrester Research에 의하여 처음 제안된 Invisible Mobile 개념으로 사람이 직접 개입하지 않아도 기기로부터 자동적으로 이루어지는 모바일 통신으로 정의한다. 한 예로 만약 신생아가 RFID 태그 및 센서를 부착하고 있다면 신생아에 대한 정보가 입력되어 그 위치가 항상 추적될 수 있어 만약 의도치 않은 이동이 있을 경우 그 부모에게 이동전화를 통하여 알려주며 체온에 이상이 생기면 병원의 스탭에게는 무선랜이나 블루투스 등의 근거리 무선통신을 통하여 원거리의 의사 및 부모에게는 모바일 통신을 통하여 알려주는 경우를 들고 있다. Forrester Research는 이러한 invisible mobile이 활성화될 경우 현재의 모바일 통신 사업 전반에 걸쳐 큰 수익을 창출할 수 있고 앞으로 현재의 사람이 주체인 visible mobile 시장을 추월할 것으로 예상하고 있다.

이와 같이 RFID는 비접촉식(Contact-less)이고, 비가시선(non-line-of-sight)의 데이터 수취 기술로써 초소형 IC 칩에 식별정보를 입력하고 무선주파수를 이용하여 이 칩을 지닌 물체나 동물, 사람 등을 판독 추적 관리할 수 있기 때문에 M2M에서 상황인식을 가능케 하는 역할을 수행하게 된다.

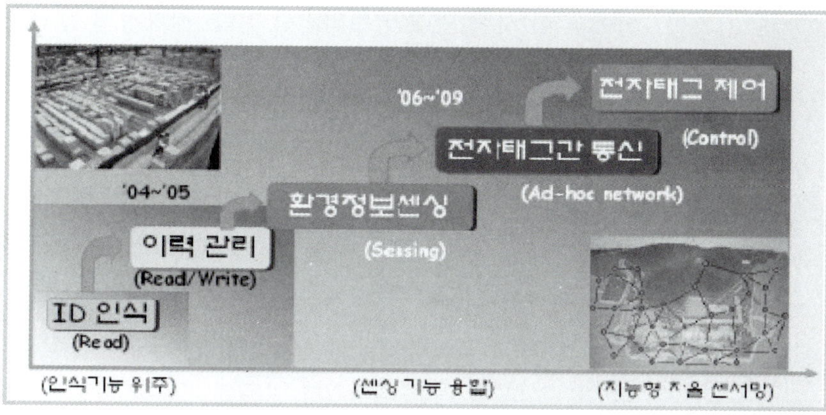

〈그림 1-19〉 RFID/USN 로드맵

RFID는 최근 주목받고 있는 유비쿼터스 비즈니스의 주요개념인 고요한 상거래(Silent Commerce)를 가능케 한다. Silent Commerce는 전자상거래의 주체가 사람이 아닌 사물이 된다는 것으로 액센추어에 의하여 처음 소개되었는데 이는 '언제, 어디서나, 누구와도 u-Commerce의 어떤 것들 사이에서도' 라는 확대된 개념을 추가한다.

Silent Commerce 예로 백화점 CRM의 활용을 들 수 있는데 고객의 취향정보를 입력하여 고객이 백화점의 특정 매장을 지날 때 고객이 원하는 물건에 부착한 무선태그의 정보가 고객에게(PDA나 무선전화기를 통하여) 자동으로 전달되는 상황을 들 수 있을 것이다.

또 다른 예로는 슈퍼마켓에 야채가 들어 왔을 때 야채의 신선도 등을 자동으로 고객에게 알려주는 것과 음식점에서 물컵의 물이 비면 종업원에게 자동으로 알려줘 리필 서비스를 가능케 하는 것 등을 들 수 있다.

향후 세계 시장이 팽창할 것은 자명하며 이에 맞춰 한국 시장도 성장 기회를 잡을 수 있을 것이며 특히 유비쿼터스 컴퓨팅 개념을 응용한 네트워크 서비스 시장에서 새로운 수요 창출이 기대된다.

신규 시장이 순수 시장기능에 의해 자동 발생할 수 있겠지만, 이럴 경우 상당한 시간이 소요될 것이므로 정부가 어떤 역할을 해주느냐가 관건이다.

정부차원의 범부처적 지원정책으로 RFID 관련 특정 SoC 분야의 사업개발에 의한 시장 확대의 트리거링 전략, 전파정책 등 규제정책의 개혁, 부처간 역할분담 및 협력에 의한 기술개발 지원정책, 사업영역간의 조정역할, 효율적 투자전략 및 평가기능, 사회적 역기능 방지대책, 인재양성 방안 등 많은 대안검토가 이루어져야 할 것이다. 또한 RFID 네트워크, 모바일 네트워크, 휴대인터넷 네트워크, 초고속 무선 네트워크 등을 하나로 연결하는 유비쿼터스 네트워크 구축을 위한 유비쿼터스 주파수 대역 지정을 통한 능동적 규제정책을 펼쳐야 하고 네트워크간의 연동시험도 추진이 필요하다. 이러한 네트워크 연동에 기반한 혁신적 비즈니스 모델의 개발은 기존의 전통적 시장과는 그 규모에서 차원이 다른 거대 시장의 형성을 가능케 할 것이다.

전 세계 RFID 시장 진출을 위한 차별화된 경쟁력을 갖춘 기술개발 및 기술표준화가 선행되어야 한다. RFID는 주파수별로 애플리케이션이 한정되므로 다양한 방식의 제품이 나올 수 있으며 각 회사 제품 간의 호환성을 기대하기 어렵다. 바코드는 표준화가 되어 있으므로 전세계 물류관리에 막대한 효용성을 보여줬지만, 인력을 이용하여 물품 하나 하나를 확인하여야 하기 때문에 비용과 시간이 많이 소요되는 단점이 있다. 무선을 이용하므로 인식 물체와 거리를 유지할 수 있고, 마이크로칩을 이용하므로 많은 정보를 담을 뿐만 아니라 인식 속도 및 다중 인식이 가능하므로 물류관리의 신속화와 비용 절감을 동시에 실현시킬 수 있다. 그러나 RFID의 태그 가격은 타 인식매체에 비해 고가이기 때문에 빠른 실용화를 위해서는 가격의 인하가 동반되어야 하고 무선자원을 이용하므로 물류에 이용하는 경우 세계적으로 동일한 주파수를 이용해야 하는 문제가 발생한다. 이러한 이유로 ISO에서 다양한 기술에 대한 표준화를 진행 중에 있으며 새로운 기술과의 접목을 시도하고 있다. 즉, 유비쿼터스 컴퓨팅 환경에서의 핵심 역할을 수행할 RFID를 네트워크에 연동시키기 위하여 RFID를 이용한 B2B, B2C 등 전자지불결제를 실현하는 것과 EPC와 같은 일련번호의 표준화를 IPv6와 같은 인터넷 표준과의 연동을 위한 인터페이스를 위한 연구가 진행되고 있다. 현재 전 세계적으로 진행되고 있는 RFID ISO 규격 표준화 과정은 마무리 단계여서 한국이 참여하기에는 늦은 감이 있지만 표준화 동향 조사를 바탕으로 분석하여 차별화된 기술개발을 통한 새로운 표준화 주도도 가능하다. RFID 인식 거리를 더 늘이거나 크기를 더 작게 하거나, 혹은 가격을 낮출 수 있는 등의 기술개발로 제품의 차별화를 준다면 시장 진출이 용이하며, 전 세계적 표준이므로 제품의 우수성이 확보된다면 시장 확대의 기회를 잡을 수 있을 것이다. 따라서 RFID 기술에 대한 표준화를 통하여 기술력을 확보하고 표준화 명세를 만족하는 제품을 개발함으로써 세계 시장으로의 진출을 촉진시킬 수 있으므로 세계 기술 동향에 거스르지 않으며 시장을 주도할 수 있는 기술개발이 절실하다.

현재 RFID 시스템 도입의 문제점은 초기 비용과 시스템 구축시간이 많이 소요된다. 완벽한 RFID 시스템 가동을 위해서는 모든 물품에 RFID 태그가 부착되어야 하므로 상당히 오랜 시간이 시스템 구축에 필요하다. RFID 시스템의 확산을 위해서는 태그의 제조단가를 50원 이하로 낮추고, 시스템 구축시간을 단축시켜야 한다.

2) RFID 도입효과

RFID는 자동으로 인식 확인하는 작업이나 데이터 수집을 위한 미래형 통신 기술이다. RFID는 바코드를 대신할 여럿 중에서 신중히 고려한 끝에 택한 제품으로 바코드 장비들과 같이 결합하여 사용될 수도 있을 것이다. RFID의 기술을 슬기롭게 사용한다면 바코드와 유리하게 경쟁할 수 있는 길을 제공하고 다음과 같은 이득을 얻을 수 있을 것이다.

(1) 능률과 생산성을 개선한다.

손을 사용하지 않고도 전자동으로 인식 확인하고, 집계하며, 분류, 추적, 발송 등이 가능하고 데이터의 수집과 확인 작업을 개선하고 실수를 줄이고 낭비를 막아주고 재고품의 조종을 개선하고 물적 취급의 개선, 창고 보관작업, 자산의 관리업무 등이 보다 신속하게 이루어지고 이동하는 모든 작업 제어의 자동화를 제공한다.

(2) 수익성

운영비와 생산비를 축소하고 인건비를 절감하고, 생산 회전수도 축소하고, 재고품 조사의 회수 축소하고, 다른 자동화 인식 장치들과 비교하여 매우 적은 유지 보수비가 든다.

(3) 고객에 대한 만족감 증대

경영과 고객에 대하여 좀 더 많은 정보를 제공하고 대응하는 태도의 개선과 양질의 생산품을 제공하고 경쟁할 수 있는 가격을 유지한다.

1.6 시장동향 및 전망

1) 시장동향

(1) 세계 시장동향

현재 세계시장에서는 '바코드의 후계자' 로 지목된 RFID가 태그 칩 가격의 하락으로 점차 그 잠재능력을 인정받아 하드웨어와 소프트웨어 분야의 시장이 급성장 초기에 있다고 관측된다. 2001년부터 국제표준화 작업이 구체화되면서 표준규격의 RFID 시스템의 본격적 시험 및 시범서비스 증가로 RFID 시장은 크게 성장하고 있다. 최근에는 최종 사용자의 RFID 기술에 대한 관심이 고조되고 있으며, 이러한 관심은 더욱 증가할 것으로 예상되며 특히 제조업체, 정부기관, 소매업, 의료기관, 도서관, 항공회사 등에서 RFID 시스템을 채택하기 위하여 시범서비스 분야가 확대되고 있어 일반인의 인지도가 고조되고 있다.

VDC사의 RFID 시장 예측은 전통적인 RFID 성장예측에 의한 전망보고서로서 비교적 일반적인 예측으로 간주되고 있다. 그러나 최근에는 매우 긍정적인 RFID 응용분야가 제시되면서 수년 후에는 매우 큰 시장으로 급성장 할 것이라는 예측들이 보고되고 있다. 이러한 예측은 지금까지는 RFID 시장이 주로 133kHz, 13.56MHz RFID 시장이 주도하여 왔으나, 최근에는 UHF, Microwave 대역 태그 칩이 CMOS로 제작이 가능하고 이에 따라 수동형 태그 RFID 기술이 발전하고 유통, 물류 및 다양한 활용분야가 소개되면서 시장 급성장의 가능성을 제시하고 있다. 또한 유비쿼터스 통신에서 센서와 연결되는 핵심소자로 RFID 태그가 필수적으로 활용될 경우에는 매우 큰 시장이 창출될 것으로 전망된다.

RFID는 유비쿼터스 컴퓨팅의 기반기술 중 하나인 센싱 기술로서 각국에서는 정부의 지속적인 지원 하에 연구 및 시범사업들이 추진되고 있고,

인식률의 검토, 국가간 · 기기간 표준화, 다른 정보통신기기와의 연동 가능성 등 지속적인 기술보완이 이루어지고 있어 확산될 전망이다.

- 월마트는 2004년 초에 거래처 상위100개사에 2005년부터 케이스, 팔레트 단위에 RFID태그부착을 의무화하기로 발표하였고, ID TechEX에 따르면 2005년 초까지 월마트는 2만4천 개의 팔레트와 66만여 개의 포장단위에 RFID태그를 부착하여 500만 건 이상의 정보를 수집하였고 여기서 획득된 정보는 30분 이내에 사외 망을 거쳐 공급망에 전달할 수 있다고 한다. 케이스 레벨에서의 인식률은 90% 이상, 물류집하장 컨베이어 벨트 위에서는 95% 이상, 각 점포단위에서는 98% 이상의 인식률을 나타내었다고 보고하였으나 현재 각개 상품단위의 RFID인식률은 66%에 머무르고 있어 RFID의 부착 장소 및 방향에 대한 보완 노력을 계속하고 있으며, 이를 통하여 상위100개 공급자들 또한 월마트와 RFID 관련 시스템 통합을 결정하였다.

- 일본은 자국의 강점인 제조업과 정밀가공 기술 등을 바탕으로 시너지 효과를 창출할 수 있는 RFID 기기산업에 중점을 두어 왔으나 최근에는 이러한 기기산업의 성과를 바탕으로 독자적인 기술 표준의 도입, 오픈 플랫폼 공동 개발 등의 업체간 연구협력체계가 이루어지고 있고, RFID 도입과 관련하여 '히비키 프로젝트'와 더불어 RFID의 실제 비즈니스 영역에의 도입 가능성, 다른 통신서비스와의 연계 등 다각적 측면에서의 RFID 도입 가능성 검토가 이루어지고 있다.

- 해외 주요국들의 경우 RFID를 비즈니스 영역에 확산시키고자 하는 노력이 정부 및 민간부문을 중심으로 지속적으로 추진되어 왔으며, 특히 물류, 유통부문에 중점적으로 이루어지고 있다. 아직 RFID로 인한 투자성과가 불확실함에도 불구하고 시범사업 및 비즈니스 영역에의 도입 노력

이 계속 추진되고 있는 것은 월마트 사례에서 알 수 있는 바와 같이 RFID가 현재로는 기술적으로 보완이 필요함에도 불구하고 그것을 감안하고도 남을만큼 도입에 따른 잠재적 파급효과가 매우 광범위하기 때문이다.

최근까지 국내 RFID관련 비즈니스 확산 사례는 거의 전무한 실정이었으나 정부 및 민간 부문을 중심으로 RFID 확산노력이 매우 빠른 속도로 진행되고 있다.

- 2003년 말에 유통 · 물류진흥원에서 RFID적용 시범사업을 시작으로 한국 전산원에서는 2004년 USN구축 기본계획을 확정하고, 세부추진계획을 발표한데 이어 2004년 6월 파급효과 및 성공가능성을 고려하여 RFID 시범사업으로 5과제를 선정하여 추진하였고, 2005년에도 RFID적용 선도사업으로 6과제를 선정하여 추진 중이며, 2005년도 송도 U-City구축 방안 발표 등이 지속되고 있다.

RFID 시장전망은 세계시장의 경우 2005년 21억 달러 규모에서 2010년에는 100억 달러 규모로, 국내시장은 2003년 660억 원 규모에서 2007년 1900억 원 규모로 성장할 것으로 예측된다.

- RFID시장은 1996년 6억 달러에서 매년 25% 이상 성장하여 왔으며, 이러한 추세는 계속될 것으로 보아 예측되었고, 국내시장의 경우 구체적인 전망치가 나오지 않은 상태이기 때문에 경제협력개발기구(OECD)자료를 토대로 세계 IT 시장에서의 국내시장 점유율 5.2%를 근거로 추정한 것이다.

〈표 1-13〉
RFID 세계시장 전망
(단위 : 억 달러)

구분 \ 연도	2003	2004	2005	2006	2007	2008	2009	CAGR
태 그	5.3	7.2	10.0	13.4	18.2	24.5	34.1	36.9%
리더기	2.7	3.8	5.3	7.0	9.5	12.7	17.7	37.4%
S/W&Service	3.0	4.0	5.7	7.6	10.3	13.8	19.2	36.9%
합 계	11	15	21	28	38	51	71	37.1%

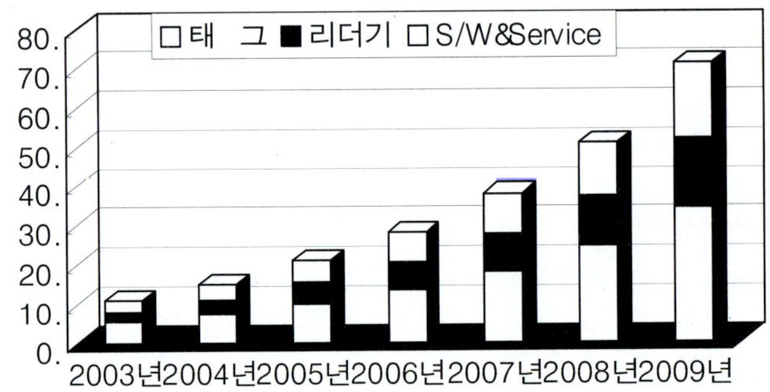

정보통신부는 'U-센서네트워크 구축 기본계획' 에서 2007년까지 세계1위의 U-Life 기술을 확보하는 것을 목표로 세계 RFID 및 U-센서 네트워크 시장의 5%(약 9.5억 달러)를 점유하고 실생활에서의 적용을 위해 기반구축을 완료한다는 계획을 가지고 있으며, 2010년에는 세계 RFID 및 U-센서 네트워크시장의 7%(53.7억 달러)를 점유한다는 목표이다.

태그의 확산을 촉진하기 위한 요인으로는 RFID태그 가격의 하락, RFID 태그 인식률 문제의 해결, 기존시스템과의 연계 가능성 검토, RFID 도입 성공사례 발굴 등이 시급하며, RFID태그 가격이 50원 미만으로 하락할 경우 광범위한 산업 영역에 확산될 전망이나 연구기관마다 완만한 가격하락 가능성, 급격한 가격 하락 가능성 간의 주장이 엇갈리고 있어 추이를 관망할 필요가 있다.

RIFD의 도입 의사결정과 관련하여 의사결정권자의 가장 큰 관심사는 RFID

도입으로 비용 절감 또는 신규 수익 창출, 대고객 서비스 향상의 효과가 있을지에 관한 부분을 해결하고 있지 못하다는 점으로 이는 국내외 시범사업 결과 및 성공사례가 속속 발표됨으로써 자연스럽게 해결될 것이다.

〈표 1-14〉 세계 RFID 출하 규모 및 전망

(단위;100만 달러, %)

구분		2003	2004	2005	2006	2007	2008	CAGR (03~08)	CAGR (04~08)
솔루션별	태그	6911	833.3	1,061.9	1,361.5	1,731.8	2,172.0	25.7	27.1
	리더	348.4	397.5	510.0	621.6	755.0	913.4	21.3	23.1
	프린터/인코더/애플리케이터	3.9	11.1	39.6	82.8	146.3	207.0	120.8	107.8
	소프트웨어	68.1	106.3	198.6	326.4	503.6	693.1	59.0	59.8
	서비스	308.7	405.7	586.6	933.7	1,405.7	1,946.6	44.5	48.0
수직시장별	산업/제조	385.1	518.1	855.6	1,370.5	2,047.5	2,701.5	47.6	51.1
	교통	725.4	859.4	1,051.5	1,289.4	1,589.1	1,985.3	22.3	23.3
	보건의료	31.9	40.2	64.8	111.2	160.1	227.6	48.1	54.3
	상용서비스	78.0	99.2	129.1	170.3	227.0	304.6	31.3	32.4
	소매유통	80.3	95.8	124.7	169.0	240.7	350.3	34.3	38.3
	정부기관	119.5	141.2	171.0	215.7	278.1	362.8	24.9	26.6
애플리케이션별	보안/접근 제어	519.6	585.7	672.2	785.4	911.5	1,075.4	15.7	16.4
	fixed esset tracking	218.6	312.6	460.8	670.6	950.5	1,322.4	43.3	43.4
	교통/티켓팅	51.5	76.4	116.4	157.4	207.4	275.4	39.8	37.8
	물류유통 관리	19.1	70.2	292.7	653.6	1,133.3	1,524.8	140.1	119.9
	요금징수	334.1	358.4	386.5	417.6	451.7	480.3	8.0	8.1
	자동차 도난 방지	109.5	118.0	127.5	138.6	151.6	166.2	8.7	8.9
	동물 추적	35.5	51.4	77.8	110.0	145.1	187.2	39.4	38.1
	실시간위치추적	30.8	40.9	54.7	74.8	102.5	142.2	35.8	36.6
	POS/m-commerce	19.9	26.5	39.3	59.1	90.5	144.3	48.6	52.8
	렌탈장비 추적	12.4	18.1	26.5	39.2	58.1	86.2	47.4	47.7
	수화물 처리	4.3	6.8	13.6	28.4	43.6	64.5	71.9	75.5
	도서관 시스템	26.2	32.6	41.2	52.2	66.3	84.3	26.3	26.8
	제조	27.6	37.2	54.3	79.4	116.3	170.6	44.0	46.3
	기타	11.1	19.0	33.2	59.7	114.1	198.5	78.0	79.8
전체		1,420.2	1,753.9	2,396.7	3,326.0	4,542.5	5,932.1	33.1	35.6

(2) 국내 시장동향

국내 RFID 산업은 해외 여러 선진국에 비해 기술이나 시장 면에서 크게 떨어지는 게 사실이다. UHF대역 주파수가 아직 배정되지 않아 물류 등 분야에서 아직 RFID 적용이 활발하지 않고, 관련기술도 해외에 의존도가 높다. 현재 RFID 칩 시장은 TI, 필립스, 모토로라(프리스케일로 분사) 등 해외 반도체 회사가 선점하고 있다. 이 칩을 수입해 태그에 부착하려면 용역비를 포함해 개당 1500~1900원이 든다. 10만개의 태그에 칩을 부착한다면 칩 가격만 2억 원에 이르는 셈이다. 업계에서 현재 2000원 수준인 칩 가격이 50원까지 떨어지는 2006년에 본격적인 시장이 형성될 것이라고 예상하고 있다.

또한, 단말기도 외산중심으로 시장이 형성되고 있다. RFID 장비 및 관련기술을 개발하는 곳은 현재 손에 꼽을 정도이므로, 국내 산업기반을 키우는 일이 시급하다고 하겠다. 기존의 무선 데이터 서비스 업체인 한세 텔레콤이 미국 메트릭스사와 제휴하여 RFID 안테나 및 단말기 등을 개발하고 있고, 무선통신 벤처기업인 크래디패스가 RFID에 기반한 자동통행료 징수 시스템(ETCS) 기술을 개발, 태국 등으로 수출을 추진하고 있다. 삼성테크윈과 LG산전 등 대기업도 RFID 시장 참여를 추진하고 있다.

현재 정부에서는 산업자원부와 정보통신부를 주축으로 RFID 육성책을 내놓고 있다. 한국전파진흥협회(RAPA) 산하 20여개 업체가 참여한 'RFID 산업협의회'를 발족시켰으며, 산자부 중심으로 'RFID 활용 확산 및 산업화 추진대책'을 발표하기도 하였다. 특히 산자부는 유통·물류 분야에 RFID 기술 활용도가 높다고 보고, 이마트, CJ GLS, 한국팔레트풀 등을 중심으로 한 'RFID 시범사업 TFT'를 발족하는 등 유통·물류 쪽에 초점을 맞추고 있다.

국내에서는 전장용 부품업체인 현대 오토넷이 로크웰삼성으로부터 공장자동화 시스템을 도입하면서 로크웰의 협력사인 EMS의 RFID 시스템도 함께 적용하고 있다. 현대 오토넷과 금호, 한국타이어는 최근 외국 자동차

업체들이 연간 15억 개씩 생산되는 타이어의 생산과 유통단계를 낱개 단위로 추적할 수 있는 RFID를 타이어마다 장착하도록 적극 요구함에 따라 관련기술 개발에 박차를 가하고 있다. 보통 타이어 옆면을 보면 '대전공장 10월 셋째 주 생산물량' 식의 제품정보를 담은 일련번호가 양각으로 새겨져 있다. 자동차업체 입장에선 불량타이어 문제로 리콜을 할 때 RFID를 내장한 타이어는 제품 경로의 추적이 용이하고 차량 안전관리에도 유리해 포드, GM, 다임러크라이슬러 등은 전 세계 타이어 제조사에 앞 다퉈 타이어 RFID의 조기 상용화에 필요한 기술개발을 요구하고 있다.

〈표 1-15〉
RFID 국내시장 전망
(단위 : 억 원)

구분 \ 연도	2003	2004	2005	2006	2007	2008	2009	CAGR
태 그	317	408	504	672	912	1,224	1,704	33.5%
리더기	165	213	262	350	475	637	888	33.5%
S/W&Service	178	229	284	378	513	689	958	33.6%
합 계	660	850	1,050	1,400	1,900	2,550	3,550	33.5%

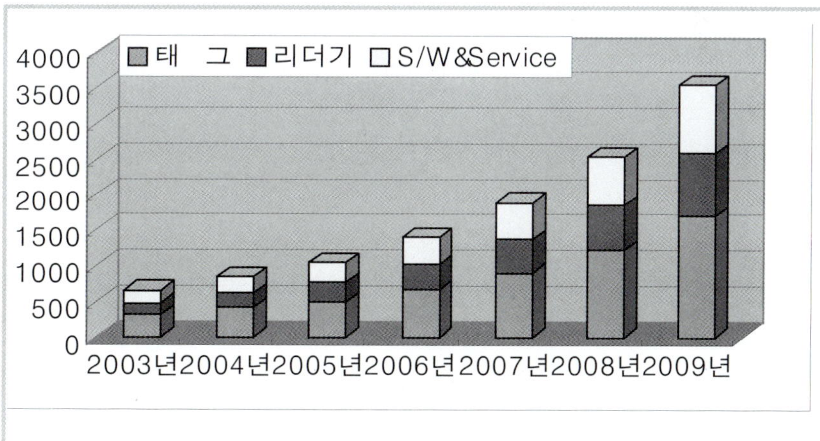

2) 시범사업 동향

(1) 국내시범사업

산업자원부는 RFID활용의 확산과 산업화를 위해 2003년 7월부터 RFID 시범 적용사업, RFID기술개발 및 산업화 지원하고 있다.

① **유통분야**로 삼성테스코 홈플러스의 매장내 고객 동선 분석을 통해 지능형 매장 관리 기반 구축으로 삼성테스코와 한국팔레트풀, 유한킴벌리, 동서식품, 이씨오로 구성된 컨소시엄에서 2005년 7월에 시연회를 가졌다.

② **식품분야**로 식품 트레이서빌리티 적합성 검증사업으로 식품 가공에 있어서 원부자재의 입고, 가공, 출고, 유통에 대한 신뢰성 확보를 통해 식품 안전성 향상에 기여하기 위하여 CJ GLS, GJ 시스템즈, 디엔에스 테크놀로지, 한국썬마이크로시스템즈로 구성된 컨소시엄에서 2005년 4월부터 7월까지 검증과정을 마쳤다.

③ 2005년에는 항공수출입물류 시범사업(KT넷, 범한물류 등)과 의류산업 SCM 효율화 시범사업(제일모직 등)을 추진하고 있다.

정보통신부 한국전산원에서는 2004년 RFID 시범사업에 대해 6개 공공기관을 선정하여 시범사업을 진행하였다.

① **조달청**의 물품 관리 시스템은 LG CNS가 사업자로 참여하여 기존에 수작업으로 처리되던 물품의 관리에 대해 RFID를 적용, 국가 자산에 대한 관리의 효율성을 제고하기 위한 시스템을 구축하고 시범운영중이다.

② **국방부**의 국방탄약 관리 시스템은 LG히타치가 사업자로 참여하여 국가와 국방의 핵심 자산인 탄약에 대해 LOT, 팔레트, 박스단위로 총 7,000여개의 태그가 소요되어 구축하고 시범운영중이다.

③ **산업자원부**의 수출입 국가물류 인프라 지원 시스템은 이씨오가 사업자로 참여하여 EPC Network 플래폼 및 산업자원부 수출입 무역망 연계 기반 자동차 부품 수출 물류의 실시간 파악을 위한 수출입 국가물류 인프라를 지원하기 위해 구축을 완료하고 두 달간의 실증실험을 통해 수출입 물류 거점 간의 비효율성을 도출하고 수출품 흐름의 실시간 추적을 실현하는 성공적인 시스템 검증을 마치고 시범운영중이다.

④ **한국공항공사**의 항공 수화물 추적통제 시스템은 아시아나 IDT가 사업자로 참여하여 승객의 수화물에 태그를 부착, 항공 수화물 추적통제를 효율적으로 수행하기 위해 제주공항을 출발해 김포, 부산, 광주, 대구. 청주 등의 5개 공항으로 운항하는 아시아나항공편의 수화물의 분실이나 도난을 방지하기 위한 시스템의 시범운영한다.

⑤ **해양수산부**의 항만물류 시스템은 사이버로지텍이 사업자로 참여하여 컨테이너 및 차량에 태그를 부착, 화물적재에서부터 국내 육상이동 및 해상이동의 추적을 용이하게 하기 위하여 현재 부산항에서 시범사업을 추진하고 2006년부터 2008년까지 110억원을 추가 투입해 U-PORT 시스템을 구축할 계획이다.

⑥ **국립수의과학검역원**의 수입쇠고기 추적 시스템은 한화 S&C가 사업자로 참여하여 수입쇠고기의 주요 유통 프로세스(검역시행장, 가공업체 및 판매업체)에 대한 위치추적을 통하여 광우병 등의 위해가능성이 높은 쇠고기의 효과적인 회수체계 구축 및 유통체계의 투명성을 확보하기 위하여

시스템구축을 완료하였으며 향후 10년간 추적 서비스 네트워크 구축으로 인해 1조 3,600억원의 생산유발 효과를 유발할 것으로 추정하고 있다.

2005년에는 2004년 시범사업을 토대로 공공기관과 지자체를 대상으로 선도 사업을 공모하여 6개 과제를 최종 선정하여 추진 중에 있다.

① **환경부**의 RFID 기반의 감염성 폐기물 관리시스템은 병원에서 배출하는 장갑, 주사기 등의 감염성 폐기물의 수거 박스에 대해 태그를 부착하여 처리 전 과정을 실시간으로 관리하는 시스템(대우정보시스템)이다.

② **공군본부**의 RFID 기술적용 신무기체계(R-15K) 자산관리시스템은 공군 F-15K 전투기부품 등에 RFID를 적용한 신무기체계 자산관리 시스템이다.

③ **통일부**의 RFID 기술을 이용한 개성공단 통행 및 전략물자 관리 시스템은 개성공단으로 출반입되는 모든 물자 및 차량, 인원 등에 대해 출입절차를 효율적으로 관리하기 위한 시스템으로 삼성에스원이 수행하였다.

④ **강원도**의 대관령 한우 RFID 시스템은 대관령 지역 축산농가의 한우를 대상으로 사육과정에서부터 유통 · 판매 단계에까지 효율적인 관리를 위한 시스템이다.

⑤ **인천광역시**의 동북아 물류중심 실현을 위한 차세대 지식기반 항공화물 RFID 선도 사업은 인천국제공항내 대한항공 항공화물터미널과 미국 JFK공항에 있는 해외화물터미널에 리더를 설치하고, 항공 화물 및 수화물을 적재하는 화물 탑재용기에 수동 태그를 부착해 ULD내의 적재화물

을 추적하거나 ULD의 재고를 관리하는 시스템으로 한진정보통신이 수행하였다.

⑥ **국립현대미술관**의 U-뮤지엄 서비스는 PDA형 리더기를 통해 기존에 구축되어 있는 웹사이트와 연계하여 작품정보를 제공하고 작품의 도난을 방지하며, 수장고의 작품 입출고 및 이력관리, 위치확인 등의 작품관리업무에서의 효율성을 제고하기 위한 시스템으로 현대정보기술이 수행하였다.

(2) 해외시범사업

일본은 2005년도 일본 경제 산업성에서 2005년도 실증실험 프로젝트를 선정하였다.

- 2005년에 실시할 전자태그 실증실험사업 프로젝트와 관련하여 모두 58건의 응모프로젝트 가운데 8건의 프로젝트를 선정하였다(2004년의 경우 44건 응모에 7건 채택).

- 프로젝트구성은 산업구조 개혁형 3건, 신산업 창조형1건, 산업간 연계형 2건, 국제 연계형 2건, 국제 연계형 2건 등으로 구성되었다.

- 실증실험은 2005년 말부터 2006년 3월까지 진행되며, 2005년도 RFID관련 예산 31억엔 가운데 실증실험에 14.5억 엔을 지원할 예정이다.

3) RFID 업계동향

RFID 사업자는 크게 태그, 리더기, 칩, 안테나를 개발하는 H/W 개발기업과 미들웨어 및 패키지 소프트웨어를 개발하는 S/W 개발기업, 시스템 통합(SI)기업, 솔루션 및 통신서비스, 네트워크 기업으로 구분된다.

태그, 리더기, 안테나, 칩 등이 중심이 된 H/W 개발 · 생산 기업을 살펴보면 태크 개발의 경우 제품 설계에서부터 최종 제작까지의 전 과정의 기술력을 보유한 기업은 극소수에 불과하고 대부분의 기업은 일부 공정만을 수행할 수 있는 기술력을 갖추고 있다.

- 저주파용 리더기의 생산업체로는 LS산전, 세연테크놀로지, 한맥이엔지 등 많은 업체에서 형식등록을 마친 제품을 출시하고 있다.

- 유통 · 물류분야에 각광받고 있는 900MHz대역의 리더기의 경우는 키스컴, 크레디패스, 한맥이엔지, LS산전, 현대오토넷 등 약 20여개 업체에서 형식등록을 마친 제품을 출시하고 있다.

- LS산전은 국내에서 처음으로 천안공장에 전자태그(RFID) 전용테스트센터와 RFID 리더 양산라인을 준공하여 본격가동에 돌입했는데, 220여 평 규모의 RFID전용테스트센터는 리더의 품질과 성능을 완전자동으로 테스트하는 기능을 가지고 있고, 110여평 규모의 리더 양산라인은 연간10만대 규모를 생산할 수 있는 양산라인 준공으로 연구, 설계, 양산, 품질을 포함한 전체공정의 인프라를 국내최초로 갖추었기 때문에 금년 말경 태그 양산라인을 구축하고 오는 2007년까지 물류분야 태그 전문화와 새로운 비즈니스모델의 발굴, 국내 최대 태그 전문생산업체로 정착할 계획이다.

- 키스컴은 RFID 솔루션업체로서 국내업체로는 최초로 미국연방통신위원회(FCC)로부터 자사 UHF대역 RFID 리더에 대한 'FCC인증' 과 싱가포

르정부의 형식승인인 'IDA' 를 획득했고, 지난90년대 중반부터 전자태그(RFID) 분야에 투자를 해온 국내 대표 RFID장비업체로서 관련 제품군을 모두 자체기술로 확보한 후부터 900MHz RFID시장에서 국내업체의 기술력을 과시하며 영업에 총력중이다.

- 하이트랙스는 미국 월마트에 설치되고 있는 RFID 시스템에 탑재된 안테나의 대부분을 국내에서 생산하여 공급하고 있는데, 월마트는 글로벌 유통전문회사로 전세계에서 RFID 도입에 가장 적극적인 업체이며, 매트릭스의 인수합병기업인 심볼테크놀로지스는 월마트와 독점으로 RFID구축사업을 하고 있고, 심볼테크놀로지스의 안테나들은 대부분 하이트랙스가 매트릭스를 통하여 공급하고 있다. 하이트랙스는 원래 미국 매트릭스의 기술에 국내안테나 기술을 접목해서 RFID 안테나를 개발하였다.

소프트웨어 관련 업체는 기존의 전사적 자원관리(ERP)시스템 등의 기간시스템에 전달하는 미들웨어나, 다양한 응용을 가능하게 하는 애플리케이션 개발이 중점적으로 사업을 추진하고 있다.

- 한국SUN은 RFID시스템전략의 주요부품인 'SUN Java System RFID 소프트웨어 2.0' 을 출시하였고, 네트워크에서 엔터프라이즈 애플리케이션 시스템까지 RFID데이터의 통합을 단순화하였으며, 다양한 표준프로토콜과 인터페이스를 통해 대부분의 애플리케이션에 서비스를 제공할 수 있도록 설계되었다. 따라서, EPCglobal이 규정한 ALE(Application Level Events)지원을 통해 네트워크에서 RFID데이터를 수집하고 여과(Filtering)할 수 있다. 국내외 에어리언, 매트릭스, 프린트로닉스, 씨 비욘드 등 주요 RFID협력업체와의 강력한 파트너쉽과 RFID에 대한 풍부한 실전경험을 바탕으로 부산대의 RFID테스트센터와도 전략적 제휴를 체결하였다.

- 코오롱 정보통신과 한국 IBM이 유비쿼터스 사업에서 협력하기로 하여 양해각서를 체결하고 두 회사는 유비쿼터스 환경으로 변화하는 추세에 대비하여 한국 IBM이 보유하고 있는 컨설팅, 기술 및 선진사례 등을 활용하고 회사의 u 역량을 강화할 방침으로서 u시티 외에도 u헬스, u스마트홈, 제조물류분야의 RFID와 같은 영역에서 관련솔루션 사업을 전개하기로 하였다.

SI 관련 업체는 삼성 SDS, LG CNS, SK C&C, 신세계아이앤씨, 대상정보기술 등의 대표 SI 기업들이 정부의 RFID 시범사업 계획에 참여하고 있거나 RFID 관련 조직을 신설하거나 투자를 확대하고 있다.

통신 서비스 업체는 SK텔레콤을 비롯하여 KTF, LG텔레콤, KT 등을 중심으로 RFID 서비스 개발을 활발히 추진하고 있다.

외국업체의 경우 RFID가 가장 활발하게 적용되는 유통분야에서의 900MHz 대역을 중심으로 살펴보면 Gen 2(type C) 태그와 리더가 본격적인 개막을 알리며 미국의 IMPinJ의 태그인 Monza와 리더인 SPeedway가 'RFID 저널 Live 2005' 콘퍼런스에서 전시되면서 AWID, Intermec, ThingMagic, Avery Dennison, RSI, SAMsys, Alien 등의 많은 업체들이 속속 Gen 2 제품을 출시하고 있다.

- 미국의 세계적인 RFID 관련기업인 Alien Technology사는 RFID 시스템의 표준화 선두기업으로 1995년에 설립한 이래로 UHF 대역의 RFID에 있어서 태그와 리더기, 안테나 등 관련제품을 생산하여 저가로 공급하고 있으며, 대표적인 사례로 월마트, 미국방부 등의 RFID 시스템의 공급예가 있고, Alien Technology의 RFID 태그는 미국/아시아용, 유럽용으로 구분하고 있으며, 리더기의 경우 기본 구성품에 각 국가별 제품을 업그

레이드하여 제공하고 있다.

- Intermec technologies사는 산업기술 전문업체인 UNOVA의 분할 회사로서 Intermec, Norand, United Barcode industries의 3개업체의 조합으로 이루어져 있으며, UHF대역의 RFID 관련 태그, 리더, 프린터 등을 생산하고 있는 업체로 RFID 관련 많은 특허를 보유하고 있는 기업이다.

1.7 관련사이트

1) 산업자원부(www.mocie.go.kr)

산업과 무역의 지속적인 발전을 통해 국부와 일자리를 창출하고, 안정적인 에너지 수급으로 민생안전을 책임지고 있는 실물경제의 주무부처

2) 기술표준원(www.ats.go.kr)

국내 산업과 기술의 핵심 기반을 발전시킴으로써 경제발전을 뒷받침하는 한편, 국민에게 보다 나은 생활환경을 제공하는 것을 목적으로 하는 정부기관

3) 정보통신부(www.mic.go.kr)

국가 정보화, 정보통신, 전파방송관리 및 우편 · 금융업무를 총괄하는 주무부처

4) 한국유통물류진흥원(www.gs1kr.org)

전세계적인 GS1(EAN.UCC) 표준을 보급하고 국내 유통물류산업의 정보화 등을 추진함으로써 유통물류산업의 진흥과 국민경제의 균형발전에

기여함을 목적으로 하는 비영리 재단법인

5) 한국표준협회(www.ksa.or.kr)

국내 산업과 기술의 핵심 기반을 발전시킴으로써 경제발전을 뒷받침하는 한편, 국민에게 보다 나은 생활환경을 제공하는 것을 목적으로 하는 정부기관

6) www.epcglobalinc.org

유럽의 EAN과 미국의 UCC가 공동으로 출자해 2003년 9월에 설립한 EPC 코드 및 EPCglobal 네트워크 보급을 위한 비영리 법인

7) www.epcglobalus.org

EPCglobal의 미국 지부로서 EPC 코드 및 EPC 네트워크, RFID 기술 도입 및 확산을 목적으로 설립된 비영리 법인

8) www.gs1.org

GS1 표준을 보급하고 새로운 표준 및 서비스를 개발하는 등 세계 유통 물류산업을 총괄하는 대표적인 표준화 · 정보화 기관

9) www.epcglobalus.org

EPCglobal의 미국 지부로서 EPC 코드 및 EPC 네트워크, RFID 기술 도입 및 확산을 목적으로 설립된 비영리 법인

10) www.autoidlabs.org

글로벌 네트워크 및 RFID 기술의 연구 · 개발을 담당하는 MIT 소속 국제표준 개발 기구

11) www.aimglobal.org

기술표준 개발을 위한 장비업체간 자발적 공조를 장려하고, 자료발간을 통해 자동인식기술의 혜택을 홍보하는 기구

12) www.iso.ch

상품과 서비스의 국가간 교역을 원활히 하기 위한 표준의 개발과 보급을 맡고 있는 국제기구

13) www.gci-net.org

미국 및 유럽지역의 다국적 소비재 제조 · 유통업체들로 구성된 이익단체

14) www.ecrasia.com

ECR(효율적 소비자 대응) 기술의 홍보를 목적으로 1999년에 발족된 독립 기구

15) www.ecrnet.org

거래업체간 상호 신뢰를 기반으로 정보공유를 통해 업무효율 개선 및 비용절감 달성, 소비자 가치 향상을 추구하는 기구

16) www.fmi.org

워싱턴에 본부를 두고 있으며 약 2,300개 회원사를 보유하고 있는, 북미지역 식료품 유통업체들의 협력단체

17) www.gmabrands.com

회원업체 공동의 이익을 위한 로비, 연구, 조사 등의 사업을 수행하는, 북미지역 식음료 및 소비재 제조업체들의 협력단체

18) www.koreannet.or.kr

표준바코드가 부착된 상품의 상세정보를 표준화된 형식에 맞춰 DB에 등록하고 상품정보에 대한 검색 및 교환기능을 제공하는 전자카탈로그서비스

19) scm.korcham.net

산업자원부와 정보통신부가 공동으로 기업의 업종별, 비즈니스 형태별 SCM의 템플릿을 개발, 중소, 중견기업에 보급하여 산업부문의 IT화를 촉진하기 위한 사업 홍보 사이트

20) www.iec.ch

전기, 전자 분야의 국제표준을 개발 보급하며 WTO, ISO 등 다른 국제기구와 공동으로 기술위원회를 설치하여 국제적 호환성을 갖춘 표준을 개발하는 국제기구

21) www.rfidjournal.com

RFID 기술 관련 최신 정보 제공

22) www.idtechex.com

RFID 스마트라벨, 스마트패키지 등에 특화된 지식기반의 회사

제2장
RFID 하드웨어 및 소프트웨어 기술

2.1 RFID 네트워크 시스템

RFID 네트워크 시스템은 **하드웨어**(태그, 리더기, 안테나, 호스트컴퓨터)와 **소프트웨어**(운영체계, 미들웨어, 호스트 어플리케이션)로 구성된다.

RFID 시스템은 데이터를 주고 받는 방식에 따라, 태그의 종류에 따라, 작동 주파수에 따라 구분된다. RFID 시스템에서 공통적인 4가지 하드웨어 구성요소는 다음과 같다.

- 태그(트랜스폰더 ; Transponder)
- 리더기
- 안테나
- 호스트 컴퓨터

RFID시스템의 하드웨어 구성은 **트랜스폰더**(Transponder; **태그), 리더**(reader)와 **안테나**(결합장치;coupling device)로 〈그림 2-1〉 처럼 구성된다.

〈그림 2-1〉
RFID 시스템 하드웨어 구성 요소

활용분야	원리
 [태그]	•상품에 부착되며 데이터가 입력되는 IC 칩과 안테나로 구성 •리더와 교신하여 데이터를 무선으로 리더에 전송 •배터리 내장 유무에 따라 능동형과 수동형으로 구분됨
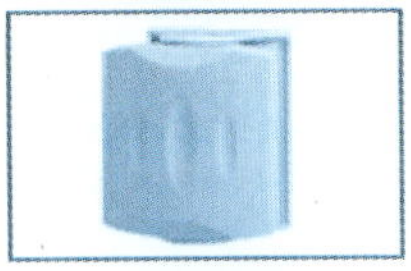 [안테나]	•무선주파수를 발사하며 태그로부터 전송된 데이터를 수신하여 리더로 전달함 •다양한 형태와 크기로 제작 가능하며 태그의 크기를 결정하는 중요한 요소임
 [리더]	•주파수 발신을 제어하고 태그로부터 수신된 데이터를 해독함 •용도에 따라 고정형, 이동형, 휴대용으로 구분 •안테나 및 RF회로, 변/복조기, 실시간 신호처리 모듈, 프로토콜 프로세서 등으로 구성
 [호스트]	•한개 또는 다수의 태그로부터 읽어들인 데이터를 처리함 •분산되어 있는 다수의 리더 시스템을 관리함 •리더부터 발생하는 대량의 태그 데이터를 처리하기 위해 에이전트 기반의 분산 계층 구조로 되어 있음

- 리더에는 태그로부터 송, 수신되는 신호를 처리하여 메모리에 저장하거나 향후 송신할 수 있도록 마이크로프로세서를 내장한다. 태그에는 용도에 맞게 만들어진 리더와 통신을 제어하는 IC 칩이 있으며, 칩 내의 기억장치에는 관련 정보에 대한 데이터를 저장한다. 태그가 안테나의 전자기장 내를 통과하면 리더로부터 신호를 감지, 태그 내에 저장된 데이터를 리더에 송신하고 태그로부터 데이터를 수신한 리더는 디지털신호로 변환하여 정상적인 데이터인지를 검증, 정상적인 경우에는 RS-232, RS-422, RS485 등을 통하여 컴퓨터나 다른 컨트롤러에 전송한다.

RFID 시스템의 소프트웨어 구성요소〈그림 2-2〉는 응용시스템의 요구사항에 따라 형태와 기능에 따라 다음과 같이 분류할 수 있다.

- RFID 시스템 소프트웨어
- RFID 미들웨어(Middleware)
- 호스트 어플리케이션

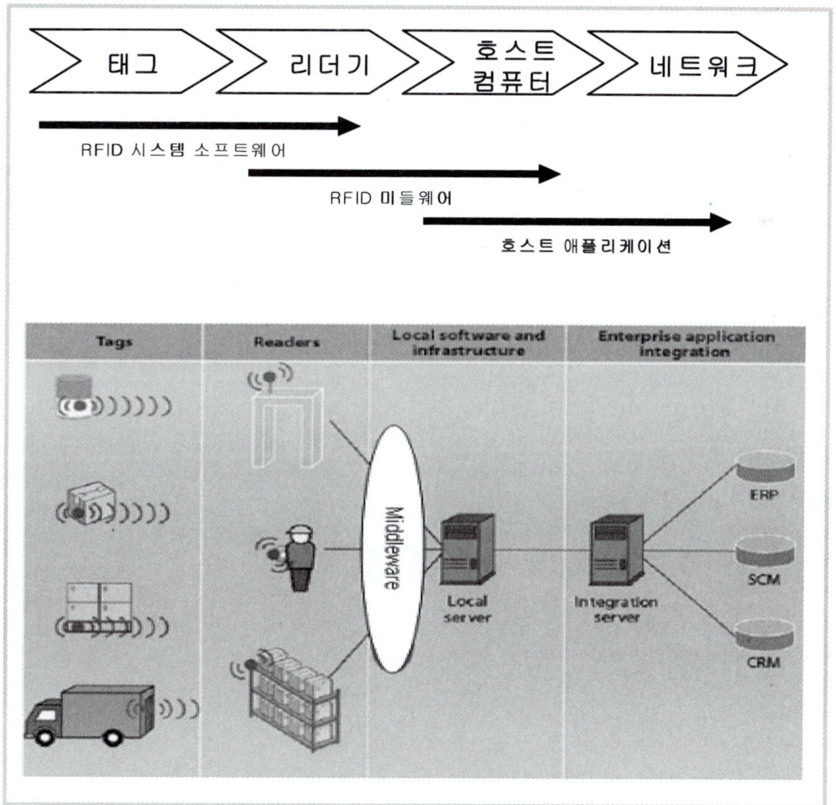

〈그림 2-2〉 RFID 시스템 소프트웨어 구성요소

RFID 시스템 소프트웨어는 태그와 리더기사이의 기본적인 통신을 가능하게 하는 기능을 제공한다. 이러한 통신은 전파 신호를 처리하는 것이다. 따라서 이러한 통신 기능을 하기 위해서는 하드웨어와 낮은 계층의 소프트웨어인 (펌웨어;firmware)와 함께 태그와 리더기 사이에 이동하는 데이터를 관리하기 위한 고급 시스템 소프트웨어가 필요하다.

일반적인 **시스템 소프트웨어**의 기능은 읽기 및 쓰기 기능, 충돌방지

(anti-collision)기능, 오류 감지 및 수정기능, 암호화 및 인증기능 등이 있다.

RFID 미들웨어는 RFID 시스템 구성요소(태그와 리더)와 호스트 어플리케이션을 연결해 주는 소프트웨어이다. 이 미들웨어의 기능은 리더의 상태 모니터링과 RFID 시스템 구성요소(태그와 리더)와 데이터 흐름의 관리하는 기능 즉, 태그에서 리더기로 전송된 데이터를 호스트 어플리케이션과 통합하기 위한 인코딩(encoding), 수집(collection),처리(processing), 필터링(filtering), 군집화(aggregation)를 수행한다.

호스트 어플리케이션은 일반적으로 재고관리나 창고 관리 시스템과 같이 이미 존재하는 기업의 소프트웨어 프로그램이다. 태그로부터 전달된 데이터는 리더기와 RFID 미들웨어 소프트웨어가 처리하여 표준화된 형식으로 호스트 어플리케이션에 전달된다.

2.2 RFID 하드웨어 구성 요소 기술

1) 태그 기술

RFID 시스템은 제품이나 사물을 식별할 수 있는 식별자에 해당하는 태그와 식별자를 읽고 쓰는 역할과 상위 시스템으로 데이터를 전송하는 리더, 그리고 태그와 리더를 무선으로 통신할 수 있는 안테나로 구성된다.

(1) 태그의 요소기술

태그 요소 기술에 대해 세부적으로 살펴보면 다양한 물품에 부착되는 RFID 태그는 칩과 안테나로 구성되고, 칩에는 사물의 유일 식별코드나 정보를 저장하며 리더의 조정에 의해 또는 상황에 따라 스스로 외부에 자신의 정보를 전송하거나 수신하며 적용 분야에 따라 다양한 형태 및 재료로 구현된다. RFID 태그는 작은 한 개의 IC 칩과 안테나로 구성되지만, 그 작은 칩을 구성하는 요소기술을 살펴보면 아래와 같이 다양한 기술들로 구성되어 있다.

① 정류기술(Rectifier)

수동형 태그에서 리더로부터의 전자파 에너지가 태그의 안테나를 통하여 임피던스 정합회로를 경유하여 칩으로 수신되면 이 전자파 에너지를 다이오드와 콘덴서 등으로 구성된 정류회로를 통하여 IC 칩의 동작용 전원으로 이용될 수 있도록 직류전원으로 만드는 기술이다. 전자파 에너지로부터 직류전원으로 변화하는 기술은 그 효율이 중요하며, 현재 기술로는 대략 10~15% 정도의 효율을 얻고 있다.

② 검출기술(Detection)

RFID 태그에서 리더로부터 명령어나 데이터를 인식하여 명령어를 검출하는 기술이다. 리더로부터의 변조된 신호는 고주파전력을 On/Off하는 형태의 ASK(Amplitude Shift Keying)변조를 하고 있어 태그의 안테나 단에서 다이오드와 같은 비선형소자를 이용하여 리더로부터의 고주파 신호레벨의 변화를 비교 검출하는 회로로 구성되며, 지능적인 태그를 구현하기 위해서는 중요한 요소기술이다.

③ 변조기술(Modulation)

태그의 메모리로부터 태그고유의 ID 정보나 메모리에 있는 데이터를 리더에 보내기 위해서는 리더로부터의 고주파 반사파의 정보와 일치하는 변화가 일어나도록 하는 부분으로 태그의 안테나와의 정합회로에 On/Off소자를 두어서 보내고자 하는 데이터에 따라서 On/Off에 의한 안테나 정합회로의 임피던스를 변화시킴으로써 반사파의 진폭이 변화하도록 하는 구성되어 있다.

④ 부호화 기술(Coding)

태그의 메모리에 저장된 ID 정보 또는 데이터를 바로 변조할 경우 넓은 주파수 스펙트럼이 요구되어 리더에서 높은 인식률을 보장하기 어려우므로, 두 개의 주파수 스펙트럼이 발생될 수 있는 Bi- Phase 형태의 맨체스트(Manchester)코드 또는 FM0 코드로 만드는 부분으로 Exclusive OR 게이트 등의 논리회로로 구성되는 요소 기술이다.

⑤ 충돌 방지기술(Anti Collision)

한 리더의 인식 영역에 존재하는 수많은 태그들의 일괄 인식을 위한 충돌방지 기술로 무선통신에서 사용되는 Aloha 기술을 응용하여 태그 IC회로에 임의 숫자 발생기(Random Number Generator) 회로를 구성하고, 태그가 리더로부터 전력을 받아 워크업(Wake up)된 후 곧바로 데이터를 출력하지 않고 태그들이 각각 서로 다르게 생성된 난수만큼 지연한 후 데이터를 송출하게 하여 태그끼리의 충돌을 방지하게 하거나 리더로부터 Silent 명령을 받아 다음 명령 때까지 Silent mode로 들어가 충돌을 방지하도록 하는 요소기술이다.

⑥ 초기화 기술(Power on Reset)

전력의 공급이 불규칙적인 고주파로부터 태그의 동작전원을 수급하게 됨으로써 불안전한 전원전압에서 로직 회로가 동작하여 노이즈(Noise) 성의 데이터 송출을 방지하여 다른 태그의 통신을 방해하지 않도록 하기 위하여 일정 전압 이상이 되면 태그회로가 리셋이 되어 초기화가 되도록 하고, Threshold 이하가 되면 태그회로의 동작을 정지 키는 요소기술이다.

⑦ 메모리 기술(Memory)

태그의 고유 ID 또는 사용자 정보 등을 기록 저장하는 부분으로 공장(Factory)에서 한번만 기록하고 읽기만 가능한 방식, 읽기와 쓰기가 가능한 방식 등이 있으며, 저전압, 저 소비전력으로 설계하는 기술을 요구된다.

⑧ 오류감지 기술(Error Detection)

읽기/쓰기 태그에서 리더로부터의 명령 또는 데이터를 수신하였을 때 완전한 데이터를 수신하였는지의 검증을 위하여 리더에서는 데이터 다음에 CRC 데이터를 첨부하여 보내게 되며, 이의 확인을 위한 CRC의 비교계산을 위한 논리회로 설계의 요소 기술이 필요하다.

(2) RFID 태그의 구분

① 기억정보/전원방식 및 주파수대역에 따른 분류

기억정보에 따른 분류는 정보 식별형(수 10바이트), 분류 데이터베이스(수 k바이트) 및 **주파수별**로 AM라디오에 가까운 대역인 장파 (125-135kHz; FA용), FM라디오나 텔레비전에 가까운 대역인 중파(13.56MHz, 433.92MHz; IC카드형), 무선LAN이나 블루투스, 지그비에 이용되는 대역인 UHF 또는 마이크로파로 구분할 수 있다.

태그의 액세스 방식에 따른 분류는 대략 3가지로 분류되는데 읽기만(read-only), 한 번 쓰고 읽기만(WORM : write once read many) 및 항상 읽고 쓰기(read/write) 태그로 구별된다.

초저가 태그를 위한 기술로 인피니온 등에서 개발 중인 폴리머 반도체에 의한 플라스틱 트랜지스터, 미국 Inkoda의 종이나 플라스틱에 매우 얇은 금속 파이버를 내재하여 전파의 투과와 산란을 만들어 내어 고유한 식별이 가능한 1센트 이하의 무칩(chipless) 태그, 그리고 표면탄성파를 이용하여 무선센서와 RFID를 결합한 SAW 태그 등이다.

RFID 태그는 **공급전원**이 내부에 전원을 가지고 있는지 그렇지 않는지에 따라 크게 능동형과 수동형, SAW(Surface Acoustic Wave)타입으로 구분할 수 있다.

가. 능동형 태그

능동형 태그는 자체에 내부 전원을 가지고 있어서 먼 거리까지 송신이 가능하다. 그러나 내부의 전원사용으로 인하여 전원을 교체해야 하고, 소형태그를 만들기에는 부적합하다. 능동형 태그는 자체 배터리를 통해 전원을 공급받아 동작하는 태그로서 '읽기/쓰기' (Read/Write : Write Many, Read Many)가 가능하고 수m~수십m까지의 식별거리를 제공하고, 대용량 메모리를 사용하여 다양한 데이터 저장이 가능하다.

나. 수동형 태그

수동형 태그는 자체에 전원을 가지고 있지 않으며, 태그를 동작할 수 있는 에너지를 리더로부터 공급받는다. 무선인식 시스템에서 에너지를 공급받는 방법은 부하변조(Load Modulation), 밀착 결합(Close Coupling), 유동성 결합(Inductive Coupling)방법이 있다. 부하변조 방법이나 밀착 결합 방법은 근접한 거리에서 인식을 하기 때문에 인식 거리는 한계가 있다. 수동형 태그는 리더로부터 전자파를 공급받아 태그 내부회로에 의해 전원으로 사용하여 동작하는 태그로서 감지거리가 짧고 구조가 간단하며 '읽기' (Read-Only)만 가능하거나 '읽기/쓰기' (WORM : Write Once, Read Many)가 가능하다. **수동형 태그**의 데이터 전송방식은 **후방 산란** 변조방식을 사용하며 동작 원리는 리더에서 방사된 RF 신호로부터 태그의 칩을 구동시킬 수 있는 직류 정류하여 자체 칩을 구동시키고 리더가 원하는 응답을 하는 방식이다.

이때, 태그의 안테나와 칩이 정합되었을 경우, 칩으로 공급되는 전력은 반사되는 전력과 동일하게 수신 전력의 절반이 되고, 태그의 안테나부가 단락되었을 경우 입사전력과 반사전력이 같은 위상이 되어 수신 전력의 2배가 반사된다. 이와 같은 형태로 ASK 데이터 변조를 구현할 수 있고, 부하변조회로를 구현하여 FSK와 같은 데이터 변조도 구현 가능하다. 이러한 방법으로 태그는 데이터를 전송하며 이러한 기술을 후방 산란 변조 방식이라 한다.

다. SAW 태그

SAW 태그는 자체에 전원을 가지고 있지는 않지만, 압전(Piezo Electric) 효과를 이용하여 리더에서 태그에 RF SAW파를 사용한다. 태그의 안테나는 RF파를 받아서 변환기(IDT, interdigital transducer)로 보내면 RF파를 표면 탄성파로 바꾸어 변사기(wave reflector)로 보낸다. 변사기는 표면 탄성파에 반응하고 이를 다시 변환기로 보내면 RF파로 변환하여 안테나를 통해 리더로 보낸다.

SAW 기술은 핸드폰, 칼러TV, 레이저 등에도 사용된다. 주요특징은 수동형 읽기만(Read-only)으로 30미터까지 읽을 수 있고 리더의 전력이 적게 소요되고 핸드홀더 리더기가 많이 사용되고 2.45GHz에 작동하고 가격이 저렴하면서 태그의 메모리 크기는 32~256비트이고 액체나 금속 투과성이 좋은 특징을 갖고 있다.

〈그림 2-3〉
SAW 태그 칩 및 기능

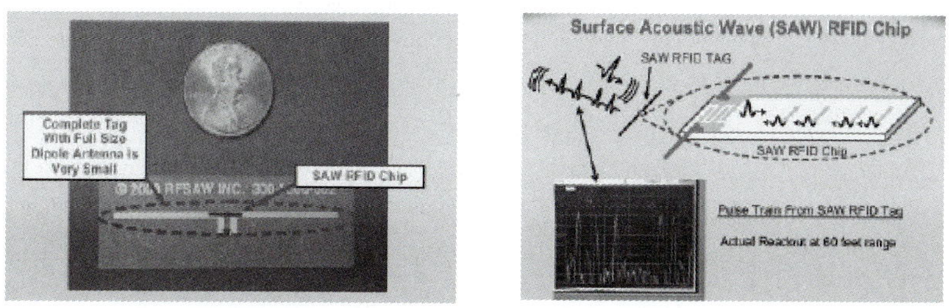

(a) SAE 태그 칩　　(b) SAE 태그 기능

각 주파수 대역별 활용 분야는 RFID 시스템의 주파수는 ISM 주파수 대역에서 135kHz, 13.56MHz, 433MHz, UHF(860~930MHz), 2.45GHz 대역의 주파수를 사용하고, 주파수별 응용 분야는 〈표 2-1〉과 같다.

〈표 2-1〉
기억정보, 전원방식 및 주파수대역별 분류

RFID 방식별 구분		주요 특성
태그 읽기/쓰기 능력	읽기 전용	• 제조 시 프로그래밍, 정보내용은 변경 불가 • 가격 저렴하고 바코드와 같이 단순인식 분야 사용
	한번 쓰고 읽기전용	• 사용자가 데이터를 프로그래밍하며 프로그래밍한 후에는 변경이 불가
	읽기/쓰기	• 몇 번이고 프로그래밍 및 데이터 변경 가능 • 고가이니 다양한 분야에서 고도의 활용이 가능
태그 전원유무	능동형 (Active)	• 태그에 배터리 부착, 수십m 원거리 통신용 • 가격 고가, 수명 제한, UHF 대역 이상에서 사용
	수동형 (Passive)	• 태그에 배터리가 없으며, 10m 이내 근거리 통신용 • 가격이 저렴하고 수명 반영구적(약 10년 이상)
무선 주파수 대역	135kHz이하	• FA용, 동물인식 등 근거리 용도로 활용 • 시스템 가격이 저렴하다.
	13.56MHz	• IC 카드, 신분증 등 1m 이내에 활용 가능 • 데이터 전송상의 신뢰성이 높음
	UHF	• 433MHz(능동형),860-930MHz 대역을 이용 • 마이크로파 대역에 비해 무선인식 성능이 우수 • EPC태그 등 국제적으로 활성화 전망
	마이크로파	• 2.45GHz ISM 대역 이용 • 소형/저가의 태그/리더 기능 • UHF대역에 비해 수분, 금속 환경에서 인식을 저하
기타		• 응용 분야에 따라 어플리케이션 전송(데이터/메시지), 통신층(태그/리더 간 통신), 전송층(우선 주파수 대역)의 3가지 계층으로 구분 가능

② 주파수 대역별 태그 구분

현재 각 주파수 대역별 태그는 기본적으로 ISO/IEC의 표준을 따르고 있지만, UHF 대역의 태그는 EPC Global에서 제안한 EPC와 ISO/IEC에서 제안한 2가지 방식으로 나눌 수 있다.

가. EPC

EPC의 기본은 고유의 데이터가 입력된 수동형 태그이며, 능동형 까지 포함하여 6가지의 클래스(0~5)가 있다. Auto-ID 센터는 '클래스 0' 과 '클래스1' 태그의 프로토콜을 개발하였으며, 두 가지 형태의 클래스의 태그는 현장 실험과 운용시험을 마쳤으나, 다른 클래스 태그의 규격은 아직 개발이 완료되지 않은 상태이다.

과거에는 제조업체가 서로 다른 태그와 리더 사이의 교신이 불가능하였다. 그러나 현재는 상호 운용이 가능한 태그와 리더들이 생산되고 있다. 클래스 0과 클래스 1의 프로토콜을 통합하는 작업이 진행 중에 있는데 이를 '클래스 1 버전 2' 라 부른다. 이 새로운 프로토콜은 두 클래스 규격의 장점만 취합하는 것이며, 하나의 리더로서 두 클래스의 태그를 모두 읽을 수 있게 된다. 현재 두 가지를 모두 판독할 수 있는 리더가 있으나, 이는 두 번을 각각 판독하는 것으로써 단기적 해결책에 불과하다.

또한 프로토콜 제정의 또 다른 이점은 태그와 리더, 그리고 프로토콜이 점차 높은 클래스로 발전하더라도 이를 수용할 수 있는 인프라의 구축이 쉬어진다는 점을 들 수 있다. 즉 모든 기반 시설을 교체할 필요없이 리더 펌웨어의 업그레이드만으로 써 새로운 클래스를 수용할 수 있게 되는 것이다.

〈표 2-2〉
EPC 클래스별 발전 현황

클래스	설 명
클래스 0	읽기 전용, 칩 메이커 고유 ID, 수동형 태그
클래스 1	읽기 전용, 사용자 ID 쓰기 가능, 수동형 태그
클래스 2	수동형, 일부 부가기능 있음(예: 메모리, 암호화)
클래스 3	반(Semi) 수동형 RFID 태그 수동
클래스 4	능동형 태그, 리더 그리고 동일주파수 대역의 다른 태그와 교신
클래스 5	기본적으로 리더와 동일 기능, 클래스 1,2,3 태그에 전원을 공급해 줄 수 있으며 클래스 4와도 교신할 수 있고, 클래스 5의 다른 태그와도 교신 가능함.

비록 통합 프로토콜이 이러한 장점을 가지고 있지만, 실제로는 각 기업이 필요로 하는 EPC 태그 클래스를 선택하여 사용할 수 있는 융통성이 확

보되어야 한다. 판독장비는 상위 클래스에 대하여 호환성을 가져야 할 것이다. 현재 기업에서 시험적으로 사용할 수 있는 것은 클래스 0과 클래스 1이다. 태그와 리더의 구매 가격은 표준화가 이루어지고 대량 수요가 발생하게 되면 경쟁력 있는 수준으로 낮아질 것이다.

나. ISO/IEC에서 제안한 태그

ISO/IEC에서 제안한 태그는 읽기(Read)만 가능한 Type A와 읽기/쓰기(Read/Write)가 가능한 Type B로 구분된다. Type A는 최초에 식별 코드를 입력한다. 이는 제조사나 각 업체에서 가능하며, 입력된 식별코드는 더 이상 기능을 할 수 없는 형태가 된다. Type B는 EPC의 클래스 1과 같은 기능을 하고 있다. ISO/IEC에서 제안한 방식과 EPC Global에서 제안한 방식의 두드러진 차이점은 쓸 수 있는 메모리의 크기와 변복조, 코딩 방식에 차이가 있다. 다음은 ISO/IEC의 Type A, B를 나타낼 것이다.

(3) 태그의 종류별 특징

RFID 태그는 형태와 크기에 따라 원판형, 원통형, 라벨형, 카드형, 상자형으로 분류되며, 주요 특징은 다음과 같다.

〈표 2-3〉 태그형태 및 크기

RFID 태그 구분	주요특성	
태그 형태 및 크기	원판형 (수mm~수십mm)	• 의류 등의 관리 • 레저용 리스트 태그 • 장치 속 내장 가능
	원통형 (수mm~수십mm)	• 동물 관리 • 팔레트 관리
	라벨형 (수십mm×수십mm)	• POS 정산용 제품 태그 • 서류, 화물 관리
	카드형 (85×54×수mm)	• 승차권, 정기권, 전화카드 • 입퇴장 관리 ID 카드
	상자형 (50×50×10mm)	• FA • 차량, 컨테이너 관리

(3) 태그의 형태요소

태그의 형태 요소란 크기, 구성, 또는 물리적 형태 등을 말한다. 태그를 기업에서 사용하기 위해서는 태그의 형태에 대하여 보다 진지한 고민이 있어야 할 것이다.

① 형태와 크기

태그가 부착되는 상품이 점차 소형화됨에 따라(컨테이너에서 팔레트, 케이스, 그리고 앞으로는 낱개 상품에 이르기까지) 태그의 형태와 크기를 다양하게 할 필요가 있다. 태그가 상품의 외관을 해쳐서도 안 되고 취급에 장애가 되어서도 안 된다. 그러면서도 정확하게 판독되어야 한다.

② 부착

태그를 상품에 어떻게 부착할 것인가 하는 방법에 대해 고민해야 한다. 특히 컨테이너나 팔레트에는 작업 중에 훼손되지 않도록 부착하는 것이 중요하다. 케이스라면 비교적 조심스럽게 취급되므로 접착제로 부착할 수도 있으나, 그래도 공급체인에서의 험한 취급을 충분히 견딜 수 있어야 한다. 개별 상품에도 접착제로 부착이 가능하지만, 외관을 중시하는 품목에서는 제품의 포장과 일체화되어야 할 것이며, 이 점은 포장재 생산자가 해결해야 될 부분이다.

③ 견고성

태그는 다양한 취급 환경에 노출될 수 있다. 따라서 태그 제조 업체는 태그 자체 또는 커버가 상품 이동이 끝날 때까지 손상되지 않도록 각별한 주의를 기울어야 한다.

④ 상품 특성의 고려

액체나 금속성 등 제품의 물리적 특성은 태그의 판독에 상당한 영향을 미친다. 각종 상품에 대한 태그판독 성능실험 결과에 의하면 액체나 금속성 제품의 경우 판독에 장애를 유발할 가능성이 있으므로 태그 제조업체들은 상품의 물리적 특성에 구애받지 않고 판독이 가능한 태그를 저렴하게 생산하기 위한 연구를 계속하고 있다.

(4) 태그의 기능

태그에는 다음과 같이 유용한 기능들을 다양하게 부가할 수 있다. 몇 가지 예를 들면 다음과 같다.

① 유효 기간 등의 데이터 추가 입력

② 온도, 고도, 습도, 충격 등에 대한 각종 센서 기능

EPC 이외의 부가 데이터를 가지고 있는 태그는 별도의 상품정보 DB와의 연결이 불가능할 경우 특히 유용하게 사용될 수 있다. 예를 들면 약국이나 병원에서 긴급하게 특정 약품에 관한 모든 정보를 즉석에서 판독하여 처방할 필요가 있을 때 이용할 수 있을 것이다.

각종 물리적 환경을 측정할 수 있는 센서를 내장할 태그는 현재도 사용되고 있다. 이러한 종류의 태그는 다양한 용도로 사용되고 있는데. 대개 능동형이고 포장용기에 부착되며 가격이 높은 편이다. 아이스크림 냉동 포장용기에 아이스크림의 보존에 중요한 환경 요소인 온도와 습도를 측정하는 센서가 부착되어 사용되고 있는 것이 좋은 예이다.

Auto-ID Lab과 태그 제조업체에서는 이 분야의 연구를 계속 수행할 것이다. 그리고 EPC Global에서는 모든 태그 클래스에 대한 무상 공개 표준의 개발과 보급을 위한 노력을 계속 할 것으로 보인다.

(5) 태그의 상세 기술

태그는 RFID시스템의 통제장치인 리더 또는 리더의 요청에 의하여 물체, 동물, 사람 등의 식별, 인식 정보를 송신하는 소자로서 최근 응용범위가 확대되고 있다.

태그는 자체정보를 무선송신하기 위한 에너지로서 리더 또는 리더의 반송파 RF에너지를 활용하는 특징을 갖는 것이 일반적인 양방향 무선 송수신방식과 다르다. 즉 물체 또는 사람에게 부착된 태그는 리더에서 송신하는 RF반송파 신호를 태그 또는 태그 안테나에서 수신한다.

RFID 시스템의 감지거리는 태그가 소모하는 에너지가 적어야 제한된 리더의 RF출력 범위에서 인식거리가 길어진다. 즉 태그는 소모전류를 어떻게 최소로 하느냐가 기술의 핵심이다. RF전파의 정류는 쇼트키 다이오드가 사용되는데 지금까지는 정류효율이 우수한 GaAs구조의 쇼트키 다이오드를 CMOS 실리콘(Silicon) 구조에 집적하는 것이 어려워 수동형 태그 제조에 어려움이 있었으나 최근 쇼트기 다이오드를 실리콘 IC내에 집적이 가능하여 초소형의 RF태그 구현이 가능하게 되었다.

무선 마이크로파 태그는 리더의 명령 또는 자체 구동에너지 확보하는 순간에 리더의 RF를 ID데이터에 의해 변조하여 반사하게 된다. 리더는 변조되고 반사되어 수신된 RF 태그 신호의 반송파를 제거하고 복조한 후에 디코딩(decoding) 회로 또는 소프트웨어에 의해 해독하여 무선 태그 정보를 인식하게 된다.

무선 태그의 인식속도 및 인식거리는 태그의 구조 및 방식과 판독기의 무선출력, 안테나의 크기, 이득에 따라 달라진다. 또한 RFID 동작방식, 사용주파수에 따라 장단점을 갖는다.

태그 또는 태그안테나에서 수신된 교류전파에너지는 다이오드에 의해 정류되어 수동형 태그에서는 전자회로 구동용, 능동형 태그에서는 워크-업용 전원으로 사용된다.

능동형 태그에서는 리더의 워크-업 신호에 의에 전원 구동스위치 회로가 on상태가 된다. 태그의 기본 기능은 리더에 의한 질문신호에 의해 MCU 또는 EEPROM에 저장된 식별부호 또는 정보를 태그안테나를 통하여 리더의 반송파를 통하여 후방 산란하는 것이다.

후방 산란을 효율적으로 하기 위하여 태그 안테나의 부하 임피던스를 변화시켜서 임피던스 부정합에 의해 전파의 전반사를 유도한다. 즉 부하 임피던스가 변하게 되면 안테나가 단락상태로 되어 안테나전류의 증가현상을 발생시켜 이로 인한 수신반송파 전파의 후방 산란을 일으킨다.

안테나의 부하 임피던스를 변화시키기 위하여 트랜지스터 또는 다이오드 스위치가 사용되며 스위치의 on-off신호는 태그의 디지털 신호에 의해 스위칭된다. 즉 다이오드 스위치의 제어단자에 high신호를 인가하여 안테나를 단락시키거나 정합된 태그안테나의 부하 임피던스를 매우 크게 하면 안테나 부하의 단락 또는 개방상태가 되어 수신전파의 후방 산란률을 증대시킨다. 즉 임피던스 정합된 태그안테나가 단락상태가 되면 마이크로스트립 안테나내부에서 전류가 급격히 증가하게 되며 수신전파와 공진주파수의 고주파신호가 이로 인하여 후방 산란된다. 태그안테나 부하 절환 스위칭소자로는 주로 바이폴라 트랜지스터나 PIN다이오드 및 쇼트키 다이오드가 사용된다.

RFID 태그는 주파수대역에 따라 저주파 태그(10-400kHz), 중간주파 태그(3-30MHz), UHF 및 마이크로파 태그(300MHz 이상) 등과 같이 분류한다.

저주파, 중간 주파수 태그는 리더 안테나의 근접영역(near field)에서 동작하므로 인식거리는 보통 1.5m를 초과하지 못한다. 인식거리를 증가시키려면 태그와 질문기간에 원접 영역(far field) 통신방식이 채택되어야 한다.

그러므로 UHF 및 마이크로파 주파수대역은 RFID 리더와 태그간의 인식거리를 증대시킬 수 있는 가장 적절한 방안이다. WLAN과 같이 RFID시스템도 허가를 요하지 않는 ISM 주파수대역을 사용한다.

FCC의 part 15에 규정된 ISM주파수대역은 902-928MHz, 2.435-2.465GHz,

5.785-5.815GHz, 10.5-10.55GHz, 24.075-24.175GHz 등과 같다.

저가의 RFID시스템 수요측면에서 915MHz, 2.45GHz, 5.8GHz대역이 주로 고려되고 있다. 이러한 UHF, 마이크로파 대역 RFID시스템은 현재 국제표준으로 RF 요구사항 표준 확정 단계에 있으며 인식거리 증대를 위한 가장 유망한 시스템으로 주목을 끌고 있다. 태그의 최적성능을 달성하기 위하여 응답 발생기법이 매우 중요하다.

① 수동형 후방 산란 태그

수동형 후방 산란 태그 시스템은 가격대 성능 면에서 대부분의 RFID 시스템의 최적 방안으로 대두되고 있다. 이 수동형 후방 산란 태그는 코드 발생, RF신호 수신, 변조, 재송신, DC전압 발생 등의 주요 기능을 갖고 있고, 수동형 후방 산란 태그가 시간, 온도에 무관하게 신뢰할만한 기능을 수행하기 위하여 정류과정을 통과한 질문기로 수신된 RF신호로부터 DC 전압을 추출해야 하는데, 제로 바이어스 검파기 다이오드 또는 쇼트키 다이오드가 감도, 효율 면에서 적합한 정류기로서의 기능을 수행한다. 정류된 DC전압은 응답코드를 발생하고 변조회로에 변조 파형을 공급하는 전원으로 사용된다.

〈그림 2-4〉 후방 산란 RFID의 개념도

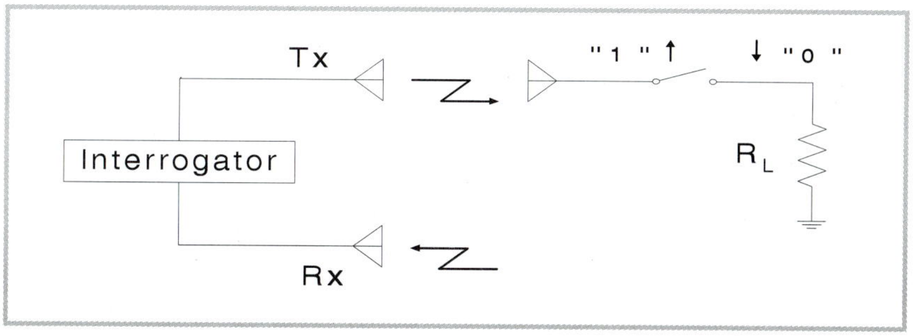

후방 산란 방식은 제어방식에 의해 수신 RF신호를 산란하는 원리를 적용한다. 〈그림 2-4〉의 후방 산란구조에서 태그 안테나는 제어데이터 비트

가 "1" 이면 수신RF신호를 반사하며, 제어데이터 비트가 "0" 이면 수신RF 에너지를 흡수한다.

일반적으로 산란된 RF신호는 안테나에 흐르는 RF전류를 변화시켜 변조될 수가 있는데, 이 기법은 종단된 안테나의 임피던스 변화에 의해 가능하다. 요구되는 변조패턴에 따라 안테나 단자의 저항 또는 리액턴스를 변화시켜 변조된 산란을 발생하는 어떠한 기법도 사용될 수 있다. 〈그림 2-5(a)〉의 PIN 다이오드는 가변 RF저항으로 동작하여 안테나에서 산란되는 신호를 변조한다.

〈그림 2-5〉 PIN 다이오드 후방 산란

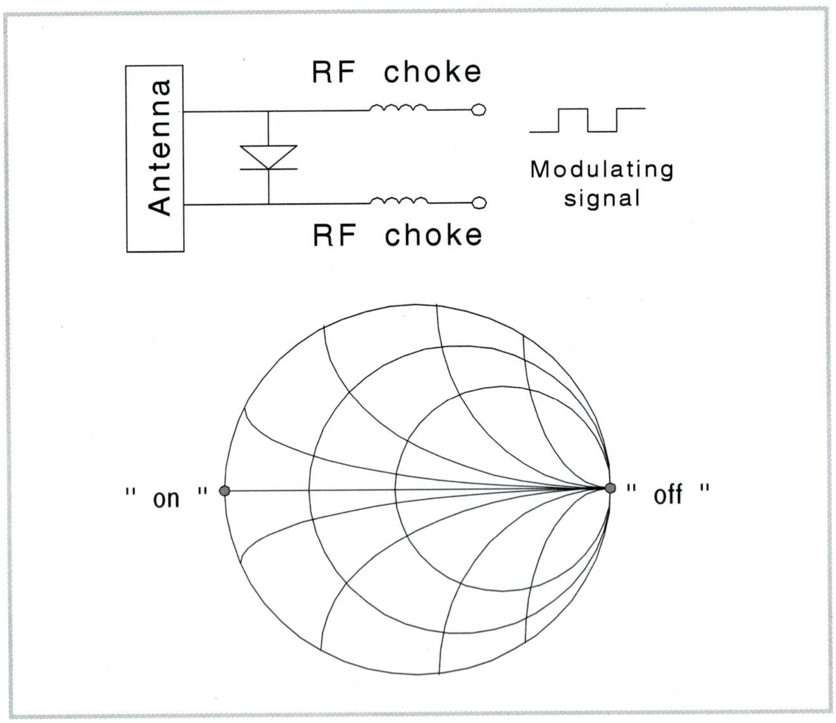

이 경우에 저항치는 다이오드에 흐르는 바이어스 전류를 변화시켜 제어된다. 디지털 코드를 재송신하기 위해서 다이오드는 2 가지 상태를 갖게 되

는데, 즉 "on" 상태 (저 저항 r, 수Ω)와 "off" 상태 (고 저항 R, 수kΩ)를 갖는다. 다이오드 단자의 이상적인 임피던스는 〈그림 2-5(b)〉의 스미스차트와 같이 임피던스가 개방상태에서 단락상태로 변화함을 보여주며, 반사계수의 크기는 일정하게 유지하면서 위상만 180° 변한다. 그러므로 PIN 다이오드의 순방향 바이어스 전류를 변화시켜 bi-phase PSK 변조가 가능하며, 안테나는 자체 공진 상태가 되어 다음 조건을 만족하는 방사저항을 유지한다.

$$r \ll Brad \ll R$$

즉, 안테나는 다이오드 임피던스가 2가지 상태를 갖는 형태로 임피던스 변화를 갖는다. 그러나 PIN다이오드 후방 산란방법은 낮은 저항을 얻기 위해서는 비교적 큰 전류가 인가되어야 하는 단점을 갖는다. 산란신호를 변조하는 다른 방법으로는 〈그림 2-6〉과 같은 방법으로서 정류기의 부하 전류 I_L이 FET스위치와 저항의 조합에 의해 변조된다.

〈그림 2-6〉 개폐 다이오드 후방 산란(backscatter)

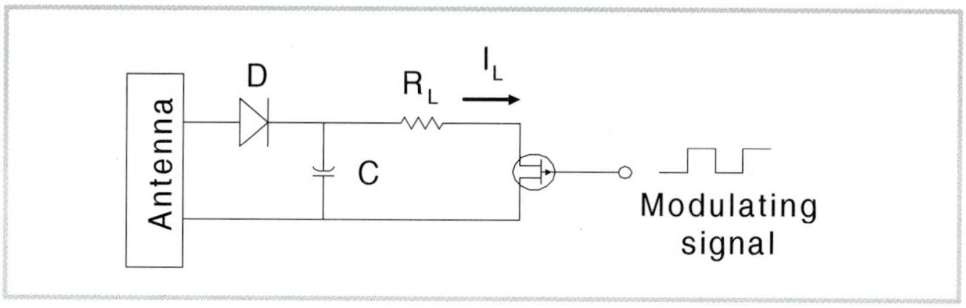

정류기 커패시터 C는 여기주파수에서 저 임피던스 bypass, 변조할 때는 고임피던스가 된다. PIN 다이오드의 경우와 같이 변조과정은 안테나 부하 임피던스가 되는 다이오드 임피던스의 변화에 근거한다. 즉 안테나 부하 임피던스 상태에 따라 수신 RF신호를 안테나로부터 흡수하거나 재 방사한다. RF에너지의 흡수는 안테나의 임피던스가 다이오드의 임피던스와 정합되는 상태에서 발생한다. 이 과정을 통하여 수신된 태그의 질문기 입력

신호는 효과적으로 진폭 변조되며, 디지털 변조신호에 의해 ASK 변조된다. 이 회로에서 쇼트키 다이오드는 태그의 몇 가지 기능, 즉 DC전원으로서의 정류기, 변조기, 후방 산란 과정의 송신기 및 수신기 기능을 갖는다.

② 조화 태그

조화(Harmonic) 태그는 〈그림 2-7〉과 같은 구조로서 응신 코드가 고의로 발생시킨 고조파의 변조성분으로서 중첩부가 된다. 이 기술은 다운 링크(down link)와 업 링크(up link)간의 분리도가 매우 우수하나, frequency doubler의 효율이 매우 낮아 태그에 두 개의 안테나가 요구된다. 더우기 두 주파수대역에서 동시에 승인을 요하지 않는 주파수할당이 되어있지 않다.

〈그림 2-7〉
Harmonic 태그

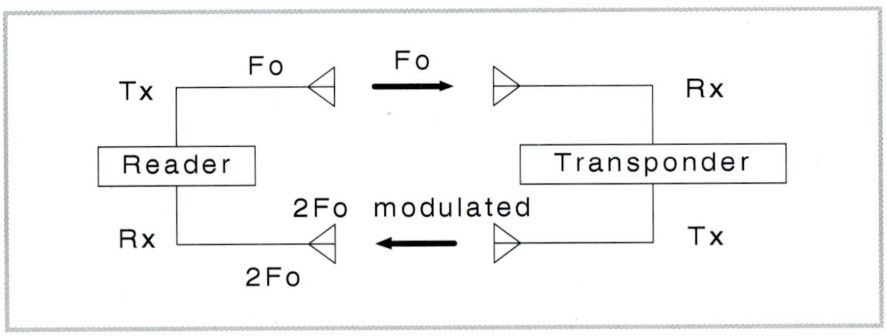

③ 후방 산란 태그

후방 산란 태그는 RF에너지를 발생하지 않고 수신 RF신호에 코드신호에 의한 반사를 하는 전자계 교란소자로서 동작하며 RFID 태그의 일반적 구조는 〈그림 2-8〉과 같다. 이 구조에서 쇼트키 다이오드가 수신 RF에너지의 정류소자, 코드 발생기의 DC전원 역할과 함께 수신기, 주파수 혼합기, 송신기 역할로 사용될 경우에 매우 간단한 구조로 된다. 이와 같이 몇 가지 기능을 1개의 소자로 구현함으로써 매우 저가의 RFID 태그로서의 잇점을 갖는다.

〈그림 2-8〉
후방 산란 태그 구조도

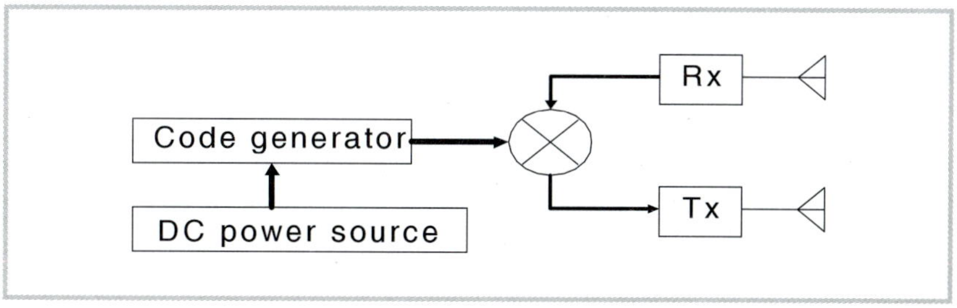

④ 부조화 태그

부조화(Anharmonic) 태그는 주파수 f1의 수신안테나, 주파수 f2의 자기 발진 혼합기, IF 필터, 주파수 (f1-f2)의 증폭기 및 IF주파수의 송신안테나로 구성된다. 이 구조는 질문기신호와 응답신호를 주파수변환에 의하여 분리하며 LO에 의하여 디지털코드 응답신호를 발생한다. 그러나 이 구조도 복잡성, 주파수 안정도, DC전원 등의 능동형 태그가 갖는 단점을 갖는다.

⑤ 연속된 증폭 태그

연속된 증폭(Sequenced amplifier) 태그를 구성하고 있는 소자들의 간단한 블럭을 〈그림 2-9〉에 나타내었다.

〈그림 2-9〉
연속된 증폭 태그.

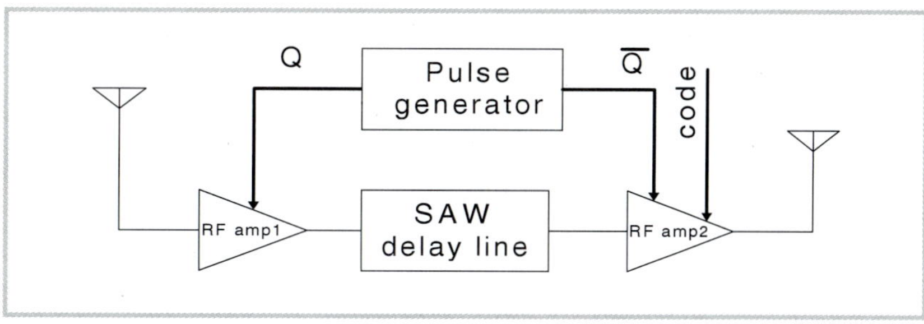

(6) 태그 RF 회로

태그의 동작상태는 슬립(sleep)모드, 수신모드 및 후방 산란모드 중 1개 모드로 구별된다. 보통 사용되지 않는 경우에 슬립모드를 유지하게 되며 리더의 워크-업(wake-up)신호가 수신되면 수신모드가 되어 다운 링크(down link)변조신호를 수신한다. 보통 다운 링크신호는 on/off 로 사용되는 AM신호이며 어떠한 변조신호도 수신되지 않으면 다시 슬립모드로 돌아간다. 변조신호가 수신되어 검파신호가 감지되면 일정시간 후에 응답하게 된다. 즉 수신모드 후 일정 시간 후에는 후방 산란모드로 전환하여 고유 식별부호 또는 정보를 후방 산란한다. 후방 산란모드 중에 태그는 리더에서 전송한 반송파를 고유부호에 의해 변조하여 업 링크(up link)신호로서 전반사하게 된다. 업 링크신호의 변조는 태그 베이스밴드(baseband) 회로의 디지털정보신호에 의해 스위칭 변조기 다이오드의 on-off 스위칭에 의해 수행된다. 후방 산란을 개선하기 위한 방안으로 여러 가지 스위칭 회로 구조가 사용될 수 있다. 〈그림 2-10〉은 이러한 후방 산란 개선 방안의 하나로서 기존의 검파다이오드 스위치와 별도로 안테나에 병렬로 변조기 다이오드를 채택하여 후방 산란을 채택한 태그RF회로 예이다. 이 구조는 검파 다이오드회로와 변조기 다이오드를 별도로 하여 리더의 변조신호 수신기능을 극대화하고 수신 반송전파의 후방 산란을 개선하게 된다. 이러한 회로구조의 특징은 검파 다이오드와 변조기 다이오드가 극성을 반대로 하여 2개의 송/수신 안테나 단자에 병렬회로 소자로 연결되어 있다. 이와 같은 회로구조는 후방 산란모드에서 변조기 다이오드는 변조신호 출력모드에서 순방향동작을 하며 검파 다이오드는 역방향 동작을 한다.

〈그림 2-10〉
태그 RF회로

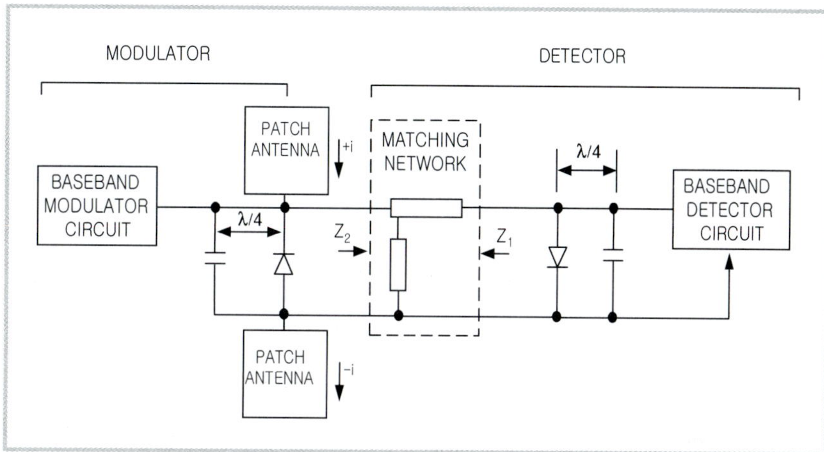

마찬가지로 수신모드에서는 검파 다이오드는 순방향동작 상태가 되고 변조기 다이오드는 역방향동작 상태가 된다. 수신모드에서 검파다이오드로 주로 사용되는 쇼트키 다이오드는 보통 DC전류 제로의 바이어스회로로 사용되어 수신되는 변조 반송파신호를 정류한다. 검파 다이오드가 제로 바이어스상태인 경우에는 검파 다이오드는 용량성 임피던스를 갖는다. 리더로부터의 변조반송파 수신모드에서 태그 검파다이오드의 용량성 임피던스는 L형 임피던스정합회로 Z1에 의해 임피던스 정합된다.

후방 산란모드에서는 변조기 다이오드가 베이스밴드 변조회로에서 수신된 on-off변조신호에 의해 순방향 바이어스상태가 된다. 순방향 바이어스 다이오드는 송/수신 안테나단자가 RF단락된 임피던스회로가 되도록 한다. 이 상태에서 CW공진신호가 안테나에 수신되면 매우 큰 RF전류(+i, -i)가 안테나에 발생하게 되며 이로 인하여 안테나에서 반사되는 후방 산란에너지가 극대화된다. 결과적으로 리더에서 전송한 CW신호는 태그의 베이스밴드 변조기회로의 on-off변조신호에 의해 변조기 다이오드의 임피던스 변조에 의해 후방 산란변조되어 전반사된다. 일반적으로 안테나의 후방 산란 유효 단면적(Aeff)은 $\lambda/2$ 다이폴안테나에서 안테나단자가 부하 임피던스와 정합("예" 72Ω)된 경우에 다음 식으로 표현된다.

$$Aeff=(\lambda)2/(4\pi)$$

입력전자파의 공진주파수 동작 상태에서 만일 안테나단자가 단락상태가 되면 안테나 유효단면적은 4배가 되는 효과를 발생한다. 이 경우에는 안테나전류 +i, -i가 2배가 되어 후방 산란 전반사에너지가 6dB증가한다.

이 원리는 전송선로로 연결된 임피던스정합 부하에 인입되는 전류가 전송선로가 단락되면 부하전류가 2배가 되는 경우와 동일하다. 개방 안테나단자의 경우에는 안테나가 2개의 반사기로 분리되어 제2고조파에서 공진한다. 이 경우에 기본파에서는 2개의 전도체 안테나를 흐르는 전류가 매우 작기 때문에 반사단면적이 거의 0가 된다. 결과적으로 이와 같은 변조기 다이오드에 의한 개방 또는 단락회로 임피던스 스위칭방식은 안테나단자에 나타나는 부하임피던스 Z2를 72Ω 또는 0Ω으로 스위칭하게 되며, 이로 인하여 변조된 후방 산란 전반사 에너지는 4~6dB의 변화를 발생한다.

2) 리더 기술

리더의 명칭은 interrogator로서 태그를 활성화시키고 태그와의 통신 시퀀스를 구성하며 어플리케이션 소프트웨어와 태그 간의 데이터를 전송하는 역할이 리더의 주기능이다. 무선 통신의 모든 특징인 통신 주체간의 연결과 충돌방지 및 인증과정의 수행 등이 리더에 의해 관리된다.

리더는 〈그림 2-11〉처럼 무선 인터페이스와 제어 유니트로 구성된다. **무선 인터페이스**는 태그와의 통신을 뜻하는 기능으로

- 태그를 활성화시키기 위한 전송 전력 발생과 태그로의 전원공급
- 태그에게 데이터 전송을 위한 전송 신호의 변조
- 태그로부터 전송된 신호의 수신과 복조로 표현된다.

〈그림 2-11〉
리더의 구성

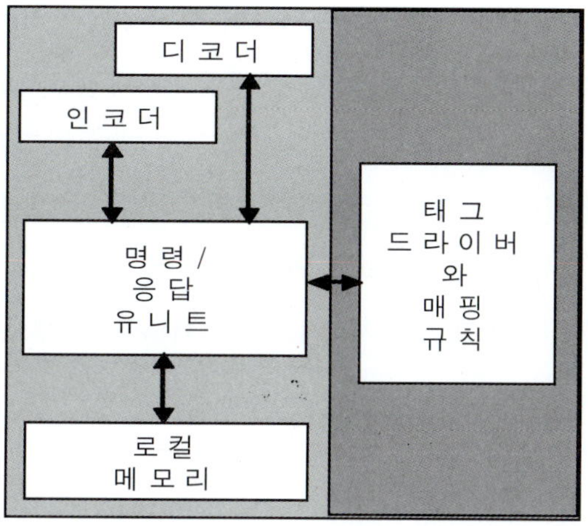

제어 유니트는

- 어플리케이션 소프트웨어와의 통신과 어플리케이션 소프트웨어로부터의 명령실행
- 태그와의 통신 제어
- 신호의 코딩과 디코딩
- 충돌 방지 알고리즘의 실행
- 태그와 리더간에 전달될 데이터의 암호화의 해독
- 태그와 리더간의 인증 수행 등의 기능을 수행한다.

RFID 리더에 필요한 기술은 기존의 무선 및 이동통신용 단말기 기술과 매우 유사하다. 이러한 단말기 기술은 크게 하드웨어 기술과 하드웨어를 제어하기 위한 펌 웨어 기술을 포함한 소프트웨어 기술로 구분할 수 있다. 그러나 RFID 리더는 기존의 무선통신 및 이동통신 단말기와 비교하여 매우 단순한 기능을 갖는다. 따라서 RFID 리더기술은 리더를 구성하는 하드웨어의 저가화, 저전력화, 고성능화, 고기능화를 제공하는 리더 칩 기술 개발에 주목하고 있다.

RFID 리더는 수동형 태그가 동작할 수 있는 전력과 명령어를 무선 반송파 신호로 태그에 전송하고 태그로부터 응답을 수신하여 신호를 복원하는 기능을 수행한다. RFID 리더 시스템은 RF/아날로그부와 디지털 신호처리 제어부로 구성된다. RF/아날로그부는 안테나로 전력과 데이터를 전달하기 위한 전력 증폭기와 주파수 상향 혼합기, 태그로부터 안테나에 수신된 응답 신호를 복원하기 위한 저잡음 증폭기(LAN : Low Noise Amplifier)와 아날로그 신호처리 (Analog Baseband)부로 구성된다. 디지털 신호처리 제어부는 디코더, 인코더, 클럭 발생회로, 메모리, 프로세서 및 호스트 인터페이스부 등으로 구성된다.

이러한 RFID 리더의 RF/ 아날로그부와 디지털 신호처리 제어부는 주로 단일 칩 혹은 다중 칩의 형태로 구성되며, 또한 RFID 리더에서 이러한 리더 핍 이외에 안테나와 RF 정합을 위한 정합 회로부, 대역통과 필터 및 서큘레이터 등이 이외에 안테나와 RF 정합을 위한 정합 회로부, 대역통과 필터 및 서큘레이터 등이 전체 RFID 리더 시스템을 구성하고, 각각 리더 구성부가 리더의 요소 기술에 해당한다.

특히 860MHz~930MHz의 UHF 대역 RFID 리더 시스템에서 실제로 고주파 신호의 처리를 하는 부분은 주파수 상·하향 변화기, 전력 증폭기, 저잡음 증폭기, 국부 발진기 등이고, 대부분의 디지털 회로는 10MHz 내외의 클럭 주파수 부근의 주파수 대역에서 동작한다. 따라서, 안테나와 RF 정합을 위한 정합 회로부, 대역통과 필터 및 서큘레이터 등을 제외한 UHF RFID 리더는 CMOS 공정 기술을 이용하여 칩화 혹은 단일 SoC(System on Chip)형태의 개발이 가능하다. 이러한 RFID 리더부의 칩 공정기술에 디지털부에는 0.35μm급 CMOS 공정기술이 사용되며, 아날로그 RF 부에서는 저잡음 증폭기와 전력 증폭기의 특성 및 사양이 칩 제작 공정을 결정하는 중요한 요소로서, 데이터를 반송파로 ASK(Amplitude Shift Keying)나 FSK(Frequency Shift Keying)로 변조하여 안테나 단으로 전송해야 하는데, RFID 반송파가 UHF 주파수 대역일 경우 최대 930MHz이므로, 최소 0.25μm 급 CMOS 공정 기술이 요구된다.

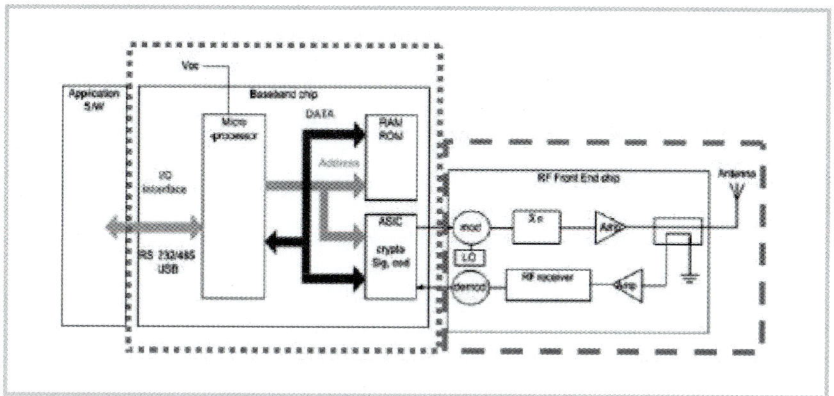

〈그림 2-12〉 UHF 대역 RFID 리더 IC 구조

한 개의 단말기로 13.56MHz, UHF, 2.45GHz 대역의 RFID를 인식할 수 있는 리더, PDA 등에 부착되는 휴대형 리더 다양한 RFID 제품을 인식할 수 있는 멀티프로토콜 리더 등 향후 복합 기능을 갖는 제품들이 등장할 것으로 전망한다.

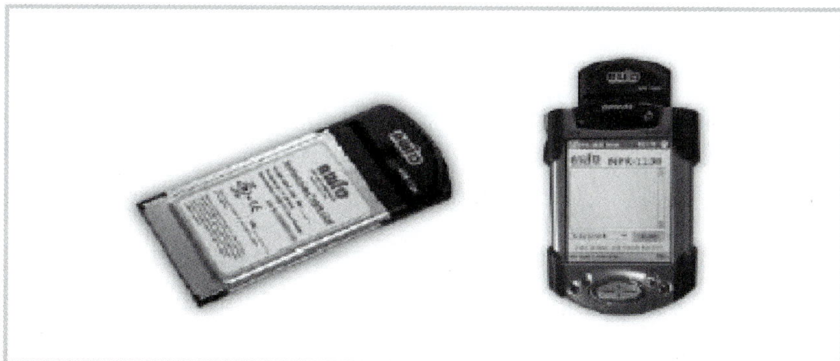

〈그림 2-13〉 AWID의 복합기능 리더

그러나 RFID 리더는 태그와의 무선접속 방식에 따라 태그에 공급하여야 하는 RF 반송파 전력과 태그로부터 수신되는 RF 반송파 전력이 차이가 나고, 또한 인식 거리에 따라서도 이러한 RF 반송파 전력이 차이가 난다.

상호유도 방식은 근거리(1m 이내), 전자기파 방식은 중장거리용 RFID

시스템에 적용되며, 상호유도 방식은 코일 안테나를 이용하며, 전자기파 방식은 고주파 안테나를 이용해서 서로 무선접속을 한다. 상호유도 방식의 태그는 거의 수동으로 작동된다. 즉 태그의 IC 칩이 동작하는 데 필요한 모든 에너지는 리더에 의해 공급된다. 따라서 리더의 안테나 코일은 주변지역에 강한 자기장을 발생한다. 방출된 자기장의 이 부분이 리더와 떨어져 있는 태그의 코일 안테나에 유도성 전압을 발생, 정류된 후 IC를 위한 에너지로 공급된다. 이러한 리더로부터의 RF 반송파 출력 전력 레벨에 따라 디지털부와 다른 형태의 반도체 칩 공정 기술, 즉 BiCMOS나 GaAs 등과 같은 화합물 반도체 기술이 아날로그 RF부를 구현하기 위한 칩 제작 공정으로 사용될 수 있다.

리더는 RFID태그의 동작에 필요한 고주파 전력을 송출하고, 또한 태그에 필요한 명령어를 보내고, 데이터를 기록하며, 태그로부터 반사파에 실려 온 정보를 수신하고 분석한다.

(1) 리더의 요소기술

호스트 컴퓨터와의 데이터 전송을 담당하는 리더의 요소기술은 다음과 같다.

① 고주파회로(RF Transmitter) 기술

고주파회로 기술은 태그에 고주파 전력을 송출하고 정보를 반송하기 위한 신호를 생성하는 기술로 안정된 고주파신호의 발진회로, 불필요한 전파의 송출을 억제하는 필터회로, 필요한 전력레벨까지 신호를 키워주는 증폭회로, 그리고 송출을 담당하는 안테나와의 정합회로 등으로 구성된 고주파 회로 설계기술을 요구한다.

② 변조(Modulation) 기술

변조기술은 리더로부터 태그에 필요한 명령을 전달하기 위해 RF Transmitter 회로에 연결되어 리더의 CPU로부터의 데이터에 따라 송출되는 고주파전력의 출력을 On/Off하는 방식의 변조회로로 주파수 스팩트럼 외의 불필요한 전파 발사를 억제하기 위하여 필터회로 등이 부가된 요소 기술이다.

③ 검출(RF Receiver) 기술

검출기술은 리더의 송신부로부터 송출되어진 고주파 전력신호에 태그가 공유의 ID 정보에 따라 반사파의 신호레벨에 변화를 주어 실어 보내온 정보를 수신하고 필터링한 다음 복조(Demodulation)하는 요소기술이다.

④ 아날로그와 디지털(Analog & Digital) 기술

아날로그/디지털 기술은 RF 수신부로부터 복조된 태그의 정보를 해석하기 위한 부분으로 미약한 수신 아날로그신호를 증폭하고, 필터링하고, 트리밍하여 디지털신호로 해석 가능하도록 정형화하여 디지털 신호로서 정보를 분석하고 CRC 등의 비교를 통하여 정확한 정보를 취득하여 저장 또는 호스트에 보내는 요소 기술이다.

⑤ 호스트 인터페이스(Host Interface) 기술

호스트 인터페이스기술은 태그로부터 수신하고 분석된 정보를 응용프로그램에서 활용될 수 있도록 호스트에 접속하는 기술로 지금까지는 주로 직렬통신방식인 RS-232나 RS-422 등의 인터페이스를 이용하여 하이퍼터미널로 기본적인 접속이 될 수 있도록 하였지만, 앞으로는 이더넷 드라이버(Ethernet Driver) 등의 호스트 인터페이스를 제공하게 함으로써 TCP/IP 네트워크를 이용한 인터넷과의 쉬운 접속을 통한 데이터를 이용할 수 있게 하는 요소기술이다.

⑥ 충돌방지(Anti Collision) 기술

충돌방지 기술은 하나의 리더에서 여러 개의 태그를 동시에 인식할 수 있도록 하기 위해서는 단순한 프레임 알로하(Frame Aloha) 기법으로는 한계가 있으므로 리더에 인식을 완료한 태그에 대하여는 Silent 명령어 등을 이용하여 불필요한 정보의 송출로 다른 태그의 정보전송에 방해를 주지 못하도록 하여 최대 1,000개 이상까지도 일괄 인식할 수 있게 하는 요소기술이다.

⑦ 안테나(Antenna) 기술

안테나 기술은 리더로부터 생성된 고주파 신호를 원하는 방향에 최대의 효율로 송출하기 위한 장치로 용도에 따른 크기와 구조를 가질 수 있으며 UHF대역 이상에서는 송출되는 전파임의 지향성을 형성할 수도 있고, 수직편파, 수평편파, 원형편파 등 자유공간에 최대의 효율로 전파가 되도록 하는 특정한 파장에 대한 최대전력전달 임피던스 정합을 요구하는 요소기술이다.

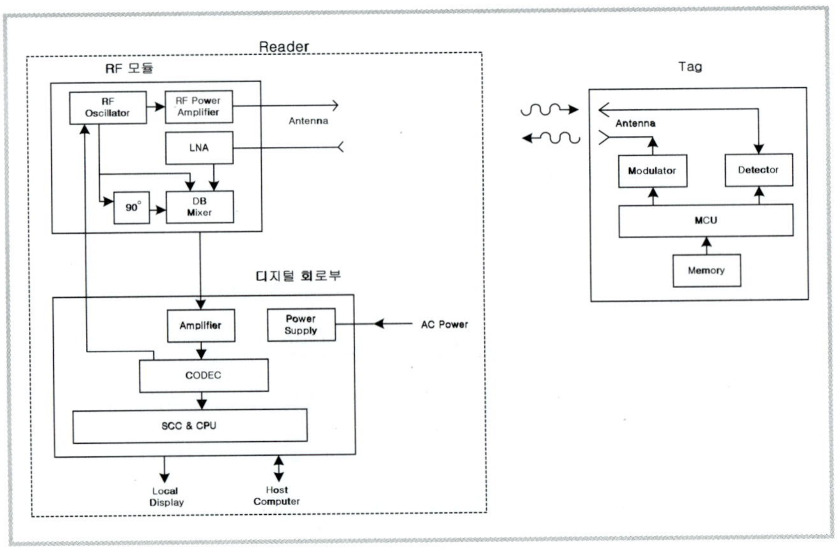

〈그림 2-14〉 RFID 전체시스템

대표적인 RFID 시스템의 태그 및 리더의 블록다이어그램은 〈그림 2-14〉와 같이 나타낼 수 있다.

RFID 시스템에서 리더는 CW 신호를 계속해서 송출하고 태그는 리더와의 통신 영역 구역 내에 도달하면 RF power 검출 회로에 의해 저전력 절전 모드(sleep mode)에서 정상동작 모드로 절환(wake-up)되어 자신의 존재를 알리는 데이터를 리더에 송출한다.

리더는 태그로부터 송출된 태그 존재 신호를 수신하면 변조된 RF신호를 태그에 송신하게 되고 태그는 수신된 RF 신호를 쇼트키 다이오드를 통하여 검파, 복조하여 내부의 디지털 회로부에 저장된 데이터를 전송한다.

이때 리더는 태그에 CW파 또는 비변조파를 조사하여 태그로부터 후방 산란되는 정보를 수신하게 된다. 이 경우에 태그의 인코더와 스위치 드라이버는 태그의 안테나 상태를 다른 상태로 부하 전환한다. 그 결과로 태그로부터 반사되는 약한 신호는 변조되며, 이 변조된 신호가 리더의 수신기에서 탐지된다.

이러한 방식으로 리더와 태그는 태그 자체의 송신기 없이 리더에서 발생되는 RF 신호만으로 상호 통신하게 된다. 즉 ID 후방 산란 신호는 리더측 마이크로스트립 패치 안테나에 의해 수신되고 ID 후방 산란 변조된 RF 신호는 리더의 쇼트키 다이오드에 의해 복조되어 디지털 회로부로 데이터를 전송한다. 디지털 회로부는 ID데이터를 디코딩하여 외부 연결 장치를 통하여 display된다.

이상과 같이 간단한 구조의 태그에 의해 상호 RF통신이 이루어지려면 통신회로 구조상 몇 가지 제약사항이 요구된다.

즉 태그 수신회로가 간단하려면 리더의 송신방식은 보통 ASK방식이 사용된다. 태그의 변조회로는 복잡성을 피하기 위하여 단순 스위칭 회로가 사용된다. 그러므로 태그의 수신 검파회로는 쇼트키 다이오드 회로가 사용되고 변조회로는 PIN 다이오드 또는 트랜지스터 스위치 회로가 사용된다. 리더는 보통 PC에 연결되어 운용되며 응용목적에 따라 운용 소프트웨어에 의해 RFID 리더 시스템을 제어한다.

현재 대부분의 수동형 RFID 시스템은 배터리가 없이 동작하는 태그로서 주로 133kHz 및 13.56MHz 저주파 RFID 시스템에서 사용된다. 저주파 RFID시스템은 에너지와 데이터가 유도성 결합방식 즉 자계의 에너지로 전달된다. 이 방식은 트랜스포머의 동작원리와 동일하다. 리더의 안테나가 자계를 발생하면 태그의 코일에 전압이 유기되어 에너지를 전달한다. 리더로부터 태그로의 데이터 전송은 전송 자계신호의 파라미터(세기, 주파수, 위상)를 변화시켜 전달된다. 태그로부터의 데이터 반송은 자계의 부하를 변화시켜 전송된다. 저주파 유도성 RFID시스템이 다음에 설명하는 UHF 및 마이크로파 RFID 시스템과 다른 점은 안테나의 근거리 자계에서 동작하는 것이다. 그러므로 감지거리는 대략 전송안테나의 직경이내가 되며 이 거리 이상에서는 자계의 세기가 거리의 3승에 반비례하여 감소하며 요구되는 전송전력은 거리의 6승에 반비례하여 감소한다. UHF 및 마이크로파 RFID 시스템과 또 다른 점은 자계장은 물, 인체에 흡수되지 않기 때문에 수분에 의한 영향은 무시할 정도이나 금속재질에 의한 차폐 및 반사에 의한 영향은 크다. 자계장은 벡터 특성을 갖기 때문에 태그의 방향에 민감하므로 이러한 방향성 문제를 해결하기 위하여 전송안테나가 회전자계가 발생하도록 설계한다. 유도성 RFID 시스템에서는 리더와 태그 자계장에 의해 결합되어 있어 전송신호의 자계의 세기는 태그와 리더의 방향에 따라 1/d3 로 1/d4 로 감소한다. 수신되는 전송에너지 밀도는 주파수와는 무관하고 리더 안테나의 크기, 코일의 회전수에 비례한다.

UHF 대역 또는 마이크로파 대역 RFID시스템은 데이터 전송방식이 무선전파이므로 전파의 자유공간 전파손실이 자계의 자유공간 전파 손실률보다 작기 때문에 저주파 RFID 시스템보다 감지거리가 길다. UHF 및 마이크로파 RFID 시스템은 전자파에 의해 데이터 통신이 이루어지며 수동

(passive) 태그에서는 전송에너지도 전자파로 전달된다. 전자파 RFID 시스템에서는 전파가 구면파 형태로 전송되는 영역에 태그가 위치한다. 진행 전자파 영역에 있는 태그는 전파영역에서 에너지를 획득한다. 태그에 가용한 에너지는 송신부에서부터 특정한 거리 d에 있는 태그의 경우에 1/d2 로 표현된다. 전파전달 공간에 있는 태그는 전파를 반사하여 태그 데이터를 리더에 전송하게 된다. 태그가 수신하는 에너지 밀도는 안테나의 개구(aperture) 크기와 관련된다. 즉 파장과 관련되어 있다. 즉, 300MHz 시스템은 600MHz 시스템보다 4배 커야 한다. 주파수가 높으면 태그의 크기를 작게 할 수 있으나 태그에서 수신하는 전파에너지는 안테나 크기, 대역폭에 따라 적절히 선정되어야 한다. 실제로 감지거리는 리더의 송신전력, 동작주파수 및 태그 안테나 크기에 의해 결정된다.

〈그림 2-15〉는 마이크로파 RFID 시스템 구성도로서 리더는 무선 태그가 동작영역에 들어오면 태그는 동작전원에너지를 판독기의 반송파 RF전파 에너지를 DC로 정류하여 갖게 된다.

〈그림 2-15〉
마이크로파 RFID 시스템 구성도

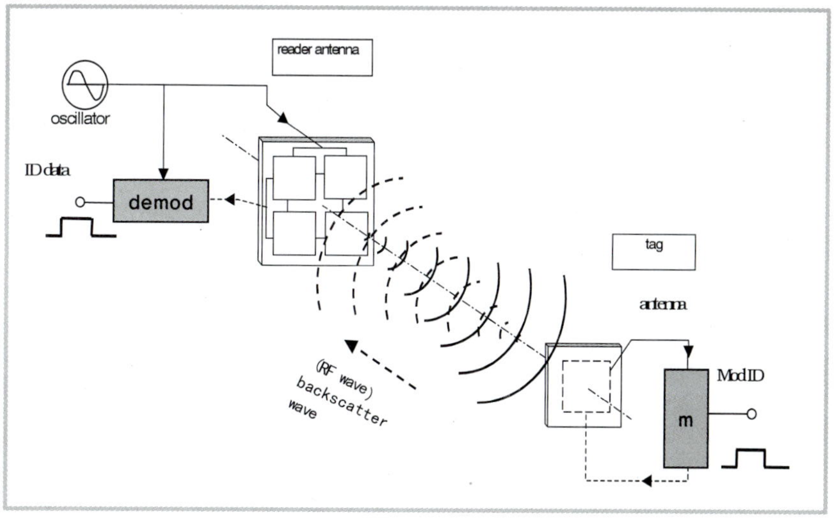

(1) 리더 RF부

현재 관심을 갖고 있는 UHF, 마이크로파 대역 전파전송 방식 RFID 리더 RF부는 〈그림 2-16〉과 같이 마이크로스트립 안테나, RF회로부, 변복조 회로부, CPU를 포함한 디지털 보드로 구성된다.

디지털 보드는 PC와 연결되며 운영 프로그램에 의해 RFID시스템을 제어하게 된다. **RF회로부**는 circulator, LNA, double-balanced mixer, 하이브리드 결합, 전력 분배기(power divider), 전력 합성기(power combiner), 오실레이터(oscillator) 및 변복조 회로부로 구성된다.

Circulator는 송신반송파가 수신부에 직접적으로 주입되는 것을 막고 적당한 isolation을 유지하기 위한 목적으로 사용되기 때문에 송수신 안테나를 겸용으로 사용할 경우에는 필히 요구되며, 송신안테나와 수신안테나를 별도로 사용하는 경우에는 제외된다. 오실레이터 또는 VCO에 의해 발생한 국부발진(LO)신호는 wilkinson power divider에 의해 분배되어 2개의 하이브리드 결합에 인가된다.

LNA에 의해 증폭된 RF수신신호는 하이브리드 결합의 다른 단자에 LO 신호와 90° 위상차를 갖도록 하여 double balanced mixer에 인가되며 180° 위상차를 갖는 출력검파신호가 2개의 혼합기(mixer)에서 출력되어 combine된 후에 IF 증폭단에 인가된다.

〈그림 2-16〉
UHF, 마이크로파 대역
RFID 리더 RF블럭도

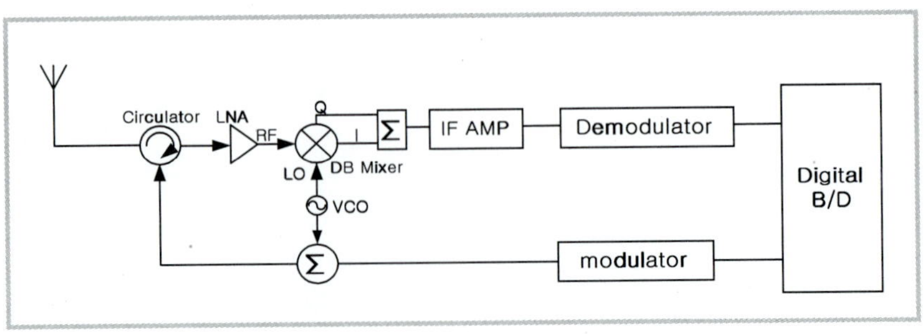

〈그림 2-16〉은 이러한 개념의 RFID 리더 RF front-end에 해당하는 리더 down-converter 상세 블럭도를 나타낸다. RFID 리더는 매우 안정된 주파수 스펙트럼이 요구되기 때문에 LO신호 발생원으로는 주파수안정도가 우수한 VCO나 DRO가 사용되어야 한다.

Circulator는 안테나를 2개 사용할 경우에는 필요하지 않으나 1개의 안테나를 사용할 경우에 필요하며 최근에는 초소형 구조의 circulator 제품이 많아 휴대용 리더기 제작시에 필수적으로 요구된다. 수신부의 LNA, 송신부의 power amp는 개별 트랜지스터로 설계하여 제작 가능하나 최근에는 IC chip이 생산되고 있어 활용이 가능하다. VCO 또는 PLL 주파수 합성기는 위상잡음이 작은 모듈 부품을 사용해야 성능이 용이하게 구현된다.

IC부품의 기술적 내용은 생략하고 마이크로스트립 선로 설계기술이 소요되는 하이브리드 결합, 혼합기에 관하여 기술적으로 설명하면 다음과 같다.

① 하이브리드 결합기

일반적인 평행선로 결합기를 사용하여 3dB 이상의 높은 전압 결합도를 얻기 위해서는 선로 사이의 간격을 매우 좁게 만들어야 한다. 이와 같은 좁은 간격은 제조 과정 중에 발생하는 결함에 의하여 단락회로가 될 가능성이 매우 높다. 이러한 문제점을 해결하기 위해 〈그림 2-17〉에 보인바와 같이 90도 하이브리드 분기선 결합기를 만들면 0dB 정도까지 결합도를 높일 수 있고 이 결합기는 마이크로스트립 선로나 스트립선로를 사용하여 제조하는 경우 특히 적합하다.

〈그림 2-17(a)〉는 일반적으로 전력 합성기 또는 분배기와 관련이 있는 구형 구조이고, 〈그림 2-17(b)〉는 혼합기 설계와 관련이 있는 원형구조이며 둘 다 모두 등가이다. 포트 사이의 간격은 결합기의 사용파장(λ)의 λ/4이다. 이와 같은 형식의 결합기에서는 포트 3의 신호와 포트 2의 신호가 서로 90도의 위상차를 갖기 때문에 이 분기선 결합기를 90도 하이브리드

결합기 또는 직각 하이브리드 결합기라 부르기도 하며, 흔히 사용하는 분기선 결합기의 결합도는 3dB이다.

〈그림 2-17〉 분기선 결합기의 구조

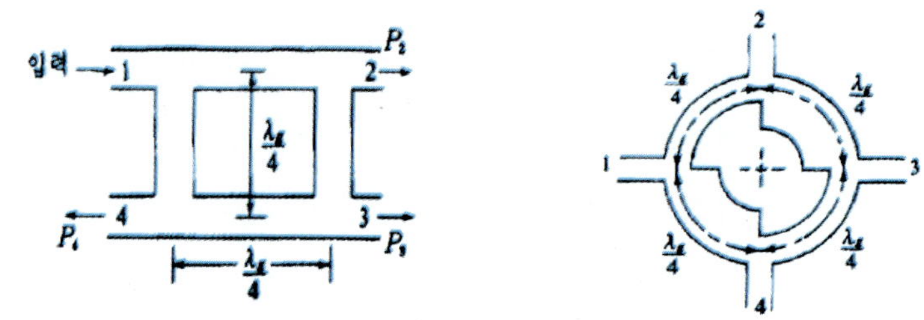

(a) 구형 분기선 결합기의 구조 (b) 원형 분기선 결합기의 구조

〈그림 2-17〉에 표시된 분기선 결합기는 전력을 분배 또는 합성시키는 역할뿐만 아니라 입력과 출력 사이의 임피던스를 정합시키는 역할까지도 할 수 있는 장점을 갖고 있다. 입력과 출력 임피던스가 50Ω인 3dB 전력 결합비를 갖는 분기선 결합기를 설계할 경우, 주어진 입력과 출력의 정규화된 어드미턴스는 각각

$$Y_0 = \frac{1}{50},\ Y_{n4} = \frac{\frac{1}{50}}{\frac{1}{50}} = 1 \qquad \text{〈식 2-1〉}$$

이고

$$P_3 = 10^{-3/10} \times P_{in} = 0.5P_{in} = P_2 \qquad \text{〈식 2-2〉}$$

따라서 구하고자하는 어드미턴스 및 임피던스는

$$Y_1 = Y_0 = Y_4 = \frac{1}{50} \text{ 또는 } Z_1 = 50\Omega \qquad \text{〈식 2-3〉}$$

$$Y_2 = \sqrt{2}\,Y_A = \frac{\sqrt{2}}{50} \text{ 또는 } Z_2 = 35.4\Omega \qquad \text{〈식 2-4〉}$$

$$Y_3 = Y_0 = Y_4 = \frac{1}{50} \text{ 또는 } Z_3 = 50\Omega \qquad \text{〈식 2-5〉}$$

이다.

〈그림 2-18〉
90° 하이브리드 결합 시뮬레이션 결과

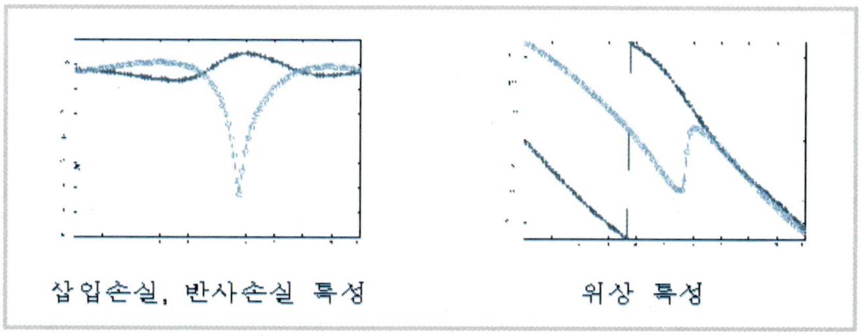

〈그림 2-18〉은 상기의 설계 값으로 시뮬레이션한 일례이며 〈그림 2-19〉는 제작된 시제품 일례를 나타낸다. 측정결과를 참조하여 보정한 결과 포트 S21, S43간 삽입손실은 -3dB 기준 시 0.2dB이내였고 위상오차는 15° 이내였으나 반복측정오차가 6° 인 것을 감안하면 양호한 편이었다. 〈그림 2-20〉은 90° branch line 혼합기의 종단 검파부를 제외하고 90도 하이브리드 결합과 wilkinson divider/combiner 및 마이크로스트립 λ/4 지연라인으로 구성한 형태이다.

〈그림 2-19〉
제작된 90° 하이브리드 결합 시제품

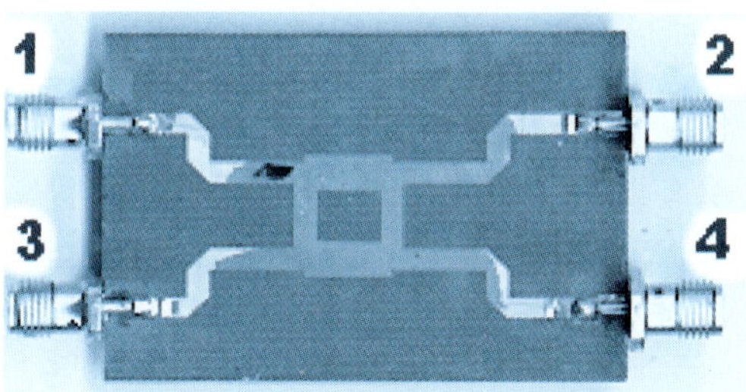

〈그림 2-20〉
90° branch line 혼합기용 하이브리드 결합

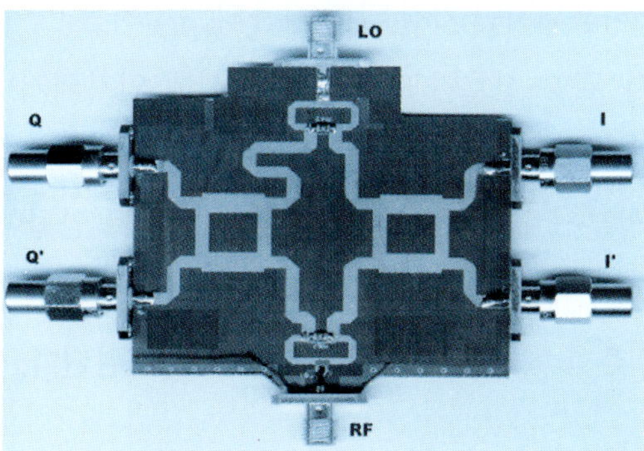

② 다이오드 혼합기(Mixer)

혼합기는 두 고주파 입력신호를 "mixing" 하여 원하는 출력신호를 발생하는 주파수변환기로 동작하는 소자이다. RF통신기기 시스템에서 안테나로 수신된 RF신호는 입력신호 크기가 작기 때문에 고주파 수신증폭기에 의하여 증폭된다. 증폭된 입력신호는 혼합기의 입력단자에 인가되고, 다른 경로의 국부발진신호가 혼합기의 제2단자에 인가되면 혼합기 출력은 두 입력신호 주파수의 합 또는 차주파수 및 다른 고조파성분의 신호를 발생하며, 통신시스템은 이중에서 원하는 신호로 선택하여 사용한다. 예로서 안테나에서 수신된 입력신호가 2.4GHz이고, 2.55GHz의 LO신호가 혼합기에 인가되면 150MHz의 혼합기출력신호가 발생하는데 이는 안테나에서 수신된 원래의 신호보다 주파수가 매우 낮다. 이러한 형태의 수신기는 다운컨버터(down converter)로 명명되는데, 이는 높은 주파수신호가 낮은 주파수신호로 변환되기 때문이다. 다운 컨버팅된 신호는 주파수가 낮기 때문에 베이스밴드 프로세서에서 신호처리에 매우 용이하다. 혼합기 출력 단에서의 합주파수는 고주파신호 송신을 위한 송신기에서 사용된다. 이 경우에는 RF입력신호가 높은 주파수신호로 변환되기 때문에 업 컨버터로 동작한다. 응용분야에 따라 합, 차주파수신호 레벨을 증대시키기 위하여 매칭 및 필터회로가 사용된다. 혼합기는 기본적으로 mixing동작을 달성하기 위하여 반도체소자의 비선형, 스위칭 특성을 사용하는 주파수변환소자이다. 혼합기로 사용되는 여러 가지의 반도체소자 즉 바이폴라 트랜지스터, FET 등이 사용되지만 가장 많이 사용되는 소자는 다이오드이다.

혼합기에서 두 RF신호가 RF단자에 동시에 인가되거나 RF신호의 크기가 LO신호와 비교하여 무시할 수 없는 경우에는 추가적인 IM(inter modulation)성분신호가 발생한다. 이 경우에 서로 인접한 두 가지 음성 신호가 혼합기에 인가되면 여러 주파수성분의 IM 고주파신호가 발생하는데, 발생하는 주파수 스펙트럼은 다음 식으로 표현된다.

$$f_{IM} = \pm pf_1 \pm - qf_2 \pm - nf_{LO} \qquad \text{〈식 2-6〉}$$

여기서 p, q, n은 정수이며 f_1, f_2는 두 인가신호 주파수이다.

이러한 스펙트럼 성분은 f_1과 f_2가 인접한 경우에 필터로 제거하기가 어려운 원치 않는 고조파신호 성분이다. 이러한 이유 때문에 대부분의 혼합기는 선형모드로 동작하며 혼합기전후에는 필터를 보통 부착한다. Inter modulation을 억압하고 단자 간 isolation특성을 개선하기 위하여 〈그림 2-21〉과 같은 대칭 다이오드구조인 single-balanced 혼합기를 사용한다. Single-balanced 혼합기는 2개의 single-ended 혼합기가 연결된 구조로서 고조파성분을 크게 감소시킨다. 이 혼합기형태는 180도 하이브리드를 사용하여 고주파입력을 분리하여 혼합기에 인가되도록 한다. 180도 하이브리드는 1개의 입력신호를 신호크기는 같고 위상이 180도가 되는 2개의 신호로 분리하며 다른 단자에 신호가 동시에 인가되어 2개의 동위상 신호를 얻는 목적으로 사용된다. 〈그림 2-21〉은 4단자 180도 하이브리드와 위상을 나타내며 초고주파대역에서는 마이크로스트립선로 180도 하이브리드가 주로 사용된다. 180도 하이브리드는 스퓨리어스 성분을 감소시키기 위하여 2개의 다이오드에서 위상차에 의한 상쇄원리를 이용한다. 〈그림 2-22〉는 하이브리드에서의 이러한 고조파 상쇄효과를 나타낸다. LO신호는 단자1에 인가되면 단자 2에는 동위상신호가 발생하며 각각의 single-ended mixer출력 단에는 180° 위상차의 신호가 발생한다. 다이오드에 인가된 위상 천이에 의하여 다음과 같은 신호억압효과가 일어난다.

- m, n가 우수인 경우의 모든(m, n) 스퓨리어스 성분이 제거된다.
- m이 우수이고 n이 기수인 모든(m, n) 스퓨리어스 성분이 제거된다. 그러나 m이 기수이고 n이 우수인 경우는 해당되지 않는다.

〈그림 2-21〉.
Single-balanced 혼합기

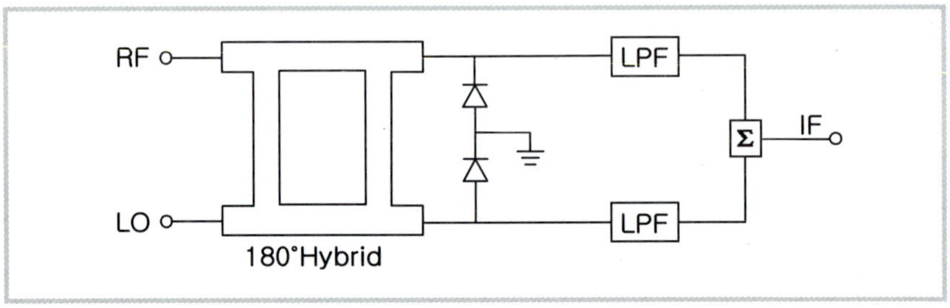

〈그림 2-22〉
혼합기 다이오드의 RF 및 LO신호 위상

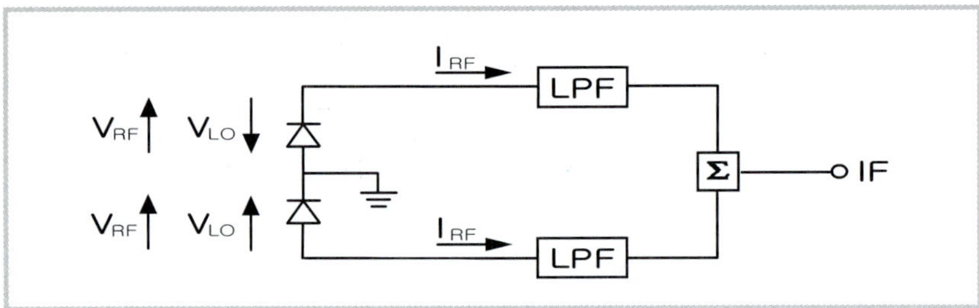

더욱이 180도 하이브리드는 본질적으로 RF단자와 LO단자를 분리하는 기능을 제공하므로 RF, LO필터 필요성이 경감된다. 이 경우에 입력신호가 하이브리드에서 2가지 동등레벨의 신호로 나눠지기 때문에 single-ended 혼합기와 비교하여 3dB 이상의 고주파전력이 요구된다. 3dB의 추가전력 요구사항 및 회로의 복잡성에도 불구하고 이러한 구조의 single-balanced 혼합기는 스퓨리어스 억압 효과, RF-LO단에 필터가 요구되지 않는 특성 때문에 매우 광범위하게 사용된다.

〈그림 2-23〉은 4개의 다이오드를 사용하여 2개의 single-balanced 혼합기를 "ring" 구조를 형성한 double-balanced 혼합기 구조를 나타낸다. Double-balanced 혼합기는 2개의 하이브리드를 사용함으로써 LO-RF, RF-IF 단자간의 isolation이 더욱 개선된다. Double-balanced 혼합기는 다이오드에 인가되는 신호방식에 따라 2개의 다이오드는 on, 2개의 다이오드는 off로 동작한다. 즉 〈그림 2-23〉에서 상단 2개의 다이오드가 on이면 하단 2개의 다이오드는 off로 동작하여 스위칭현상에 의해 혼합기기능을 수행한다. Double-balanced 혼합기는 2개의 하이브리드를 사용하므로 single- balanced 혼합기

보다 3dB의 고주파전력이 더 요구된다. 또한 각각의 다이오드는 근접한 스퓨리어스 성분을 효율적으로 제거하기 위하여 정확한 임피던스정합이 요구되므로 보통 쌍(pair)으로서 함께 제작된 다이오드가 사용된다.

〈그림 2-23〉
Double-balanced 혼합기

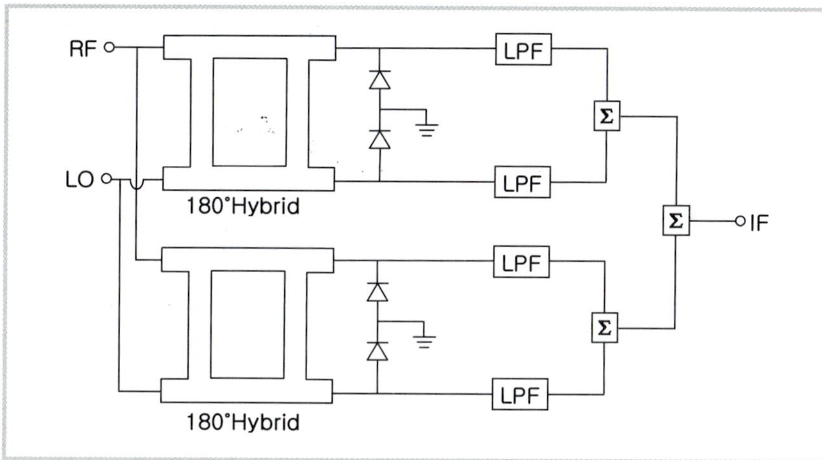

(2) 리더 디지털부

RFID시스템은 RF 보드와 디지털 보드로 구성된다. RF 보드는 트랜스폰더에 CW반송파 신호를 송출하는 RF송신기와 트랜스폰더로부터 후방 산란된 up link 마이크로파 신호를 증폭, 검파, 복조하는 RF수신기로 구성된다. 디지털 보드는 변조된 CW반송파에 포함된 트랜스폰더 송출메시지를 디코딩하여 추출하는 복조기를 포함한다.

변조된 후방 산란방식을 사용하는 RFID시스템에서 리더-트랜스폰더 통신은 변조 RF신호에 의해 수행된다. 변조된 후방 산란방식에 있어서 트랜스폰더 안테나는 변조신호에 의해 전기적 스위칭되어 RF 복사신호의 흡수체 또는 반사체가 된다. 보통 안테나 스위칭은 안테나에 부착된 쇼트키 다이오드 또는 다른 반도체소자와 같은 마이크로파 다이오드에 변조신호를 인가하여 바이어스 신호를 on-off함으로서 안테나를 전기적 스위칭하게 되며 트랜스폰더는 리더로부터 원래 송신된 CW 반송파신호를 후방 산란반사에 의하여 통신을 한다. 즉 트랜스폰더 자체는 송신신호를 발생하는 RF소스가 없이 리더의 RF소스를 공유하는 것이다. 이 경우에 리더로부터 트랜스폰더로 전달되는 신호흐름을 다운 링크라고 하고 트랜스폰더로부터 리더로 전달되는 신호흐름을 업 링크라고 한다. 트랜스폰더에서는 리더로부터 메시지를 수신하고 리더로 메시지를 반송하기 위하여 안테나를 사용된다.

RFID시스템 동작은 먼저 리더에서 일정반경 영역에 CW반송파를 연속적으로 송출하고, 트랜스폰더는 통신가능영역(일정 레벨 이상의 RF 전력이 검출되는 영역)에 진입하면 CW반송파에 메시지를 실려서 리더에 전달한다.

리더는 트랜스폰더의 존재를 확인 후 트랜스폰더에 고유 ID를 송출할 것을 요구하고 트랜스폰더는 리더에게 고유ID 또는 정보를 전달한다. 이 경우에 트랜스폰더는 리더 메시지에 대한 응답을 리더의 CW반송파 신호를 변조된 부반송파 신호에 의해 후방 산란하여 수행한다. 즉 업 링크 응답을 리더의 RF전파신호를 사용하게 되며 반사된 또는 후방 산란된 마이크로파대역 CW반송파 신호는 트랜스폰더에서 발생한 변조신호에 의해 변조된다. 변조된 신호는 베이스밴드 신호와 베이스밴드 신호로 변조한 부반송파 신호성분을 포함한다.

리더 복조부는 주로 호모다인(homodyne) 수신기 구조로서 국부발진기 신호는 트랜스폰더에 전달하는 CW반송파 신호 및 복조부의 신호 혼합용 발진신호로 사용된다. 이 방식은 리더수신기회로에서의 위상잡음을 크게 감소시키는 이점을 갖는다. RF신호 down-conversion에서 1개의 혼합기만을 사용하는 헤테로다인 시스템과는 달리 호모다인 수신기는 down-conversion에서 2개의 혼합기를 사용한다. 〈그림 2-24〉에서 보는 바와 같이 2개의 혼합기 즉 I (in-phase) 혼합기와 이와 90° 위상차를 갖는 Q(quadrature phase) 혼합기로 구성된다. Q 혼합기 입력에는 국부발진기의 90° 위상 이동기 신호가 인가된다. 트랜스폰더에서 반사된 신호는 signal splitter(wilkinson power divider)에 의해 분할되어 1/2은 I 혼합기를 구동하고 나머지 1/2은 Q 혼합기를 구동한다. 수학적으로 φ를 국부발진기와 반사된 신호의 위상차라고 하면 I 혼합기의 출력은 cos(φ)에 비례하고, Q 혼합기 출력은 sin(φ)에 비례한다. 위상차 φ는 국부발진기의 주파수와 트랜스폰더와 리더간의 거리의 곱에 비례한다. 만일 I 채널 신호만을 복조하게 되면 시스템 성능은 동작주파수대역 내에서 신호크기가 0 즉 "notch" 점이 일정한 주파수간격에 따라 나타난다. Q 채널의 신호에서도 동일한 "notch" 점이 관측되게 된다. 이러한 2개의 notch점은 실제로 교대로 반복되어 나타나게 되며 결코 동시에 나타나지는 않는다. 즉 I출력의 피크 지점은 Q출력의 notch지점에 나타나며 Q출력의 피크 지점은 I출력의 notch 지점과 일치한다. 이러한 notch점은 교대적으로 나타나며 리더와 트랜스폰더의 거리에 따라 변한다.

〈그림 2-24〉
2개의 혼합기 블럭도

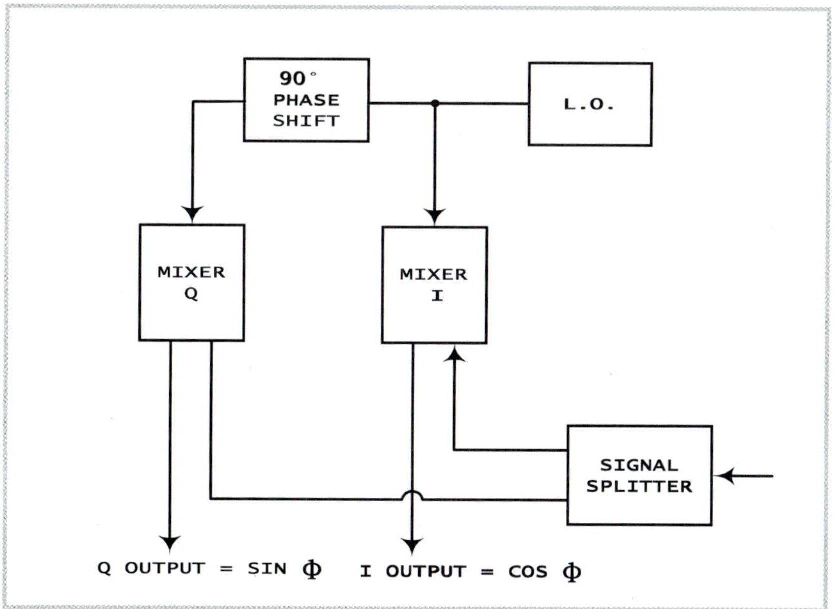

〈그림 2-25〉는 반송파 주파수에 따라 위상에 의한 I와 Q출력을 나타낸

다. I채널 출력은 위상이 90° +π 의 정수배(π /2+n*π) 일 경우에 0이 되는데 이는 이 각도의 cos함수가 0이 되기 때문이다. Q출력은 위상이 π 의 정수배(즉 n*π) 일 경우에 0이 된다. Q출력은 I출력의 90° 위상 변위치와 같게 되는데, 결과적으로 Q출력의 notch는 I출력의 notch와 교번적으로 나타나게 되며 동시에 notch가 일치하는 경우는 없다. 이러한 주파수 notch점은 이동 통신체에 있어서 다중 경로 인터페이스에 의하여도 나타난다. 〈그림 2-25〉에서 위상이 1상한 및 3상한에 있는 경우에는 I, Q출력이 동일 부호가 된다. 그러나 2상한, 4상한에 있는 경우에는 부호가 반대이므로 직접 2개의 출력을 합할 경우에는 신호가 소거된다. 이러한 문제를 해결하는 방안으로는 I, Q출력을 각각 샘플링하여 제곱한 값을 DSP적으로 처리하는 방안이 있다. 다른 방법으로는 I, Q출력을 샘플링하여 상대측보다 강한 출력을 선택하거나 디코더회로를 하드웨어적으로 구현하는 방법이다. 전자의 방법은 대체로 소프트웨어적인 기술적 처리가 요구되며 하드웨어적으로는 디코딩 회로 설계가 요구된다.

〈그림 2-25〉
I 및 Q 혼합기 출력

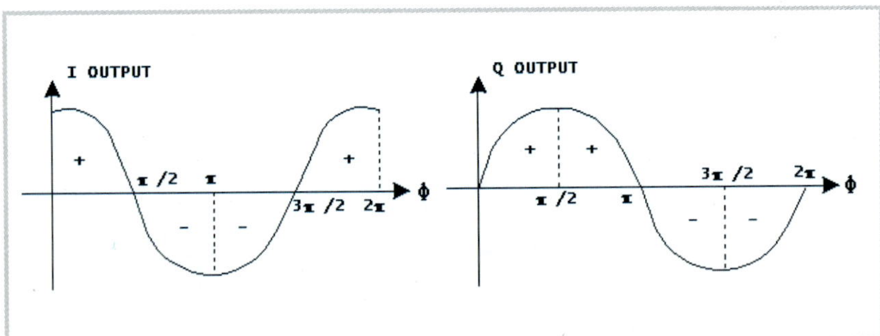

〈그림 2-26〉은 RF신호의 다중 경로 전파경로를 나타난다. 트랜스폰더에서 후방 산란된 신호는 직접 또는 반사경로를 거쳐 리더에 수신되는데, 전술한 바와 같이 리더와 트랜스폰더간의 교신거리, 동작주파수 및 반사신호에 의해 RF검파신호는 영점이 발생한다. 그러므로 I, Q 데이터를 동

시에 추출하여 두 데이터의 조합 또는 유효한 데이터를 선택하여 디코딩 하는 기법이 요구된다.

〈그림 2-26〉
RF신호 전파 경로

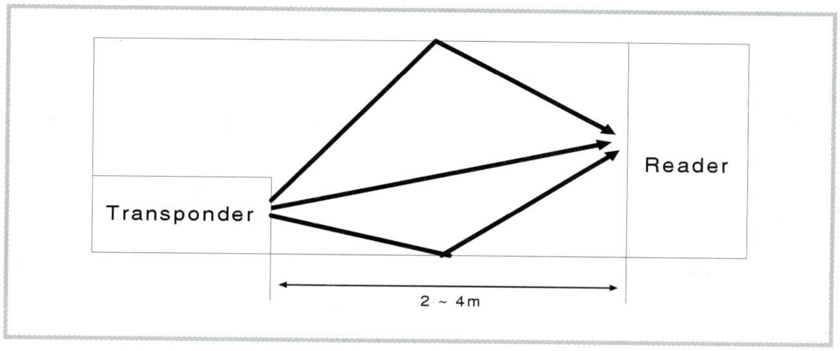

〈그림 2-27〉은 ASK송신, FSK 수신방식의 리더 전체 블록도 일례로서 수신된 RF신호는 double balanced 혼합기에 의해 검파된 후 FM-IF 증폭기에서 중간주파수 대역 신호가 증폭된 후 복조되어 디지털보드로 전달된다.

〈그림 2-27〉
리더 블럭도

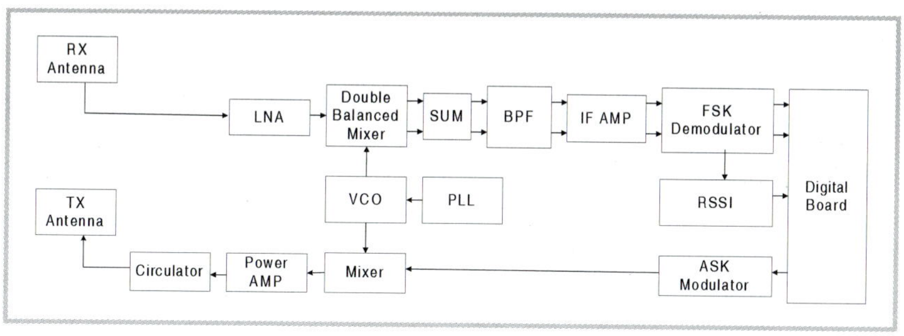

FSK 복조기는 수신된 FSK변조 신호를 '0' 또는 '1' 의 디지털 정보로 변환하고, RSSI는 FSK 복조기(demodulator)로 입력되는 신호의 강도를 측정하여 I 또는 Q신호중 어느 하나가 유효함을 디지털보드에 전송한다. 디지털보드는 FSK 복조기로부터 전송받은 데이터 프레임에서 동기신호를 추출하고 I 또는 Q경로의 데이터 프레임 중 하나를 선택하여 정보를 결정한다. 이때 선택의 기준은 I와 Q신호의 RSSI 또는 복원된 정보의 에러율로 결정된다.

3) Air interface 기술

RFID 시스템의 결합방식은 〈그림 2-28〉과 같이 전자파를 이용하는 결합방식과 자장을 이용하는 결합에 따라 동작원리가 다르다.

RFID 태그/리더 시스템은 상호유도 (Inductively coupled) 방식과 전자기파 (Electromagnetic wave) 방식 두 가지의 형태로 무선 통신을 수행한다.

(1) 상호 유도 방식

〈그림 2-28〉에서 **자장을 이용하는 결합**(magnetic coupling ; 상호 유도 결합, inductive)**방식**은 현재 대부분의 저주파 RFID에서 적용되는 원리로서 전원에너지 및 데이터전송이 코일 루프 안테나 전류에 의해 형성되는 자계에너지에 의해 전송된다.

즉, 구동전류에 의해 리더의 안테나에서 발생한 전력에너지는 자장을 형성하며 자장 영역에 위치한 태그는 자장의 변화에 의한 전류가 유기되어 이로 인한 전압이 발생한다. 이 경우에 태그는 요구되는 최소 전력을 리더에서 수신하게 된다. 수신된 전력에 의해 동작하는 태그는 자체 데이터 송출을 동일한 원리에 의해 리더에 전달하게 되는데 태그에 흐르는 전류는 미약 전류이므로 리더에 전송하는 거리는 매우 근거리이다. 대부분의 현재의 저주파 RFID는 이 원리에 의해 동작하므로 감지거리 또는 데이터 전송거리는 수cm 이하로서 감지거리가 짧아 활용성이 제한적이다. 또한 이러한 저주파 RFID는 133kHz 또는 13.56MHz로서 주파수가 낮기 때문에 데이터 전송속도가 느리고 전송 데이터량이 제한적이다.

상호 유도 방식은 근거리, 전자기파 방식은 중장거리용 RFID로 사용되며 상호유도 방식은 코일 안테나를 이용하며 전자기파 방식은 고주파 안테나를 이용해서 서로 무선접속을 한다. 상호 유도 방식의 태그는 거의 수동 형태로 작동된다. 즉, 태그의 IC 칩이 동작하는 데 필요한 모든 에너지는 리더에 의해 공급된다. 따라서 리더의 안테나 코일은 주변지역에 강한 자기장을 발생한다. 이때 방출된 자기장의 일부분이 리더와 떨어져 있는 태그의 코일 안테나에 유도성 전압을 발생, 정류된 후 IC 칩을 위한 에너지로 공급된다.

상호유도 방식의 시스템은 리더의 안테나 코일과 태그의 안테나 코일 사이에 변화기 형태 결합(Transroformer type Coupling)을 기본으로 하고 있으므로 코일 사이의 거리가 0.16λ(여기서 λ은 전파의 파장)를 넘지 않을 때만 일어난다. 만약 태그가 리더 안테나의 교류 자기장에 위치한다면, 이것은 자기장으로부터 에너지를 끌어들인다.

태그에 추가된 전력은 리더의 안테나에 공급된 전류를 통해 리더안의 내부저항에서의 전압강하로 측정할 수 있다. 리더의 안테나에서 부하(load)의 스위칭 On/Off는 리더의 안테나에 전압 변화를 초래하여 진폭 변조의 효과를 갖는다.

만약, 데이터의 내용에 따라 부하저항의 스위칭 On/Off가 조절된다면, 이 자료는 태그로부터 리더로 전송될 수 있다. 이런 종류의 자료 전송을 부하변조(Load Modulation)라고 한다. 일반적으로 태그에 의한 리더의 전압 변동은 리더의 출력 전압보다 매우 적다.

태그의 추가적인 부하저항이 On과 Off 상태를 바꾸면 이러한 On/Off 시간에 의한 두 개의 스펙트럼이 리더 전송 주파수 (f0)에서 ±fs의 거리에서 생긴다. 이것은 쉽게 검색될 수 있고 이 두 개의 스팩트럼을 부반송파라고 부른다.

(2) 전자파 결합(electric coupling)방식

〈그림 2-28〉의 **전자파를 이용하는 결합**(electric coupling ; 후방 산란 결합)**방식**은 RF전파 방식으로서 전파통신, 레이더 등에서 RF 전파전달 원리를 적용한 것이다.

즉, 리더에서 전송되는 마이크로파 전자파 신호를 태그가 반사하며, 반사된 신호를 리더가 수신하는 레이더의 원리와 유사하다. 이 경우에 태그에서 반사하는 신호는 리더의 반송파 주파수신호를 태그ID 데이터정보에 의해 변조하여 후방 산란하게 되면 리더는 변조되어 반사된 신호를 복조하여 태그의 ID정보를 해독한다.

이 경우의 RF주파수는 마이크로파대역 신호로서 데이터 전송속도가 높고 전송 데이터량도 많고 감지거리도 저주파 RFID와 달리 크게 증가한다. 태그의 동작전원은 원거리에서 수신된 RF전파를 정류하여 사용하려면 리더출력이 매우 커야 하므로 수동형으로 부적합하다.

전자기파 방식 태그는 IC칩을 구동하기 위한 충분한 전력을 리더로부터 공급을 받지 못하므로 추가적인 전지를 포함한다. 이 전지의 불필요한 손실을 막기 위해 IC 칩은 일반적으로 전력 다운 또는 대기 모드를 갖는다. 전력 다운에서의 전력 손실은 몇 μA 보다 크지 않으며, 만약 태그가 리더의 유효영역을 벗어난다면, 칩은 자동적으로 전력 다운 모드로 들어간다. IC 칩은 리더로부터 효과적인 강한 신호를 받기까지 동작하지 않고, 받으면 보통의 동작으로 돌아온다. 이러한 에너지전달 및 데이터 송수신은 상호 접속시간의 유지방식에 따라 Full Duplex, Half Duplex, Sequential 방식으로 구분된다. 전자기파 방식에서 태그의 응답은 전자기파가 파장의 반보다 큰 크기를 갖는 물질에 의해 반사된다는 RADAR(Radio Detection and Ranging) 기술을 응용한 Modulated Reflection Cross Sectio 방식(변조된 후방 산란)을 이용한다.

리더와 태그는 여러 가지 디지털 방식의 부호화를 이용하여 기저대역의 데이터를 처리한다. 그중 NRZ(Non Return to Zero), 맨체스터(Manchester), 변조된 밀러(Modified Miller) 부호화 방식이 주로 쓰인다.

NRZ 방식은 논리상태 1을 신호의 높은 상태, 논리 상태 0을 낮은 상태로 표현하며 주로 FSK 및 PSK 변조방식과 함께 쓰이며, 맨체스터 방식은 논리상태 1을 반 비트 동안 고에서 저로의 변화로, 논리 상태 0을 반 비트 동안 저에서 고로의 변화로 표현하며 주로 태그에서 리더로의 통신에 쓰인다. 변조된 밀러 부호화 방식은 주로 리더에서 태그로의 통신에 쓰인다.

이와 같이 크게 세 가지 방식으로 태그와 리더 사이의 무선신호는 세 가지 형태의 데이터 변조방식(ASK, FSK, PSK)을 이용하여 기저신호를 고주파 신호로 변화하여 전송된다.

그러나, 특정 주파수 대역(미국의 UHF 대역)에서는 전자파의 인체영향이나 다른 통신 시스템과의 간섭을 줄이기 위하여 특정 변조방식만을 쓰도록 요구되는데 가장 많이 쓰이는 것이 주파수 확산(Spread Spectrum. SS) 방식이다.

주파수 확산방식은 CDMA(Code Division Multiple Access)모바일 폰이나 무선랜에 이용되는 직접 시퀀스(Direct Sequence, DS)와 블루투스에 이용되는 주파수 호핑(Frequency Hopping, FS)이 주로 사용된다.

그러나 이러한 변조방식을 태그에 적용하려면 그만큼 복잡한 회로가 필요하여 가격이 상승하므로 실제적으로는 리더만이 어라한 변조방식을 사용하고, 태그는 주파수 확산방식의 전체 주파수를 커버하도록 광대역으로 만들어 ASK 등을 이용하여 신호를 전송한다.

기타 데이터 정보의 신뢰성을 높이기 위한 여러 신호처리가 수행되는데, CRC(Cyclic Redundancy Check) 등의 방법을 사용하는 에러율 감소 방법, 여러 개의 태그를 구별하기 위하여 무선랜 등에서 사용되는 Aloha나

CSMA(Carrier Sense Multiple Access)와 비슷한 방식을 사용하는 충돌 방지(Anti Collision)방법, 데이터의 보호를 위하여 대칭 또는 비대칭 암호 알고리즘을 사용하는 데이터 보안 방법 등이 적용된다. 특히 이러한 신호처리는 태그 메모리의 기능성에 의존한다.

(1) 전자매체 방식에 따른 분류

RFID 시스템은 무선접속 방식에 따라 상호 유도(Inductively coupled) 방식과 전자기파(Electromagnetic wave) 방식으로 구분되며, 상호 유도 방식은 근거리(1m 이내), 전자기파 방식은 중장거리용(3~10m)으로 사용한다.

상호유도 방식은 코일 안테나를 이용하며, 태그의 IC칩을 동작시키기 위해 필요한 모든 에너지는 리더기로부터 공급되는 수동형이다. 전자기파 방식은 고주파 안테나를 이용해서 서로 무선접속을 하며, IC칩을 구동하기 위한 충분한 전력을 리더기로부터 공급을 받지 못하므로 장거리 인식을 위한 추가적인 전지를 포함하는 경우(능동형)도 있다.

〈표 2-4〉 전도매체에 따른 분류

항 목	종 류	설 명
전도 매체 방식	전자 결합방식	상호유도
	정전 결합방식	정전유도
	전자유도방식 135kHz~13.56MHz	유도전자계 • 비, 얼음, 먼지, 철분 등 악 환경 조건에서도 사용 가능 • 안테나의 지향성이 넓고 교신 범위가 넓음 • 비도전체(인체 · 유리 · 목재 등)에의 침투성이 강함 • 무선랜, 블루투스와의 간섭 문제 • 금속에 의한 반사 및 물의 흡수 • 외래 노이즈에 영향을 받고 쉬움
	마이크로파방식 433MHz 900MHz 2.45GHz	방사전자계 • 외래 노이즈가 많아, 교신 거리가 김(특히 전지 있는 경우) • 지향성이 있어, 교신에 리터의 한정이 비교적 용이 • 무선랜, 블루투스와의 간섭 문제 • 금속에 의한 반사 및 물의 흡수
	광 방식	근접 적외광선

〈그림 2-28〉
RFID 결합방식

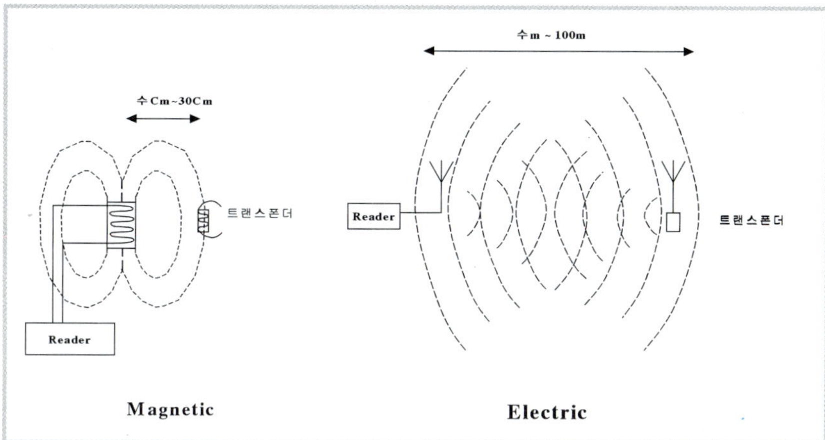

〈표 2-5〉
결합 방식의 비교

방식	전자기 결합 방식	전자기유도 방식	마이크로파 방식	광 방식	비고
사용 주파수	400k~530 kHz 등	120k~135kHz 13.56MHz	2.45GHz	적외선 (파장 670nm)	광의에서는 전자기 결합 방식은 전자기유도 방식에 포함
최고교신거리 (수동식의 이론치)	△ (7cm 정도)	○ (70cm 정도)	◎ (1.5m 정도)	○ (30cm 정도)	주로 읽을 경우의 거리
교신속도	×	△	◎	○	기본적으로는 주파수에 의존
교신 지향성	—	저	중	고	기본적으로 주파수에 의존
반사/간섭문제	◎	△	×		리더나 태그 사이에서 간섭함
내전자기장 노이즈성	◎	△	◎	◎	인버터와 모터, 전원 등
내광 노이즈성	◎	◎	◎		태양광이나 형광등 등
내수성/내유성	◎	◎	△	×	원리 · 구조상
더러움이나 유리, 수지에 의한차폐에의 내성	◎	◎	○	×	원리 · 구조상, 교신거리의 감퇴를 포함함
FA현장에의 대응성	◎	△	○	○	현장 노이즈에 강한지 어떤지
국내전파법에의 대응	◎	◎		◎	UHF대역은 현재 이용할 수 없다.
해외전파법에의 대응	○	◎	○	◎	미국은 FCC, 유럽은 R&TTE 지령
주요 용도	FA 등	폭넓다	폭넓다	FA 등	

〈표 2-6〉 이용하는 주파수에 따른 비교

주파수	장파 (135kHz이하)	단파 (13.56MHz)	UHF (860M~930MHz)	마이크로파 (2.45GHz)
방식	전자기유도 방식		마이크로파 방식	
최고 통신거리(수동식)	60cm 정도	70cm 정도	수m 예상	1.5m 예상
수분의 투과성(수분을 포함한 물품에 부착하거나, 무선 IC태그와 리더에 물이나 눈이 부착하거나 하는 경우)	◎	○	×	×
금속물에 의한 전파반사의 작기(예기치 않은 위치의 태그와 교신하지 않는 정도)	◎	○	×	×
동일 주파수의 노이즈의 작기(태그가 악영향을 받거나 태그가 주위에 악영향을 미치거나 하지 않는 정도)	×	○	◎	◎
국제표준규격	ISO18000-2	ISO15693, SO18000-3	ISO18000-6	ISO18000-4

4) 안테나와 패키지(Antenna& Package) 기술

일반적으로 안테나라 하면 리더에 유선으로 연결되어 있는 것이 많지만 태그의 일부분인 안테나를 뜻하는 것은 아니다. 안테나는 한 개의 리더에 여러 개가 연결되어 리더와 태그간의 전파 연락을 담당한다. 안테나는 생산될 때의 형태에 따라 다이폴 안테나, 야기우다 안테나, 평판 안테나(혹은 마이크로스트립 안테나 또는 패치 안테나로 칭함), 슬롯 안테나로 나누고 설치하는 형태에 따라 터널형 안테나도 있다.

(1) 태그용 안테나 기술

태그의 크기 또는 부착위치, 대상, 태그의 모양, 용도 등에 따라 다양한 형태의 안테나 설계기술을 필요로 하며, 특히 저가형 태그제작을 위하여 제작비용을 최소로 하는 설계를 요구하며, 필요에 따라 칩 속에 안테나를 실장하는 기술도 개발되고 있다.

(2) 패키지 기술

RFID 태그를 다양하게 만드는 기술로 소형태그, 금속 부착형 태그, 고온에서 사용되는 태그, 다양한 기후환경에 사용될 수 있는 태그 등이 개발될 수 있으며, 이때 다양한 안테나와의 탑재(Mounting) 기술, 그리고 용도에 따라 내구성 있게 칩을 보호하고 칩과 안테나의 접속부분을 보호할 수 있는 다양한 패키지기술을 요구한다.

(3) 태그 안테나 소재

① 코일 와인딩 방식 : 구리 (주로 수입품에 의존하고 있다.)
② 에칭 방식 : 알루미늄이나 구리
(가격이 비싼 구리보다는 알루미늄을 더 보편적으로 사용하고 있다.)

2.3 RFID 소프트웨어 구성요소 기술

RFID 소프트웨어 기술은 크게 표준화 객체 또는 상품에 대한 글로벌 표준 식별코드기술, RFID 미들웨어 기술, 글로벌 객체 정보 레졸루션(Resolution)구조와 제품 정보 제공을 위한 제품정보서비스로 구성되는 객체 정보 검색서비스 기술로 구분될 수 있다. 〈그림 2-29〉는 소프트웨어 측면의 구성 개념도를 나타낸 것이다.

일반적으로 리더에 읽혀진 태그 및 센서의 데이터는 유무선 네트워크를 거쳐 데이터 처리를 담당하는 호스트 컴퓨터(Server)의 미들웨어로 전달되어 처리된 후 해당 어플리케이션에 의하여 사용된다.

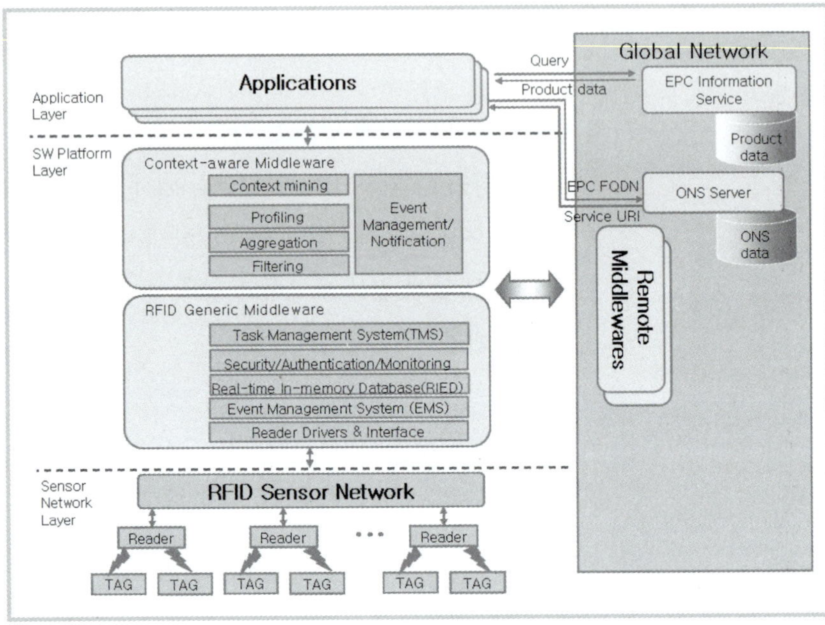

〈그림 2-29〉 RFID 소프트웨어 플랫폼 개념도

1) RFID 미들웨어의 특징 및 구성

미들웨어라는 용어가 의미하는 바와 같이 시스템 아키텍처 상에서 중간 계층을 담당한다고 할 수 있다. 일반적으로 미들웨어란 두개 이상의 시스템 혹은 프로그램 사이에서 둘 사이를 중재하는 프로그래밍 서비스를 의미한다. 대개 애플리케이션 프로그램과 네트워크 운영체제의 중간 영역에 위치하며, 공통된 인터페이스와 서비스를 제공한다. 즉, 분산처리 시스템에서의 하부에 놓여진 복잡성이나 이질성을 감추어 준다고 말할 수 있다.

RFID 응용소프트웨어는 성격상 분산처리 시스템이라 할 수 있고, 기업이나 산업 현장에 분산되어 설치된다고 볼 수 있을 것이다. 이러한 구성은 연동되는 장치들의 이질성과 복잡성으로 인해 시스템 구축에 있어 복잡도가 증가하게 되고, 이러한 복잡도를 효과적으로 관리할 수 있는 RFID

미들웨어의 필요성이 대두된다. RFID 미들웨어는 리더 등의 장비를 관리하거나, 이기종 RFID 환경에서 발생하는 대량의 가공되지 않은 데이터를 수집, 필터링하여 의미있는 정보로 변환하여 응용 소프트웨어 등에 필요한 정보를 제공하는 소프트웨어 플랫폼으로 정의할 수 있다. 따라서 RFID 응용에서 미들웨어는 아주 중요한 역할을 담당한다고 할 수 있다. 미들웨어의 한쪽 끝은 리더 등과 같은 하드웨어와 인터페이스하고, 다른 한쪽 끝은 기업용 솔루션과 같은 기업용 응용 소프트웨어와 연계된다고 할 수 있다. 몇몇 RFID 미들웨어는 데이터 수집 및 전달과 같은 단순한 라우터로서의 역할을 하며, 다른 RFID 미들웨어는 미들웨어의 가치를 향상시키며, 또한 기업용 애플리케이션과 인터페이스를 제공해주는 보다 지능화된 기능을 포함하기도 한다.

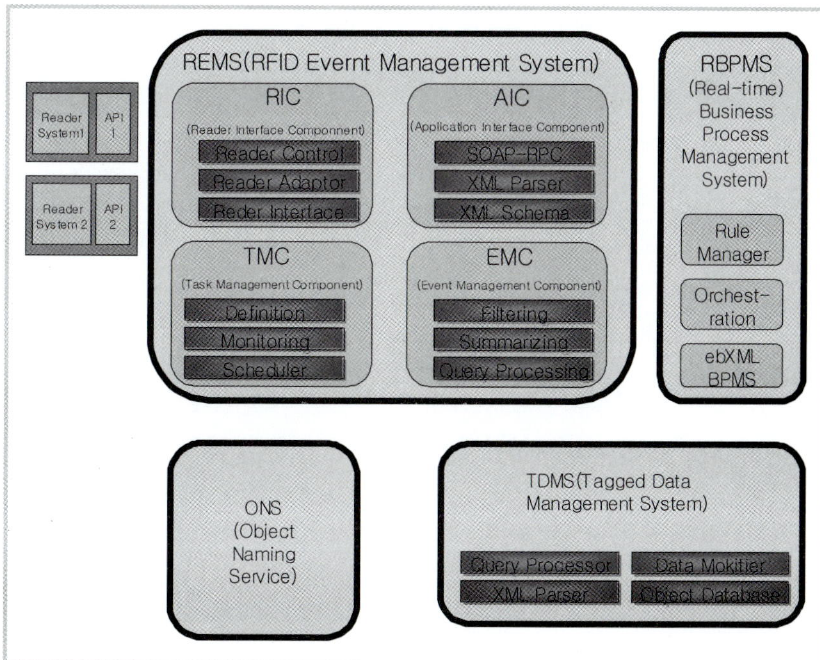

〈그림 2-30〉 미들웨어 구성도

RFID 시스템이 기존의 환경 구조에서 사용되는 경우에는 바코드 시스템과의 통합도 염두에 두어야 할 것이다. 이러한 경우 RFID 미들웨어는 바코드 시스템과의 연계 기능도 함께 제공할 필요성이 있다. 또한 상황 인지에 따라 처리가 필요한 경우에는 다른 센서 시스템과의 인터페이스 기능도 포함하는 경우가 있다.

2) 미들웨어의 기능 및 사양

RFID 미들웨어의 기능은 다음과 같이 크게 3가지로 구분하여 생각할 수 있다.

(1) **리더 인터페이스 층** : 리더와의 인터페이스를 제공하며, 데이터 수집과 관련된 층

(2) **데이터 처리 층** : 데이터 필터링, 데이터 요약 및 전달 등을 담당하는 층

(3) **외부 시스템 인터페이스 층** : ERP, SCM, WMS와 같은 레거시(Legacy) 시스템으로의 데이터를 전달 할 수 있는 고 기능의 인터페이스 층

시장에는 다양한 기능을 가지고 각각 다르게 포지셔닝하고 있는 여러 가지 RFID 미들웨어 제품군들이 있다. 이들은 데이터의 수집과 필터링, 이벤트 관리 등을 포함하여 워크플로우 소프트웨어를 공급하는 순수 RFID Edge Server 제품군, RFID 애플리케이션 공급업체가 제공하는 제품군, 플랫폼 및 IT Infrastructure 제공업체가 제공하는 제품군, 시스템 통합 및 EAI 전문업체가 제공하는 제품군 등으로 구분 할 수 있다.

이러한 글로벌 RFID 환경에서 수집 및 활용되는 데이터는 객체에 대한 정적 데이터 및 이력 데이터, 센서로부터 얻는 실시간 데이터를 포함할 수 있으므로 어플리케이션은 이를 활용한 상황인식 기반의 지능화된 서비스를 제공할 수 있게 된다,

〈표 2-7〉 미들웨어 상세내용(필수사항)

항목		상세내용(필수)
RFID 리더 인터페이스 기능	이기종 리더 연결 및 식별 관리 지원	• 이기종 리더 장비의 동시 연결/사용지원 • 복수 리더 장비에 대한 개별 장치, 식별 기능 지원 • 리더 통신 채널 및 시스템 정보 관리 기능 지원
	수동형/능동형 리더 및 바코드 리더 지원	• 리더의 작동에 대해 수동형/능동형 모드 지원 • RFID 태그와 바코드 라벨을 동일하게 적용하되, 독립적 혹은 동시 지원
	리더 프로토콜 호환 기능	• EPC 리더 프로토콜 및 ISO15961 지원 • 물리적 인터페이스로 이더넷, RS-232, RS485지원 • 개별 리더 프로토콜간의 호환성 제공
RFID 리더 관리 기능	리더 동작 모니터링 기능	• 리더 장치에 대한 동작 상태 모니터링 기능 • 개별 리더에 대한 네트워크 상태 모니터링 기능 제공 • 이상 발생 시, 경보 기능
	리더 설정 및 제어 기능	• 개별 리더 모드 시스템 정보 등 설정 및 제어 기능 • 실시간 및 배치 제어 기능 지원
태그이벤트 데이터 처리 기능	태그 이벤트 데이터 수집 및 필터링 기능	• 리더로부터 전달되는 대량의 데이터 수집 기능 • 대량 데이터의 필터링 기능 • 필터 모듈 교체 및 지원 기능
	태그 이벤트 데이터 처리 모듈 관리 기능	• 유연한 태그 데이터 처리 모듈 추가/삭제 등 관리 및 설정 기능
	태그 이벤트 데이터 전달 기능	• 정제된 태그 이벤트 데이터의 내/외부 어플리케이션 전달 기능 • 다양한 데이터베이스와의 연결 지원 • XML 및 웹서비스 기반의 데이터 전달 기능
레거시 시스템과의 연동 및 관리 기능	응용시스템과의 통신 기능	• XML/SOAP 기반 웹서비스 연동 기능 지원
	미들웨어 정보 제공 및 관리 기능	• 응용 시스템과 연결된 미들웨어 정보 제공 • 미들웨어 서비스 초기화/종료를 포함한 관리 기능 제공
Security 및 Privacy 보호기능	정보 보안 기능	• RFID 시스템 내/외로 유통되는 정보의 보안 기능
	개인 정보보호 기능	• 개인 정보 유통 방지 및 보안 기능
시스템 환경 규격	플랫폼 독립적인 아키텍처	• 시스템 적용 분야에 다른 상이한 환경에 적용이 가능하도록 플랫폼 독립적인 아키텍처 고려
	오픈 소스 환경 적용	• 도입 시의 경제적 이점 고려

현재 국내외에서 글로벌 RFID 네트워크 구축을 위해 다양한 기술개발이 진행되고 있으며, 대부분의 기술개발은 RFID 미들웨어를 포함한 글로벌 RFID 소프트웨어 플랫폼에 대한 연구를 중요한 부분으로 포함하고 있다. 현

재 글로벌 RFID 시스템을 위한 소프트웨어 플랫폼의 기술개발 수준은 매우 초보적인 실정이다. 기존 연구들은 유비쿼터스 환경에서의 글로벌 RFID 시스템 구축 측변에서 살펴보면 다음과 같은 문제점을 지니고 있다.

〈표 2-8〉 미들웨어 상세내용(선택사항)

항목	상세내용(선택)	
RFID 객체 정보 관리 기능	객체 정적 정보 저장/관리 기능	• RFID 태그 기반 객체의 정상적 /정량적 정보를 일정기간저장 기능 • 객체 정보와 관련된 데이터 모델 설계 및 조정할 수 있는 관리 기능
	객체 이력 정보 저장/관리 기능	• RFID 태그 기반 객체의 이력 정보를 저장/관리할 수 있는 기능
	객체 정보 질의 및 처리 기능	• RFID 태그 기반 객체의 정적/이력 정보의 질의 및 처리할 수 있는 기능 • 질의를 위한 표준 인터페이스 정의 및 메시지 교환 기능 (XML -RPC, SOAP-RPC지원)
RFID 검색 서버 기능	태그 관련 정보 참조 위치 검색 기능	• 태그 ID 정보에 기반한 객체 상세 정보를 알 수 있는 Location 정보 Lookup서비스 기능 지원
	멀티 코드 지원	• EPC코드, Uid 코등 등 기존 RFID 코드 이외 새롭게 추가될 RFID 코드를 융통성 있게 수용할 수 있게끔 다양한 식별 코드 체계에 다른 정보 제공
	IPv6 지원	• 찾고자 하는 서비스 URL 체계가 IPv4 외, IPv6 명령 체계를 따르는 시스템도 지원
	상위 레벨 RFID 검색 서버와의 통신 기능	• 계층적 구조에 따라 요청 서버에 정보가 존재하지 않는 경우 상위 검색 서버로부터의 정보 제공 기능 • 검색 서버간의 표준 통신 프로토콜 준수
사용자 정의 작업처리 모듈 수행 및 관리 기능	사용자 정의 작업 처리 모듈 관리 기능	• 미들웨어 내부 혹은 미들웨어와 외부 어플리케이션과의 Domain의존적인 사용자 정의 작업 처리 모듈을 정의하고 이를 미들웨어에 탑재하는 기능
	사용자 정의 작업 처리 모듈 수행 기능	• 사용자 정의 작업 처리 모듈을 초기화하고 수행 및 모니터링 기능
레거시 시스템과의 연동 및 관리 기능	리더 정보 제공 및 관리 기능 제공	• 응용 시스템과 연관된 리더 정보 제공 및 초기화/종료 등의 관리 기능 제공
	규칙기반 비즈니스 프로세스 처리 기능	• 태그 이벤트 데이터 처리를 위한 규칙 정의 및 관리 기능 • 규칙에 따라 웹서비스와 같은 형태로의 응용 어플리케이션과의 연동 기능

Microsoft 등의 대기업에서는 기존에 사용하던 제품군을 단순히 통합하는 패키지 형태로 RFID 시스템을 구성하고 있으며 이러한 상용화 미들웨어들은 소규모 RFID 시스템들의 통합적인 구축 및 운영에 초점을 두고 있으며. 응용 범위는 협소하다.

외국의 대표적인 연구기관인 Auto-ID Lab에서는 EMS(Event Management System), TMS(Task Management System), RIED(Real time In memory Event Database)의 세 가지 컴포넌트로 구성된 Savant 미들웨어와 태그 식별 코드인 표준화 지향 EPC 코드 및 DNS 기반 제품정보 서비스 레졸루션 서비스 등과 같은 RFID 네트워크를 위한 소프트웨어 플랫폼을 제공하고 있다. 하지만, 그 응용 영역을 물류시스템이라는 한정적인 분야에 초점을 두고 있으므로 유비쿼터스 환경의 다양한 응용 영역에 사용하기에는 알맞지 않다.

위와 같은 제한성으로 인하여 기존의 RFID 소프트웨어 플랫폼 기술만으로는 이러한 유비쿼터스 컴퓨팅 환경에 적합한 응용영역의 도출이 어려운 것으로 사료되므로 보다 다양하고 보편적인 유비쿼터스 응용 영역에 활용될 수 있는 글로벌 RFID 소프트웨어 플랫폼의 개발이 요청된다. 이러한 글로벌 소프트웨어 플랫폼은 다양한 사물을 인지하고 이를 가상공간에 연동시키며, 또한 상황을 인지함으로써 사용자에게 적응할 수 있는 응용의 구현에 요구되는 제반 요구 사항을 만족시킬 수 있어야 한다.

3) 글로벌 RFID 소프트웨어

이러한 글로벌 RFID 소프트웨어 플랫폼의 요구 사항은 아래와 같다. RFID 기반 USN을 위한 대표적인 소프트웨어 기술인 RFID 자동식별 미들웨어는 어플리케이션과 리더 사이에 위치하며 어플리케이션이 리더의 데이터 수집 및 가공에 요구되는 제반 기능을 제공하여 RFID 어플리케이션 구축을 용이하게 하며 성능을 향상시키는 역할을 갖는다.

(1) RFID 자동식별 미들웨어

RFID 자동식별 미들웨어는 글로벌 RFID 시스템 상에서 어플리케이션과 리더 사이에 위치하여 다양한 어플리케이션들의 구현에 공통적으로 요구되는 기능들을 제공한다.

RFID 태그를 이용하여 다양한 서비스를 제공할 경우, 발생하는 이벤트의 양이 단순히 물류시스템에서 사용되는 양보다 기하급수적으로 증가하며 이런 경우 태그 이벤트들에 대한 신속한 처리를 필요로 하게 된다. 또한 감지된 태그는 바로 이용되는 것이 아니라 상황인지 기술을 적용하여 가공된 하나의 정보로서 응용 서비스에게 제공될 필요가 있다. 이를 위해서는 고속 이벤트 처리와 더불어 상황인지형 미들웨어를 필요로 한다. 이에 따라 그 내부에서는 다양한 상황의 인지를 위해서 위치 관리 모듈과 Snapshot을 이용한 History 관리자, 프로파일(Profile) 기술 등을 필요로 한다.

이 미들웨어는 내장된 기능들에 대하여 표준화된 인터페이스를 제공하여 어플리케이션의 개발 생산성을 높이고 개발된 제품의 신뢰성을 향상시키며 상호 연동성을 제고시킨다. RFID 자동식별 미들웨어는 기능 측면에서 데이터 수집 및 라우팅 기능에 초점을 둔 원시 미들웨어(Primitive Middleware)와 이력정보 및 실시간 정보를 가공하여 상황정보 도출에 초점을 둔 상황인지 미들웨어로 구분할 수 있다.

RFID 원시 미들웨어는 RFID/USN 상에서 발생하는 대량의 EPC 데이터에 대하여 필터링, 집합화, 원시 이벤트 생성(Primitive Event Generation) 등의 기능을 통하여 응용 프로그램에서 관심을 갖는 데이터 형태로의 선처리(Preprocessing) 기능을 수행한다. 따라서 성능확장성이 필수적으로 수반되어야 한다. 그 구성은 인터페이스 부분과 리더로부터 전달되는 데이터의 처리, 관리, 보안, 인증과 관련된 코어 부분으로 구성된다. 인터페이스 부분은 리더 드라이브 및 인터페이스, 응용 인터페이스, ONS 인터페이스, EPCIS(EPC Information Service) 인터페이스 및 원격 미들웨어와의 인터페이스 부분을 포함한다. 코어 부분은 리더로부터 수집된 이벤트 데이터에 대한 처리 및 관리를 담당하고 있는 EMS, 실시간 데이터 처리 및 관리 기능을 포함한다.

한편 RFID 상황인지 미들웨어는 기본적으로 미들웨어로부터 가동된 태그 데이터와 수집한 데이터 및 정보를 시간적으로 체계화한 이력 또는 프로파일 정보, 나아가 센서로부터 수집되는 실시간 환경정보를 가공하여 상황 (Context) 정보를 산출하여 응용 프로그램이 활용할 수 있도록 하는 기능을 수행한다. 또한 대규모 환경에서 효과적으로 이벤트의 생성, 모니터링, 알림(Notification) 프레임워크를 제공하여 각종 응용 서비스에서 이벤트를 효과적으로 처리할 수 있도록 하는 기능도 제공한다.

현재 이러한 미들웨어에 대한 구체적인 사양에 대한 국제 표준화는 존재하고 있지 않지만 궁극적으로 응용 프로그램이 디바이스 계층의 세부 기술적 사양에 대한 정보가 없이도 논리적으로 RFID기능을 구현할 수 있는 표준화 기반 API가 제공될 수 있을 것으로 전망된다.

RFID 자동식별 미들웨어의 주요 요소기술은 다음과 같이 요약될 수 있다.

① 표준화 기반 개방형 미들웨어 설계 기준

개방형 자동식별 미들웨어 설계 기술이란 이 기종 전자태그 환경에서 기존 자동식별 시스템의 상호 운용성을 보장하기 위하여 표준화된 코드, 정보 표현, 교환규약을 준수하고 정보 교환을 위한 메시징 기술을 적용한 것이다. 이를 위해서는 EPC(Ver 1.1), ISO 표준, 웹 서비스, ebXML 등과 같은 참조 표현을 준용하고 멀티리더 프로토콜(EPC, ISO 15961, Alien 등)을 지원할 수 있는 통합 리더 인터페이스의 설계 및 구현이 요구된다.

② 실시간 이벤트 처리 기술

USN상의 지능형 정보처리의 실현에 필수적으로 요구되는 주요 기술로는 산술제어, 실시간 처리 기술이 있다. 사물제어란 사물의 환경정보를 바탕으로 상황 인식을 수행한 후 이를 이용하여 사물 구동 환경 또는 상태를 자율적으로 제어 할 수 있는 기능을 말하며, 일반적으로 사물제어에 있어서는 상황도출 및 제어와 외부 서버에 의해 처리되는 방식과 센서 네트워크 내에서 자체적으로 처리되는 방식으로 구분된다. 이러한 사물제어의 구현을 위해서는 상황정보 수집이 선행되어야 하며, 효율적인 상황정보의 수집에는 실시간 이벤트 처리가 필수적으로 수반되어야 한다.

실시간 이벤트 처리기술은 수많은 태그와 센서로부터 발생하는 스트림 데이터의 실시간 처리를 위한 메모리 기반 데이터베이스 기술과 수집된 데이터를 효율적으로 필터링, 군집화, 요약을 통해서 양질의 이벤트를 산출할 수 있는 이벤트 처리기술로 구성된다. 실제로 이러한 기술은 고성능 RFID 자동식별 미들웨어의 필수 구성요소로서 포함되고 있다.

③ 상황인지 엔진 기술

사용자의 환경을 감지하기 위해서는 상황인지 엔진기술이 선행되어야 하고, 이를 위해 상황인식(Context Awareness)기술이 개발되고 있다. 상황인식 기술은 센서 노드의 주변 환경 정보를 객체로 표현하여 위치, 움직임은 물론 수행중인 작업이나 현재 상태정보로 다른 센서노드, 응용계층, 센서 하드웨어가 활용할 수 있는 전달 기능을 수행한다. 상황인지 엔진은 고수준의 상황 정보를 추출하기 이전에 센서로부터 전송되는 데이터를 체계적으로 취합하고 전송하는 기능을 담당한다. 이를 위해 센서를 추상화하는 추상화 모듈, 추상화된 센서로부터 데이터를 수집하는 수집기, 이를 다시 필요한 응용이나 모듈로 전송해 주는 전송기로 구성된 기본 모듈과 상황추론 지원을 위한 모듈로 구성된다.

USN 기반의 상황추론 기법은 주로 태그 이벤트의 시공간적인 변화에 기인하여 이루어지므로 이벤트의 시간적인 변화를 다루는 컴포넌트와 공간적인 변화를 다루는 컴포넌트가 추가로 필요하게 된다. 한편 USN이 구축되고 모든 태그에 대해 개방된 정보 네트워크를 사용한다 하더라도 한 개의 RFID 태그가 주는 정보는 RFID 태그가 기존에 가지고 있던 정적인 정보에 국한된다. 이 기술은 이러한 태그들의 정보를 시 · 공간적으로 조합하여 「현재 사무실은 회의 중이다」와 같은 하나의 고수준의 상황적인 정보로 가공해 낼 수 있는 상황추론 기술이 세부기술로 요구된다.

④ 대규모 미들웨어 네트워킹 기술

글로벌 RFID 환경에서는 미들웨어 간 이벤트의 라우팅과 이벤트의 생성, 공지, 모니터링, 알림 프레임워크가 요구된다. 이러한 프레임워크를 기반으로 각종 응용 서비스에서 단말 미들웨어로부터 이벤트들을 효과적으로 처리할 수 있게 된다. 또한, RFID 리더 관리 및 태그 데이터 수집 등과 같은 하드웨어 계층의 인터페이스와 객체 정보 관리 및 검색 서비스에 대한 표준화 인터페이스를 제공하며 그 구성 개념도는 〈그림 2-30〉과 같다.

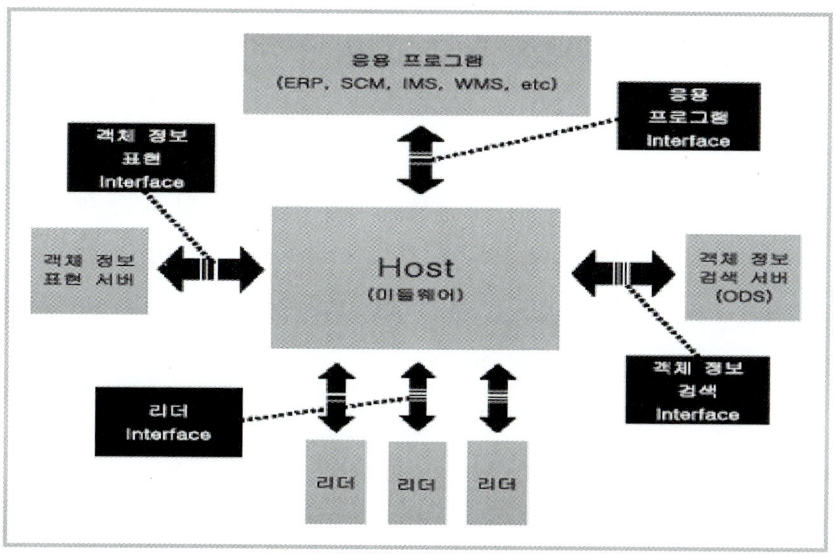

〈그림 2-30〉 RFID 자동식별 미들웨어와 표준인터페이스

RFID 자동식별 미들웨어를 사용할 경우〈표 2-9〉와 같은 장점을 얻을 수 있다.

〈표 2-9〉 자동식별 미들웨어의 장점

구분	내 용
단일 이미지 리더	다양한 어플리케이션과 다양한 리더들의 표준화된 인터페이스를 미들웨어가 제공함으로써 어플리케이션이 리더에 대해 하나의 이미지를 가질 수 있도록 해준다.
선처리 지원	지속적으로 읽혀지는 태그들에 대해 사전처리를 가능하게 해준다. 여기서 사전처리는 필터링과 에서 수습 등을 포함한다.
Light weight 응용	리더에 대한 액세스나 처리 및 제반 RFID 네트워크 관련 서비스들은 응용 프로그램 개발로부터 분리가 되게 되므로 개발자는 이에 대해 전혀 고려하지 않고 응용 프로그램을 개발할 수가 있게 된다.
실시간 태그 DB의 제공	리더로부터 읽혀지는 태그들은 하나의 스트림을 형성하여 계속 입력되게 되는데 이의 빠른 처리를 위해서는 미들웨어 자체적으로 고성능의 DB를 지원할 필요가 있다. 보통 메모리 DB를 사용하게 된다.
글로벌	글로벌 RFID 시스템 통합화에 기여하게 된다.

(2) 객체 정보 검색 서비스

다양한 응용의 창출은 제한된 지역의 소규모 RFID 네트워크를 글로벌 규모로 광범위하게 수반되어야 한다. 이러한 글로벌 RFID 네트워크의 구현을 지원하기 위해서는 먼저, 다양한 객체들을 효율적으로 식별하여 활용할 수 있는 방안이 필요하며 이를 위해서 글로벌 객체 네이밍 및 정보 서비스 시스템의 구성을 필요로 한다. 이는 단순히 상품만을 지원하는 것이 아니라 물리 · 논리적으로 식별 가능한 모든 객체에 대해서 글로벌 네이밍 기술에 대한 기법을 뜻한다. 이 네이밍 기법을 기반으로 각종 객체 정보 서비스를 구축할 때 객체 정보 검색 등과 같은 서비스들의 지능성이 더욱 높아질 수 있다.

또한, 효과적으로 서비스화되어서 제공될 수 있도록 개방형태의 표준화된 해결책 제시가 필요하다.

RFID기반 USN상에서 글로벌 네임을 갖는 객체는 객체 정보 네임서비스기술을 바탕으로 정적 참조정보, 이력정보 또는 실시간 환경정보에 대한 검색이 가능해진다. 이러한 정보검색이 가능하기 위해서는 먼저 객체를 대상으로 한 글로벌 네임체계에 대한 기술개발이 선행되어야 하며, 이를 위한 대표적인 기술로서 URN(Uniform Resource Name)이 있다. URN(Unirorm Resource Names)체계는 URL(Uniform Resource Locator)의 문제점을 보완하고자, 1995년 IETF내에 URN Working Group이 결성된 이후, 현재까지 꾸준히 표준화가 진행되고 있다. 최근에는 디지털콘텐츠 식별체계의 기반 기술로서의 URN 역할이 부각되어 URN 기반의 디지털콘텐츠 식별체계가 식별자 부분의 표준 형태로 자리잡고 있다. 실제로 국제적인 표준화 기구인 ISO TC46/SC9과 MPEG21 DII(Digital Item ID)에서 ISBN, ISSN 등을 포함한 총 11종의 식별자를 글로벌 표준으로 사용하고 있으며, IETF에는 OID, ISSN 등을 포함한 12개 분야가 URN으로 등록되어 활용되고 있다.

RFID기반 USN 상에서 가장 빨리 객체 정보검색 기술이 개발되고 있는 분야는 제품의 정적 참조정보와 이력정보에 대한 검색서비스 기술 분야이다. 이 제품정보 검색서비스는 시나리오를 간략하게 요약하면 각 기업은 제품사양, 카탈로그 등 각종 제품 정보를 특정 서버 상에 구축하며 외부에서는 원격 접속 또는 질의(Query) 등의 다양한 방식을 통하여 필요한 제품 정보를 얻을 수 있게 되는 것이다. 제품정보 검색 서비스는 각 기업별로 구축되어 인터넷상에 편재되며, 이 서비스들을 글로벌 환경에서 활용하기 위해서는 상품정보 교환의 표준화를 위한 상품정보 표준화 기술언어와 제품식별자로 사용될 표준 코드체계가 필수적으로 요구된다. 또한, 각 기업에서 구축한 제품정보 서비스에 대한 접속 정보인 서비스 URI(Universa Resource Identifier)를 글로벌 환경에서 탐색할 수 있는 레졸루션 아키텍처(Resolution Architecture)의 구축이 필요하다. 이러한 제품정보 검색 서비스를 객체 정보 검색서비스라 하며, 일반적으로 객체 정보 검색 서비스의 동작원리는 다음과 같다.

태그의 코드는 리더를 통해서 로컬 서버에게 전송되고, 로컬 서버는 태그의 코드를 수신한 후, 태그의 정보가 담겨진 서버의 위치를 알기 위해서, 로컬 ONS 서버(Local ONS Server)에게 질의를 보내게 된다, 로컬 ONS 서버는 전송된 태그 코드를 도메인 네임의 형태로 바꾸어서 DNS(Domaning Naming Service) 서버에 질의를 하고, 그에 응답하는 NAPTR(Naming Authority Pointer)레코드를 수신한 후, 다시 로컬 서버에게 전송한다. 레코드를 전송받는 로컬 서버는 사용자 혹은 응용이 필요한 정보 서버에게 이를 전달하게 된다. 객체 정보 검색서비스 기술은 크게 객체 네이밍 기술과 객체 정보서비스기술로 구분할 수 있다. 먼저 객체 네이밍 기술은 객체에 대한 글로벌 식별 체계의 설계를 수반하며 이러한 네임 체계에 준하여 각 영역의 객체에 대한 글로벌 네임의 부여가 가능하게 된다. 현재 다양한 디지털콘텐츠 식별자가 영역별로 사용되고 있다. 아래 〈표 2-10〉은 국제적인 표준화 기구인 ISO TC46/SC9와 MPEG21DII(Digital Item ID)에 기술되어 있는 식별자들을 보여준다.

〈표 2-10〉 ISO TC46/SC9와 MPEG21DII에 기술된 식별자

식별자명	표준명	대상
ISBN (International Standard Book Number)	ISO2108	도서
ISSN (International Standard Serial Number)	ISO3297	연속간행물
ISRC (International Standard Recording Code)	ISO3901	음악레코딩
ISRN (International Standard Technical Record Number)	ISO10444	기술보고서
ISMN (International Standard Music Number)	ISO10957	음악출판물
ISWC (International Standard Musical Work Code)	ISO15707	음악저작물
ISAN (International Standard Audio Visual Number)	FDIS 15706	오디오 비주얼
V-ISAN (Version Identifier for Audio Visual Works)	ISO20925	오디오 비주얼
ISTC (International Standard Textual Work Code)	CD21047	-
DOI (Digital Object Identifier)	ANSI/NISO Z390.84	디지털 콘텐츠
CID (Content ID)	-	디지털 콘텐츠

이러한 식별자를 표현하기 위한 식별체계로서 URN이 가장 많이 사용

되고 있다. IETF에서는 URN 개념을 소개한 아키텍처를 시작으로 URN 운영과 관련된 표준들이 제정되었다. 최근에는 URN 이 실제적으로 동작하기 위해 필요한 시스템적인 기술에 관한 사항을 지원하는 표준들도 만들어지고 있다. 여기에는 URN과 유사한 인터넷 자원의 이름체계인 URL이 동작하는 기반인 DNS 시스템을 기반으로 하여 보다 우수한 기술을 적용한 DDDS(Dynamic Delegation Discovery System)와 관련한 기술이 포함된다. 최근에는 식별자가 가져야 할 고유 기능 중에 URN의 중요성이 부각되면서 기존의 식별자가 URN으로 등록되고 있으며, 새로운 식별자가 정의될 경우 URN으로의 등록이 병행되고 있는 추세이다.

객체에 대한 글로벌 식별체계를 바탕으로 각 영역별 객체 정보 서비스 시스템을 구축할 수 있다. 그 사례로서 EPC 코드를 기반으로 하는 제품 영역의 객체 정보 검색서비스는 크게 제품 코드에 대한 서비스인 URI에 대한 매핑 정보를 구축한 후, 글로벌 네트워크상에서 코드에 대한 해당 매핑 정보를 변환할 수 있는 레졸루션 아키텍처와 정적 또는 동적 이력 정보를 구축하는 상품 정보 서비스로 구성된다. 제품 영역의 객체 정보 검색서비스의 개념 설명을 위하여 객체 정보 검색 서비스 기능 중의 하나인 EPC 코드 기반의 정적 물품정보 검색서비스에 대하여 시스템의 구축 및 동작 개념을 사례를 들어 설명한다. **정적 물품 정보의 검색 절차**를 살펴보면 다음과 같다.

① 응용프로그램에서 주어진 〈EPC〉 코드의 물품정보를 제공하는 EPC_IS 서비스 위치(URI)를 얻기 위하여 〈EPC〉 코드로 로컬검색서버에 질의를 전송한다.

② 응용 프로그램으로부터 받은 〈EPC〉 코드를 FQDN(Fully Qualified Domain Name) 형식으로 바꾸어 국가검색서버에 질의하며, 국가검색서버는 등록된 기관네임서버정보의 포인터 값인 기관 B의 로컬검색서버로 질의를 위임한다.

③ 기관 B의 로컬검색서버는 〈EPC〉에 대한 〈NAPTR〉 데이터를 기관 A의 로컬 검색 서버로 보낸다.

④ 기관 A의 로컬검색서버는 물품정보 서비스를 제공하고 있는 EPC-IS의 위치정보(Service URIs)를 응용프로그램으로 전송한다.

⑤ 응용프로그램은 전송된 EPC-IS로 물품정보 데이터를 요청한다.

⑥ 기관 B의 물품정보 EPC-IS는 기관 A의 응용프로그램으로 물품정보를 전송한다.

위의 정적 물품정보 검색서비스의 개념은 향후 동적 이력정보 검색서비스와 환경정보 검색서비스로 확장될 것으로 전망된다. **객체 정보 검색 서비스의 요소기술**은 다음과 같이 도출된다.

① 다중 코드계 지원 기술

현재 EPC Global과 ISO/IEC를 비롯한 여러 단체에서 RFID에 대한 표준을 제정 중에 있다. 그 결과로서 현재 EPC 코드, ISO 15963, uID 등 다양한 코드계가 객체에 대한 식별 코드계로 개발되고 있다. RFID 네트워크가 인터넷과 같은 글로벌 환경에서 구축되기 위해서는 여러 단체의 RFID에 대한 정보의 위치를 찾아낼 수 있는 표준화된 디렉토리 서비스가 필수적이다. 향후 식별코드는 제품, 이력, 센서, 데이터의 식별 영역 확장과 기존 업종별 식별 코드계의 효과적인 수용 방안에 준한 기술이 요구된다. 따라서 이러한 문제를 다중 코드계 지원 기술이라 하며 객체 정보 위치 레졸루션의 구현에 필수적으로 다중 코드계 지원 기술의 적용이 필요하다.

② 레졸루션 구조 기술

레졸루션 구조는 입력 EPC 코드에 대하여 등록되어 있는 서비스 URI 목록을 검색하여 제공하는 것으로 EPC로부터 서비스 URI 목록의 변환(레졸루션) 기능으로 표현되며 기존 DNS 인프라를 활용하여 구현한다. 레졸루션 아키텍처는 정적 객체 정보 서비스(EPC-IS)에 대한 정적 객체 정보 서비스의 URI 레졸루션, 이력정보 디렉토리 서비스의 URI 레졸루션, 환경 정보 디렉토리 서비스의 URI 레졸루션 기능을 제공한다.

③ **이력정보 데렉토리 아키텍처 기술**

이력정보 검색서비스를 위해서는 동적정보로서 업종 또는 기관별로 이력 정보의 위치를 저장하는 디렉토리와 각 기관별 이력정보를 저장하는 이력정보 서비스 기술이 필요하다. 이력정보 디렉토리는 기관별, 업종별로 다양한 형태를 가질 수 있으며 이력정보에 글로벌 연동을 위한 이력정보 포인터 등록에 관한 표준화가 요구된다. 한편 이력정보서비스 기술은 객체 정보 서비스 기술로 구현된다.

④ **객체 정보 서비스 기술**

객체 정보는 정적 객체 정보와 이력 정보와 같은 동적 객체 정보, 그리고 환경 정보로 구성된다. 각 정보의 특성에 따라 해당 객체 정보는 저장 구조, 접근 방식 및 기능 등에 있어 많은 차이를 갖는다. 객체 정보서비스의 구축은 객체의 정보를 글로벌 네트워크상에서 객체 정보 교환을 위한 객체 정보 기술 언어(Description Language)와 객체 정보 리포지터리(Repository)구축, 리포지터리 접근을 표준 인터페이스에 대한 기술이 요구된다.

4) RFID 미들웨어의 중요성

(1) 타 시스템과의 연동 및 통합의 편의성

RFID 도입이 성공을 거두기 위해서는 서로 다른 플랫폼의 엔터프라이즈 애플리케이션들이 통합되어야 하고 데이터 수집, 저장, 분석이 가능한 새로운 소프트웨어도 개발되어야 한다. RFID 미들웨어는 기존 엔터프라이즈 데이터와의 통합과 다른 애플리케이션과의 연동을 가능케 하는 기능을 수행함으로써 솔루션 통합, 데이터 처리 · 공유를 통한 부가가치 창출을 한다.

(2) 뛰어난 범용성

다양한 애플리케이션과 다양한 리더들의 표준화된 인터페이스를 미들웨어가 제공함으로써 다양한 이기종간의 리더기를 쉽게 연결할 수 있는 범용성을 가진다.

(3) 개발의 용이성

RFID 미들웨어는 컴포넌트 구조로 되어 있어 응용서비스에 적합한 새로운 알고리즘과 기능을 손쉽게 적용, 추가할 수 있으며 리더에 대한 접근이나 처리, 제반 RFID 네트워크 관련 서비스들은 응용프로그램 개발로부터 분리가 됨으로 개발자는 이에 대해 전혀 고려하지 않고 응용 프로그램을 개발할 수 있다.

(4) 태그로부터 수집되는 원시 데이터의 의미 있는 재구성

방대한 원시 데이터를 실제 의미있는 정보와 데이터로 재구성하여 데이터량을 줄이는 기능을 수행한다. 또한, 하드웨어에 의존하지 않고 데이터를 통합, 관리하고 태그, 리더에서 수집되는 방대한 동적인 스트리밍 데이터를 효과적으로 전달하기 위한 필터링, 요약, 교환 처리 기능을 수행한다.

(5) 이벤트의 실시간 감지로 자동적인 후속작업 진행

RFID 시스템이 설치된 환경 하에서 재고부족 또는 물량의 증가 등 이러한 이벤트가 발생되면 실시간으로 미들웨어가 감지하여 대처할 비즈니스 프로세스를 자동적으로 실행하여 제어하는 기능을 수행한다.

5) RFID 미들웨어의 도입 효과

(1) 실시간 제품을 추적(trace)함으로써 현장 운영 process 혁신 효과

이는 제품 흐름을 추적함으로써 가시성을 확보함은 물론 아래와 같은 비효율적인 요소를 제거한다.

- 과잉 재고 (Excessive Inventory)
- 재고 부족 (Short of Stocks)
- 재고 차이 (Shrinkage)
- 주문 처리 소요 시간 (Order Processing Time)
- 수작업일 때 발생하는 오류 (Possible Human Error)
- 과다한 서류 작업 (Excessive Paper Works)

(2) 지능화된 자동 제어 효과

제품과 자동화 장비 간을 네트워크화함으로써 지능적으로 제품을 통제하며 아래와 같은 효율성을 제공한다.

- 제품 이동의 추적 및 자동제어가 가능한 Process 제공
- 이벤트에 의하여 자동적으로 전가상거래 발생
- 수요의 변화를 공급 망 구성원들에게 제공
- 공급 망 전체의 동기화 및 효율화 달성

(3) 기업의 비용절감 및 생산성 향상

하나의 단일 시스템으로 RFID 관련 기업 어플리케이션을 개발하는 것에 비해 이미 상용화된 RFID 미들웨어를 도입함으로써 비용을 절감하게 되고 안정화된 미들웨어 도입에 따른 생산성을 향상시킬 수 있다.

(4) 기업 RFID 시스템 인프라 확장에 대처가 용이

단일 시스템으로 구성된 RFID 시스템에 비해 RFID 미들웨어를 복수 개 병렬연결함으로써 방대한 태그 데이터에 대한 처리를 가능하게 하며 이는 시스템에 가해지는 부하를 감소시키어 시스템 인프라 확장 및 시스템 안정성 유지에 지속적인 대처가 가능해진다.

(5) RFID 시스템에 대한 유지보수 용이

RFID 미들웨어는 제공 벤더에 의해서 기능 개선 및 관리를 체계적으로 진행함으로 단일 시스템으로 구성된 경우보다 일관적인 시스템 관리를 수행하는데 큰 이점이 있다.

6) RFID 미들웨어 선정 시 고려사항

일반적으로 RFID 미들웨어를 선정할 때 RFID리더기와의 연결이나 기본적인 필터링 기능에 치중하고 있는데 사실은 다양한 리더기와의 연결성 및 미들웨어 자체 필터링 기능은 가장 기본적인 기능으로서 실제 필드에서 요구되는 상세한 기능에 대해서는 보다 더 집중적이고 신중한 검토가 요구된다. 이러한 요구사항을 고려치 않고 선정된 미들웨어는 결국 실제 구축 단계에서 제공되는 기능과 성능 상의 문제로 전체 프로젝트 성패를 가를 수도 있는 중대한 상황에 놓이게 할 수도 있는 만큼 다음의 사항에 대한 신중한 검토를 거친 후 이에 적합한 미들웨어를 선정하는 것이 RFID 미들웨어 선택에 가장 우선하는 요소라 하겠다. RFID 미들웨어 선정시 고려할 필수사항들은 다음과 같다.

(1) 장치 관리 분야

가장 핵심적이면서도 기본적인 분야이다. RFID 미들웨어는 기본적으로 사용자로 하여금 쉬운 유저 인터페이스로 개별 장치(리더기)에 대한 설정/모니터링/배치/작동 명령이 가능하도록 지원해야 한다. 사용자는 필요시 리더기의 On/Off 상태를 적절한 때에 제어할 수 있어야 하며 리더기의 추가적인 배치가 플러그 앤 플레이 수준으로 손쉽게 제공될 수 있어야 한다.

(2) 데이터 관리 분야

RFID 미들웨어가 리더로부터 태그에 기록된 코드 값을 읽어들이면 이 데이터를 정확하게 필터링하고 적절한 위치로 라우팅할 수 있음을 확인해야 한다. 이 기능은 미들웨어가 복수 데이터에 대한 필터링과 같은 저수준 논리와 콘텐츠 기준 라우팅과 같은 고수준 논리를 함께 갖추고 있어야 가능한 것이다. 더불어 다양한 리더로부터 들어오는 태그 데이터에 대한 수집 및 관리를 위한 툴도 기본적으로 제공됨을 확인할 필요가 있다.

(3) 애플리케이션 통합 분야

RFID 미들웨어는 RFID데이터가 기업의 레거시(Legacy)시스템(SCM, ERP, WMS, CRM 등)과 안정적으로 연동되는데 필요한 메시징, 라우팅, 연결편의성을 제공해야 한다. 특히 널리 쓰이는 WMS(Warehouse Management System)나 SCM 애플리케이션을 위한 어댑터 라이브러리가 제공되어야 하고 특히 제3의 업체 애플리케이션과 연동을 위한 API와 JMS, XML, SOAP와 같은 표준기술을 준수하는 어댑터의 지원여부가 중요하다.

(4) 협력사 통합 분야

RFID활용을 통한 가장 유력한 효과 중 하나는 수요예측과 재고관리와 같은 협력사와의 공조 프로세스 향상을 위한 RFID 데이터의 공유이다. 이러한 파트너 통합을 위해서는 RFID 미들웨어가 협력사 프로파일 관리와 같은 B2B통합 기능을 제공하고 EPCglobal와의 연동을 지원하는지를 기본적으로 파악해야 한다.

(5) 프로세스 관리 및 애플리케이션 개발 분야

보다 폭넓은 기능을 지원하는 RFID 미들웨어는 RFID데이터를 단순히 비즈니스 애플리케이션에 라우팅 하는 수준을 넘어 자동화된 재고보충시스템과 같은 기업 내 복수의 애플리케이션들이 연관된 복잡한 프로세스들을 조정하고 관리하는 강력한 기능을 제공하게 된다. 특히 핵심 프로세스 관리나 애플리케이션 개발은 개발 과정, 역할 관리(Role management), 프로세스 자동화와 유저 인터페이스 개발 툴 등을 포함하는지 파악해야 한다.

(6) 패키지화된 RFID 컨텐츠 제공 분야

패키지화된 라우팅 로직과 제품 데이터 스키마, 그리고 물품 선적/배송/트래킹과 같은 RFID 관련 애플리케이션과 비즈니스 프로세스 연동을 위한 다양한 RFID콘텐츠(템플릿)는 RFID 미들웨어 플랫폼의 주요한 항목 중 하나이다. 이러한 콘텐츠를 미들웨어에서 기본적으로 제공함으로써 사용자는 복잡한 RFID프로젝트 진행에 큰 도움을 얻을 수 있게 된다.

(7) 아키텍처 확장성 및 관리 분야

RFID를 도입함으로써 수많은 데이터가 생성되게 되는데 이때 RFID 미들웨어는 안정적인 데이터 처리를 위해 가장 전면에서는 시스템이 된다. 이는 RFID 미들웨어가 복수의 서버 사이에서 고도로 유연한 로드밸런싱 기능과 서버 장애에 대비한 자동화된 리라우팅 기능을 제공해야 함을 뜻하는 것이다. 이러한 기능은 리더기와의 연동을 지원하는 네트워크 단말부터 시스템 전반에 이르는 미들웨어 전체 아키텍처에 걸쳐서 제공되어야 한다.

7) RFID 미들웨어 기능 평가 요소

RFID 미들웨어의 성공적인 도입을 위해서는 각 기업의 도입 목적과 구축 환경에 따라서 다양한 평가 요소들이 존재하게 된다. RFID 미들웨어의 기능이 많다고 해서 무조건 도입해야 되는 것은 아니지만, 도입하고자 하는 RFID 미들웨어가 기능이나 성능이 우수하다면 그만큼 성공적인 도입 가능성은 높을 것이다. 그렇다고 RFID 미들웨어의 다양한 기능들을 일일이 비교 검토해서 도입을 한다면 성공적인 도입 가능성이 높겠지만 현실적으로 수백 혹은 수천가지의 요소들에 대해 검토한다는 것은 불가능하다. 그렇다면 RFID 미들웨어 도입 시 어떠한 중요한 평가 요소를 가지고 검토를 해야 하는지가 중요하게 된다. 이에 성공적인 RFID 미들웨어 도입 시 적용해야 할 기본적인 평가 요소들은 다음과 같다.

① 적합성

RFID 미들웨어 도입 시 목적과 구축 환경에 대한 적합성을 제공하는지 확인한다.

- **도입 목적의 적합성** : RFID는 물류, 항만, 항공, 군사, 유통 등 사회 전반적인 각 분야에 적용된다. 각 분야별로 서로 다른 도입 목적에 따른 각각 서로 다른 다양한 요구조건이 발생하게 된다. 이에 RFID 미들웨어 도입 시 도입 목적에 따른 다양한 요구 사항에 적합한 기능을 제공하는지 확인한다.
- **구축 환경의 적합성** : RFID는 다양한 분야의 적용되므로 RFID 미들웨어에서 적용하고자 하는 구축 환경에 맞는 적합성을 지원하는지 확인한다.

② 표준화 및 호환성

RFID 미들웨어 도입 시 국제 공통 표준 호환성 및 다양한 이기종의 리더기에 대한 호환성을 제공하는지 확인한다.

- **국제 공통 표준 호환성** : RFID 코드는 사물을 유일하게 식별하고자 하는 목적에 대한 수단이므로 특정 지역 또는 특정 조직 내에서만 활용되는 코드 체계를 지원하는 RFID 미들웨어보다는 전 세계적으로 공통적인 표준체계를 지원하는 기능을 제공하는지 확인한다.
- **다양한 이기종의 리더기 호환성** : RFID 미들웨어 도입의 중요한 필요성 중 하나가 다양한 RFID 업체에서 출시한 리더기마다 독자적인 프로토콜을 사용하기 때문이다. 이들 이기종의 리더기간에 서로 호환성이 없으므로 RFID 구축시 문제가 발생된다. RFID 미들웨어 도입 시 이기종 리더기간의 단일한 인터페이스 기능을 제공하는지 확인한다.

③ 효율성

RFID 미들웨어 도입 시 실시간 정보들을 효율적으로 처리하는 기능을 제공하는지 확인한다. 리더기로부터 실시간으로 발생하는 대용량의 수많은 태그/센서 스트리밍 데이터를 수집, 효율적인 필터링, 군집화, 교환하는 기능을 RFID 미들웨어에서 제공하는지 확인한다.

④ 보안성

RFID 미들웨어 도입 시 정보의 무결성 및 보안성을 제공하는지 확인한다. 리더기로부터 수집되는 수많은 정보 중에는 정보의 성격이 매우 민감한 정보도 포함되어 있다. RFID 미들웨어는 기본적으로 이러한 정보들을 보호하는 정보보호 기능이 요구된다. 즉 RFID 미들웨어는 미들웨어 시스템 자체의 보안성뿐만 아니라 데이터 암호화 및 인증 등 정보보호 기능을 제공하는지 확인한다.

⑤ 연동성

RFID 미들웨어 도입 시 기존의 미들웨어 혹은 정보 시스템과의 연동성을 제공하는지 확인한다. RFID 미들웨어는 구축 목적에 따라 다양한 미들웨어와 연동을 하게 된다. 즉 기존의 다양한 정보시스템(ERP, CRM, SCM 등) 및 이기종의 애플리케이션과의 연동 기능을 제공하는지 확인한다.

⑥ 확장성과 개방성

RFID 미들웨어 도입 시 향후 다양한 요구 사항을 수용할 수 있도록 확장성과 개방성을 제공하는지 확인한다.

- **개방성** : 향후 다양한 분야에서 적용될 RFID 표준 코드 및 비표준화된 코드 등이 등장할 수 있다. 또한 다양한 독자적인 프로토콜을 가지는 리더기도 등장할 수 있다. RFID 미들웨어에서 앞으로 등장할 다양한 분야의 RFID 코드 및 리더기 프로토콜을 유연하게 수용할 수 있는 개방성을 제공하는지 확인한다.
- **확장성** : RFID 미들웨어는 다양한 응용 분야에 따라 달라지는 요구 기능

을 수용할 수 있도록 응용서비스에 적합한 새로운 기능 및 알고리즘을 손쉽게 개발, 추가할 수 있도록 컴포넌트 기반의 확장성을 제공하는지 확인한다.

8) 시스템 구축에 적정한 RFID 미들웨어 도입조건

(1) 타 시스템과의 연동 및 통합의 편의성

RFID 도입이 성공을 거두기 위해서는 서로 다른 플랫폼의 엔터프라이즈 애플리케이션들이 통합되어야 하고 데이터 수집, 저장, 분석이 가능한 새로운 소프트웨어도 개발되어야 한다. RFID 미들웨어는 기존 엔터프라이즈 데이터와의 통합과 다른 애플리케이션과의 연동을 가능케 하는 기능을 수행함으로써 솔루션 통합, 데이터 처리 · 공유를 통한 부가가치 창출을 한다.

(2) 뛰어난 범용성

다양한 애플리케이션과 다양한 리더들의 표준화된 인터페이스를 미들웨어가 제공함으로써 다양한 이기종간의 리더기를 쉽게 연결할 수 있는 범용성을 가진다.

(3) 개발의 용이성

RFID 미들웨어는 컴포넌트 구조로 되어 있어 응용서비스에 적합한 새로운 알고리즘과 기능을 손쉽게 적용, 추가할 수 있으며 리더에 대한 접근이나 처리, 제반 RFID 네트워크 관련 서비스들은 응용프로그램 개발로부터 분리가 되게 됨으로 개발자는 이에 대해 전혀 고려하지 않고 응용 프로그램을 개발할 수 있다.

(4) 안정성

일반적으로 RFID 제품이 사용되는 곳은 항만, 물류센터, 조립 공장, 군사 시설 등 주로 물류에 관계된 것이다. 따라서 미들웨어에 의한 대용량의 물류 위치 추적 및 정보 제공이 정확해야 한다. RFID 미들웨어가 작업 도중 정지되거나 복구할 수 없을 정도의 상태로 되어버린다면 각 개별 물류의 정보 추적이 불가능하므로 공장이나 항만 전체의 시스템이 멈출 수밖에 없을 것이다. 그러므로 RFID 미들웨어는 최고의 안정성을 제공하여야 한다.

〈표 2-11〉 RFID 요소기술 및 목표기술

기술 영역	요소기술		2004 2006 2008 2010		
태그(칩)	초소형안테나 기술		프리팅 안테나	센서태그용	On-chip 형
	칩 기술		단일대역 CMOS (Filp Chip 기반)	초저가 CMOS (FSA 기반)	Polymer Chipless
	패키징 기술		Paper-thin	환경내성 패키징	응용적합
	변복조 기술	능동	협대역 디지털방식	임펄스방식	가변방식
		수동	무하변조 고효율 전력 변환	저전력 변조	MEMS 스위칭
	주변정보감지 기술		사물인식	센싱기능통합	자율제어
리더	안테나 기술		단일대역	다중대역	초광대역
	RF 기술		433/900MHz/2.4GHz		초광대역
	충돌방지 기술		100태그/초 Gkbps	4 200태그/초 100kbps	300태그/초 200kbps
	변복조 기술		협대혁 디지털변조	임펄스 변조	가변변조
	간섭회피 기술		지향성	다중액세스	공간 다중 액세스
	주변정보 인식		위치형식	상황인식상	황자율대체
미들웨어	기기 모니터링/ 관리		중앙 집중	분산 제어	지능형 제어
	데이터 모니터링/관리		ID 데이터	이력 데이터	센서 데이터
	객체 정보 관리		정적 정보	이력 정보	센서 정보
	애플리케이션 통합		데이터 통합	내무프로세스 통합	B2B 프로세스 통합

〈표 2-11〉은 RFID 기술 영역별 요소기술 및 년도별 목표기술을 정리한 것이다.

2.4 모바일 RFID

1) 모바일 RFID 요소기술

모바일 RFID 서비스를 제공하기 위한 휴대폰 내의 소프트웨어 구조는 〈그림 2-31〉과 같이 이루어진다. 우리나라에서 표준화된 휴대폰의 무선인터넷 소프트웨어 실행 플랫폼은 WIPI(Wireless Internet Platform for Interoperability)이고, 이동통신 3사도 WIPI를 모두 지원하고 있으므로, 모바일 RFID 서비스의 소프트웨어 플랫폼으로 WIPI를 가정하고 있다. 따라서 RFID 리더장치에 대한 장치 드라이버가 가장 하위에 장착되고, 장치 드라이버를 WIPI HAL(Handset Adaptation Layer)이 호출하여 동작하여 WIPI API(Application Program Interface)가 모바일 RFID 응용에게 RFID 리더 관련 기능을 제공하도록 한다.

〈그림 2-31〉
모바일 RFID 서비스를 위한 휴대폰 내의 소프트웨어 구조

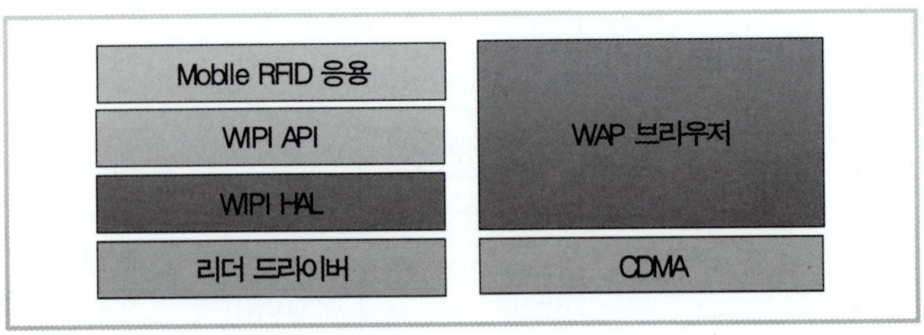

모바일 RFID 서비스를 위한 WIPI API 기능들은 〈그림 2-32〉와 같이 세 가지로 구성되는데, RFID 리더를 제어하여 RFID 태그를 읽거나 쓸 때를

위한 리더칩 제어기능, 태그로부터 읽은 코드가 EPC, mCode, ISO 등의 어떤 종류의 것인지를 인식하기 위한 다중코드 인식 기능, 인식된 코드로부터 코드에 대해 설정된 URL 정보를 ODS 서버로부터 찾아오는 스터브 코드해석기 등으로 구성되어 있다. 이들 기능 요소들의 동작으로부터 확보된 URL을 통해 콘텐츠 서버에 접속하여 콘텐츠를 갖고 오는 동작이 이루어진다. 이것은 모바일 RFID 응용이 직접 해당 URL로 콘텐츠를 갖고 올 수도 있고, WAP 브라우저를 이용하여 콘텐츠를 갖고 올 수도 있다.

〈그림 2-32〉
모바일 RFID 서비스를 위한 소프트웨어 기능 구조

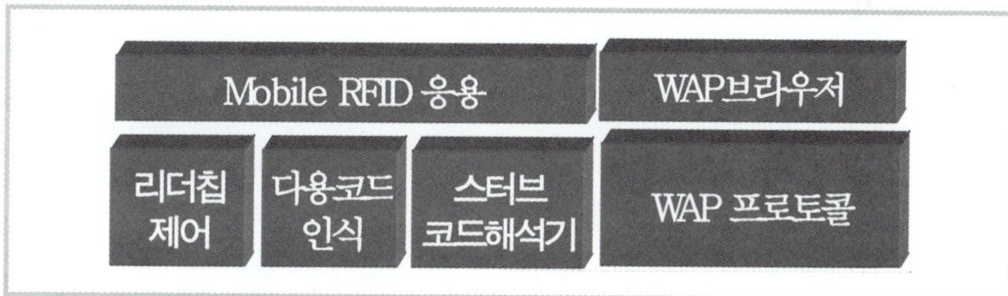

모바일 RFID는 국내에서 처음 착안한 서비스이기 때문에 국내외 어디에도 아직 기술 표준, 서비스 표준이란 것이 존재하지 않는다. 모바일 RFID가 보급되고 활성화되기 위해서는 무엇보다도 먼저 관련 표준이 제정되어야 한다. 일반적으로 표준에는 기술적인 목표 및 필드테스트 결과 그리고 필수 요구사항 등이 반영되기 때문에 모바일 RFID 기술에 있어서 가장 중요한 작업이 표준화 작업이라고 말할 수 있다. 관련하여 현재 국내의 여러 업체/기관의 전문가들이 각 분과별로 모바일 RFID를 위한 표준화 작업을 진행하고 있으며 일부 표준(안)의 경우 TTA에 표준제안을 해 놓은 상태이다. 일단, 모바일 RFID에서도 무선접속규격은 900MHz 신호를 사용하는 ISO/IEC 18000-6 Type C를 기본적으로 지원하며 18000-6 Type B는 옵션사항으로 지원하는 것을 전제로 하고 있다.

〈그림 2-33〉은 모바일 RFID 서비스의 통신 인프라에 대한 연결 구조와 해당되는 모바일 RFID 기술표준들의 종류를 보여주고 있다. 태그와 휴대

폰 간에는 수동형 RFID의 무선접속방식에 의해 통신을 하게 되며, 휴대폰과 기지국간은 기존의 이동통신 무선접속방식 또는 무선인터넷 무선접속방식에 따르게 된다. 기지국과 모바일 RFID 응용 서버 사이에는 TCP/IP 망 유선접속방식을 따르게 될 것이다. 모바일 RFID 표준에서는 태그-휴대폰-기지국-응용서버 간의 유무선 접속방식 모두를 표준화 대상으로 하지는 않으며, 기존의 유무선 접속방식에서 모바일 RFID를 위해 추가되어야 할 부분에 대해서만 표준화 대상으로 하고 있다.

〈그림 2-33〉 분야별 모바일 RFID 표준

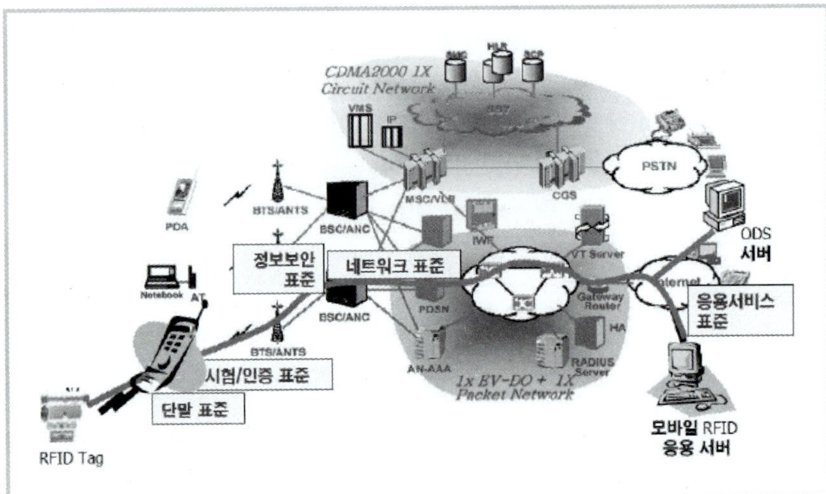

관련하여 단말 분야에서는 휴대폰 내장 RFID 리더칩에 대한 인식 거리, 송신 전력, 주파수, 간섭, 기술기준, PIN 규격, UART 통신 인터페이스 등에 대한 내용과 리더칩을 제어하기 위한 WIP API 및 WIPI-HAL API 확장 규격에 대한 내용을 다루고 있다. 한편 모바일 RFID 단말의 미들웨어 기능은 〈그림 2-34〉와 같이 WIPI API 의 형태로 응용 프로그램에 제공되고 있다. 여기서 'mRFID Device Driver' 는 리더칩 제조 회사가 제공하는 장치 드라이버 소프트웨어가 된다. 이들 모두는 모바일 RFID 서비스를 위한 표준화 대상이다.

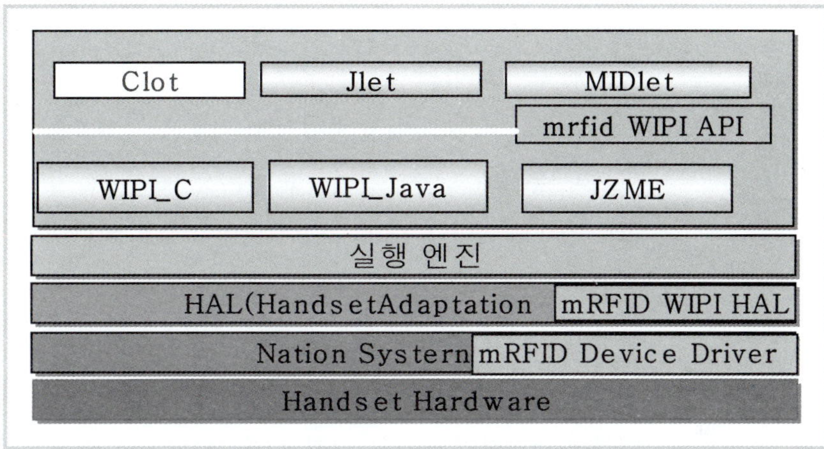

〈그림 2-34〉 모바일 RFID 단말을 위한 WIPI 플랫폼 구성

네트워크 분야에서는 '코드 해석' 을 위한 ODS(Object Directory Service) 통신, 휴대폰 단말과 응용서버 사이에 콘텐츠 송수신을 위한 메시지 전송, 모바일 RFID 서비스 환경을 지원하고 휴대폰 단말과 응용 서버 사이에 최적의 콘텐츠 전송이 가능하도록 하는 콘텐츠 협상, 메시지 전송 동안에 응용이 원하는 상태 정보를 생성 및 관리할 수 있도록 하는 세션 관리 등의 통신 프로토콜과 이들 통신 서비스를 지원하는 WIPI 확장 규격에 대한 내용을 다루고 있다.

정보보안 분야에서는 서비스 인프라의 통신 구간들에 대한 기밀성, 무결성, 부인봉쇄, 인증, 개인정보/사생활 보호, WIPI 확장 규격 등에 대한 내용을 다루고 있다.

시험인증 분야에서는 각종 표준들의 구현 결과에 대한 적합성 시험과 상호운용성 시험, 무선접속 기술기준에 대한 시험과 인증 등에 대한 내용을 다루고 있다.

마지막으로 응용 서비스 분야에서는 모바일 RFID서비스를 위한 응용 모델 및 시나리오, 사용자 서비스를 위해 태그, 리더, 통신, 응용 서버 및 응용 프로그램 등 서비스 인프라가 지원해야 하는 각종 요구사항을 규정한 ARP, 태그의 사용자 데이터 영역에 대한 데이터 저장 형식, XML, PML,

웹서비스 등과 관련된 모바일 RFID 서비스 콘텐츠 표현 및 처리, WIPI 확장 규격 등에 대한 내용을 다루고 있다.

위와 같이 각 분야에서 모바일 RFID를 위한 표준화 작업이 이루어지고 있으며, 동시에 작업에 참여하고 있는 업체/기관을 중심으로 관련 기술개발도 진행되고 있다. 이 중 소프트웨어 기술은 이미 개발이 거의 완료되어 모바일 RFID 서비스에 적용할 단계이다. 하지만 하드웨어기술은 칩을 포함하여 여러 가지 구현상의 어려움이 있기 때문에 다소 기술개발이 지연될 전망이다. 특히 칩의 경우 국내외 어디에도 모바일 RFID용 칩이 없기 때문에 독자적인 규격을 가지고 개발하고 있으며, 관련하여 단말분과에서는 이를 위한 무선규격 기술표준을 제정하고 있다.

2) 모바일 RFID 무선규격

모바일 단말기에 RFID 리더를 내장할 경우, 리더 칩 및 주변회로의 구성도는 〈그림 2-35〉와 같이 나타낼 수 있다. 리더 칩의 내부는 Host/RFID 프로토콜을 처리하는 디지털부와 기저대역신호 및 900MHz RF 신호를 처리하는 아날로그부로 나눌 수 있다.

〈그림 2-35〉
Mobile RFID SoC 구성도

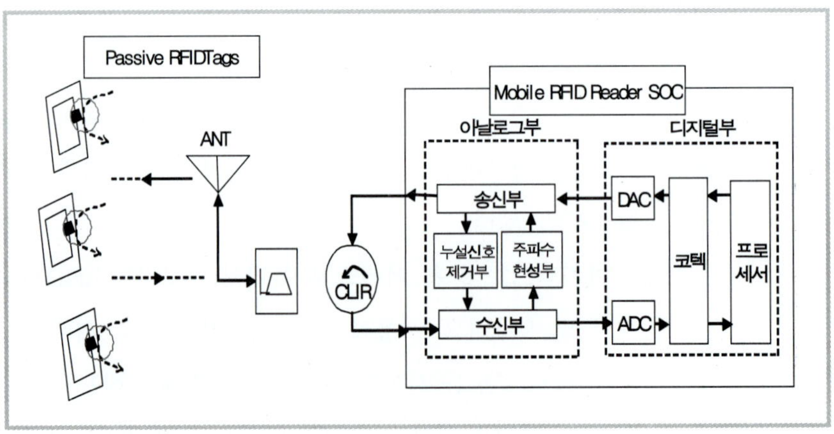

이중 아날로그부를 설계하기 위해서는 이를 위한 무선규격이 있어야 하며, 현재의 국내외 표준(안)에서는 무선규격까지 규정하고 있지 않기 때문에, 우선적으로 국내의 RFID 주파수, 셀 반경, 채널할당 그리고 전파법규, 기술기준 등을 참조하여 모바일 RFID를 위한 국내의 무선규격을 작성하였다. 일반적으로 수동형 RFID 태그에서 수신되어야 할 최소 전력은 -10dBm (100uW) 정도이다. 반면 모바일 RFID 단말은 태그에 대한 접근성이 좋기 때문에 1m 정도의 인식거리이면 모바일 RFID 서비스에 적용하기에 충분하다고 한다. 따라서 -31.5dB 정도의 링크손실, 2dBi 이하의 태그 안테나 이득, 0dBi 이하의 내장형 리더 안테나 이득 등을 감안하여 모바일 RFID 단말에서 20dBm 이상 출력되어야 한다는 것을 계산하였다. 그렇지만 모바일 RFID에서는 휴대폰 배터리의 전력을 사용해야 하므로 고정형 리더처럼 큰 출력을 방사할 수 없다.

따라서 무선 규격에서는 링크분석에 의한 최소전력, CMOS 전력증폭기의 한계, 그리고 휴대폰 배터리 전력 등을 고려하여 송신부 출력을 결정하였다. 한편, 모바일 RFID는 리더의 이동성에 초점을 맞췄기 때문에 대용량 태그를 한꺼번에 인식할 필요는 없다. 따라서 수 개의 태그 인식 코드 정보를 요청, 전송하면 되기 때문에 40kbps 정도의 전송속도로도 충분히 필요한 응용서비스를 만들 수 있다. 국내에서 RFID 용도로 분배된 주파수 대역은 908.5MHz~914MHz이며 이 대역에서 고속데이터 전송속도(640kbps)까지 지원하는 RFID 기기는 제한된 영역에서 넓은 채널대역폭을 사용하는 경우에만 통신이 가능하기 때문에, 모바일 RFID처럼 불특정 다수에 의해 사용되어야 할 기기에는 적합하지 않다. 따라서 모바일 RFID에서는 40kbps 정도의 전송속도를 기본으로 하여, 200kHz 채널대역폭을 전제로 하였다. 이상과 같은 기본 전제를 사용하여 모바일 RFID 리더의 최소성능규격을 결정하고 관련된 무선규격 기술표준(안)을 〈표 2-12〉와 같이 작성하였다.

〈표 2-12〉 모바일 RFID 리더의 기술표준안

파라미터		values	Others
1. 주파수밴드		860MHz~930MHz	(한국) 908-5~914MHz
2. 채널공간		200kHz	
3. 채널밴드 폭		200kHz	
4. 변조		DSB-ASK,SSB-ASK,PR-ASK	
5. 전송기	Output Power	20dBm/30dBm	안테나 포토
	Spurious Emission	ISO18000-6C	
	Spurious Emission	Local Regulation	
6. 수신기	Sensitivity	-70dBm	링크 여유 =10dB
	System Noise Figure	39dB	최대허용 NF
	Channel Selectively	+5/+18dBC@1CH +35/+47dBC@2CH +45/+47dBC@3CH +55/+47dBC@4CH	using Multi/Dense Reader Spectrum Mask
	Input IP3	-18dBm	
	Input PI dB	-28dBm	
	Dynamic Range	〉42dBm	
7. PLL/Syn	Frequency Stability	±10ppm(±20ppm)	-25(-40)~45(65)
	Phase Noise	-73/-88dBc/Hz alt200kHz -106/-118dBc/Hz alt 400kHz	Multi/Dense Reader

RFID 시장은 USN으로의 발전 과정이며 'Ubiquitous' 산업의 핵심 요소가 될 것이기 때문에 향후 시장의 규모가 지속적으로 증대될 것이고, 획기적인 시장 변화 및 확대가 예상된다. 이미 13.56MHz 대역의 주파수를 사용하는 RFID 시스템이 10km이내의 근거리 accessibility를 갖는 서비스 영역에서 활용되어 왔으나 미미하였지만 NFC포럼이 Nokia와 Philips, Sony의 주도하에 결성되면서 900MHz의 UHF RFID와 많은 부분에서 경쟁 구도로 부상되고 있다. 13.56MHz RFID 태그는 주요 특성인 보안 인증의 장점을 가지고 있으나 안테나 및 chip의 복잡도가 UHF대역보다 높고 생산의 정교성을 요구하고 있어 RFID 태그 가격이 높아 버스 카드와 같은 스마트 카드 영역에 한정되어 발전할 것으로 보인다. 13.56MHz의 문제점을 해결할 수 있는 기술은 UHF RFID 태그가 될 것으로 보인다. UHF RFID 태그는

안테나 구조가 간단하고 생산 방식이 다양하여 가격 대 성능(cost performance)이 높고 인식 거리도 휴대폰에 리더기를 내장할 경우 1m에서 수 km까지 조절이 가능하기 때문에 응용 분야가 다양하다는 것이다.

RFID 태그가 학문적으로 제시된 것은 지금으로부터 50여 년 전의 일이고 산업에 적용하기 위해 여러 주파수 대역이 검토되어 왔으나 빛을 보지 못하였다. 그런 노력의 결실이 단방향으로 리더기가 RFID 태그를 읽어들이는 기술에서 읽고 쓸 수 있는 양방향의 NFC 기술까지 13.56MHz 대역을 중심으로 발전되었다.

모바일 RFID 서비스의 개념은 휴대폰이 RFID 태그를 스캔(Scan)한 후 이동통신망 접속을 통하여 RFID 태그 정보위치 URL 요청을 ODS로 하고 URL 접속을 통하여 OIS로부터 RFID 태그정보를 받아서 휴대폰에서 해당 정보를 표시하게 한다.

〈그림 2-36〉
모바일 RFID 서비스 개념도

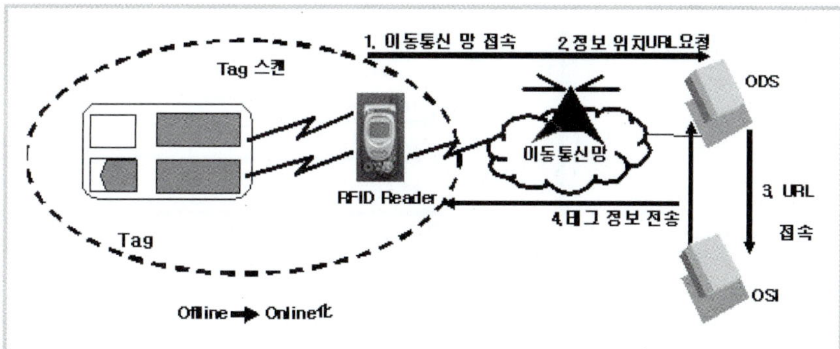

〈그림 2-36〉은 모바일 RFID 서비스에 대한 상세 동작 과정이다. 첫 번째 과정은 휴대폰의 RFID 리더가 태그로부터 RFID 코드를 읽어들이는 과정이고, 두 번째 과정은 읽어들인 코드에 대해 URL을 찾아내는 코드 레졸루션 과정이며, 세 번째 과정은 콘텐츠 획득 과정이다. 〈그림 2-37〉은 세부적인 메시지 흐름 및 절차에 대해 나타낸 그림이다.

〈그림 2-36〉의 상세 동작 과정에서 코드 레졸루션은 다음의 〈그림 2-37〉의 상세 동작 과정으로 이루어지는데, 이것은 DNS 인프라에서 IP 주소에 대해 도메인 이름을 찾아내는 역방향 탐색 과정과 똑같이 동작하는 모델이다. 다만 IP 주소에 대한 역방향 탐색은 PTR 레코드 탐색을 통해 이루어지고, 코드 레졸루션 과정은 NAPTR 레코드탐색을 통해 이루어진다.

앞으로 900MHz대역의 기술도 현재는 단방향 기술만 나와 있지만 리더기에 RFID 태그의 기능을 갖는 기술로 발전되고 양방향으로 통신이 가능하도록 개발되는 것은 시장의 필요에 따라 급속히 발전될 것이다.

〈그림 2-37〉
모바일 RFID 상세 동작과정

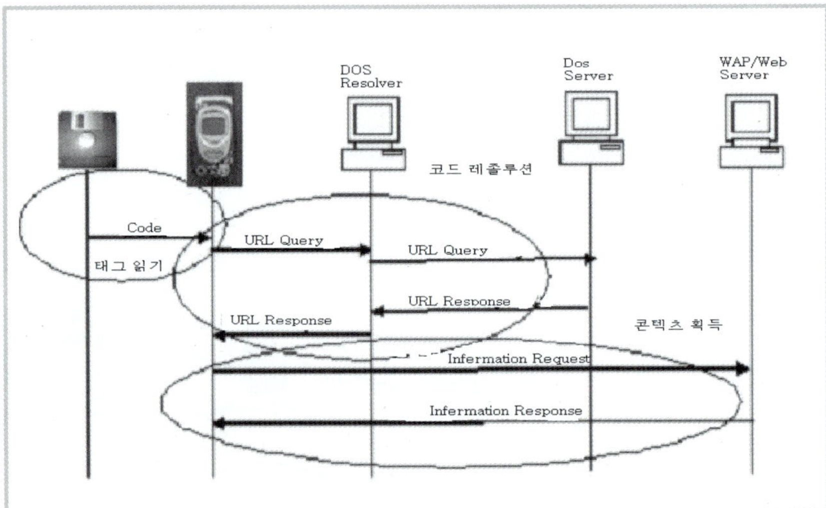

태그로부터 코드를 읽어들이면 '0100110110…' 과 같이 이진 숫자열로 응답을 받게 되고, 이것이 EPC, ucode, mCode 등 어떤 종류의 어떤 체계로된 코드인지 알아내고, 해석된 숫자 형태의 코드를 '이름' 형태로 유일하게 식별할 수 있도록 하기 위하여 URN 형태로 변환하는 과정이 진행되고 예를 들어, urn:mcode:type-a:1.20.300.9876, URN에서 코드 부분만 떼내어 FQDN 형태로 바꾸어서 〈그림 2-38〉에서 300.20.1.odsroot.org - DNS 프로토콜을 이용하여 ODS 서버에게 코드에 대응하는 URL정보를 얻기 위해

NAPTR 레코드 요청을 하게 되고, 통신사업자 측에 있는 ODS 리졸버는 코드 레졸루션에 대한 요청을 받으면, Root ODS와 국가ODS 및 로컬 ODS 서버에 이르기까지의 계층적인 코드 위임관리 체계를 따라 반복적인 질의/응답을 DNS 프로토콜을 이용하여 처리한 후에 최종적인 응답을 받아 클라이언트에게 전달한다.

〈그림 2-38〉
코드 레졸루션 상세 동작 과정

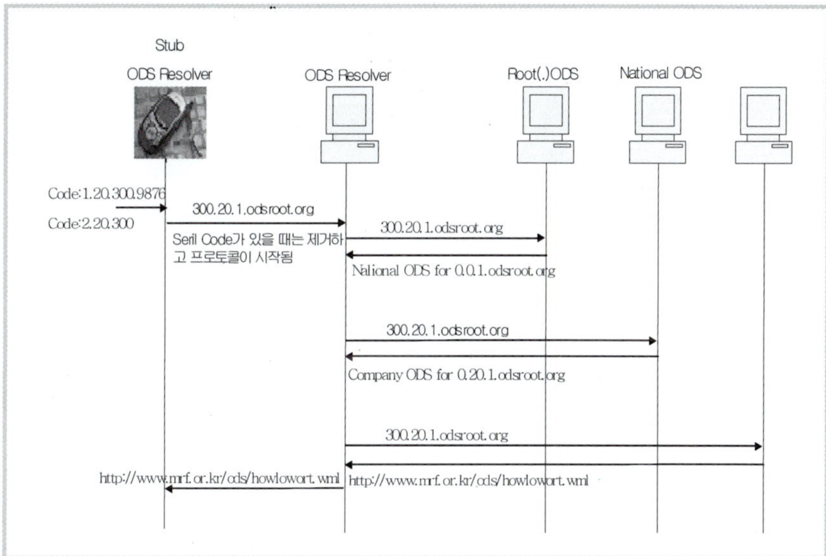

위 〈그림 2-38〉에서 코드는 어떤 사물에 대해 일련번호까지 포함하고 있는 경우가 있고, 일련번호는 없이 사물에 대해서만 식별하는 경우가 있다. 즉, 예를 들어 새우깡을 식별하는 코드에 덧붙여 수많은 새우깡에 대해 일련번호를 붙여서 각각을 식별하고자 하는 경우에 코드는 품명에 대해서만 부여할 때와 각각의 개별 사물에 대한 일련번호까지 함께 가지는 두 가지 형태의 코드가 있을 수 있는 것이다. 〈그림 2-38〉의 코드 레졸루션 과정에서 일련번호에 대해서는 제거하여 코드 레졸루션이 진행된다.

그 이유는 일련번호 각각에 대해 코드 레졸루션을 한다고 하면, 예를 들어 100만개의 새우깡에 대해 각기 개별적인 코드 레졸루션을 위해 DNS

서버는 100만개의 NAPTR 레코드 정보를 갖고 있어야 한다는 뜻이다. 이러한 방법보다는 새우깡에 대한 코드만으로 새우깡의 세부 정보서비스를 제공하는 서버 시스템의 URL을 획득하여 이 서버에게 각각의 개별 새우깡에 대한 정보를 획득하는 것이 보다 효율적인 수단이 된다.

〈그림 2-39〉
휴대폰 단말 내의 메시지 흐름도

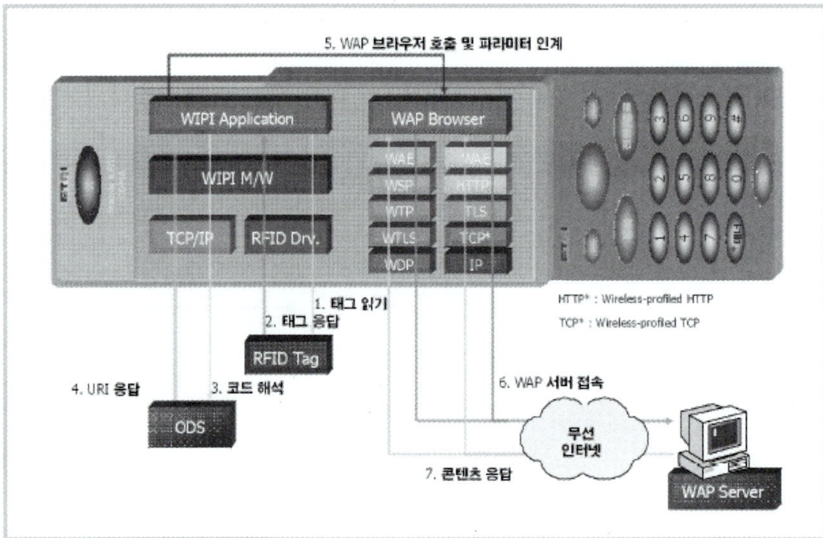

〈그림 2-39〉의 휴대폰 단말 내에서 이루어지는 메시지 흐름은 다음과 같다.

1. 모바일 RFID 서비스를 제공하는 WIPI 응용 프로그램은 WIPI API를 호출하고, 이것이 RFID 리더 장치 드라이버를 구동하여 RFID 태그 읽기 기능을 동작시킨다.
2. 태그는 응답을 RFID 리더에게 보내고 최종적으로 모바일 RFID 응용서비스 프로그램에게 전달된다.
3. 위 2번 과정을 통해 읽어들인 RFID 코드는 이진 데이터 형식으로서 어떤 종류의 코드인지 알 수 없는 상태이다. 그러므로 어떤 종류의 코드이고 어디서부터 어디까지가 국가, 기업, 상품 등의 코드 영역인지 판

단하여야 하고, 이것이 〈그림 2-39〉에서 보여주고 있는 다중코드 인식 기능이다. 〈그림 2-39〉에서 3번 절차로서 코드 레졸루션 과정을 거치기 전에 다중코드 인식의 절차가 진행되어야 한다. 어떤 종류의 코드인지 인식된 후에 3번에 해당하는 코드 레졸루션 과정이 시작된다. 코드 레졸루션 과정은 RFID 코드에 대응되는 URL 정보를 ODS 서버로부터 DNS 프로토콜을 통해 해석하는 과정이다.

4. ODS 서버는 DNS 프로토콜의 응답을 통해 RFID 코드에 대응하는 URI 또는 URL 응답을 보내준다. 이를 통해 최종적으로 WIPI 기반의 모바일 RFID 응용서비스 프로그램은 URI 또는 URL 정보를 획득한다.
5. URI 또는 URL 정보가 획득되면 해당하는 응용서비스 또는 콘텐츠 서버로부터 해당 서비스 또는 콘텐츠를 갖고 와야 한다. 이를 위하여 WIPI 응용서비스 프로그램은 확보된 URL 정보를 넘겨주면서 WAP 브라우저를 실행시킨다. 이러한 절차를 거치는 이유는 WIPI 응용서비스 프로그램이 획득한 URL을 이용하여 직접 콘텐츠 서버에 접속하여 콘텐츠를 획득할 수도 있으나 확보한 콘텐츠가 HTML, XML, 또는 WML로 이루어져 있을 때, WIPI 응용서비스 프로그램은 이들 콘텐츠 표현 언어들을 처리할 수 있는 능력이 있어야 하는데, 이것은 새로운 콘텐츠 브라우저가 있어야 한다는 뜻이다. 이런 용도를 위하여 WAP 또는 Web 브라우저가 존재하는 상황에서 또 다른 콘텐츠 브라우저가 존재한다는 것은 결코 바람직한 선택이라 할 수가 없다. 그러므로 획득한 URL을 통해 콘텐츠를 갖고 오고자 할 때 자체적으로 처리하는 것보다는 기존의 콘텐츠 브라우저를 재활용하는 것이 보다 바람직한 선택이며, 이런 용도로서 기존의 WAP 브라우저가 쓰이게 된다. 이러한 이유로 그림의 5번 단계에서 WAP브라우저가 호출되면서 앞서 획득한 URL 정보가 넘겨지게 된다.
6. WAP 브라우저는 넘겨받은 URL 정보를 이용하여 최종적인 콘텐츠 서버에 접속하여 해당 콘텐츠를 요청하게 된다.

7. 콘텐츠 서버는 6번 과정에 대한 적절한 응답으로서 해당 콘텐츠를 응답하게 된다. 6번과 7번에서 나타나는 두 가지 경로는 WAP 프로토콜의 개정판 종류에 따라 다른 경로를 이루는 것을 나타내는 그림이다.

제3장 RFID의 표준화 및 보안

3.1 RFID 관련 표준화 조직과 표준화

본 장에서는 RFID와 관련한 세계적 표준화 동향을 파악하고 대응하기 위하여, 세계 전파의 현황, RFID 관련 표준화 조직과 표준화 대상, RFID의 표준화 현황 등에 관한 내용을 살펴 본다.

물품의 유통을 생각하면 국내에서 생산된 물품이 세계로 수출되거나 세계 다른 곳의 물품이 수입되는 것이 현실이다. 이러한 세계적 물품 유통 관리에 RFID 태그를 이용할 경우, 모든 국가에서 통용 가능한 RFID 태그에 대한 이용 규격의 표준화가 요구된다. 국제 표준화는 각 국가나 지역 상황을 배경으로 주파수에 관한 조정이 이루어지게 된다. 또한 전파법/규정으로서는 미국은 연방통신위원회(FCC)의 규격(FCC Part15)이 있고, 유럽은 R&TTE 지령이나 ERC/RFC 70-03이 있다. 일본은 총무성이 규정하는 전파법과 민간규격으로서 (주)전파산업회(ARIB)가 규정하는 규격(ARIB STD-XX)이 있다. 이들을 기준으로 각국이 자국의 전파법을 규정하고 있다. 이와 같이 각국이 자국의 사정에 맞추어 해당 지역에 적합한 전파법을 규정하고 있기 때문에 세계적으로 완전히 같은 규정을 가진 나라는 없다고 할 수 있다.

RFID 관련 국제표준은 태그, 리더 등 기기에 대한 표준과 RF 태그에 저장되는 코드 표준으로 크게 구분할 수 있다. 기기 표준은 자사 제품과 타사 제품 간 호환성을 확보케 하여 중복 투자로 인한 비용을 절감하고 기술 개발 촉진 및 시장 확대가 가능하다. RFID 태그가 별도 표준안이 없이 고가형의 RFID가 되면 RFID 확산에 대한 저해요인이 될 것이다. 따라서, RFID 태그는 최소 비용을 목표로 무전력의 단순한 구조의 제품으로 개발되어야 한다. RFID의 표준화가 완료되면 관련 신기술, 특허, 공통 인프라의 구축, 기술 개방화에 대한 방안도 선명하게 될 것이다. 코드의 경우 다른 코드는 응용 분야가 제한적인 경우가 많으나 EPCglobal이 보급하고 있는 EPC 코드는 유통, 물류를 중심으로 전 산업에 적용 가능하며, 이미 바코드와 함께 산업계에서 널리 활용되고 있는 EAN, UCC 식별 코드도 EPC 코드에서 수용 가능하다.

1) 국제표준화 추진 체계

RFID만을 위한 표준은 따로 없고 자동인식(Automatic Identification & Data Capture)표준에 RFID가 포함되어 관련한 국제표준화기구로 **ISO** (International Organization for Standardization, 국제표준화기구), **IEC** (International Electrotechnical Commission, 국제전기표준회의), **CEN** (European Committee for Standardization, 전기 및 전자공학 제외 분야의 유럽 표준 취급) 등이 있다. 〈그림 3-1〉처럼 국제 표준화 기구가 구성되어 있다.

이들 조직의 역할 및 구성을 간략하게 살펴보면 다음과 같다.

ISO는 상품 및 서비스의 국제적 교환을 촉진하고, 과학 · 기술 · 지적 · 경제적 활동 분야에서 협력을 증진하고 세계의 표준화 및 관련 활동을 촉진시킨다. ISO의 회원가입 현황은 현재 정회원(Member body) 92개국, 통신회원(Correspondent Member) 36개국, 간행물 구독회원(Subscriber Member) 12개국 등 총 140개국이 가입하여 활동하고 있다.

〈그림 3-1〉
표준화 관련 조직

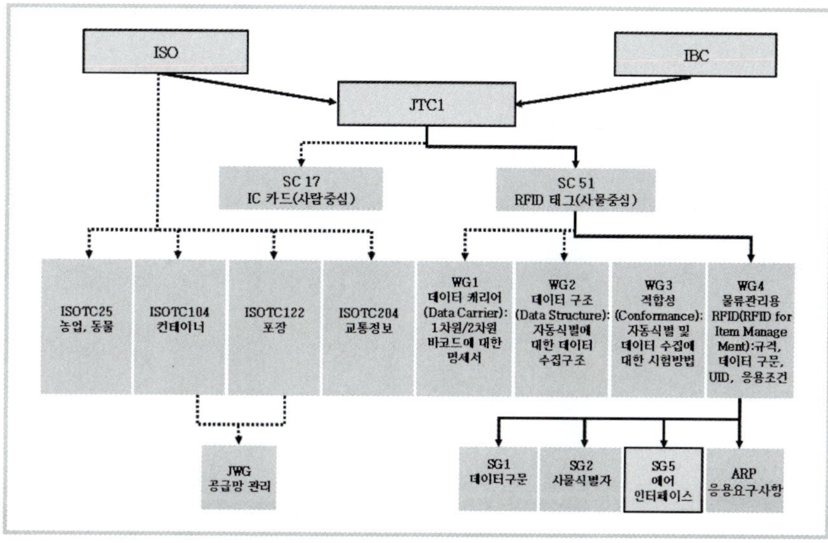

한국은 (前)공업진흥청 표준국이 KBS(Korean Bureau of Standards)라는 명칭으로 한국을 대표하여 1963년에 최초로 ISO의 정회원으로 가입하였다. 한국은 정부조직 개편에 따라 1997년 국립기술품질원(Korean National Institute of Technology and Quality: KNITQ)으로 회원기관 명칭을 변경하였다. 1999년 이후로는 기술 표준원(Korean Agency for Technology and Standards: KATS)이 정회원으로 활동하고 있다.

- **IEC**는 전기 및 전자분야의 규격 준수를 촉진시키고 확인한다. 표준화에 대한 현안 및 관련 사항에 대한 국제간 협력과 이해를 증진시킨다. IEC는 각 회원국의 의사를 집결한 IEC 규격을 권고형식의 간행물로 발행하여, 각국의 국가 규격에 반영시킨다. IEC의 회원가입 현황은 2001년 8월 현재 정회원(full member) 52개국, 준회원(associate member) 9개국 등 61개국

이 가입하고 있으며, 가맹회원(affiliate member)으로 4개국이 등록되어 있다. 한국은 (前)공업진흥청 표준국(KBS)이 한국을 대표하는 National Committee로서 1963년에 최초로 가입하였다. 정부 조직개편에 따라 1997년 국립기술품질원(KNITQ), 1999년 이후로는 기술표준원(KATS)이 한국의 National Committee를 담당하는 기관으로 등록되어 있다.

〈그림 3-2〉
ISO 표준화 범위

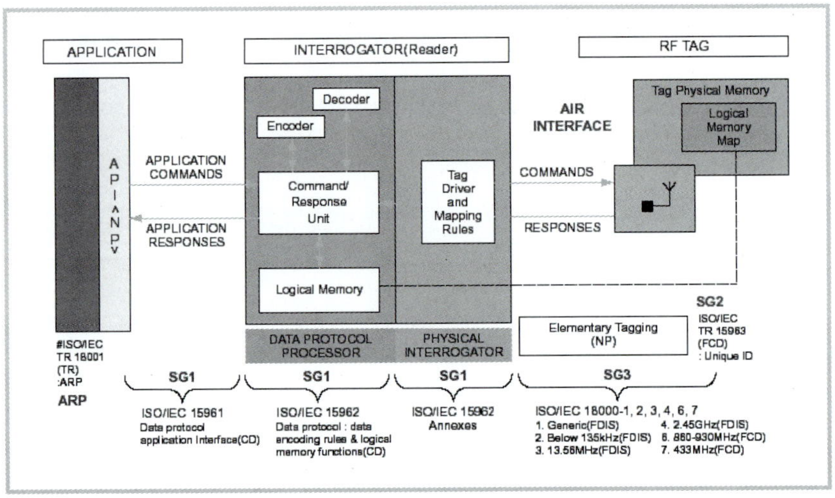

- **CEN**은 유럽내 각국들과의 상호협력을 통해 무역장벽을 허물 뿐만 아니라 자국의 산업보호를 증진시키고 상품과 시스템 그리고 서비스의 상호 연동성과 일반 기술적인 이해를 돕는 역할을 한다. CEN은 특히 ISO와 IEC의 표준화 활동에 관한 유럽의 입장과 의견을 협의, 조정한다. 회원은 EU와 EFTA(European Free Trade Association, 영국, 오스트리아, 덴마크, 노르웨이, 포루투갈, 스웨덴, 스위스 등) 나라들과 체코슬로바키아 공화국의 국가 표준 기구들이다.

바코드 및 RFID 등의 자동인식 및 데이터 획득 시스템에 대한 AIDC(Automatic Identification and Data Capture) 기술은 상품 공급망 활동에서 사람의 작업이나 판단을 궁극적으로 배제하고 상품이 갖는 정보를 자동적으로 취득하여 온라인으로 관련 정보를 처리하는 자동처리시스템 기술이다.

국제적으로 AIDC 기술 표준화를 주도하는 양대 공적표준화기구인 ISO와 IEC는 1996년 3월 JTC(Joint Technical Committee, 합동기술위원회)1내에 AIDC 기술표준화를 위한 SC31번째 분과위원회를 설립하고 바코드 및 물품관리용 RFID에 대한 국제표준화 활동에 착수하였다. 현재 물품관리용 RFID 표준화는 ISO를 주축으로 국제표준화 기구인 IEC, ANSI 등의 지역 표준화 단체와 AIM Global Network, EAN International(국제EAN협회), UCC(Uniform Code Council Inc., 미국·캐나다 상품관리기구), MIT Auto-ID 센터 등의 민간표준화 추진협의회가 협력하여, 물리계층·무선접속·통신 프로토콜 등 무선시스템에 대한 논의뿐만 아니라 사용 주파수 대역의 전세계적 통일에 관한 논의를 진행하고 있다.

정보전달의 고속화를 위해서는 컴퓨터에 대한 정보입력 수단의 자동화가 불가결하다. 또한 물품입수의 고도화는 발주·생산·물류·납입 등의 모든 생산활동 자동화를 요구한다. 이러한 생산활동의 고도화를 실현하는 기술인 AIDC 기술에는 바코드·2차원 심볼·RFID·자기카드·IC카드·바이오메트릭스 등이 있다.

가. ISO/IEC JTC1/SC31/WG4

RFID의 국제표준화는 ISO와 IEC가 공동으로 구성한 합동기술위원회(JTC1) 산하 31번째 SC31를 설립하고 WG4가 중심이 되어 물품관리 관련 RFID에 대한 국제표준화를 활발히 진행한다. 〈그림 3-2 참조〉

- 현재, RFID 기술 표준화는 이 SC31의 워킹그룹 중 WG4에서 추진한다. 세부적으로는 SC31/WG4 내에 다시 4개의 서브그룹(SG)이 있어 분야별로 표준화가 진행한다.
- RFID 시스템의 핵심인 주파수 대역별 통신규약(Air Interface)의 표준화

는 SG3에서 진행되고 그 외 시스템 간 인지할 수 있는 데이터 프로토콜 표준화는 SG1에서, RFID 태그의 유일식별을 위한 번호부여 방법 표준화는 SG2에서 각각 진행한다.

- 또한, RFID 활용을 위한 요구사항을 명확하게 하기 위해 별도의 ARP(Application Requirement Profile)그룹이 있어 표준적 응용조건도 논의 중이다.
- JTC1/SC31의 WG4에서는 진행 중인 총 12개의 표준안은 2003년 5종, 2004년 5종, 2005년 2종을 제정하는 것을 목표로 하고 있으며, 한국은 2001년부터 표준화 작업에 참여하여 활동하고 있고 향후 국제표준 제정 후 국가표준화 방향도 연계하여 적극적으로 대응 중이다.

〈그림 3-3〉
ISO/IEC의 RFID 관련 표준화 추진 조직개요

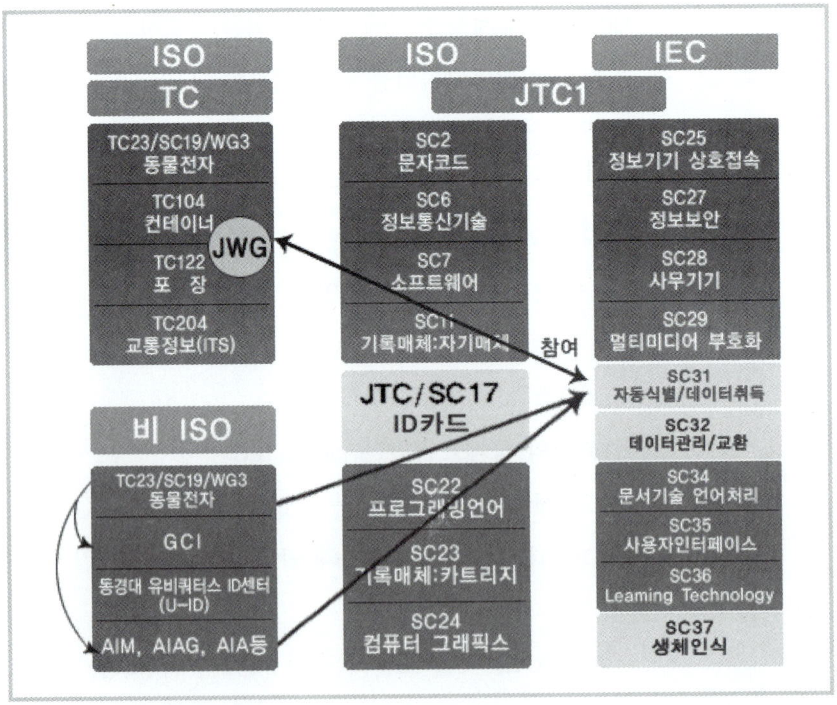

- 〈그림 3-3〉은 SG 그룹별, 표준안별 13종(1종은 작업철회)의 국제표준안

을 요약하여 정리한 것으로, 여기서 TR이라 명명된 2종은 기술보고서(Technical Report)를 나타낸다.

- Air Interface의 ISO/IEC 18000 시리즈의 UHF 대역 433MHz(Active 방식)는 미국의 테러방지용 컨테이너 실 등에 적용이 검토되고 있고, 한국, 일본이 아마추어 무선용으로 이미 사용, 향후 수용에 대안 대책이 필요하다.
- UHF 대역의 경우 최근에는 일본이 제안한 950-956MHz 대역을 ISO 국제표준 주파수로 받아들였으며 국내의 경우 910-914 MHz 대역을 RFID 용으로 분배되었다.

〈표 3-1〉 ISO 표준화 현황

그룹	그룹명	ISO/IEC	프로젝트 명	비고
SG1	Data syntax	15961	Application Interface	리더에서의 데이터 처리
		15962	Encoding rules	
SG2	UID	15963	Unique 태그 식별	태그 ID 식별
SG3	Air interface	18000-1	General parameters	일반사항
		18000-2	~134MHz	FA, 동물 인식
		18000-3	13.56MHz	IC카드, 신분증
		18000-4	2.45MHz	위치 추적
		18000-5	5.8GHz	철회
		18000-6	UHF860~960MHz	유통 물류 등
		18000-7	UHF 433MHz 능동형	컨테이너
ARP	적응요건	18001	Application 요구 사항	Technical report

*ISO : 국제 표준화 기구, IEC : 국제 전기 표준회의

SCM의 물품 관리에 사용되는 AIDC 기술의 표준화를 ISO/IEC JTC1가 담당하고 있다. ISO/IEC JTC1/SC31에서는 WG 1~3이 리니어 심볼과 2차원 심볼의 표준화를, WG4가 물품관리용 RFID의 표준화를 담당하고 있다. 즉, WG4에서는 물품관리용 RFID의 경우도 기존 AIDC 기술인 바코드와 2차원 심볼의 데이터와 같이 취급할 수 있도록 표준화를 추진하고 있다. 이들 관련 조직들은 〈표 3-1〉과 같다.

한편, 시장에서는 OCR · 바코드 · 2차원 심볼 · 자기카드 · IC카드 등이 혼재되어 사용되고 있다. RFID의 통신방법이 기기 제조 업체별로 다르면 사용하기 어렵다. 때문에, OCR · 바코드 · 2차원 심볼 · 자기카드 · IC카드 등에 대한 여러 종류의 데이터 캐리어의 리더 또는 리더/라이터와 호스트 컴퓨터 사이에서 데이터 교환이 가능해야 한다. 이와 같이 주어진 시장 환경을 수용하기 위한 물품관리용 RFID 기술은 다음 두 가지 측면에서 표준화가 고려되어야 한다.

① RFID 태그와 판독에 이용하는 기기의 규격

② 태그에 입력되는 정보의 코드 체계, 혹은 데이터 정의와 데이터의 운용

위의 두 가지 측면에 대한 자연스러운 표준화가 확립되어야 RFID의 범용적 활용이 가능해진다.

현재 ISO/IEC JTC1 SC31/WG4 RFID Air Interface 전파표준은 주파수대역, 통신프로토콜 등 핵심적인 내용에 관한 국제표준 제정을 추진하고 있으며 각 주파수별로 전파의 세기 등은 각국의 자율적인 전파규정에 의하여 결정하도록 하였으나 다음의 CEPT, ETSI, ITU 권고 수준을 반영하도록 하고 있다.

다음은 각 주파수별 Air Interface표준을 요약한 내용이다.

○ 135~148kHz

ERC Rec 70-03은 135에서 148kHz까지의 넓은 주파수 범위를 갖는다.

○ 0.135~30MHz

135kHz에서 30MHz에서 방사 한계는 -5dBuA/m이다. UWB 제품에 적용을 막기 위해서 단일 장치에 RF 대역폭은 50kHz(혹은 1%)로 제한되었다. 〈표 3-2〉는 ISO/IEC CD18000-2 (135kHz이하)의 주파수 사양이다.

〈표 3-2〉 ISO/IEC CD18000-2 (135kHz이하)의 Air Interface

	Type A	Type B
리더기에서 발신 전송 주파수 AM 변조도 통신 속도 부호화 방식	 125kHz ASK 100% 3.7~5.7kbps PWM	 134.2kHz ASK 100% 0.5~4.0kbps PWM
태그에서 발신 통신 방식 부전송도 통신 속도 변조 방식 부호화 방식	 부가 변조방식 없음 4kbps OOK 맨체스터	 용량 재방전방식 134.2/124.2kHz 9kbps FSK RZ
충돌방지방식	시간	시간
선택 조건	binary(부전송도: 62.5kHz)	

○ 13.56MHz

13.56MHz에서 트랜스미터 레벨은 42에서 60dBuA/m로 증가하는 안을 검토하여 최근에 SE24에서 승인되었다 〈표 3-3〉에 ISO/IEC CD18000-3 (13.56MHz) 주파수 사양을 표시했다.

〈표 3-3〉 ISO/IEC CD18000-3 (13.56MHz)의 Air Interface

	Mode 1	Mode 2
	ISO/IEC 15693	Magellan 사
리더기에서 발신 전송 주파수 AM 변조도 통신 속도 부호화 방식	 13.56MHz±7kHz ASK 100% と10% 26.48kbps 1.65kbps PPM	 13.56MHz±7kHz PJM 424kbps DFMFM
태그에서 발신 통신 방식 부전송도 통신 속도 변조 방식 부호화 방식	 부가 변조방식 423.75kHz or 484.28kHz & 423.75kHz 26.48/6.62kbps or 26.69/6.67kbps OOK & FSK 맨체스터	 8 (969,1233,1507,1808, 2086,2465,2712,3013kHz) 106kbps×8(848kbps) BPSK MFM
충돌방지방식	time slot	FTDMA
Option	field strength	–

*PPM : Pulse Position Method, PJM : Phase Jitter Modulation
*DFMFM : Double Frequency Modified Frequency Modulation
*FTDMA : Frequency and Time Division Multiple Access

○ 2.45GHz

〈표 3-4〉에 나와 있는 모드1과 모드2는 호환성이 없다. 모드 1은 Intermec사부터 제안된 방식으로 FHSS 방식을 채용하고 있다. 무전지를 전제하고 있기 때문에 통신거리는 수 10㎝~1m 정도로서 작은 물건이 대상이다.

〈표 3-4〉 ISO/IEC CD18000-4 (2.45GHz)의 Air Interface

	Mode 1	Mode 2
	배터리 사용안함	배터리 사용
리더기에서 발신	2.45GHz	2.45GHz
전송 주파수	FHSS	FHSS
방 식	20~40kbps	384kbps
통신 속도	OOK	Differential GMSK
변조 방식	맨체스터	Fire Code
부호화 방식	0.5MHz	0.77MHz
태그에서 발신	없음	153.6kHz
부 전송도	20~40kbps	384kbps
통신 속도	OOK	Differential BPSK
변조 방식	FM0	맨체스터
부호화 방식	0.5MHz	1MHz

한편 모드 2는 Siemens/Nedap 사로부터 제안되어진 방법으로 FHSS를 채용한 점은 모드 1과 같지만 전지사용방식이기 때문에 수m~10m 정도이고 큰 물건이 대상이다.

○ 433MHz

ITU-R에 규정되어있어 지역3(아시아/오세아니아 지역)에 있어서 ISM헤드에 지정되어있지 않기 때문에 일본에는 주로 아마추어 무선용에 할당되어 있어 현재 RF 태그용도에 허가되어 있지 않아 반대하고 있다.

○ 865-868MHz

UHF대역은 아직 SE24에서 논의 중이다(unit densities/km2: 20 for 2W, 60 for 500mW, 90 for 100mW).

〈표 3-5〉는 UHF 대역(433과 860-930MHz)의 전파규정에 관한 국제표준 그룹에 제시한 잠정적 내용을 나타내며 〈표 3-6〉은 RF 최대출력 실태를 나타낸다.

〈표 3-5〉 433과 860-930MHz의 특성표

주파수대역	860 – 930MHz	433.92MHz
전송매체	Passive	Active
최소 대역폭	채널당 200kHz, 최소 2MHz	500kHz
Recommended Band	900MHz 근접 ISO/IEC 18000-6에서 정의된 860-930MHz에 존재	433-435MHz
최소 파워 레벨	4W EIRP 혹은 2W ERP	0.1W(50% duty cycle)/ 0.01W(100% duty cycle)
Narrow band or Spread Spectrum	Spread Spectrum	Narrow band
Recommended Modulation	AM	FSK
Recommended Bit Rate	40kbps	27.7kbps
Recommended Minimum Duty Cycle	30% (1시간의 주기 측정값)	50%(0.1W)/ 100%(0.01W)

〈표 3-6〉 RF 최대출력 실태

주 파 수	지 역	Max. Power EIRP
433.05 – 434.79MHz	유 럽	25mW
865 – 868MHz	유 럽	4 W FHSS (ETSI)
868 – 870MHz	유 럽	500mW (논의 중)
870 – 875.4MHz	유 럽	4 W FHSS (ETSI)
902 – 928MHz	미국 / 캐나다	50mW/m (3m) 단일 주파수 시스템
	미국 / 캐나다	4 W spread spectrum에서 사용
	미국 / 캐나다	30 W FCC Part 90, LMS
918 – 926MHz	호 주	1 W
915 – 915.6MHz	남아프리카	15 W
915 – 921MHz	유 럽	4 W FHSS (ETSI)
2.4 – 2.4835MHz	유 럽	25 mW
	유 럽	500 mW spread spectrum
	미국/캐나다	50mW/m (3m)

다음 〈표 3-7〉과 유럽 및 일본에서 검토하고 있는 2.45GHz 전파규정의

세부사항을 나타내었다.

〈표 3-7〉 2.45GHz 전파규정 세부사항

	[A] Narrow band	[D] FHSS	[B] Narrow band	[C] FHSS
시스템	Backscatter 태그 와 Sweep		Backscatter 테그 와 Sweep	Backscatter 테그 와 Sweep
사용자인증	필요		불필요	불필요
주파수	2427 – 2470.75MHz		2427 – 2470.75MHz	2400–2483.5MHz
안테나파워	Max. 300mW		Max. 10mW	Max. 10 혹은 3mW
전파형태	NON, AID, FID, F2D, G1D		NON, AID, FID, F2D, G1D	
주파수 허용한계	Max. 5.5MHz	Max. 43.75MHz	Max. 5.5MHz	Max. 83.5MHz
불요파 전파 강도	Max. 100㎼	Max. 2.5㎼ /MHz	Max. 100㎼	Max.2.5㎼/MHz (〈2387MHz,〉2496.5MHz) Max. 25㎼/MHz (2387–2400MHz, 2483.5–2496.5MHz)
안테나이득	Max. 20dBi		Max. 20dBi	Max. 6dBi

〈그림 3-4〉 IEEE 표준 RF출력 안전레벨

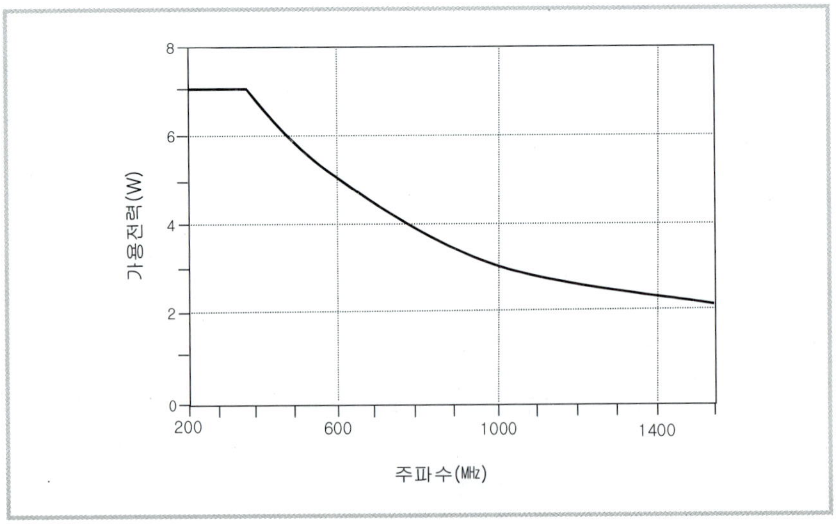

미국의 IEEE 표준인 IEEE C95.1-1991에 의하면 3kHz에서 300GHz까지 RF 전자기장에 인간이 노출되는 것을 규정한 IEEE 표준 안전레벨을 규정하였다.

이 표준은 다양한 상태에서 인간에게 RF 방사 시 노출 가능한 안전레벨을 설정하였는데 이는 안전기준의 10배에 해당하는 규정으로서 〈그림 3-4〉와 같다.

13.56MHz대해 ISO 표준화를 검토한 Magellan 사(호주)의 기술의 특징과 실제 시스템에 대해 소개하면 역의 출 · 개찰 시스템과 빌딩의 입 · 퇴실 시스템에는 이용자가 스스로 비접촉 IC를 리더라이터에 가까이 하는 것으로 통신을 하고 있다. 한편, 물류 시스템은 화물에 장치를 두고 RF 테그를 사람이 리더라이터를 조작해서 통신시키는 것으로 사람 없이도 통신하는 것을 실현하기 위해 개발되었다. Magellan 방식에 최대 장점은 사람이 조작하는 리더라이터에 더해서 사람 없이 통신하는 터널형 리더라이터를 개발하였다. 이것은 다음과 같은 성능을 가지고 있다. 화물의 방향감지, 복수의 물품을 꾸려진 채로 동시에 리더라이터 할 수 있고, 최고속도 3.6m/sec의 고속타입과 문서 같은 것을 2㎜ 간격으로 100장 정도 겹친 상태에서 리더라이터할 수 있는 적층타입이 있다.

〈그림 3-5〉
Magellan 사의 Tunnel RFID 리더

Magellan 방식은 다음과 같은 요소기술을 개발했다. 방향과 위치에 관

계없이 전원을 확실히 받을 수 있게 균일한 전자기장을 생성시키는 3개의 안테나를 직교방향으로 배치하였고, 캰세라라 불리는 금속 구조체를 전후의 개구부에 배치하여 누수 전자기장을 감쇠시키고, PSK 변조방식과 주파수 호핑 방식을 사용하였다.

Magellan 방식을 사용한 예로 항공 수화물의 처리의 생력화, 효율화, 테러와 납치 방지를 위해, 미국연방 항공국 FAA는 수화물과 승객의 완전일치를 확인하는 PPBM 시스템을 제창해 도입을 위해 실험하였다. 2000년 4월 알래스카 항공과 싱가포르 항공은 이 시스템을 사용, 실험하였다. RF 태그를 항공 수화물에 장치, 출발 시와 도착 시에 합계 3회 읽기, 쓰기를 행해 Magellan사의 리더〈그림 3-5〉는 대단히 높은 인식률을 얻었다. 실험의 결과 RFID 기술에 의한 PPBM 시스템의 실용화가 가능하다고 판단되었고 Magellan사의 방식이 적극 도입되었다.

전자 인증 시스템은 거의 20년 전부터 재고 유지에 사용되어져 왔고 현재에도 유럽에서 사용된다. 자동 사료공급과 생산성 계산에서 사용되는 응용뿐만 아니라 이런 시스템은 유행성 전염병 관리, 품질 보증, 동물 혈통 조사 등의 응용에도 사용되어지고 있다. 사용되어지는 유니 데이터전송과 코딩 방법은 ISO 11784, 11785(1996)에서 표준으로 정해졌다. 사용 주파수는 134.2kHz이고 FDX와 SEQ 송수신기를 사용한다.

2) 응용별 ISO국제표준화

컨테이너, 포장, 차량 등 유통물류의 공급망에 관련되어 있는 ISO의 TC104(컨테이너), TC122(포장), TC204(교통정보) 등 ISO의 응용분야 기술위원회에서 응용 산업별 국제표준화 추진하고 있다.

각 TC들은 JTC1/SC31과 긴밀한 상호협력관계를 유지하고 있으며, ISO는 유통물류 분야의 사실상 표준화를 주도하고 있는 EPCglobal 등과도 협력관계를 갖고 Air Interface 등 RFID 핵심 표준화 분야에서 유기적인 협력관계를 지속한다.

이러한 범용적 기술 요건과 더불어 시스템 전반에 대한 표준화를 추진하기 위하여 ISO/ IEC JTC1/SC31 WG4는 RFID 태그 활용에 대한 포괄적 표준화의 대상을 응용(Application혹은 Host) · 리더(Interrogator, Reader/Writer) · RFID 태그로 구성되는 시스템적 프레임을 전제로 하고 있다. 구체적으로, ISO/IEC JTC1/SC31 WG4는 물품관리용 RFID 태그에 대한 응용 요구 프로파일, 응용 명령/응답, 로직메모리/태그 드라이버, 에어 인터페이스, 성능시험방법, 일치성시험방법, 고유식별자 등을 표준화의 심의 대상으로 하고 있다. 〈그림 3-6〉은 RFID 태그 시스템 표준화 프레임으로 RFID 태그와 리더/라이터, 호스트머신 등에 관련한 표준 심의대상의 규격번호를 매핑한 것이다.

〈그림 3-6〉
ISO/IEC JTC1/SC31 WG4의 RFID 태그 시스템 표준화 프레임과 대상

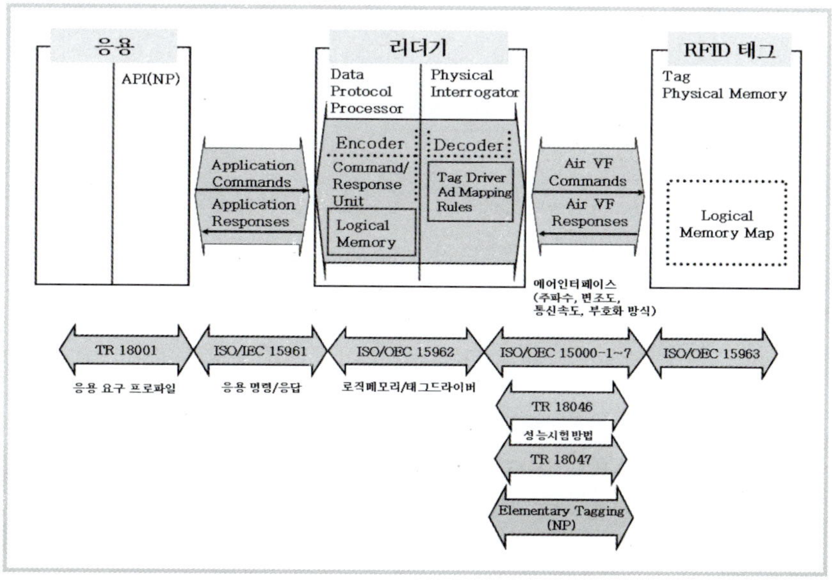

〈표 3-8〉 RFID와 관련된 응용별 ISO 표준

<table>
<tr><th>용 도</th><th>규격표시</th><th>명 칭</th><th>심의 현황</th><th>심의단체</th></tr>
<tr><td rowspan="3">동물관리용</td><td>ISO 11784</td><td>RFID of Animals-Code structures</td><td rowspan="2">1998년완료</td><td rowspan="2">ISO TC23/ SC19/WG3</td></tr>
<tr><td>ISO 11785</td><td>RFID of Animals-Technicalconcept</td></tr>
<tr><td>ISO 14223</td><td>RFID of Animals advanced transponders -Air interface</td><td>2001년 완료</td><td></td></tr>
<tr><td rowspan="2">해상 컨테이너용</td><td>ISO 10374</td><td>Freight containers-Automatic identification</td><td>1991년 완료</td><td rowspan="2">ISO TC104/ SC4/WG2</td></tr>
<tr><td>ISO 10185</td><td>Electronics Seals for Shipping containers</td><td>2002년 제안</td></tr>
<tr><td>공구관리용</td><td>ISO 69873</td><td>Data carriers for tools and containing devices</td><td></td><td>ISO</td></tr>
<tr><td rowspan="2">차량관리용</td><td>ISO 14815</td><td>Road transport and traffic telematics- Automatic vehicle and equipment identification -System Specification</td><td></td><td rowspan="2">ISO</td></tr>
<tr><td>ISO 14818</td><td>Road transport and traffic telematics- Automatic vehicle and equipment identification-Numbering and Data Structures</td><td>2000년 완료</td></tr>
<tr><td rowspan="2">카드용</td><td>ISO 14443A, B, (C)</td><td>Identification cards-Contactless integrated circuits cards -Proximity card</td><td>2001년 완료</td><td rowspan="2">ISO/IEC JTC1/SC17</td></tr>
<tr><td>ISO 15693</td><td>Identification cards-Contactless integrated circuits cards-Vicinity cards</td><td>2000년 완료</td></tr>
</table>

물품관리용 RFID 태그는 ISO/IEC JTC1/SC17 WG8에서 심의된 비접촉형 카드모양의 RFIC (Radio Frequency Integrated Circuits) 객체를 제외한 라벨모양 · 코인모양 · 큐브모양 · 실린더모양이나 휴대단말 등에 내장된 IC칩 등의 모든 태그형의 RFID 객체를 의미한다. 따라서, 물품관리용 RFID는 물리적으로 분류 혹은 규정하기가 불가능하기 때문에 응용으로 분류한다. 지금까지 물품관리 용도로 사용되는 RFID 태그와 더불어 국제표준으로 되어 있는 분야는 비접촉형 IC카드(ISO/IEC 10536, 14443, 15963, 10373-6, 10373-7), 동물관리용 RFID(ISO 11784, 11785), 공구관리용 RFID(ISO 69873), 컨테이너 식별용 RFID(ISO 10374), 차량/화물의 자동

인식용 RFID(ISO 14815, 14816)가 있다. 물품관리용 RFID 표준화는 에어 인터페이스(무선통신규격), 프로토콜(통신절차) 및 데이터 콘텐츠(정보내용)나 데이터 포맷(정보의 구성) 규정이 중심이 된다. ISO/IEC JTC1/SC31 WG4에서 심의되고 있는 물품관리를 위한 RFID 표준화의 핵심인 에어 인터페이스는, 응용의 특성에 따라 다른 주파수를 사용하는 편이 적합할 수도 있다는 시장의 요구에 따라 5가지 무선주파수 대역을 중심으로 30여 종의 표준안을 심의하고 있다.

① 동물관리용 RFID

ISO 11784, 14223은 134kHz 대역의 동물관리용 RFID의 규격을 규정하고 있다. 동물식별에서는 무선주파수에 의한 동물식별 코드 구성(ISO 11784) 및 동물식별 기술지침(ISO 11785)이 규격화되어 있다. 동물관리용 식별코드는 모두 64비트로 구성된다. 기술지침인 ISO 11784에서는 RFID 태그의 활성화 방식이나 전송방식을 규정하고 RFID의 메모리 영역에 대한 기입코드를 〈표 3-9〉와 같이 규정하고 있다.

〈표 3-9〉 RFID의 메모리 영역에 대한 기입코드(ISO 11784)

bit번호	정 보	조합 수
1	동물용(1) 또는 비동물용(0) 식별 플러그	2
2~15	예비코드	16,384
18	보충 데이터 블록 있음(1) 또는 없음(1) 식별 플러그	2
17~26	국가 코드(10bit, ISO 3166으로 규정)- 시험용 코드 999	1,024
27~64	인식코드(38bit)- 동물의 종류나 사육사 등 국가가 자유롭게 설정	27,877,906,944

또한, ISO 11785에서는 반이중(HDX)과 전이중(FDX-B)의 두 가지 통신 방식을 규정하여 리더/라이터 측에 양방향의 통신 기능을 갖게 함으로써 통신의 호환성을 보증하고 있다. ISO 14223은 ISO 11784 및 ISO 11785와 함께 사용하는 것을 전제로 한다. ISO 14223은 ISO 11784 및 ISO 11785와

의 호환성을 유지하면서 메모리 용량의 증가에 대응하기 위한 확장코드 구조나 암호처리에 관한 확장코드도 규정하고 있다.

동물관리용 RFID는 광우병 등과 같이 돌연히 병이 발병한 가축의 이력 파악이나 은폐방지, 농장의 자동화에 매우 효과적이다. 또한 길 잃은 애완동물 수색에도 위력을 발휘한다. 최근에는 동물의 건강관리나 번식에도 활용하고 있다.

② 해상 컨테이너용 RFID

ISO 10374는 구체적으로 부호화 방식이나 RFID 태그를 판독하는 데이터 시퀀스로서 소유자 코드나 컨테이너 형식 · 길이 · 높이 · 폭 · 적재중량 · 공적중량 등을 규정하고 있다. ISO 10374는 915MHz 대역과 2.45GHz 대역을 사용하는 RFID 시스템의 규격을 규정하고 있으며, 태그는 860MHz~930MHz 대역 및 2.4GHz~2.5GHz 대역에서 리더/라이터로부터의 신호에 응답해야 한다. 또한, 해상에서의 악천후에 견딜 수 있도록 완전방수나 내열 · 내충돌 · 진동구조 · 전자환경 속에서도 동작하는 등의 물리적 특성도 배려한 규격이다. 통신특성으로서는 최대 13m의 통신 영역 내를 태그가 130km/h로 통과할 경우에도 올바른 판독이 가능해야 한다(〈표 3-10〉 참조).

〈표 3-10〉 통과속도와 통신거리(요구치)

통과속도 (km/h)	통신거리 (m)	태그간 거리 (m)	부착허용각도 (m)	환경조건(요구치)		
				동작온도범위	보존온도범위	온도
130	1~13	10	± 20	-50℃~± 80℃	-70℃~± 85℃	95%RH (결빙 없음)
80	1~13	5	± 90			
30	1~13	12	± 70			
0	0.1~2	15	± 90			

등록번호나 화물주 등이 기입된 해상 컨테이너용 RFID 태그를 해상운송용 컨테이너에 부착함으로써 항만이나 육상 수송중인 컨테이너의 위치

나 적재물의 내용 등에 관한 정보를 실시간으로 취득할 수 있고, 수송효율의 향상에 도움을 줄 수 있다.

한편, ISO 18185는 해상 컨테이너 봉인용 RFID에 대한 주파수는 UHF 대역(433.92MHz, 915MHz, 862MHz~928MHz)에서만 규정하고 있고, ISO 10734에서 규정된 2.4GHz~2.5GHz대역은 제외되어 있다.

③ 공구관리용 RFID

ISO 69873에서 공구의 치수나 태그의 부착위치 등의 공구식별에 대한 규격을 규정하고 있다.

④ 차량관리용 RFID

ISO 14815는 차량/화물관리 시스템 규격과 넘버링을 규정하고, ISO 14816은 데이터 구조에 대해 규정하고 있다.

⑤ 카드용 RFID

비접촉형 IC카드의 표준화 작업은 1985년 워싱턴회의에서 표준화에 대한 대응정책이 결정되었다. 당시는 접점형 IC카드의 문제점으로서 접점의 접촉 불량 등을 해결하여 「정전기에 의한 IC의 파괴방지」, 「카드의 삽입방향에 대한 자유도 확보」, 「비접촉형인터페이스 가능」 등의 요구를 실현할 목적으로 비접촉화의 검토가 시작되었다.

최초로 접점을 전자결합으로 교체하는 '밀착형' 에 대하여 심의하였다. 그 후 1994년 4월의 고베회의에서 더욱 편리한 사용을 위해서 전송거리를 늘릴 수 있는 비접촉형 카드의 표준화 제안을 채택하였다. 이때, 비접촉형 카드 기술을 채택한 제품을 이미 보급하고 있던 유럽의 국가로부터 많은 제안이 나왔다. 심의가 진행됨에 따라 비접촉형 카드는 제품에 대한 기술적 차이, 특히 통신거리의 차이에 따라 밀착형 · 근접형 · 근방형의 3종류로 분리되었다(〈표 3-11〉 참조).

〈표 3-11〉
IC카드의 국제 표준화

형식	접점형	비접촉형		
		밀착형	근접형	근방형
표준서 번호	ISO/IEC7816	ISO/IEC10536	ISO/OEC14443	ISC/IEC15963
통신거리	접촉통신	~2mm	~10cm	~70cm
통신 주파수	3.57MHz	4.92MHz	13.56MHz	13.56MHz
초기통신 속도	9.6kb/s~	9.6kb/s~	106kb/s~	~26kb/s
파트 1	물리적 특성	물리적 특성	물리적 특성	물리적 특성
파트 2	단자의 형식과 위치	결합영역의 치수 및 위치	전파출력과 신호 인터페이스	전파 인터페이스
파트 3	전기신호와 전송 프로토콜	전기신호 및 리셋 절차	초기화와 충돌방지	충돌방지와 전송 프로토콜
파트 4	공통 코멘트	–	전송 프로토콜	공통 코멘트
시험방법	ISO/IEC 10373-3	ISO/IEC 10373-1.3의 부속서	ISO/IEC 10373-6	ISO/IEC 10373-3

비접촉형 IC카드는 기술적으로는 RFID 태그와 동일하지만 사람의 식별에 이용되기 때문에 RFID 태그와는 다른 분과위원회(ISO/IEC JTC1/SC17WG8)에서 심의되었다. 카드용 RFID의 규격은 물품관리용 RFID 규격과 보완 관계에 있다.

비접촉형 IC카드의 국제표준은 다음과 같다.

- **ISO/IEC 10536**은 밀착형(Close Coupled Integrated Circuit Card: CCICC) IC카드로 통신거리 2mm이며 전송주파수 4.92MHz, 전원결합 또는 정전결합으로 통신한다.

- **ISO/IEC 14443**은 근방형(Proximity Integrated Circuit Card: PICC) IC카드로 통신거리 10cm이며 전송주파수 13.56MHz, 전자유도로 통신한다. 타입은 타입 A와 타입 B의 규격이 있으며, 리더/라이터는 두 타입 모두에 대응해야 한다. 한편, JR 동일본의 「Suica」카드는 일본 국내 규격인 JIS X 6322, 6305

로 규격화 하였다. 일본은 「Suica」 카드를 타입 C로 제안하였지만, 현재 국제표준으로는 채택되지 못하였다. 응용 분야로는 스마트카드의 형태로 결재, 다목적 인증, 데이터 저장 등을 들 수 있다. 실용화 사례로서는, 타입 A는 Phillips사의 제품으로 한국의 버스카드, NTT의 텔레폰카드, 오오사카의 CITY카드 등이 있다. 타입 B는 Motorola사의 제품으로 미국, 네덜란드, 독일에서 적용한 사례가 있다. 타입 C는 Sony사의 제품으로 일본의 JR 동일본의 「Suica」 카드, 홍콩의 오크도버스, 한국의 교통카드와 같은 현금충전카드인 Edy에 적용되었다.

- **ISO/IEC 15963**은 근방형(Vicinity Integrated Circuit Card: VICC) IC카드로 통신거리 70cm이며 전송주파수 13.56MHz 전자유도로 통신한다. 물품관리 등에 사용하는 비접촉형 RFID 태그를 상정하여 제안된 규격이기 때문에 IC카드로서의 제품은 적다. 응용 분야로는 인증용 출입증, 증명서, 키 등을 들 수 있다.

- **ISO/IEC 10373**은 외부단자 없는 IC카드에 대한 테스트 방법으로 근접형 테스트 방법과 근방형 테스트 방법을 규정하고 있다.
  비접촉형 IC카드의 ISO/IEC 표준안은 'ISO/IEC-XXXXX-Y' 로 표기한다. 여기서 Y는 파트(part) 번호를 나타낸다. 모든 비접촉형 IC카드의 표준안의 파트1이 물리특성, 파트2가 전기적 규격, 파트3, 4는 상위의 통신 프로토콜이나 코멘드에 대하여 규정하고 있다. 비접촉형 IC카드의 시험방법은 식별 카드의 시험방법만을 모은 시리즈인 ISO/IEC 10373-6, 7에서 규정하고 있다.

⑥ 물품관리용 RFID

ISO/IEC JTC1/SC31 WG4의 심의대상은 SCM과 관련된 물품관리용 RFID로서, 선행한 ISO/IEC JTC1/SC17(IC카드)이나 ISO TC204(고도 교통 시스

템) 등과 보완 관계로 협조적으로 심의를 추진하고 있다.

현재 WG4는 응용을 조사하는 ARP 그룹이나 전파법 제도를 조사하는 레귤러 트리그룹 이외에 데이터 구문을 심의하는 SG1, 고유식별자를 심의하는 SG2, 주파수나 변조도 등의 에어 인터페이스를 심의하는 SG3이 설치되어 12항목의 IS 또는 TR(Technical Report, 기술 리포트)를 담당하고 있다. 물품관리용 RFID 태그는 ID와 정보 저장 영역을 보유하는 다목적용과 ID만 가지는 저가의 단일 기능용으로 구분할 수 있다(〈표 3-12〉 참조).

〈표 3-12〉 객체의 특성 비교

	RFID 태그 (사물 대상-모든 형태 포함, 카드형태 제외)	비접촉형 RFIC 카드 (사람 대상-카드 모양에 국한)	
데이터 Read/ Write 형	- ID 입력 영역 - 데이터 입력 영역(저장기능) (Standalone 리더로도 R/W 가능) - ISO/IEC18000-2, 3, 4, 6 참조	- 결재, 인증 등의 복수 응용 - 데이터 저장 영역 - 스마트 카드 - ISO/IEC14443 참조	다목적 활용
데이터 Read Only 형	- 바코드 기능 - ID 입력 영역(저가격화 추구) - 서버 필요 - ISO/IEC18000-4,6,7 참조	- 인증, 증명서, 키 등의 단일 기능 - ISO/IEC15963 참조	단일 기능

CPU와 운영체제를 가진 능동형 서버 **RFIC** 객체 혹은 고기능 RFID 객체는 IP 부여가 요구된다. 그래서, RFID 태그와 IPv6와의 연동 기술을 언급하는 경우가 자주 발견된다.

IPv6는 컴퓨터중심의 네트워크뿐만 아니라 IPv6에 의한 자동인식에 대한 새로운 영향력에 대해서도 고려되어야 한다. 기존의 유무선 통신망을 통한 컴퓨터 사이의 접속 이외에도 IPv6에 의한 다양한 객체와의 접속이 이루어지고 있다. 그 중 하나가 RFID에 의한 물류 등을 위한 사물의 연결이다. 이 경우, 수동형의 클라이언트 RFID 객체는 IP 기반이 아니고 사물전자코드인 EPC 기반으로 활용될 것이며 Ad-Hoc 네트워크의 활용도 요구될 것이다. 따라서, 서버 기능을 가지는 초소형 RFIC와 단순히 바코드

수준의 수동형 터미널로 활용될 RFID 태그는 구별되어야 한다(〈표 3-13〉 참조).

〈표 3-13〉 RF객체의 구분

구분	특성	비고
클라이언트형 RFID 객체	- 자체 정보(ID) 전달 위주로 동작 - CFU 및 전원 없음 - 근거리무선통신 - 단일 기능 - ISO/IEC18000-2,3,4,6 참조 - ISO/IEC15963 참조	참조사례1 : MIT Auto-ID 센터의 RFID 태그 참조사례2 : 히타치 제작소의 뮤칩
서버형 RFIC 객체	- 자체 정보 및 상황정보의 전달 - 주변장치 제어 가능 - CPU 및 전원 내장 - 복수 응용 - 무선인터넷 및 근거리무선통신 - ISO/IEC18000-4,6,7 참조 - ISO/IEC14443 참조	참고사례1 : 한국과학기술원(KAIST)미세 정보시스템 연구센터의 양방향 무선통신이 가능한 동전 크기의 미세 원격정보시스템 "마이크로스(MICROS)" 참조사례2 : HP 쿨타운 프로젝트에서 제시된 200KB 인터넷 서버

〈표 3-14〉 RFID의 국제표준 제정단계 현황

그룹	그룹명	ISO/OEC	작 업 명	현단계	비고
SG1	Data 구문표준	15961	Tag Commands	CD	데이터 프로토콜
		15962	Data Syntax	CD	
		19789	API	NP	
SG2	태그식별	15963	Tag 식별자	FCD	유일 태그 식별
SG3	Air Interface (통신)	18000-1	Ganeric Paramerers	FDIS	파라미터 규정
		18000-2	below 135kHz	FDIS	가축관리
		18000-3	13.56MHz	FDIS	도축관리
		18000-4	2.45GHz	FDIS	뮤칩응용
		18000-5	5.8GHz	철회	ITS
		18000-6	UHF 860-930MHz	FCD	유통물류
		18000-7	UHF 433MHz(Active)	FCD	컨테이너(100m)
		TBA	Elementary Tag Func.	NP	Read only(EPC)
ARP	적용기술	TR18001	Application 요구사항	IS(TR)	적용조건 조사

또한, RFID 태그가 별도 표준안이 없이 고가형의 RFIC가 되면, RFID 확산에 대한 저해요인이 될 것이다. 따라서, RFID 태그는 최소 비용을 목표로 무전력의 단순한 구조의 제품으로 개발되어야 할 것이다.

한편, RFID의 표준화가 완료되면 관련 신기술, 특허, 공통 인프라의 구축, 기술 개방화에 대한 방안도 선명하게 될 것이다

현재 RFID의 국제 표준 제정 단계 현황을 〈표 3-14〉에 나타내었다.

다음은 RFID관련 데이터 표준, 품질표준, 어플리케이션 표준이다.

① 데이터 표준

ISO/IEC 15418-Application Identifiers & Data Identifiers

ISO/IEC 15434-Syntax

ISO/IEC 15459-Transport License Plate

ISO/IEC 24721-Unique Identification

ISO/IEC 15961-Data Protocol ; Application Interface

ISO/IEC 15962-Data Protocol ; Data Encoding Rules and Logical Memory Functions

② 품질 표준

ISO/IEC 18047-RFID device conformance test methods

Part2-125-150MHz

Part3-13.56MHz

Part4-2450MHz

Part6-860-960MHz

Part7-433.92MHz(active)

〈표 3-15〉 표준안별 상세 내용

그룹명	ISO/IEC	작업명	내 용
데이터 구문표준	15961	태그 Commands	컴퓨터 호스트와 리더간의 명령어와 데이터 형식을 제안 상호통신은 ASN.1(추상구문표기법 type1)을 option으로 채용하고 데이터 프로토콜 프로세서에서 프로토콜을 정의
	15962	데이터 Syntax	리더의 로컬 메모리와 태그 드라이버를 규정
태그식별	15963	태그 식별자	각종 Unique ID를 통합 수용할 수 있는 체계를 규정한다. 고유 ID는 IC의 품질관리 이력 및 태그의 이력 파악이나 복수 안테나 설치 시 복수 태그의 충돌방지 등에 필요
Air Interface (통신)	18000-1	Generic Parameters	독일 DIN에서 상품 공급망의 상품인식 개념구조를 제안하고 표준화가 필요한 파라미터를 규정
	18000-2	below 135kHz 이하	독일 DIN에서 제안되어 Type A/B의 두 가지 사양이 검토 리더는 Type A/B의 태그를 모두 통신할 수 있어야 한다. 통신거리는 수 10cm 정도이다.
	18000-3	13.56MHz	모드 1/2의 두가지 사양으로 모드 1은 Ic 카드 규격(ISO/IEC 15693)에 Tagsis사의 충돌방지식을 Option으로 추가하고 있고 모드 2(Magellan사 제안)
	18000-4	2.45GHz	Active 방식으로 통신거리가 수m~10m정도이다
	18000-5	5.8GHz	Q Free사가 제안한 Passibve 방식이다. 주요국가들이 반대하여 (ITS와의 부정합성)작업이 철회되었다.
	18000-6	UHF 860-930MHz	Philips, TI등 5개사가 제안한 것으로 유통물류에 가장 널리 적용될 것으로 전망된다. 한국, 일본이 자국내 전파사정으로 최초 반대입장을 표명하였으나, 유통물류 산업의 국제화를 위해 검토가 필요하다.
	18000-7	UHF 433MHz (Active)	SAVI사가 제안한 것으로 한국, 일본 등이 아마츄어 무선용으로 사용하고 있어 적극 반대하고 있다. Active 태그에 의한 컨테이너 인식용으로 100m의 인식도 가능하다.
적용기술	TR18001	Application 요구사항	RFID 시스템 적용조건을 조사한 기술보고서이다.

③ 어플리케이션 표준(Radio Frequency Identification Open Standards)

ISO 10374-항공컨테이너-자동식별,

ISO 18185-항공컨테이너-전자seal(무선통신프로토콜)

ISO 11785-무선동물인식-기술적인 개념

AIAG B-11-타이어 및 바퀴 인식 표준

ISO 122/104/ JWG-RFID를 이용한 공급망관리 응용

(ISO 17363-항공 컨테이너,17364-운송관련 반환 물품, 17365-운송관련 물품,

ISO 17363-제품포장, 17364-제품 Tagging)

3) 민간 국제표준 담당기구(EPCglobal)

EPCglobal(www.epcglobalinc.org)은 상품코드의 국제표준 개발/관리 기구인 EAN 인터내셔널과 UCC의 통합으로 탄생한 GS1이 2003년 11월에 설립한 자회사로서 EPC 코드와 EPCglobal 네트워크의 표준개발과 더불어 전 세계 보급을 총괄하고 있는 국제 민간 기구이다.

〈표 3-16〉 EPCglobal과 ISO의 차이

EPCglobal	ISO
정책 입안은 EPCglobal의 필요에 의함	정책 입안은 전(全)산업의 필요에 의함
많은 제조 업체의 지원을 업고 홍보됨	지난 수년 동안 큰 홍보 없이 일이 진행됨
세계적으로 공인된 표준이 아님	공인된 표준
Generation 2(860-960MHz)는 2004년12월 결정됨. Class IV(433MHz)는 아직 미정	18000-6(860-960 MHz)는 2004년 6월 시행 18000-7(433MHz)은2004년 6월 시행
소매에 관한 표준 외에는 없음	ISO 기술 표준 (ISO/IEC 18000), 데이터 표준 (ISO/IEC15434, 15459,15961,15962), 품질 표준(ISO/IEC18046 and 18047),어플리케이션 표준은 전(全)산업에 적용할 수 있음
EPCglobal 이 비영리 재단이라고 하나 소비재 제조업체가 30만 달러 투자한 Auto_ID센터가 전신이므로 그 쪽의 이익에 편향될 수 있음	ISO는 100개국 이상의 대표기관으로 전(全)산업을 대표하므로 공정함
어플리케이션 표준을 제정하려는 계획이 없음	어플리케이션 표준이 개발 중임
표준 적용 시 회비나 저작권 사용료를 지불	무료

EPCglobal은 EAN 인터내셔널과 UCC가 지난 30년간 바코드 및 전자문서 표준 보급을 통해 구축한 업계와의 협력 관계를 바탕으로 사용자 중심의 EPCglobal 네트워크 표준을 개발/보급함으로써 공급체인을 이동하는 상품의

가시성을 높여 기업의 효율성 제고에 이바지함을 목적으로 하고 있다. ISO와 EPCglobal의 관계는 사안에 따라 EPCglobal이 개발한 표준을 ISO에 제출하여 국제표준으로 인증 받으며, 반대로 ISO 표준이 EPCglobal 표준에 활용되기도 한다. 〈표 3-16〉은 EPCglobal과 ISO의 차이점을 나타내었다.

(1) EPCgolbal 표준 개발 조직

EPCgolbal 표준 개발 조직은 〈그림 3-7〉처럼 EPCglobal 본부, EPCglobal 각국 보급기관 Auto-ID Lab 등으로 구성되어 있다.

* EPCglobal 본부

- EPC 관리자 코드의 발급, 관리 및 ONS 등록 총괄
- EPCglobal 네트워크 표준 개발 및 보급
- 브랜드 관리 및 마케팅
- 개인정보보호, 지적재산권 관련 정책 결정

〈그림 3-7〉
EPCgolbal 표준 개발 조직

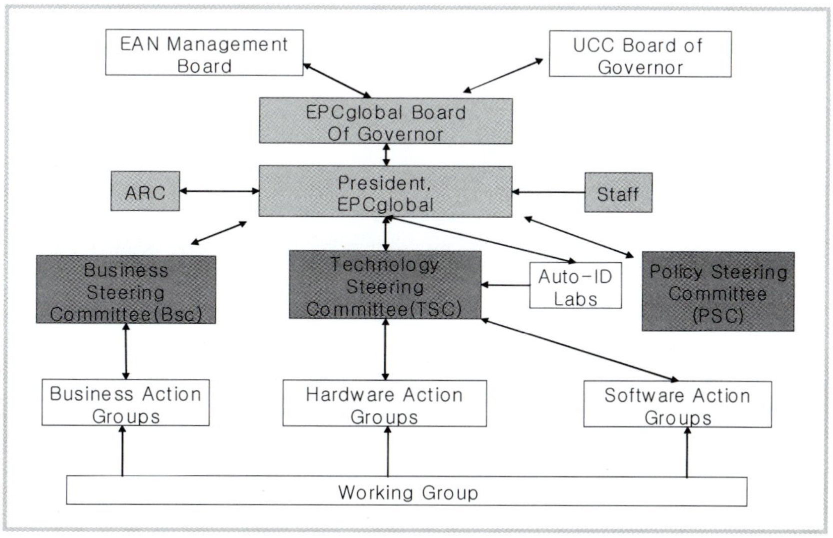

* EPCglobal 각국 보급기관

- 보급 대상 신산업 발굴
- 도입지원 (교육, 컨설팅 및 가이드라인 발급)
- 자국내 회원관리 (회원모집 및 EPC 관리자코드 발급)

* Auto-ID Lab

- EPCglobal Network를 기반으로 한 응용모델 개발 및 보안, 통신기술, 제어기술 등 RFID 관련 연구개발 수행
- 다음 〈표 3-17〉처럼 MIT, 캠브리지 등 전세계의 대학에 Auto ID Lab이 위치하고 있다.

〈표 3-17〉 Auto-ID Lab 분소

대학교	기술 분야	지역
MIT	태그, 리더, Savant, PML	미국
University of Adelaide	RFID 인식 및 프로토콜	호주
Cambridge University	공장자동차 기술	영국
Keio University	유비쿼터스 네트워크	일본
Fudan University	칩 설계 및 생산 기술	중국
Gallen University	비즈니스 모델 및 경제성 평가	스위스
ICU	태그, 리더 등	한국

(2) EPC 코드

EPC 코드는 EAN, UCC 코드와 마찬가지로 **상품을 식별하는 코드**이다. EAN 바코드와 EPC의 관계는 EPC 코드는 현재 사용되고 있는 EAN코드를 모두 수용할 수 있도록 고안되었다. 현재 EAN 바코드를 사용하고 있는 업체는 자사의 업체코드(국가코드 포함)를 그대로 EPC Manager(관리자 코드)로 사용할 수 있는 선택권을 갖고 있다. 차이점은 바코드가 품목단위의 식별에 한정된 반면, EPC 코드는 동일 품목의 개별상품까지 원거리에서 식별할 수 있다. 이

를 통해 위조품 방지, 유효기간 관리, 재고 관리 및 상품 추적 등 공급체인에서 다양한 효과를 누릴 수 있다. 구체적인 코드 구조는 〈표 3-19〉와 같다.

〈표 3-18〉 EPC 코드의 구조

헤더 (Header)	업체코드 (EPC Mnager)	상품코드 (Object Class)	일련번호 (Serial Number)
H1 H2	M1 M2 M3 M4 M5 M6 M7	O1 O2 O3 O4 O5 O6	S1 S2 S3 S4 S5 S6 S7 S8 S9

가. 헤더 (Header)

헤더는 EPC코드의 전체 길이, 식별코드 형식 및 필터 값을 정의한다. 헤더는 가변 길이 값을 가지는데, 현재 2비트와 8비트 값의 헤더가 정의되어 있다. 2비트 헤더는 3개의 값을 가지며 (01,10,11), 8비트 헤더는 63개의 값을 가진다. 헤더는 판독기로 하여금 태그의 길이를 쉽게 판단할 수 있도록 돕는 기능을 한다.

나. 업체코드 (EPC Manager)

EAN 바코드의 업체코드에 해당하며 각국 EAN 회원기관이 할당한다. 28비트의 용량으로 7개의 숫자(0~9) 및 문자(A~F)를 조합하여 약 2억 6천만 개 업체 코드를 할당할 수 있다.

다. 상품코드 (Object Class)

바코드의 상품 품목 코드에 해당하며 사용 업체가 할당한다. 24비트의 용량으로 6개의 숫자와 문자를 조합하여 약 1천 6백만 개 상품에 코드를 부여할 수 있다.

라. 일련번호 (Serial Number)

동일상품에 부여되는 고유한 식별번호로서 사용 업체가 할당한다. 36비트로 8개의 숫자와 문자를 조합하여 680억개의 상품에 코드를 부여할 수 있다.

〈표 3-19〉
96비트 EPC코드

		Version Number	Domain Manager	Object Class	Serial Number
EPC-64	Type I	2	21	17	24
	Type II	2	15	13	34
	Type III	2	25	13	23
EPC-96	Type I	8	28	24	36
EPC-256	Type I	8	32	56	192
	Type II	8	64	55	128
	Type III	8	128	56	64

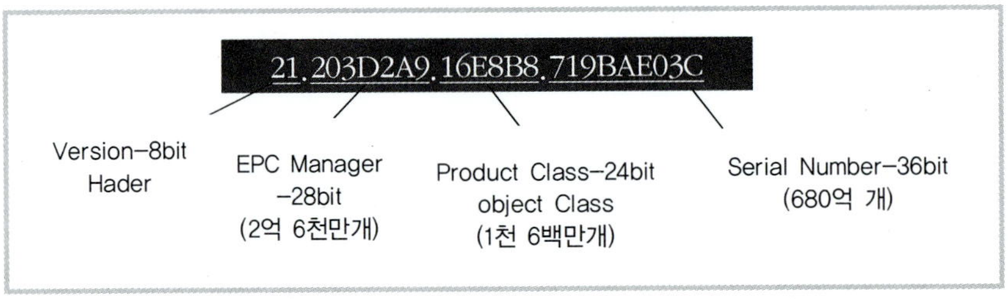

(3) GTIN과의 호환

EPC코드는 기존 바코드(GTIN)를 EPC코드로 사용할 수 있도록 고안되어 있다.

(4) EPCglobal 네트워크

① 개념

EPCglobal 네트워크는 RFID 기술을 이용하여 상품을 자동으로 식별하고 식별된 상품 정보를 인터넷을 통하여 거래업체들과 공유함으로써 국내외 상품 이동 현황을 실시간 추적 조회할 수 있는 시스템이다. 기업은 EPCglobal 네트워크를 활용함으로써 상품 이동 정보를 실시간으로 파악할 수 있게 되어 재고 최소화, 상품 손실 최소화, 주문의 신속한 처리, 소비자 기호 변화에 따른 대응능력 향상 등의 효과를 거둘 수 있다.

〈그림 3-8〉 EPC글로벌 네트워크

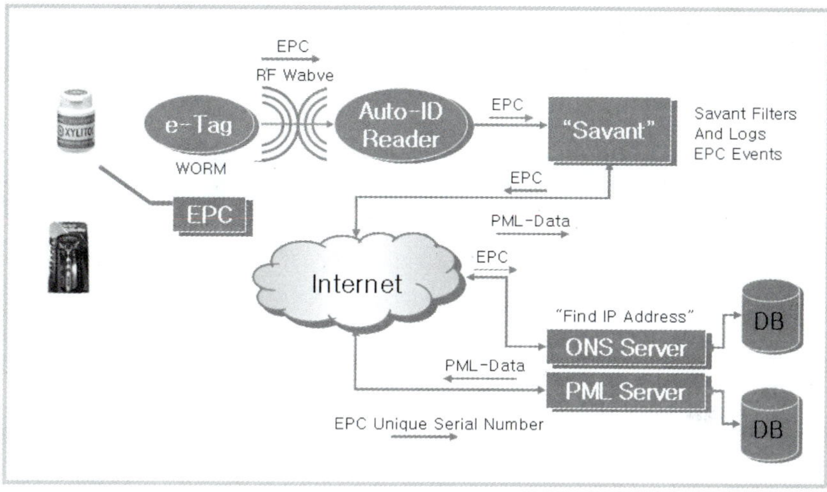

EPC Gen2란 EPCglobal이 제정한 UHF 대역의 태그-리더 간 통신 프로토콜 Version 2를 말한다. 초창기 개발되었던 Version 1.0과는 기능 및 성능 면에서 크게 개선되었기 때문에 2세대 (Generation2)라는 별칭이 붙게 된 것이다.

〈그림 3-9〉 EPC 네트워크 구조도

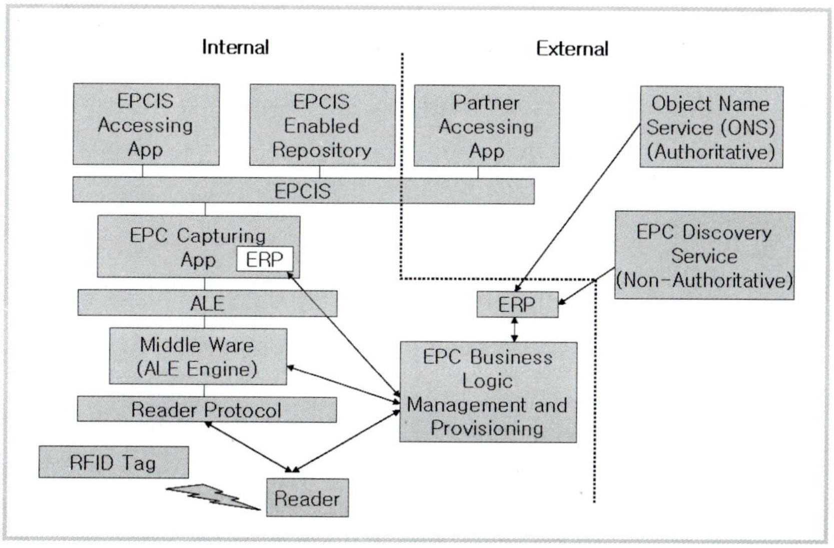

② 구성요소

〈표 3-20〉는 EPC글로벌 구성요소에 따른 기능을 설명하였다.

〈표 3-20〉
EPC글로벌 구성요소

구성요소	기능
EPC	공급체인 상의 특정 물품의 고유 식별 번호
ID 시스템	ID 시스템은 EPC 태그와 리더로 구성된다. EPC 태그는 마이크로칩과 안테나로 구성되어 있으며 박막으로 덮여 있음. EPC 코드는 이 태그에 담겨 케이스 팔레트 또는 단품에 부착. EPC 태그는 RFID를 이용하여 EPC 코드를 리더에 전송. 리더는 EPC 태그와 전파를 통해 교신하며 EPC 미들웨어를 이용, 기업 정보 시스템에 정보를 전달.
EPC 미들웨어	EPC 미들웨어는 실시간 판독 동작 및 정보를 관리하고 경고음을 발생하며 EPC IS와 기업의 기타 정보시스템에 전송할 기본 판독 정보를 관리. EPCglobal은 정보 시스템과 판독기 단독 또는 네트워크 판독기 간의 데이터 교환을 위한 소프트웨어 인터페이스 표준을 개발 중.
디스커버리 서비스	사용자가 특정 EPC 코드에 대한 데이터를 찾아 그 데이터에 대한 접속 승인을 요청할 수 있도록 지원하는 종합 서비스를 의미. ONS는 디스커버리 서비스의 일부임.
EPC IS	EPC IS는 사용자가 EPC 코드 관련 데이터를 EPCglobal 네트워크를 통해 거래 업체와 교환할 수 있게 함.

③ 시스템 동작

RFID 기술과 네트워크 기술을 결합하여 무선 태그를 붙인 상품과 팔레트 등을 공급망 전체에서 무선 스캐너로 식별하는 것과 동신에 무선 태그에 쓰여 있는 해당 상품의 EPC코드를 Key로 하여 인터넷을 경유하여 관련 DB에 접근하여 그 상품의 속성정보를 즉시 알 수 있게 하는 시스템이다.

1. 제조업체 : 상품에 EPC 태그를 부착
2. 제조업체 : 상품정보 (제조일자, 유효기간, 로케이션 등)를 EPC IS에 기록
3. 제조업체의 EPCIS : EPC 디스커버리 서비스에 EPC 정보를 등록
4. 제조업체 : 상품을 유통업체로 배송
5. 유통업체 : 상품 수령 사실을 EPCIS에 기록
6. 유통업체의 EPCIS : 해당 상품 정보를 디스커버리 서비스에 등록

7. 유통업체 : Root ONS에 조회하여 제조업체 로컬 ONS의 위치 파악
8. 유통업체 : 제조업체의 로컬 ONS에 조회하여 EPCIS의 위치 파악
9. 유통업체 : 제조업체의 EPCIS로부터 해당 상품 정보 조회

〈그림 3-10〉
EPC 시스템 개요

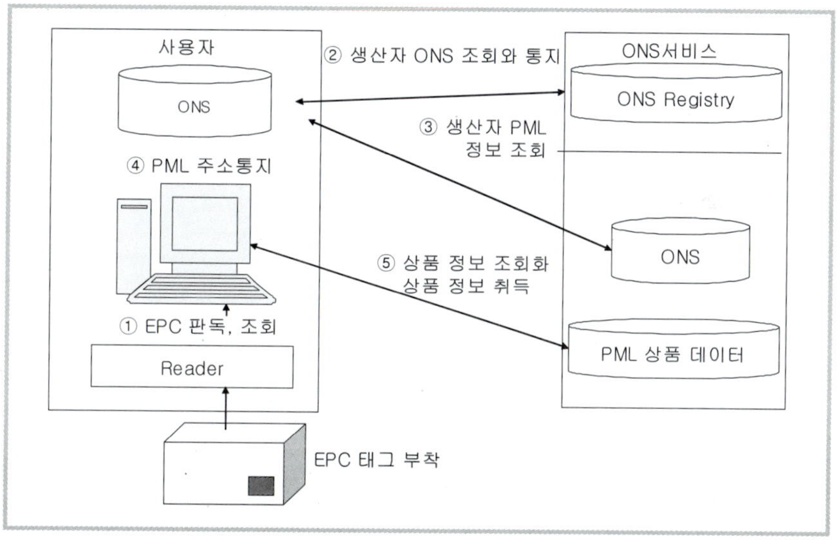

④ EPCglobal 네트워크 활용효과

EPCglobal 네트워크는 전 세계적 또는 지역적으로 유통되는 물자(상품, 원자재 및 부품)의 흐름을 실시간으로 파악할 수 있고, 공급체인을 이동하는 개별 상품에 일련번호가 부여되어 동일한 품목 내에서도 개별 상품의 유통기한 관리 등이 가능하게 된다. 또한 팔렛트나 박스 등에 적재된 상품을 한꺼번에 판독할 수 있어 입출고 시에 소요되는 시간을 대폭 절감할 수 있다. 그리고 판독된 상품 정보가 인터넷을 통해 거래 당사자에게 실시간으로 통보되어 실시간 재고 관리와 자동 상품 보충 등을 실행 할 수 있다.

EPCglobal 네트워크 활용에 따른 구체적인 효과를 〈표 3-21〉과 같다.

〈표 3-21〉 EPC글로벌 네트워크 활용 효과

공장	완제품 창고	물류 센터	판매점 및 진열대
- 정확한 재고 파악 (완제품 포함) - 회계 및 자재 부서에 정확한 출고 정보를 자동으로 집계	- 입고, 정리, 찾기 및 출고 작업 인력절감 - 운송 과정에서의 소유증명 - 역수송, 반송 및 클래임 감소 - 운송 및 결제 속도 개선 - 재고 감소로 서비스 향상	- 입고 및 결제 효율 제고 - 인건비 절감 - 오배송, 반송품 감소 - 재고 감소 - 비인기상품의 신속한 처분	- 재고 감소(예비창고, 바안가성품 감소) - 예비창고 및 진열대에 있는 상품 파악 용이 - 도난 방지 - 상품진열 확인 가능 및 품절 감소 (상품 보충 프로세스 개선) - 노동생산성 향상 - 방어적 판매에서 벗어나 판매고 향상

4) 모바일 RFID 표준화

RFID 시스템에 대한 표준화가 전세계적으로 활발히 진행되고 있다. 미국의 경우 EPC Global을 중심으로 클래스 0와 클래스 1의 업체 표준을 제정하였고, 국제표준인 ISO 18000-6에서는 Type A와 Type B의 규격이 제정된 상태이다.

이러한 다양한 표준의 혼재에 따른 호환성의 문제 및 기존 규격의 단점인 낮은 인식율의 문제를 해결하기 위하여 최근 EPC Global에서는 클래스 1의 규격을 개정하여 클래스 1 Gen. 2 규격을 제정하였고 이를 ISO 18000-6의 Type C로 제출한 단계로, 향후 Gen. 2를 중심으로 전세계 표준이 될 것으로 예상되고 있다. Gen. 2의 경우 기존 RFID규격이 초당 100개 정도의 태그를 인식하는데 반하여 수 백개 이상의 태그를 인식할 수 있으며, 다양한 환경변화에 능동적으로 Air Interface를 가변할 수 있는 장점이 있기 때문에, 기존 RFID의 활성화에 장애가 되어 온 다양한 기술적인 문제점을 해결할 수 있을 것으로 기대되고 있다.

그러나 Gen. 2의 도입 환경인 유통물류 환경과 모바일 RFID 환경은 기본적으로 그 적용 환경이 다르므로 Gen. 2 규격을 모바일 RFID의 표준으로 바로 적용하기는 한계가 있다. 따라서 태그의 도입은 Gen. 2 규격을 사용하고 이를 인식하는 모바일 RFID리더의 규격은 Gen.2의 규격 중에서 기본 기능을 수용하고 단순화시키는 지혜가 필요하다. 현재 모바일 RFID 표준화 포럼에서는 Gen.2를 기초로 표준화안을 만들고 있으므로, 휴대폰 제조사 및 RFID 생산업체의 적극적인 참여를 통하여 현 기술 수준 및 기대되는 서비스에 맞는 표준화를 추진하여야 한다(〈표 3-22〉 참조).

〈표 3-22〉 모바일 RFID Air Interface 표준화 규격비교

<table>
<tr><th colspan="2">Items</th><th>EPC Global class 0</th><th>EPC Global class 1</th><th>ISO 18000-6 Type A</th><th>ISO 18000-6 Type B</th><th>ISO 18000-6 Type C(Gen 2)</th></tr>
<tr><td colspan="2">Proposed Company</td><td>Matrics</td><td>Alien</td><td>Tagsys TI Bistar</td><td>Intermec Philips</td><td>EPC Global HAG</td></tr>
<tr><td rowspan="3">Reader</td><td>Rate(kbps)</td><td>80 (slow=16)</td><td>70.18 (EU:15)</td><td>33</td><td>10~40</td><td>40~160</td></tr>
<tr><td>Modulation</td><td>ASK (20 or 100%)</td><td>ASK 90% (EU:50%)</td><td>ASK 27~100%</td><td>ASK 18% or 100%</td><td>DSB-ASK SSB-ASK PR-ASK</td></tr>
<tr><td>Coding</td><td colspan="2">Pulse Width</td><td>PIE</td><td>Manchester</td><td>PIE</td></tr>
<tr><td rowspan="3">Teg</td><td>Rabe(kbps)</td><td>80 (slow=40)</td><td>140.35 (EU:30)</td><td colspan="2">40</td><td>5~640</td></tr>
<tr><td>Modulation</td><td colspan="5">Bi-state Amplitude Modulation</td></tr>
<tr><td>Coding</td><td colspan="4">FM0</td><td></td></tr>
<tr><td colspan="2">Collision Avoidance</td><td colspan="2">Binary Tree</td><td>ALOHA</td><td>Binary Tree</td><td>ALOHA with permission</td></tr>
</table>

RFID 기술은 ISO/IEC JTC1 SC31에서 주로 표준화가 진행되고 있고 JTC1은 이와는 별도로 각 용도별 태그의 구조에 대한 표준화를 진행하고 있는데, ISO/IEC 15961과 15962에서 응용과 RFID 리더 사이에 필요한 데이터프로토콜을 정의하고 있으며, RFID 리더와 태그 사이의 에어인터페이스 프로토콜은 각 주파수별 ISO/IEC18000 시리즈에서 정의하고 있다. ISO/IEC 15961 및 15962는 2004년 10월에 국제표준으로 출판되었으며, ISO/IEC 18000 시리즈도 이미 표준이 완료되었다. 최근 태그에 각종 센서 및 센서를 지원하기 위한 배터리를 추가하기 위해 ISO/IEC18000 시리즈가

수정될 계획으로 있으며, ISO/IEC18000-6에 EPCglobal의 에어인터페이스 프로토콜인 Class1 Gen2 ver1.0.8을 type C로 반영할 계획으로 있다. EPCglobal은 물류유통의 전 과정을 네트워크로 연결하는 EPC 네트워크의 개념을 수립하여 Wired 에어인터페이스 프로토콜뿐만 아니라 각 컴포넌트 및 컴포넌트간의 프로토콜들에 대해서도 표준화를 진행하고 있다.

(1) 모바일 RFID 기술 및 표준화 동향

모바일 RFID는 휴대폰에 소형 RFID 리더를 탑재하여 휴대폰으로 RFID 태그를 읽었을 때, 여러 가지 서비스를 이동통신망을 이용하여 제공하는 서비스로 국내에서 처음으로 시도하는 서비스이며 2005년부터 표준화가 진행 중에 있다. 모바일 RFID가 제공할 수 있는 서비스의 범위는 무한히 넓고 다양할 것으로 예상되나, 현재까지는 휴대폰의 성능 및 비즈니스 모델의 제약으로 인해 RFID 태그를 하이퍼텍스트 대용으로 사용하는 개념인 오프라인 하이퍼(Offline-Hypertext) 서비스 시나리오들이 제시되어 있는 상황이다. 오프라인 하이퍼텍스트로써 모바일 RFID 서비스를 위한 네트워크 구조는 〈그림 3-11〉과 같다.

〈그림 3-11〉
모바일 RFID 네트워크 구조

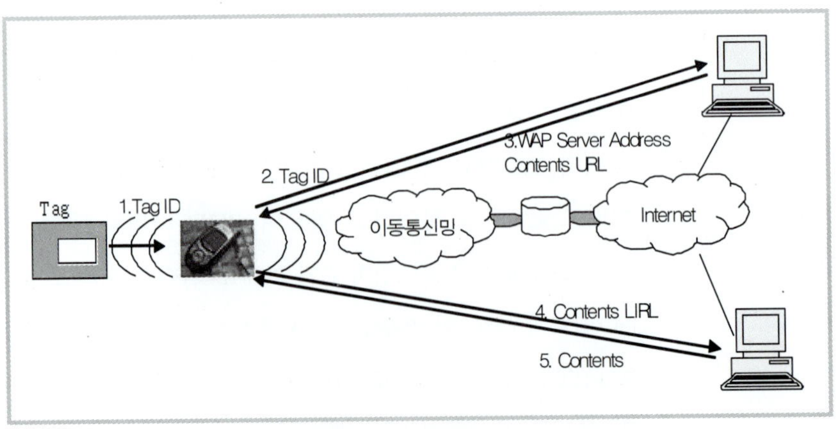

RFID 리더가 탑재된 휴대폰으로 모바일 RFID 서비스 용도로 곳곳에 부착된 태그를 읽고, 이 태그 정보를 이용해 태그 ID와 URL의 매핑 정보를 가지고 있는 ODS로 콘텐츠의 URL을 요청하게 된다. ODS는 관련 콘텐츠의 URL을 반환하고, 휴대폰은 반환된 URL을 이용하여 해당 콘텐츠 서버에 해당 콘텐츠를 요청한다.

900MHz 대역의 RFID 리더를 칩 형태로 휴대폰에 탑재함으로써 새로운 모바일 RFID 서비스를 위한 신규시장 확보를 목적으로 지난 2005년 2월, 국내에 모바일 RFID 포럼이 구성되었으며, 포럼 산하에 단말분과, 네트워크 분과, 응용서비스 분과, 정보보호 분과, 시험 · 인증 분과를 각각 구성하고, 모바일 RFID 서비스를 위한 국내 표준 규격을 개발하고 있다.

모바일 RFID포럼은 국내 RFID/USN 협회에서 사무국 역할을 수행하고 있으며, 한국전자통신연구원 표준연구센터에서 모바일 RFID 서비스를 위한 국내 규격 작업을 총괄하고 있다. 모바일 RFID 포럼에서는 5개 분과의 각 표준 규격 작업 간의 상호조율 목적과 모바일 RFID 포럼 내에서의 지적재산권 관리정책 수립, 이들 규격작업 결과를 국제표준화에 반영하기 위한 목적으로 **'표준화 전략 TFT'** 를 구성하고, 각 분과별로 진행되고 있는 표준 규격작업을 하나로 묶기 위한 모바일 RFID 서비스 구조를 규격화하고 있으며, 각 분과별 규격작업을 위한 양식개발 노력을 추진하고 있다

① **단말분과**에서는 RFID 리더 칩이 휴대폰내에 탑재 시 요구되는 하드웨어 인터페이스 규격과 휴대폰의 기존 미들웨어 플랫폼인 WIPI와의 연계를 위한 WIPI HAL 확장규격과 휴대폰 Form Factor 등의 단말규격 개발을 포함한 RFID 태그와 휴대폰 내의 리더간 에어 인터페이스 표준을 개발하고 있으며, 특히 무선구간의 에어 인터페이스 표준은 표준인 ISO/IEC 18000-6을 채택한 바 있다. ISO/IEC 18000-6는 기존의 type A와 B를 포함하고, 최근 JTC1에 제출된 EPCglobal Class 1 Gen2를 type C로 포함하는 규격을 의미한다.

② **응용서비스분과**에서는 지금까지 도출된 서비스 시나리오를 중심으로 모바일 RFID 서비스 종류 별 응용 요구사항(ARP)을 작성 중에 있으며, 여기에는 영화 포스터 안내 서비스, 주류 마케팅 서비스, 버스노선 안내 서비스, 물품정보 조회 서비스, 지하철 주변 정보안내 서비스, 문화재 정보제공 서비스 등이 있다.

③ **네트워크 분과**에서는 모바일 RFID 서비스를 제공하기 위한 네트워크 표준 규격을 작성 중에 있으며 대표적인 표준 규격으로는 네트워크 서비스를 위한 WIPI API 확장 규격, 모바일 RFID 콘텐츠 협상 프로토콜, 모바일 ODS 규격, 모바일 OIS 규격, 모바일 OTS(Object Tracking Service) 규격 등을 표준화하고 있다.

④ **정보보호 분과**에서 추진하고 있는 국내표준 규격에는 물류유통에서의 프라이버시 보호 규격, 오프라인 하이퍼텍스트 기반 프라이버시 보호 규격, 태그가 부착된 물품 구매에서의 프라이버시 보호 규격을 작성 중에 있다.

⑤ **시험 · 인증 분과**에서는 향후 모바일 RFID 서비스 구현을 위해 요구되는 시험 · 인증규격을 작성 중에 있다.

포럼 차원의 지적재산권 정책수립과 함께 국내 규격작업 결과를 국제표준화에 반영하기 위한 표준화 창구개설 노력을 경주하고 있다.

(2) 모바일 RFID의 국제표준화 추진현황

모바일 RFID 서비스는 기존의 유통물류 중심의 RFID 기술과 달리 이동통신 네트워크와 연계되어 동작하는 서비스로써 관련 국제표준화는 아직 진행되고 있지 않다. 그러나 최근 ITU-T 등의 국제표준화 기구에서 RFID와 통신이 결합된 형태의 기술들에 대한 중요성이 부각되고 있으며, 관련 표준화 활동이 시작될 움직임을 보이고 있다.

ITU-T에서는 ITU-TTSAG (ITU-T 표준화 자문 위원회) 회의에서 RFID 기

술의 중요성에 대해 인식하고 향후 ITU-T의 표준화활동 방향을 수립하기 위해 RFID CG (Correspondent Group)를 구성하였다. 이 CG에서는 ITU-T의 각 SG뿐만 아니라 JTC1과 같은 외부 표준화 기구를 포함하는 구성원들로부터 ITU-T의 RFID 표준화 활동에 필요한 의견을 수집할 계획으로 있다.

ITU-T SG11과 SG13에서도 네트워크 기반의 RFID 기술에 대한 표준화의 중요성이 언급되었으며, ITU-T 내에서 어떤 형태로든 RFID 관련 표준화 작업이 진행될 것으로 예상되고 있어 국내 모바일 RFID 서비스를 위한 규격 작업결과가 ITU-T를 통한 국제표준화로 이어질 수 있도록 세심한 노력이 요구되고 있다.

아시아 · 태평양 지역의 정보통신 표준화 협의체인 ASTAP에서는 RFID 전문가그룹(EG)이 구성되었으며, 이 그룹에서는 기존의 유통물류중심의 RFID 뿐만 아니라 통신망과 연계된 RFID 기술에 대해 연구를 진행할 계획으로 있다.

2004년도 말, Nokia에서는 13.56MHz 대역의 RFID리더를 휴대폰에 탑재한 새로운 서비스를 선 보인 바 있으나, 900MHz 대역의 RFID 리더 기술을 휴대폰에 탑재시킨 사례는 전세계적으로 전무한 상태이다.

우리나라는 기존 13.56MHz 대역의 RFID기술보다 월등한 이점을 갖는 900MHz 대역의 RFID기술을 조기 개발함과 동시에 이들 기술을 국내 휴대폰에 탑재시킴으로써 새로운 시장 창출을 도모하고 있으며, 이를 위한 표준 규격작업을 마무리할 계획이다.

또한 모바일 RFID 서비스를 위한 국내 규격 작업결과를 국제표준화로 유도하기 위한 국제표준화 창구개설 노력을 함께 경주하고 있어 명실상부 국내 선행 규격작업 결과가 국제표준화 규격으로 발돋움할 수 있는 좋은 사례가 될 것으로 전망되고 있다.

5) 국내 RFID 표준화

국내에서도 2003년 이후 RFID 기술 도입에 대한 관심이 늘어나면서 관련 기술의 표준화 및 활성 보급을 위한 기구들이 형성되기 시작하였고 현재 〈표 3-23〉처럼 국내 표준화를 활발히 추진하고 있다.

〈표 3-23〉 국내 RFID 표준화 활동

단체	한국정보통신 기술협회	한국 RFID/USN협회	RFID 산업화 협의회 & 한국표준협회
RFID 관련 표준화 그룹 및 세부 분과	RFID/USN프로젝트그룹(PG311) - RFID 무선접속 실무반(WG3111) - RFID 네트워크 연동 실무반(WG3112) - RFID 응용 및 정보보호 실무반(WG3113) - USN 실무반(WG3114)	RFID/USN 발전 협의회 - 하드웨어분과 - 네트워크 분과 - 소프트웨어 분과 - SI 분과 - 어플리케이션 분과(건설/교통,물류, 유통, 제조)	RFID 표준화 분과 위원회 - SG1(로드맵, 용어표준화 소분과) - SG2(무선 인터페이스 표 준화 소분과) - SG3(응용산업 표준화 소분과)
	USN 표준화 포럼 - 기술분과(시스템,미들웨어,시험인증, USN) -응용분과(물류/유통, 사회문화,교통/환경) - 네트워크 분과(ONS,ONS 연동) - 정보보호 분과(RFID보안, USN 보안)	Mobile RFID 포럼 - 단말분과 - 네트워크분과 - 응용서비스 분과 - 정보보호 분과 - 시험/인증분과	

RFID 기술에 대한 국제 표준화 및 세계 시장동향에 따라 국내 산업 조기 활성화, 세계시장 선점 기반 구축을 목표로 RFID 관련 기술 및 인프라 구축 그리고 표준에 대하여 정부 차원에서 육성 노력을 적극적으로 진행하고 있다. 특히 RFID 기술 및 응용 분야의 조기 구축을 통한 관련 기술 발전 및 세계 시장 진출의 기회 확보를 위하여 국내에서는 UHF 대역 신규 주파수 할당을 포함하는 RFID용 주파수 관련 제반 규정을 표준에 부합하도록 정비할 필요성이 대두되었다.

국내는 정보통신부, 산업자원부 등을 중심으로 주파수 분배 등의 법제도화 및 표준화 작업과 기술개발 계획이 수립 및 진행되고 있다. 정부 차원의 RFID에 대한 국제표준화 및 세계시장 동향에 따라 국내 산업 조기 활성화, 세계시장 선점 기반 구축을 목표로 RFID 관련 기술 및 인프라 구축 등을 육성하기로 방침을 정하였다.

산업자원부는 RFID 산업 활성화를 위해 유통물류 시범사업, 시스템 및 핵심 부품 기술개발, 표준화, 산업 활성화 센터설립 등의 지원정책을 추진 중에 있으며, 정보통신부는 RFID 산업 활성화의 기반을 구축하기 위해 RFID 주파수 연구반 활동을 토대로 2004년 7월 UHF 대역 신규 주파수 분배, 기술기준 정발, 시범사업, 대학 ITRC 지원 등의 RFID 관련 지원정책을 추진 중에 있다.

현재는 한국정보통신기술협회에서 정보통신부의 IT839 전략 표준화작업에서 RFID와 USN 기술 분야에 대한 표준화의 목표 설정, 핵심 표준화 대상 기술 분야 신정, 표준화 전략 수립 등과 같은 표준화관련 작업이 진행되고 있다.

RFID 주파수 연구반에서 수행한 RFID용 주파수 이용 정책 연구를 통해 미국, 유럽, 미국 등의 RFID를 위한 주파수별 제도를 조사 연구 내용과, 이에 근거하여 우리나라에 적합한 규격을 제시함으로써 우리나라의 RFID용 주파수 정책 기초 자료가 정립하였고, 다음과 같은 RFID 각 주파수 별 표준화 대안 및 방안을 제시하고 있다.

(1) 국내 RFID 주파수 배분에 관한 표준화

① 135kHz 이하 대역의 RIFD

ISO/IEC 18000-2의 표준에 따른 RFID 주파수는 135kHz 이하 대역을 사용하는 매우 낮은 주파수로서 표준에서 측정거리로 제시하는 3m 또는 10m의 거리는 초 근거리장($\lambda/2\pi \gg$ 측정거리)에 해당된다.

따라서 실제 측정값은 매우 큰 값으로 측정되나 거리가 멀어질수록 급격한 감소 특성을 나타내는 주파수이다.

또한, 유럽 기술기준 경우에 자계강도 값은 ISO/IEC18000-2의 표준과 같고 미국의 경우에는 10m 및 3m 거리에서 자계강도 환산 값은 유럽보다 2.5dB 정도 낮다 . 국가별로 다소간의 차이는 있지만 3m 거리에서의 이론적인 환산 값으로는 유럽, 미국, ISO표준은 거의 같은 레벨이고, 이 값은 우리나라의 기술기준인 전파법 시행령 30조 1호보다는 53.1dB이나 높은 값인 것이다.

따라서, 이 주파수 대역에서 RFID의 국내 산업 활성화나 국내제조사의 국제경쟁력을 위해서는 국제 표준에 맞게 관련법령을 개정해야 할 것으로 판단된다. 이에 따른 관련 법령은 개정은 전파법 시행령 30조 1호에 예외 조항을 신설하든지 별도의 기술기준을 마련하면 가능할 것으로 보인다.

② 13.56MHz 대역의 RFID

현재 일본 및 유럽 등은 13.56MHz 대역의 RFID의 국내 산업 활성화를 위해서 별도의 법령개정을 통해 최대 1m 거리에서도 이용할 수 있도록 하고 있다.

현재 전파법 시행령 제 30조에 제시된 국내의 전계강도에 관한 기술기준은 200㎶/m(500m 기준, 10m 기준으로 환산 시 80.8 dB ㎶/m)이고, 일본은 93.5db㎶/m (10m 기준), 유럽은 93.5dB ㎶/m 이상을 상승시켜 줄 것을 요구하고 있는 설정이다.

따라서 13.56MHz 대역의 RFID 서비스의 활성화를 위해서 우리나라의 전파법 시행령 또는 기술기준 등을 제 · 개정하여 현재 기술기준과 동일한 전계강도를 사용할 수 있도록 하는 관련 볍령 및 기술 기준 등의 개정을 제시하였다.

③ 433MHz 대역의 RFID

433.92MHz 대역에 대해서는 18000-7의 표준안만이 문제가 아니라 ISO TC 104(컨테이너) 기술위원회에서 작업 중인 ISO 18185(Electronic seals for freight containers)에서도 논란이 되고 있는 상황이다. 미국에서는 2004년 9.11 테러 이후 자국 내의 항구로 입항하는 컨테이너에 대한 안전검사(Security Check)를 위해 컨테이너 Key의 Seal로 RFID 태그를 붙여 불법으로 개봉된 경우 그 이력이 태그에 남을 수 있도록 하는 장치를 요구하고 있다.

이를 반영한 것이 현재 논의되고 있는 IS0 18185 표준안이며, 여기에 포함된 RFID 태그는 모두 UHF 대역(433.92MHz.915MHz 862~928MHz Multi 315, 중국 등 여러 국가에서 반대하여 ISO의 FDIS 투표 단계를 통과하지 못하고 있어 (ISO 투표는 Consensus가 조건이므로 1/4 이상 반대 시 부결됨) TC104내에 서도 향후 처리문제가 큰 현안으로 부각되고 있다. 또한, 18000-7은 한국과 일본 등 몇 개 국가의 반대하고 있지만, 이미 국제표준으로 제정되었다.

국내에서는 433MHz 대역의 RFID 주파수에 대하여 2004년 10월 12일 주파수 분배 공청회에서 433.67MHz~434.17MHz(500kHz) 주파수 대역과 미국 FCC 기술 기준(Part 153.240 : 2004년 4월23일에 준비하는 내용에 대한 검토를 수행하였으며, 2004년 11월 1일까지 관련 기관 및 업계의 의견 수렴을 끝내고 현재 검토 중이다.

④ 860MHz~930MHz 대역의 RFID

국내의 900MHz 대역에 대한 주파수는 지난 2004년 7월 분배되었다.

894MHz ~942MHz 주파수 대역은 RFID/USN K90B 부분에서 주파수 분배 내용을 다루고 있고, K90B는 908.5MHz~914MHz 대역은 신고하지 아니하고, 개설할 수 있는 무선국 중 RFID/USN 용으로 사용할 수 있음을 고시하고 있으며, 인접대역으로부터의 전파 간섭을 수용하고 동일 대역 내에서의 전파 간섭을 상호 수용하는 것을 조건으로 하고 있다(〈표 3-24〉 참조).

〈표 3-24〉
국내 900MHz RFID 기술기준(안)요약

항목 \ 방식	FHSS 방식		LBT 방식
	FHSS 방식	송신전 감지기능 추가	
전파형식	NON,A1D,A7D		
주파수 허용편차	$\pm 20\times10^{-6}$ 이하		
사용주파수 대역	910~914MHz	908.5~914MHz	
공중선 전력	1W(4W EIRP) 이하		
점유주파수대역폭	200kHz 이하		
불요발사기준	사용주파수 대역 바깥쪽의 주파수에서 측정, 다만, 그 주파수 대역의 양끝으로부터 500kHz 범위는 RBW 3kHz 로 측정 1GHz 미만: -36dBm/100kHz(RBW) 1GHz 이상: -30dBm/1MHz(RBW)		
호핑채널수	중첩하지 않은 15개 이상		-
체류시간 (Dwell Time)	한 채널 당 0.4초 이내		-
감지레벨	-	-96dBm이하	P<50mW:-83dBm 50mW이상~250mW 미만:-90dBm 250mW~1W:-96dBm
감지요구시간	-	-	최소 5ms 이상의 시간 동안
전 채널 송신 최대시간	-	호핑채널수 ×0.4초 이내 (예:15개 채널인 경우 6초 이내)	4초 이내
M기타사항	- 다른 기기가 채널을 이미 사용하고 있는 것과는 상관없이 채널 이용	- 기존 FHSS방식에 송신 전 감지기능을 추가하여 이미 사용 중인 채널은 보호 - LBT에 대한 기술기준과는 별도 사항	- 송신전 감지기능으로 이미 사용중인 채널은 보호하며 현재 탐지 하고 있는 채널뿐만 아니라 다른 채널로도 전환할 수 있는 기능(AFA기능도 포함)

이와 함께 기술기준안이 2004년10월에 발표 되었으며, 주파수 대역에서의 사용 데이터 전송률은 40kbps, 통신 방식은 송신전 감지기능을 추가하여 FHSS(Frequency Hopping Spread Spectrum)과 LBT(Listen Before Talking)를 모두 허용하고 있다 점유 주파수 대역폭은 200kHz이하로 제시하였다. 정보통신부는 현재 2004년 11월 중 업계 의견수렴을 거쳐 기술기준을 제정할 계획에 있다.

⑤ 2.4GHz 대역의 RFID

국내 2.4GHz 대역 RFID 기술기준(안)으로 제안된 내용을 살펴보면 주파수 대역은 2400~2483.5MHz, 주파수 허용편차는 +/-50ppm, 변조방식으로는 주파수 호핑 방식, 점유 주파수 대역폭은 83.5MHz 이하, 공중선 전력은 10mW/MHz 이하로 총 전력 260mW이하, 공중선 이득은 6dB이하, 공중선 허용편차는 +20%,-80%, EIRP 환산치는 30dBm(1W)정도의 값을 기술기준으로 채택하는 것이 타당함을 나타내었으며, 별도의 기술기준을 제정하거나 용도부분에 "RFID" 를 포함하고 전파형식도 추가하여 개정하는 방법에 대한 사항을 검토 중이다.

(2) 국내 RFID 표준화 활동 및 추진방향

1) 핵심 표준화 기술분야

RFID 기술의 핵심 표준화 요소 기술인 Air Interface 분야 중 가장 중요한 핵심 요소기술의 도출 및 발굴은 USN의 핵심 스마트 센서, 리더 노드 간의 통신망 연동을 포함하거나 확장 가능한 방향으로 진행되어야 한다.

이를 위해서는 Ad-hoc 망의 주파수 간섭 분석 기술 및 RFID/USN 결합 모듈에 대한 주파수 간섭 기술에 대한 정확한 분선이 선행되어 이를 바탕으로 한 Ad-hoc 망의 주파수 및 간섭 표준화를 정립하고, 이를 토대로 한 경쟁력있는 RFID/USN 주파수 관리를 위한 저전력 통신 기술 방안이 마련되어야 한다.

이러한 기술 방안에는 기존의 무선 통신 서비스와의 간섭문제 해결 및 단말기 적용 리더 시스템과 같은 기존의 무선 통신 서비스와 연동 기술을 개발하기 위한 표준화 작업도 포함된다.

따라서, RFID 기술 중 Air Interface 분야의 표준화 대상 기술로는 크게 리더 및 태그, 센서 노드 사이의 Air Interface 기술, 리더간의 간섭 최소화 및 효율적인 통신을 위한 Air Interface 기술, 리더간의 간섭 최소화 및 효율적인 통신을 위한 Air Interface 기술, 그리고 기존 무선통신 서비스와의 간섭 해결 및 무선 연동을 위한 Air Interface 기술이 핵심 표준화 요소기술로 대두된다.

기술 표준원은 ISO의 RFID 핵심 워킹 그룹에 2001년부터 우리나라 대표단을 파견하여 대응해 오고 있고, 정보통신부는 2003년 5월부터 RFID 주파수 발굴 연구반을 구성하고 RFID 주파수 분야에 빠르게 대응하여 기술기준을 마련하였다.

- RFID관련 전파법 기술기준은 UHF(908.5~914MHz)대역과 Active (433.92MHz) 대역의 용도지정 및 기술기준이 확정 고시되었고, 13.56MHz대역은 용도지적 미약전파에서 RFID/USN용으로 용도변경 고시되고 국제선진국 수준의 향상된 새로운 기술기준을 현재 제정 중에 있어 곧 고시될 전망이며, 135kHZ 이하는 용도지정 및 기술기준제정의 진행 중에 있다.

- RFID기반기술 관련 국제표준이 확정됨에 따라 기술표준원의 국내 RFID 산업의 표준화 및 발전을 위하여 RFID관련 국가표준(KS) 12종〈표 3-25〉

를 제정하고 공표하였고, 국가표준 16종을 추가로 제정할 예정이다.

〈표 3-25〉
RFID 국가표준(KS)

NO	규격명	관련국제표준
1	용어-AIDC	ISO/IEC 19762-1
2	용어-RFID	ISO/IEC 19762-3
3	데이터 프로토콜 응용인터페이스	ISO/IEC 15961
4	데이터 프로토콜 부호화 규칙	ISO/IEC 15962
5	무선인식 태그의 고유식별	ISO/IEC 15963
6	에어인터페이스-일반 파라미터	ISO/IEC 18000-1
7	에어인터페이스-below 135kHz	ISO/IEC 18000-2
8	에어인터페이스-13.56MHz	ISO/IEC 18000-3
9	에어인터페이스-2.45GHz	ISO/IEC 18000-4
10	에어인터페이스-UHF 860-960MHz	ISO/IEC 18000-6
11	에어인터페이스-UHF 433MHz	ISO/IEC 18000-7
12	응용요구조건(ARP)	ISO/IEC 18001

2004년말에 RFID기반기술에 관한 모든 주파수 대역의 국제표준(ISO)이 확정되었고, UHF 대역 RFID 태그에 대해서는 ISO 18000-6DP 의해 2가지 타입(type A 와 type B)과 RFID 국제표준단체인 EPC글로벌에서 ISO와 다른 클래스0과 클래스 1의 태그를 사용해오다 2004년 12월 EPC글로벌은 클래스 0와 클래스1 태그를 통합해 최신기술을 반영한 EPC클래스 1 Generation2 태그에 대한 표준화를 완성하고, 2006년 1월 EPC C1 Gen2 태그에 대한 표준을 ISO의 18000-6 type C로 제안한다.

- RFID의 2세대 표준기술로 주목을 받아온 EPC의 클래스 1 Gen 2를 ISO의 정식 표준인 '18000-6 type' 로 하기 위한 투표 결과, 모두 170여 개의 이견과 지적 사항이 도출됐고, 이를 해결하기 위한 회의(Ballot Resolution회의)가 싱가포르에서 열려 RFID 태그의 글로벌 통합 표준을 확정하고, 향후 형식적으로 두 차례의 투표를 거친 뒤 2006년상반기에 ISO 공식표준이 된다.

- RFID기술 관련 국제표준화는 현재 유통물류 등 응용분야별 표준화작업이 활발히 진행되어 환성되었거나 완성 중에 있으며, 기반기술인 에어인터페이스와 관련된 국제표준(ISO/IEC 18000-x)도 센스 파라미터 등의 추가를 위한 개정작업이 현재 진행 중에 있다.

RFID 미들웨어 및 소프트웨어 관련 표준화 작업은 USN과 연동되어 진행되고 있으며, 그 표준화 대상 핵심 요소기술 분야는 USN의 아키텍처를 구성하는 다음과 같은 핵심적인 요소로 정리되었다.

〈그림 3-12〉 국내 RFID의 표준화 대상 핵심 요소기술

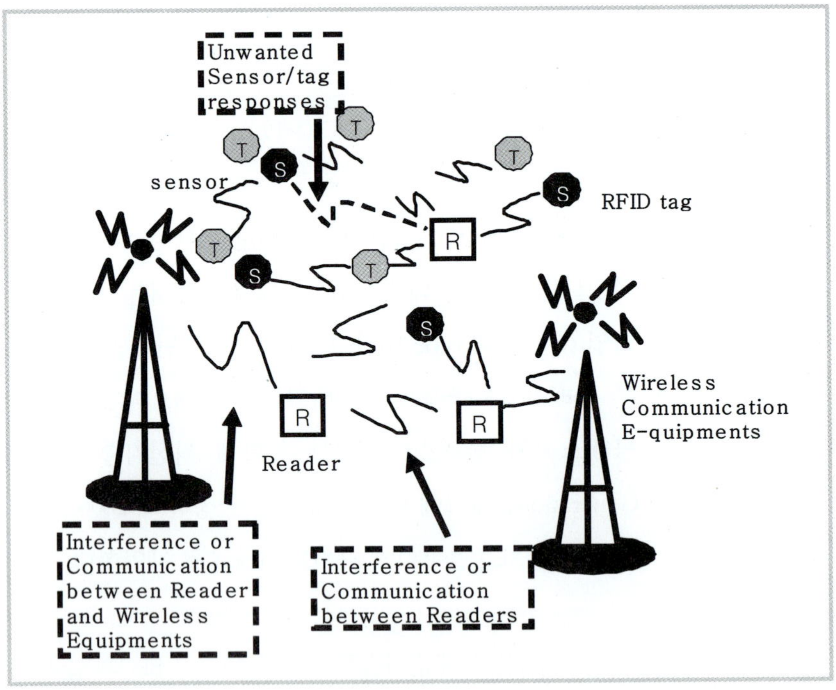

첫 번째로 BcN과의 연동이 유비쿼터스 서비스를 위한 필수 항목이다. 추후 USN에서 수집되는 데이터는 빠르고 안정적인 서비스를 위하여 IPv6 기반의 BcN과 연동되어 Wireless/Wired network를 통해 전달될 것이다.

이를 위해 데이터의 수집과 전달을 담당하는 Open Gateway 기술이 필요하며 보안 및 인증에 관한 기술도 필요하다. Access Network로 이용될 WLAN, WiBro, WPAN, Cellular 네트워크와의 연동을 위한 표준화가 필수적이다.

두 번째는 센서 노드의 OS 기술이 필요하다. 센서 네트워크는 하나의 네트워크 Field에 많은 수의 노드가 존재하므로 하나하나의 프로세스는 작지만 그 수가 많을 것으로 예상된다. 일반적인 임베디드 OS와는 차별화된 OS 기술이 필요하다. 센서 네트워크의 네트워크 프로토콜과 미들웨어 등 애플리케이션을 위한 기반이 포팅되어 사용할 수 있도록 적절한 인터페이스의 표준 또한 필요하다.

세 번째로 센서 네트워크 Field를 이루는 센서 노드들의 네트워크 프로토콜로 MAC과 라우팅 프로토콜이 필요하다.

그리고 센서 노드의 크기 제약으로 배터리가 작아서 에너지 소모량이 가장 큰 문제가 되므로, 네트워크 프로토콜의 최우선 순위 목표는 에너지 효율성이 된다. 센서는 이용 목적에 따라 다르지만 5mm³ 에서 1mm³ 로 매우 작으며 작은 크기일수록 이용 가치가 높다. 따라서 작은 크기의 배터리가 중요한 문제로 주목받고 있으며, 에너지 소모의 주범인 통신 에너지를 줄이기 위해서는 네트워크 프로토콜이 적절하게 설계되어야 한다.

3.2 RFID의 정보보호

1) RFID 정보의 특징

RFID시스템 및 네트워크상에서 활용되는 정보는 기존의 인터넷 환경의 정보와 많은 차이점이 있다. 기존 인터넷환경의 시스템에서는 개인정보, 부가정보, 관리정보가 생성 시부터 거의 변함이 없는 정보이므로 보안 기술 및 정보자체 보호에 초점인 반면 RFID 시스템에서는 RFID 태그를 활용하면서 생성되는 자료가 정보효력을 가지므로 이 시점부터 정보보호의 대상이 된다. 〈표 3-26〉은 기존시스템과 RFID시스템과의 정보 차이점을 나타내었다.

〈표 3-26〉
기존의 시스템과 RFID 정보의 차이점

구 분	기존 시스템	RFID 시스템
정보접근 매개요소	- User name, Password, 공인인 증서	- RFID 코드 ID
정보생성 주체	- 개인 - 서비스(업무) 관련 업체	- 제조업체(개인과 무관) - ID 이력, 실시간 정보관리 시스템
정보	- 개인신상정보(개인) - 부가정보 : 개인의 성향 등 - 관리정보(관리자)	- 물품정보, 제조업체 정보 - 이력정보 - 실시간 정보
정보의 특성	- 정보 매개요소와 정보 자체는 개인과 직접 관련됨	- 개인과 직접 연관성 없는 정보 매개 요소의 개인화된 정보의 생성 및 변화

〈표 3-27〉은 기존 인터넷 환경 하에서 정보보호 규제와 RFID 시스템 정보 규제의 차이점을 정리하였다. 규제의 측면에서 RFID 시스템의 정보는 기존 시스템에서의 직접적인 개인 혹은 사업자와 같이 정보주체가 명확한 것과는 달리 명확히 규명하기 힘들 상황이기 때문에 기존 시스템과의 정보보호 규제의 틀이 많은 차이점이 있다.

〈표 3-27〉
기존의 시스템과 RFID 시스템 정보 규제의 차이점

구 분	기존 개인정보에 대한 규제	RFID 내의 정보에 대한 규제
특징	- 개인의 신상정보 또는 부가정보 (ID/PW 등)	- 원칙적으로 개인정보가 아닌 물품 자체에 대한 정보
	- 정보 주체가 정보수집에 대한 인 식을 하고, 이에 동의 여부를 결정	- 정보 주체가 정보수집 상황에 대하여 인식하기 어려움

RFID네트워크에서 다루어지는 정보의 특징 및 발생가능한 문제점, 침해유형을 〈표 3-28〉에 나타내었다. 현 시점은 RFID 기술도입에 따른 부작용은 그리 심각하지 않지만 오히려 부작용의 우려로 인하여 기술도입에 걸림돌이 될 수 있으므로 기술 진화 수위에 따른 적당한 대응 방안이 마련되어야 한다. 인터넷 환경처럼 글로벌 환경의 RFID 정보보호 대책과 더불어 RFID 보급 활성화를 위해 반드시 필요하다.

〈표 3-28〉
RFID 정보의 특징

수 집	- RFID 정보 주체의 인식 여부에 관계없이 무제한 수집 가능
정보 변화	- RFID 태그 정보는 태그가 부착된 물품이 사업자간의 교환 및 소 비자에게 이동했을 경우 해당 태그 정보 변화 가능
개인정보화	- RFID 태그 정보와 개인정보의 융합시 개인 프라이버시 침해 우려
발생 가능한 문제점	- 개인신상정보 노출 - 개인의 물품 보유 현황 노출 - 위치정보 노출 - 개인의 구매 패턴 및 선호도 노출 - 타 정보와의 결합을 통한 개인정보화 - 개인의 의사와 무관하게 불법적인 거래
태그 정보의 침해 유형	- 부적절한 접근과 수집 - 부적절한 분석 - 부적절한 정보의 이전 - 원하지 않는 영업행위

2) RFID 정보보호

RFID와 관련된 개인정보보호 이슈는 RFID 태그가 부착된 상품을 구매한 소비자의 상품구매 내역을 원거리 리더를 통해 3자가 알아내어 범죄 등에 악용하거나, 업체가 특정 고객의 구매 패턴 등을 알기 위해 개인 정보를 수집하여 사생활이 침해 받는 것 등에 대한 우려가 제기되고 있다. 개인정보 보호를 위해 현재 세계적으로 RFID 적용에 대한 법제화 등이 추진되고 있다.

RFID가 향후 국가 기간사업을 떠받치는 기반 및 생활 속의 IT 인프라로 자리잡기 위하여서는 정보보안 및 프라이버시 보호 문제를 극복해야 한다. 일본의 경우 자국의 국가안보를 위한 미국의 '홈랜드 시큐리티'와 관련된 주요 산업데이터의 모니터링을 방지하기 위하여 미국 주도의 EPC ID 체계도입을 거부하고 독자 ID 체계를 추진한다.

우리나라도 국내 산업관련 정보보호를 위한 ID 체계구축에 대한 고려가 절실하며, 또 RFID를 통한 개인정보 유출에 의한 사생활 침해를 대비한 표준 ID 코드관리 체계의 구축도 중요히 고려되어야 할 것이며, 안전한 RFID 기반의 시스템 운용과 서비스 제공 환경을 위한 각 시스템 계층별 정보보호 기술의 개발의 필요하다.

2003년 1월 영국 거점의 슈퍼마켓 체인점인 Tesco, Wal-Mart, Gillette는 면도기 및 관련 제품에 마이크로 칩을 탑재한 '스마트 선반' 을 도입을 계획하였다가 7월에 그 시범 운용을 중단하였다. 또한 네덜란드의 필립스사는 이탈리아의 세계적 의류업체인 베네통사의 모든 의류에 I-CODE 반도체 기술을 이용한 **'스마트 라벨 도입 프로젝트'** 를 진행하고 있음을 발표하였으나 한 달 뒤 베네통은 RFID 기술 도입을 위한 테스트는 실시하지 않겠다는 발표하였다. 이는 몇몇의 시민단체들이 소비자 프라이버스 보호의 관점에서 RFID 기술을 비판하고 나섰기 때문으로, 미국의 CASPIAN(Consumers Against Supermarket Privacy Invasion and Numbering)은 베네통의 RFID 도입계획의 발표에 대해 동사 상품의 세계적 보이콧을 주장한다.

이들은 제품 추적 태그를 사용하여 점포 내뿐만 아니라 가정까지 개인을 추적할 수 있게 된다면 악용될 가능성이 많을 것이라고 염려하고 있다.

RFID 기술의 지지자들은 RFID 센서의 도입으로 모든 상점의 상품들을 시스템으로 추적함으로써 정산 업무의 자동화와 쇼핑 시간의 단축 등 다양한 효과를 얻을 수 있다고 주장하고 있다.

그러나 아직까지 소매 상품의 바코드를 대체할 정도로 RFID 칩의 가격이 낮지 않으며 컴퓨터의 처리 능력에도 한계가 있을 뿐만 아니라 그를 운용할 회사들의 반응 역시 완전히 긍정적이라고 볼 수 없기 때문에 RFID의 완전한 시장 진입까지는 상당한 진통과 시간이 소요될 것이 예상한다.

〈그림 3-13〉
RFID 정보보호 시스템 개념도

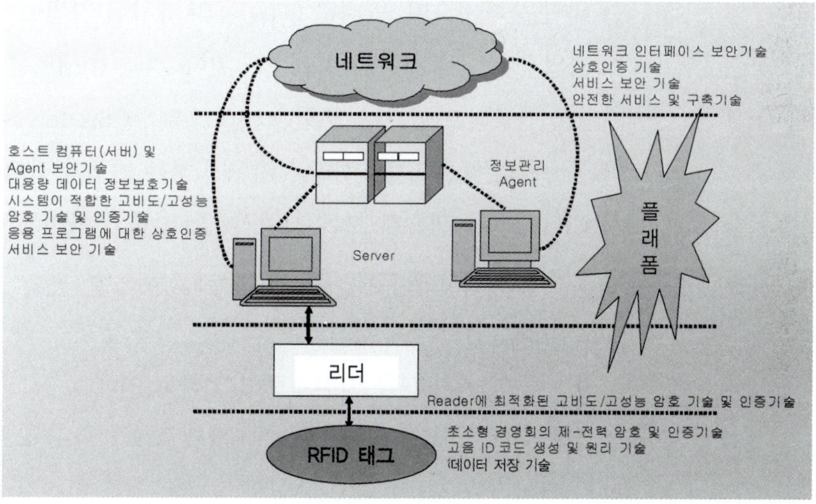

이와 같은 메이저급 프로젝트의 도입 지연에 대한 그 배경에는 제품의 도난과 제품의 처리 및 판매과정, 그리고 통계 등의 자동화를 통한 매출에서의 상당히 큰 효과를 볼 수 있는 경제성 향상의 장점에도 불구하고 개인의 사생활 보호라는 사회적 이슈로 인하여 시장 진입에 제한을 받는 것으로 볼 수 있다. 이러한 문제점을 해결하기 위해서 현재로서는 거의 전무한 RFID의 개인 프라이버시 보호와 같은 기술적 보안 장치에 대한 연구 개발이 선행되어야 할 것이다. 그 이후에 적극적인 마케팅 및 홍보를 통한 사회적 공감대 형성과 타협이 필요하며 소비자들이 원하는 프라이버시 보호의 측면과 제조업자 및 소매업자들의 이익사이에 균형을 맞출 수 있도록 적정 수준의 규제방안을 모색해야 할 것이다.

EPCglobal은 '태그 부착 사실의 공지', '판매 후 태그 제거' 등을 골자로 하는 개인정보보호 가이드라인을 제정하였다. 일본에서도 경산성이 중심이 되어 개인정보보호 정책을 발표하였으며, 우리나라에서도 인터넷정보보호진흥원에서 RFID와 관련된 개인정보보호 정책을 수립 중에 있다. 자동화되고 손쉽게 정보를 얻을 수 있는 RFID/USN 환경에서는 보안에 심각한 위협을 가져오며, 반대로 RFID 등의 제약된 자원에 의해 기존 정보보호 기법을 그대로 사용하기 어렵게 된다. 따라서 새로운 경량화 정보보호 기법이 연구되고 있으며, 또한QoSS(Quality of Security Service)를 통해 제약된 자원의 활용도를 최대화시키고자 하는 연구가 진행 중이다.

RFID/USN란 필요한 모든 것(곳)에 RFID를 부착하고 이를 통하여 사물의 인식정보를 기본으로 주변의 모든 정보를 탐지하여 이를 실시간으로 네트워크에 연결하여 정보를 관리하는 것을 말하는 것으로 먼저 인식정보를 제공하는 RFID를 중심으로 발전하고 이에 감지기능이 추가되고 이들 간의 네트워크가 구축되는 USN 형태로 발전할 것으로 전망되고 있다. 그러나 이러한 자동화되고 손쉽게 정보를 얻을 수 있는 환경에서는 보안에 있어 심각한 결과를 초래할 수 있다. RFID 태그의 사용에 있어서 사용자 개인의 프라이버시 문제(위치정보 또는 구매이력 노출 등)가 심각하게 인식하여야 하며, RFID 태그의 ID는 쉽게 식별되며, 태그는 사용자가 알지 못하는 사이에 모든 리더에게 자동적으로 응답한다. 이러한 우려들이 RFID의 상용화에 걸림돌이 되며, 성공적인 산업화를 위해서는 제반 프라이버시 문제를 해결해야 하는 것이 선결 과제로 되고 있다.

또한, 현재 단계에서 USN 환경에서의 공격의 형태나 공격자에 대한 명확한 추정은 아직까지 센서 네트워크 자체가 미성숙한 단계에 있기 때문에 어렵지만, 현재의 공격보다는 광범위한 범위와 대상을 목표로 하는 것으로 예상되고 있다. USN 환경에서의 공격(침해) 대상은 기존 환경의 컴퓨터에 저장된 정보 또는 통신 정보만이 아닌, 사물이나 신체 등 개인의 모든 정보가 되며 공격 범위는 기존의 개인의 컴퓨터에 국한되지 않고, 개인의 사적인 모든 공간이 된다. 따라서 공격에 대한 피해 범위는 이러한 공격범위 확대 및 공격의 용이함에 의해 매우 확대될 것이다.

3) RFID 정보보호 기술

(1) RFID 보안과 프라이버시

보안(security)과 프라이버시(privacy)의 차이점은 〈그림 3-14〉와 같이 보안이 요구되는 개인 및 비즈니스의 데이터를 정부기관이나 사업파트너에 의하여 **인증이 허가된 접근**을 통하여 오용되고 있는 것은 **프라이버시** 침해이고 해커나 도둑에 의하여 **인증되지 않은 접근과 사용**으로 개인이나 비즈니스에 손해를 끼치는 경우를 **보안침해**로 구분할 수 있다.

프라이버시 문제의 초점은 개인 또는 기업의 프라이버시 침해로 야기하는 불법 사용자에 의한 데이터의 오용에 관한 것이고 프라이버시 침해는 보안 침해 때문에 발생할 수 있다. RFID 시스템의 특성 때문에 프라이버시 문제에 대한 인식이 더욱 요구된다. 즉 RFID는 소비자에게 오해를 일으킬 소지가 있는 신기술이고 소비자와 소비자의 행동에 대한 많은 데이터를 수집하고 추적할 수 있는 잠재력이 있기 때문이다. 이런 이유에서 RFID는 강력한 오용 수단이 될 수 있기 때문이다.

보안 문제는 취약성 및 불법적인 접근, 조작으로부터 비밀 데이터를 보호하기 위한 해법에 초점이 맞추어져 있다. RFID시스템의 보안 문제는 컴퓨터 시스템과 네트워크의 보안 문제와 비슷하지만 RFID 시스템에서의 통신방법은 도청하기 쉬운 비접촉 무선 방식이고 태그의 계산 능력과 프로그램 능력의 문제 및 태그 비용의 문제 때문에 보안기능이 한정적일 수 밖에 없다.

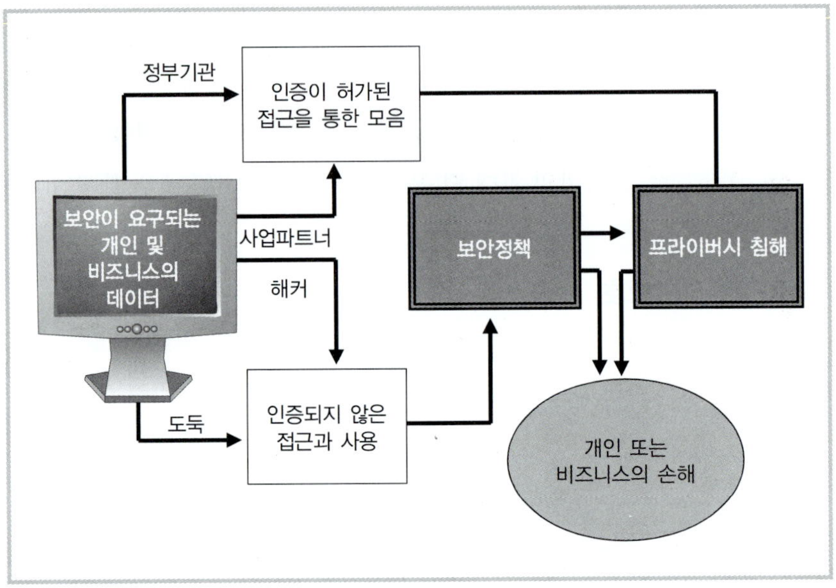

〈그림 3-14〉 프라이버시와 보안의 차이점

(2) RFID의 네트워크 공격 유형

RFID 네트워크를 공격하는 유형은 악의적으로 공격자가 태그의 정보를 얻고자 시도하는 공격, 리더와 태그 사이의 데이터를 공격자가 엿듣는 도청, 공격자가 정상적인 데이터를 위조하여 리더와 태그를 혼란시키는 공격, 태그와 관련된 데이터를 입수하기 위하여 정보 서버에 불법적으로 접근해 해킹하는 경우, 인증되지 않는 DoS 트래픽을 공격하는 경우이다.

① 도청

RFID 시스템은 바코드 시스템과 달리, 효율성을 높이기 위해 수 미터의 범위 내에서도 리더와 태그 간에 통신이 가능하도록 되어 있다. 이러한 특징은 악의적인 사용에 의해 보안 문제점을 노출시킨다. 공격자가 리더를 갖고 태그를 스캐닝하는 적극적 공격과, 리더와 태그 간 통신을 RF 수신하는 수동적 공격이 있다.

② 트래픽 분석

리더와 태그 간 통신 중 트래픽 분석을 통한 위협이 존재한다. 공격자가 어떤 특정 지역 내지 특정 태그에서 리더와 태그간의 트래픽을 분석할 수 있다면, 그 지역에서 어느 정도의 트래픽이 존재하는지, 어느 정도의 물품이 존재하고, 빠져나가는지에 대해서 알 수 있다. 또한, 트래픽 분석을 통해서 위치 추적이 가능하다. 아무리 패킷내용이 암호화되어 있을지라도 같은 비트(bit) 패턴의 태그가 이동하는 것을 알 수 있기 때문에 개인의 움직임을 알 수 있다. 더 나아가 개인의 신상정보까지 노출될 수 있는 위험이 존재한다.

③ 위조

태그에는 메모리에 데이터 항목이 존재한다. 이 항목은 항상 공격자의 대상이 될 수 있다. 공격자는 데이터 항목을 지우거나 대신할 수 있는 방법을 사용할 수 있다. 이것은 리더와 태그간의 통신에 잘못된 데이터를 서로 교환가능하게 되므로 치명적인 위험이 존재한다. 또한, 리더의 위조는 태그의 데이터 항목을 읽히는 위험이 있다.

④ 서비스 거부(DoS, Denial of Service) 공격

리더와 태그 간에 질의와 반응의 메커니즘이 존재한다. 이러한 특징을 이용하여 공격자가 리더를 가지고 수많은 질의를 리더 및 태그에게 보낸다면 리더와 태그는 많은 질의에 대해서 일일이 반응해야 된다. 이는 너무 많은 계산이 요구되고, 리더와 태그가 정상적인 기능을 못하게 만드는 결과를 초래한다. 서비스 거부 공격은 RFID 시스템이 작동을 못하도록 하는 위협이다.

(3) RFID의 보안 필수 요소

이러한 공격을 막기 위해 다음과 같은 4가지 기술적 **보안 필수 요소**를 고려해야 한다.

① 인증

RFID 태그와 리더 사이의 상호인증은 태그를 잠그는 Lock동작과 해지하는 Unlock동작이 요구되는 상황에서 반드시 선행되는 요구사항이다. RFID네트워크를 구성하는 요소인 ODS, 정보서버, 리더 등 사이의 상호인증도 보장되어야 한다.

② 암호 알고리즘

RFID태그와 리더는 기존의 암호화 알고리즘인 TEA(Tiny Encryption Algorithm)도 하드웨어적으로 200-2000개의 게이트를 사용함으로 RFID 태그는 그대로 사용할 수 없으므로 제한적인 환경에서도 충분한 보안성을 가지는 충분히 효율적인 알고리즘이 필요하다.

③ 보안 프로토콜

RFID 태그와 리더 사이에서는 데이터를 암호화나 디지털 서명 기법을 적용하는 것은 쉬운 일이 아니므로 silent tree walking과 randomized tree walking 등의 보안 프로토콜로 제안되었다. 이 제안은 리더가 보내는 신호의 전달거리와 태그가 보내는 신호의 전달거리가 서로 차이가 난다는 것에 착안한 방법이다.

④ 네트워크 인프라 공격 대응

RFID 네트워크의 DoS공격은 태그의 데이터를 읽어들이는 리더에 대한 공격과 RFID 인프라에 대한 공격이다. 리더에 대한 DoS공격은 불법적인 태그를 위장하여 리더가 처리할 수 없을 정도의 데이터를 보내거나 처리하더라도 잘못된 정보이므로 처리가 지연되는 공격이고 RFID 인프라 시스템에 대한 공격은 웹 서버처럼 자신을 지키기 위한 IP대역을 차단하듯 리더를 차단할 수 없으므로 RFID 백 엔드 시스템은 항상 합법적인 리더가 요구하는 모든 데이터를 처리해 줄 수 있어야 한다. 그러므로 RFID네트워크 설계시 정상과 비정상 데이터를 구분할 수 있는 DoS 톨러런트(Tolerant) 정보기술을 추가하여 BcN 네트워크와 RFID네트워크와 연동하여 DoS공격의 영향을 줄 수 있는 취약성을 원천적으로 차단해야 한다.

그러므로 기존 통신망 환경하의 시스템과 RFID시스템의 환경하의 정보보호 방법론적인 차이점을 〈표 3-29〉에 정리하였다.

〈표 3-29〉 정보보호 방법론의 차이점

구 분	기존 시스템	RFID 시스템
보안장비의 능력	- 컴퓨팅 능력이 충분함	- 태그의 연산, 기억 능력은 제한적
기술 적용 대상	- 웹상의 신상정보를 가지고 있는 서버와 클라이언트의 인증 - 호스트와 호스트간의 통신	- 기존 네트워크의 보안 문제 포함 - 제한적 알고리즘만이 사용가능 - 도청, 위조, DoS, 트래픽 분석
보안을 위한 기술적 사항	- 상호간의 인증을 통한 방법 - PKI, WPKI, SSL, Access Control	- 태그 · 리더간의 통신 보안 - 다양한 보안 메커니즘 보안

〈표 3-30〉 적용 가능한 보안 방법

구 분	기존 방법	RFID 시스템
특징	- 사용자 단말과 서버간의 정보보호	- RFID는 구간별로 구분하여 적용 가능
적용 기술	- 사용자와 서버 : PKI - 무선단말 사용자와 서버 : WPKI, WLAN 보안기술 - 응용서비스의 단대단 통신 : SSL - DNS : DNSSEC - 서버 : Access Control	- 태그와 리더 : Blocker 태그, 해시로크 등 - 리더와 서버 : 무선구간에서는 WPKI 방법 및 WLAN 보안기술 적용 가능 - 서버와 서버 : PKI와 같은 상호 보안 - ODS : SSL, TSIG, DESSEC 등 - 정보 서버 : XML 보안 알고리즘 및 Access Control

〈표 3-30〉에는 기존 방법과 RFID 시스템과 비교하여 적용 가능한 보안 방법을 정리하였다.

〈표 3-31〉
RFID 네트워크 영역

RFID 네트워크 구간	RFID 정보보호 기술
태그와 리더 구간	– 도청방지 기술 – 불법적인 리더의 접근방지 기술
리더와 로컬 서버 구간	– 리더와 로컬 서버간의 접속 환경(무선 환경)
유선 네트워크 구간	– 네트워크 인프라 보안기술 적용
ODS(Object Directory Service)	– DNS 시스템 보안 방법 도입
정보 서버	– 정보 서버에 저장된 데이터 – 실질적인 RFID 정보보호의 핵심 내용 – 시스템 보안 방법 도입의 필요

RFID네트워크 구간별 정보보호 기술은 〈표 3-31〉에 정리하였다. 수동형 태그는 능동형에 비해 매우 가볍고 가격도 저렴하면서 반영구적으로 사용가능하지만 리더에서 발생하는 전파를 전력으로 이용하기 때문에 연산 능력이 매우 미흡하며 통신의 동기를 리더의 신호에 의존하므로 연산 능력과 통신 능력의 제한으로 인해 통신과정 과정에서 정보를 보호하기 위한 능력이 매우 낮으므로 현재의 수동형 RFID태그는 이를 수행할 능력이 없으므로 기존 방법으로는 메시지를 암호화시키는 데 제약이 있어 새로운 방법이 필요하다.

(4) RFID 보안 요구 사항

RFID 보안 문제들을 해결하기 위하여 RFID는 RF 태그와 보유자 및 리더 등 구성 환경에 대해 다음과 같은 사항을 고려해 보안 목표를 설정 할 수 있다.

- 태그는 태그 소유자의 프라이버시를 손상 또는 위협하지 말아야 한다.
- 정보는 인증이 되지 않은 리더로 유출이 되서는 안 되며, 태그와 그 소유자 사이에 긴 기간 동안의 추적(long-term tracking)이 불가능해야만 한다.

- 추적을 막기 위해서 소유자는 그들이 보유한 태그를 감지하거나 사용불가로 만들 수 있어야만 한다.
- 공개적으로 사용 가능한 태그의 결과는 랜덤화되거나 태그와 소유자 사이의 장기간 관련성(long-term association)을 회피하기 위해 쉽게 수정이 가능해야만 한다.
- 비공개적인 태그의 내용은 접근 제한 기법(access control)에 의해 질의 채널(interrogation channel)이 안전하지 않다고 예상된다면 암호화되어야 한다.
- 태그와 리더는 모두 상호 신뢰해야만 한다.
- 태그와 리더 어느 쪽이든 스푸핑(spoofing)이 어려워야 한다.
- 접근제한 기법의 제공 이외에도 태그와 리더 사이에는 상호인증(mutual authentication) 이 신뢰의 척도로서 제공된다.
- 전원의 중단이 프로토콜을 손상시키거나 가로채기공격(hijack) 시도에 대한 창구를 열어놓지 말아야만 한다.
- 태그와 리더 모두 재생공격(replay attack) 및 공격자 중간 공격(man-in-the-middle attack)에 저항력이 있어야만 한다.

(5) RFID 보안 기술

RFID환경에 적합한 공개키 알고리즘의 하드웨어적인 구현은 2004년 Rabin, NTRU, ECC등의 공개키 알고리즘에 대한 구현 결과 제시에 의해 NTRU의 경우 20μ W의 저전력에 3000개의 게이트만 필요하며, 경량화된 센서 노드에 탑재 가능한 것으로 알려져 있다. 그러나 현재는 기존의 알고리즘을 개선하여 사용하고 있으며 향후에는 새로운 알고리즘 개발이 요구된다.

USN 환경의 그룹키 관리의 경우 대칭키 방식은 RFID의 경우 리더와 태그간의 키를 공유해야 하며, 각 태그마다의 유일한 키를 관리하는 등의 많은 계산 양 때문에 사용하기 어려우며, 또한 키의 유출에 의한 태그 무력화, 또한 장기간의 사용에 대한 노출 가능성 증가 등의 문제가 있다. 또한, 센서 노드에 암호키를 탑재하는 방식은 에칭(etching), 탐침, TEMPEST 등의 물리적 공격에 취약하며 암호키의 노출 가능성이 있다.

버클리 대학의 SmartDust 프로젝트에서 채택한 센서 네트워크의 보안 프로토콜인 SPIN (Security Protocols for Sensor Network)은 μ TESLA와 SNEP로 구성되어 있으며 메시지 인증, 무결성, 기밀성, 적시성 등의 서비스를 제공하고 있다.

랜덤키 사전 분배방식은 키 DB을 선택하고 무작위로 키를 선택하여 센서 노드에 할당하며, 두 개의 노드는 자신의 키 DB을 탐색하여 상대방이 같은 공통키를 소유하고 있으면 이 키를 세션 키로 사용하는 방식이다.

Ⓐ 암호 기술을 사용하지 않는 정보보호 대책

RFID 태그 중 가장 널리 보급될 것으로 보이는 수동형 저가 태그의 경우 하드웨어 자원이 크게 열악하여 정보보호에 사용할 수 있는 부분은 기껏해야 수천 게이트 이하로 예상된다. 따라서 기존의 표준 암호 알고리즘을 이용한 정보보호는 더 이상 가능하지 않을 것으로 판단되어 RFID 정보보호 연구의 초기 단계에서 물리적인 보안 대책이 다수 제안되었다.

① 킬(kill) 명령어

태그에 kill 명령어를 전송하면 태그가 영구적으로 비활성화되는 방식으로 현재 EPCglobal의 표준으로 채택되어 있다. 이 방식을 쓰면 한번 비활성화된 태그의 내용은 영원히 재활용할 수 없게 되어 활용도가 크게 떨어진다. 예를 들면, 구매시 비활성화된 태그는 스마트 가전 등에서 자동화된 기능을 활용하지 못한다. 킬 명령어는 태그가 이러한 명령을 받아 들여 사용 불가능하게 되도록 고안된 것이다. 태그는 킬 명령어를 수신하자마자 기능을 멈추고 데이터를 수신하거나 전송할 수 없게 된다. 차폐와 킬 명령어는 태그를 판독할 수 없게 되므로 상품을 반품하는 경우 태그가 예전에 판매될 때 기능을 잃어버려서 재고, 공급망 관리 등은 킬 명령어 사용 시 종료되는 단점이 있다.

② 블로커(Blocker)태그 기법

블로커태그 기법은 블로커 태그라고 불리는 전용IC태그를 소비자가 소지함으로써 가까이에 있는 IC태그의 ID를 읽을 수 없게 만드는 것으로 블로커라는 명칭의 뜻은 "읽을 수 없다" 라는 표현으로 이 세상에 존재할 수 있는 모든IC 태그(ID가 64비트라면 약 10의 19승개)가 그 장소에 있는 것처럼 보이는 것이다.

리더의 모든 질의에 두가지 응답을 동시에 하는 특수 태그를 블로커 태그라 하며 이를 이용하여 리더기의 동작을 방해하는 방식이다. 태그의 정보를 읽을 때 이진 트리 검색을 하도록 구성된 시스템에만 적용 가능하며 랜덤한 읽기 방식인 Aloha 기법에는 적용되지 못한다.

③ Faraday Cage

금속성 박막으로 태그를 막아 무선 신호의 전달을 방해하는 방법으로 사용범위는 극히 제한적이다. 오히려 상품절도 등에 악용될 소지가 있다.

④ Jamming

강한 방해 신호를 보내어 불법적인 리더기의 접근을 막는 방식으로 근방의 적법한 리더기의 기능도 방해하게 되어 용도가 제한적인 방법이다.

암호 기술을 사용하지 않은 물리적인 방식의 보안은 대체로 필요한 정보보호 기능을 충실히 제공하지 못한다. 현재는 Kill 태그 기법만이 표준에 반영되었으며 블로커 태그 기법이 비교적 현실적인 대책으로 받아들여지고 있다.

Ⓑ 암호 기술을 이용한 정보보호 대책

일반적으로 기밀성, 인증 등의 서비스를 제공하기 위해서는 블록(또는 스트림) 암호, 해쉬함수, 공개키 암호가 모두 필요하다. 하지만, RFID 태그의 경우 이를 모두 수용할 수 없기 때문에 새로운 정보보호 방식의 개발이 요구된다. 현재까지 발표된 주요 정보보호 기법을 간략히 소개하면 〈표 3-32〉와 같다.

〈표 3-32〉 정보보호 기법

정보보호 기법	제안자(연도)	내용
Hash Lock	Weis (2003)	- 저장된 ID를 보호하기 위하여 해쉬 함수 H로 metalID=H(ID)를 만들어 전송 - ID는 보호할 수 있으나 위치 추적의 문제는 해결하지 못함
Randomized Hash Lock	weis (2003)	- Hash lock기법을 개선하여 난수를 교환하는 "질의응답" 방식 인증으로 위치 추적 문제를 해결 - 하나의 태그로부터 정보를 얻기 위해 모든 태그 ID에 대한 해쉬 값을 계산해야 함
Hash Chain	Chkubo (2003)	- 해쉬를 반복 적용한 값을 계속 태그에 저장하고 다른 해쉬를 적용한 값을 리더기에 전달하는 방식 - Forward security를 주는 안전한 기법이나 태그의 개수에 비례하여 DB연산 증가
Reencryption	Juels (2003)	- 공개키 암호를 이용하는 기법으로 유로화 지폐에 적용할 목적으로 개발 - 복잡한 프로토콜을 사용하며 통신 오류에 대한 대책이 미흡하여 취약점이 발견됨
Pseudonym Rotation	Juels (2004)	- ID의 노출을 막기 위하여 다수의 Pseudonym을 사용하는 방식 - XOR 연산을 이용하여 이를 매번 갱신하는 기법이 제안되었으나 통신량이 많으며 정확한 security level의 설정에 어려움이 있음
HB+	Juels (2005)	- 1 비트 인증을 반복하는 방식인 HB를 개선하는 프로토콜 - 다수를 태그를 사용하는 환경에 적용하기에 무리가 있음

이 밖에도 많은 인증기법이 개발되고 있으나 〈표 3-32〉의 기법들의 변형으로 안전성을 높이기 위하여 복잡한 암호연산을 사용하거나 통신량이 많이 소모되는 제안들이 대부분이다. 학술적인 연구로만 가치부여가 가능한 기술들이 주를 이루고 있다고 볼 수 있다.

RFID 시스템에서 사용자 **프라이버시의 보호**를 위한 많은 연구는 해쉬-락(Hash-Lock) 기법, 랜더마이즈드(Randomized) 해쉬-락 기법, XOR 기반 원타임 패드 기법, 외부 재암호화 기법, 해쉬 체인(Hash-Chain) 기반 기법 등이 있다.

① 해쉬 락(Hash Lock)기법

해쉬 락(Hash Lock)기법은 현재의 RFID태그는 연산 능력이나 자원 면에서 기존 접근제어 메커니즘을 적용하기 어려우므로 one-way 해쉬 함수를 기반으로 하는 접근 제어 메커니즘을 사용하고 있다. 이 방법을 사용하기 위해 태그에 해쉬 함수가 구현되어 있어야 하며 임시적으로 메탈 ID(metal ID)를 저장할 수 있는 메모리 공간이 요구된다. 태그는 잠김 상태와 풀림 상태로 동작이 가능하고 태그가 풀림 상태가 되면 인접한 리더에 자신의 완전한 기능을 수행할 수 있다.

② 랜더마이즈드(Randomized) 해쉬 락 기법

랜더마이즈드 해쉬 락 기법을 사용하는 것은 태그가 추적되는 문제를 방지하기 위해 사용하는데 추가적인 연산이 필요하므로 이 방법에서 태그가 잠김 상태가 되면 태그는 부적절한 사용자에 대하여 응답하지 않고 적법 사용자에게는 식별이 가능해야하고 적은 수의 태그를 사용하는 사용자에게 적합한 방법이다. 이 방법을 사용하기 위해서는 태그가 one-way 해쉬 함수 뿐만 아니라 난수 생성기를 가지고 있어야 하고 적법한 리더는 태그를 스캐닝하기 이전에 자신이 가지고 있는 태그들을 알고 있다고 가정하고 태그를 잠그기 위한 다른 절차가 필요 없고 리더의 간단한 명령을 통해 잠긴 상태로 들어 갈 수 있다. 이 방법은 리더가 잠근 태그가 많을수록 태그 잠긴 상태를 해제하는 데 많은 시간이 걸리기 때문에 많은 수의 태그를 가진 경우에 사용하기에는 부적합하다. 이 방법에서 부적절한 리더가 태그에 질의를 하는 경우에 태그는 난수를 이용해서 항상 다른 결과를 전달하므로 해쉬 락 방법이 가지고 있는 사용자 추적 문제가 해결된다.

③ XOR(Exclusive OR) 기반 원타임 패드기법

XOR 기반 원타임 패드기법은 비용 상의 이유로 인하여 태그가 복잡한 연산을 이용한 암호를 사용하기 힘들지만 XOR(⊕)와 같은 간단한 연산을 무리없이 이용할 수 있다. 우선 태그는 리더에게 자신이 발생한 비밀 키 K를 전송한 후 리더는 태그에게 자신이 전달하는 모든 메시지에 K를 XOR를 하여 전달하고 이를 받아들인 태그는 다시 K에 대하여 XOR를 수행하여 원래의 메시지를 복원하게 된다.

④ 외부 재암호화 기법

외부 재암호화 기법은 하나의 암호문을 관련성이 식별 불가능할 정도로 다른 암호문으로 다시 생성처리를 의미한다. 넓은 의미는 암호문을 한번 복호하여 평문에 다른 난수열을 부가한 것을 다시 암호화하는 방법으로 다시 말하면 타원 ElGamal 암호 등을 일부 공개 열쇠 암호에는 암호문을 평문으로 되돌리는 일없이 다른 암호문을 생성할 수 있으며 재암호화의 횟수에 관계없이 1회의 복호에 의해 평문을 얻는 것이 가능한 재암호화라는 기법이다.

⑤ 가변비익 ID방식

가변비익 ID방식은 비용이 많이 드는 재암호화 회로와 난수생성 회로 등을 IC태그 안이 아니라 외부 컴퓨터에 실장하는 것으로 최대한 비용을 낮추었다. IC태그는 EEPROM 등의 재입력 가능한 불휘발성 메모리를 탑재하는 것만으로 충분하다.

⑥ 해쉬 체인(Hash-Chain) 기반 기법

해쉬 체인 기반 기법은 IC태그의 비용을 낮추면서 외부 컴퓨터에 의존하지 않고 인식요구마다 다른 비익 ID를 송출할 수 있는 안전성 높은 방식이다. 비익 ID의 갱신처리에 고가의 공개 열쇠 암호를 사용하는 것이 아니라 비교적 염가로 실장할 수 있는 해쉬함수를 사용한다. 재암호화 회로가 100k-200k게이트가 필요한 것에 비해 해쉬회로는 수k게이트 정도로 실현가능하다. 가장 최근에 연구되고 있는 프라이버시 보호를 위한 해쉬체인 기법 등의 연구는 RFID의 보안 요구사항을 어느 정도 만족하고 있다.

재암호방식은 안정성과 서버의 스케러빌리티가 우수하지만 IC태그의 코스트가 높고 가변비익 ID 방식은 IC태그의 코스트가 낮고 서버의 스케러빌리티는 높지만 안정성에 과제가 있고 해쉬체인방식은 안정성과 IC태그의 코스트면에서는 우수하나 서버의 스케러빌리티에 문제가 있다.

RFID 관련 프라이버시 보호에 대한 핵심 연구주제 중 하나는 낮은 비용으로 암호화 프로세스가 가능한 RFID를 개발하고 구현하는 것이다. 여기에는 해쉬함수, 난수 생성기 그리고 대칭키 암호, 비대칭키 암호(공개키 암호) 등의 경량화 연구가 포함된다.

RFID의 보안 요구 사항으로 태그 정보의 보호, 임의의 태그에 대한 추적방지 등이 제시되고 있다. 따라서 보안에 대한 기술적 접근과 더불어 RFID 보안 연구에 있어 표준화 작업도 다각적으로 전개될 전망이다.

① 초경량 암호 구현 기술 동향

Weis는 RFID 태그에 탑재 가능한 초경량 해쉬함수가 있으면 구현 가능한 기술로서 헤쉬 락을 제안하였다. 공개키 암호를 요구하는 일반적인 인증 방식에 비해서는 해쉬함수의 구현이 경량화하기에 적합하지만, 표준 SHA 계열의 해쉬함수를 하드웨어로 구현하면 2만 게이트 이상이 소요된다.

따라서 수천 게이트 정도의 자원만 사용 가능한 RFID 태그에서의 해쉬함수 구현은 현재로선 불가능하여 해쉬함수 기반 인증 방식도 현실적으로는 의미가 없다.

블록 암호의 경우 고속 구현에는 수만 게이트가 소요되지만 최근 미국 표준 블록 암호 AES를 3,600게이트 구현에 성공한 사례가 발표되었다. 저속인 문제점이 있지만 수동형 RFID 태그에 구현되어 외부로부터 공급되는 20㎼ 이하의 전력에서도 동작 가능하며 이를 이용하면 일방향 인증이 가능하다. AES 암호가 범용으로 개발되었으나 고속 소프트웨어 환경에서 주로 사용됨을 고려할 때 이는 매우 놀라운 결과이다.

또한 공개키 암호 NTRU의 경우 57비트급 안전성을 제공하는 파라미터를 사용하면 비록 4kbps 속도이기는 하나 3,000 게이트 이하로 구현 가능하다는 연구 결과도 발표되었다. RSA나 타원곡선 암호의 경우 수만 게이트를 사용하는 것에 비하면 상당히 실용화에 근접한 기술로 평가되고 있다.

스트림 암호의 경우 일반적으로 블록 암호보다는 경량 하드웨어에 유리하지만, 현재 널리 사용되고 있는 RC4 알고리즘의 경우 소프트웨어용으로 개발되어, 하드웨어 구현시 내부 상태값의 저장에만 2만 게이트 이상이 소요된다. 스트림 암호의 경우 충분히 경량화 가능한 여지가 있으나 표준으로 제정되거나 표준화 단계에 있는 스트림 암호 대부분은 고속 소프트웨어용으로 RFID 시스템에는 적합하지 않다.

그러나 연산량의 줄이는 방법, 초경량 해쉬함수의 구현문제 사항들이 더욱 연구 되어야만 한다. 또한, 재기록이 가능한 태그(rewritable tag)에 대한 무결성 보장 등도 연구주제로 진행되고 있다. 아직까지는 표준화된 RFID의 보안 요구사항에 대한 정의 및 정형화된 기법은 존재하지 않고 있다.

학회에서는 RFID 프라이버시 보호용으로 널리 알려진 해쉬함수(Haval,

MD4, MD5) 등 이 해독되는 사례가 발표되어 새로운 해쉬함수의 설계가 요구된다.

② 초경량 암호 알고리즘 연구 동향

현재 널리 사용되고 있는 표준 암호 알고리즘은 RFID 시스템의 정보보호를 위하여 태그에 탑재하기에는 적합하지 않다. 실제로 RFID 태그에 들어 있는 정보의 크기는 매우 작기 때문에 고속 암호가 필요하지 않으며 안전성 측면에서도 설계 요구조건이 재검토되어야 한다. 예를 들면, 태그의 정보를 보호하는데 많은 수의 선택 평문을 이용한 블록 암호 공격 기법 등은 고려될 필요가 없을 것이다. 따라서 제공되는 서비스의 종류에 따라 현재 사용되는 암호와 설계사상이 다른 초경량 암호 알고리즘의 개발이 요구되고 있다.

2000년 미국 표준 블록 암호 AES를 선정하기 위한 공모사업을 통하여 블록 암호의 설계 기술은 비약적인 발전을 이루었다. Rijndael 알고리즘이 AES로 선정된 이후 새로운 블록 암호의 설계는 많지 않다. 최근 AES 공모사업의 후보 알고리즘인 Cryption을 경량화한 블록 암호 mCryption 이 발표되었다.

유럽에서는 ECRYPT 프로젝트의 일부로 스트림 암호 공모사업 eSTREAM이 추진 중에 있으며 30여개 알고리즘이 제안되어 공개 검증이 수행되고 있다. 이 공모사업은 고속 소프트웨어 환경용과 제한적인 하드웨어 환경용의 두 가지 분야로 진행되고 있으며, 특히 제한적인 하드웨어 분야에 제안된 알고리즘들은 RFID 태그에 탑재가 가능할 것으로 예상되고 있다. 이 분야에는 10여개의 알고리즘이 제안되었으며 5,000 게이트 이하의 구현이 가능한 알고리즘이 다수 포함되어 있다.

해쉬함수의 경우 Weis가 초경량 해쉬함수의 설계를 위한 암호 논리를 몇 가지 제안하였으나 아직까지 이를 이용한 해쉬함수의 설계는 이루어지지 않았다. 초경량 해쉬함수의 개발이 가능하면 해쉬함수 기반 정보보호 방식의 구현이 가능하여 활용될 수 있음에도 불구하고 해쉬함수 설계 기술의 진보는 매우 느리다. 최근 Wang의 공격으로 표준 해쉬함수 SHA의 안전성에 문제가 발견되어 미국 NIST는 해쉬함수 워크샵을 개최하여 해쉬함수의 안전성을 강화하는 방안을 논의하는 자리를 마련하였다. 여기에서 해쉬함수의 정의, 설계 요구조건, 압축함수의 설계기법 등에 대하여 심도있는 재검토가 필요하다는 공감대가 형성되었으며 장기적으로 용도에 따라 다양한 해쉬함수를 개발해야 한다는 쪽으로 논의가 진행되었다. 향후 RFID용 해쉬함수의 설계도 자연스럽게 전개될 것으로 예상된다. 현재의 암호 알고리즘을 적용하여 RFID 시스템의 정보보호를 구현하는 것은 분명히 한계가 있는 것으로 인식되고 있으며 새로운 암호 프리미티브가 개발되고 이를 기반으로 정보보호 방식의 개발이 추진될 것으로 예상된다.

(6) RFID 보안 서비스 품질

RFID는 USN에 비해 좀 더 경량화되고, 저비용의 기법이 요구된다. 따라서, 위에 제시된 기법들은 용도에 따라 선택적으로 사용되는 것을 방법으로 하며, 성능 및 용도에 따라 사용되는 기법들에 대한 정량적인 구분을 위해 보안서비스를 미리 정의된 기준으로 평가하여 나타나는 보안서비스 품질인 **QoSS** 및 등급 분석을 하게 된다. QoSS를 통해 다음과 같은 기대효과를 얻을 수 있다.

- USN 환경내 개별 개체의 상이한 보안 요구사항에 부합되는 다양한 등급의 보안서비스 제공 가능
- 보안을 통해 효율적인 자원의 스케줄링으로 장비 효율성 증가
- 상황에 따른 선택으로 개체의 서비스 사용비용 감소
- 기존 QoS가 제공할 수 있는 가용성, 예측 가능성, 효율성을 더욱 향상시키고, 더불어 보안성을 제공

〈표 3-33〉은 RFID 시스템에서 제공하고자 하는 보안 서비스 및 보안 서비스별 정보보호 요구사항을 정의하고 있다. 이러한 서비스에 대한 요구사항에 맞추기 위해 가변 보안이 사용된다.

〈표 3-33〉 RFID의 보안서비스 및 정보보호 요구사항

보안서비스	요구사항
기밀성	- 태그 유저는 권한이 있는 유저에 의해서만 태그가 읽히길 요구하며, 태그 유저는 태그에 쓰여진 데이터를 암호화 할 수 있어야 한다. - 태그는 태그의 설계 또는 구조의 간섭없이 암호화된 데이터를 읽고 쓸 수 있어야 한다. 이러한 특성은 유저가 선택할 수 있어야 한다.
익명성	- 태그 내의 정보 또는 정보와 별도의 태그 식별 정보에 대한 익명성이 보장 - 정보를 이용한 사물 및 개인에 대한 위치추적, 경로추적 및 감시가 이루어 지지 않도록 인증된 적법한 사용자가 제어할 수 있다.
무결성	- 태그는 잠김 데이터를 알려진 데이터의 변경이나 삭제를 막을 수 있어야 한다. - 태그 제조사들은 사용자에 관련되지 않는 제조사와 관련된 데이터의 저장소와 식별에 대한 태그 데이터를 잠글 수 있는 기능을 가져야 한다.
인증성	- 태그 데이터의 저장소와 전송 프로토콜은 태그 데이터를 읽기에 앞서 결의자의 권한에 대한 인증의 요구에 대해서 사용자가 제어 가능한 옵션을 제공한다. - 태그 아이디를 읽는 것만으로 인증을 요구하지 않는다.
침해대응성	- 서비스 거부공격 대응 - 시스템 보호 제공 - 네트워크 보호 제공 - 해킹, 바이러스 침입 공격 등에 대한 대응

이에 대해 〈표 3-34〉와 같은 태그 분류와 함께, 제공하고자 하는 보안 서비스에 따라 제공되는 보안도구를 통해, 사용자(USN의 개체)는 적절한 보안수준을 선택할 수 있게 된다.

QoSS를 통해 RFID/USN 환경에서 사용자의 선택적인 보안 요구사항을 실제 메커니즘으로 할당하는 할당 표를 작성하고, 이를 보안 정책 서버나 RMS(Resource Management System) 내부 관리 테이블로 보관하여 사용자가 요청 시 해당 메커니즘을 수행하도록 한다.

〈표 3-34〉
보안 서비스 및 태그 유형별 보안 도구

보안 서비스	공격 유형		위협 사례	보안 도구									
보안 서비스	능동	수동		Hash	대칭키	비대칭키	전자서명	인증 프로토콜	키 관리	기능정지 영구	기능정지 영시	기타	물리적 보안
기밀성		○	도청 가로채기		○	○			○	○	○		○
익명성	○	○	트래픽 분석 태그 추적 스캐닝	○					○	○	○	재암호화, 난수 생성 등	
무결성	○		내용변조	○	○	○	○		○			DES-CBC 등	○
인증성	○	○	코드위장 코드변조 인증부인 순서수정	○	○	○	○	○	○			원타임 패드, DES-CBC, 상호 인증 등	
DoS 방지	○	○	DoS 시간수정	○	○	○	○	○	○			방화벽, IDS,IPSec 등	

〈표 3-35〉와 〈표 3-36〉은 RFID 시스템에서 제공하고자 하는 보안 서비스에 따라서 임의 등급의 태그를 선택했을 경우 제공 가능한 서비스의 등급을 분류하고, 고려되는 가변 보안요소(Variable Security Factor)로써 보안 벡터의 암호학적 보안 도구의 상세 할당을 보여 준다. 실제 시스템 구성에서는 각각에 맞는 설정이 필요하다.

〈표 3-35〉
EPC Global의 태그 등급

규격		방식	메모리	주요 특징
0	EPC0	수동	읽기 전용 EPC:64bit	사물인식 Kill 코드 24bit
1	EPC1	수동	읽기 전용(한번 입력 가능) EPC:64bit	사물인식 Password 8비트
2	EPC2	수동 능동	읽기/쓰기	Data Loging
3	Sensor Tag	능동	읽기/쓰기	환경정보 센싱
4	Comm Tag	능동	읽기/쓰기	Ad-Hoc 네트워킹
5	Reader형 Tag	능동	읽기/쓰기	리더 기능을 갖는 태그

〈표 3-36〉
보안 선택 범위별 할당

보안서비스	태그 유형	보안 요구 수준		
		하	중	고
기밀성	0	무결성	Kill Command	Blocker Tag
	1	Kill Command	Blocker Tag	Blocker Tag
	2	Blocker Tag	DES-64	DES-64
	3	DES-64	DES-64	AES-128
	4	AES-128	AES-128	AES-256/RSA-1024
	5	AES-256/RSA-2048	AES-256/RSA-2048	AES-256/RSA-2048

RFID/USN의 정보 활용의 유용성은 반대급부로 정보의 노출이라는 보안 취약점을 야기시키며, RFID/USN 환경에서의 정보노출은 기존의 컴퓨터 정보의 유출만이 아닌 위치, 건강상태, 활동방식 등 우리의 전반적인 생활정보의 유출을 의미하게 된다.

또한, RFID/USN의 정보보호는 현재 USN의 미성숙한 단계에서는 가시적으로 정의하기 어렵다. 그러나 매우 가변적인 네트워크에 대한 보호를 위한 라우팅 보호 프로토콜, 부채널 공격에 대한 RFID 칩 보안기술 등의 연구가 활발하게 진행되고 있다.

Part 2

RFID 응용 시스템 환경 설정

제4장
RFID 응용 시스템의 개요

4장은 RFID 응용 시스템 ED-3100의 구조를 설명하고 RFID 시스템의 하드웨어 및 소프트웨어의 운용법에 대하여 설명한다.

4.1 RFID 응용 시스템 ED-3100 구조

1) ED-3100 시스템의 특징 및 사양

RFID 응용 시스템(ED-3100)의 **주요 특징**은 다음과 같다.

- RFID 리더기에 대한 펌웨어 프로그램 실습
- Air-interface 등의 실험이 가능하도록 여러 개의 테스트 포인트 제공
- 태그의 동시인식 충돌방지(Anti-Collision) 기능 지원
- 응용 엔지니어를 위한 OCX 라이브러리 제공
- 범용으로 사용되는 13.56MHz I-CODE 형태
- 태그에 데이터를 읽기/쓰기 가능

- 컨베이어와 연동되는 미니 플랜트 제공(창고관리, 공정관리, 주차관리 등)
- 탈부착이 가능한 응용 모듈(출입통제, 물류관리, 자판기 등)

RFID 응용 시스템 ED-3100의 **주요 사양**은 다음과 같다.

〈표 4-1〉
ED-3100의 주요사양

RFID 리더	리더 제어 메인 CPU	AVR ATmega 128
	캐리어(Carrier) 주파수	13.56 MHz ±1kHz
	프로토콜(Protocol)	I-CODE1
	인식거리(Reading Distance)	10cm 내외
	Display	4 라인 문자 LCD
	입력장치	모드설정용 입력 스위치 4개
	인터페이스(Interface)	RS-232, RS-422
RFID 안테나	2종 (PCB패턴, 플랜트 실습부)	
RFID 태그	13.56MHz I-CODE1 (R/W):10개	
응용 모듈	창고 관리, 공정관리, I/O확장모드	

① RFID 리더 메인 CPU(AVR ATmega 128)

AVR은 Atmel사의 고밀도 비휘발성 메모리 기술을 기반으로 제조된다. 칩 내에 다운로딩 가능한 플래시 메모리는 비휘발성 메모리로서 SPI(Serial Pheriperal Interface) 직렬 인터페이스 방식이나 기존의 프로그래밍 장치를 이용해 반복 프로그램 할 수 있는 프로그램 메모리를 RISC 8비트 MCU 내부에 구현함으로서 다양한 응용분야에 적용할 수 있는 매우 강력한 마이크로 컨트롤러이다. AVR은 어셈블러 및 C언어를 이용하여 프로그래밍 할 수 있으며, 프로그램 개발에 필요한 툴 등이 통합 환경으로 제공되고 있다.

ATmega 128 **CPU의 블록도**는 〈그림 4-1〉과 같다.

- 8-비트 RISC(Reduced Instruction Set Computer) 구조로 명령어가 간단

하며 동작 속도가 빠르다(64핀 TQFP 패키지).

- 1MHz당 약 1MIPS(Million Instruction Per Second)의 성능을 보인다.
- 소비 전력이 적다.
- 외부 RAM 32K Byte
- 10 비트 ADC 내장하고 있다(일부 패밀리).
- Flash memory의 내장으로 프로그래밍이 용이하다.
- EEPROM을 내장하고 있어서 데이터 백업이 가능하다(EEPROM의 크기는 SRAM과 동일)
- C언어에 최적화된 설계(실제로 칩 설계와 동시에 C 컴파일러 설계하였다)
- UART, SPI, PWM(Pulse Width Modulation) 등을 내장하고 있다.
- 풍부한 내부 자원(SRAM, 통신포트, A/D변환기, Watchdog 8/16비트 타이머, PWM, I/O포트 등)을 구비하고 있어 외부에 별도로 주변장치를 부착하지 않아도 된다.

〈그림 4-1〉 ATmega 128 CPU 블록도

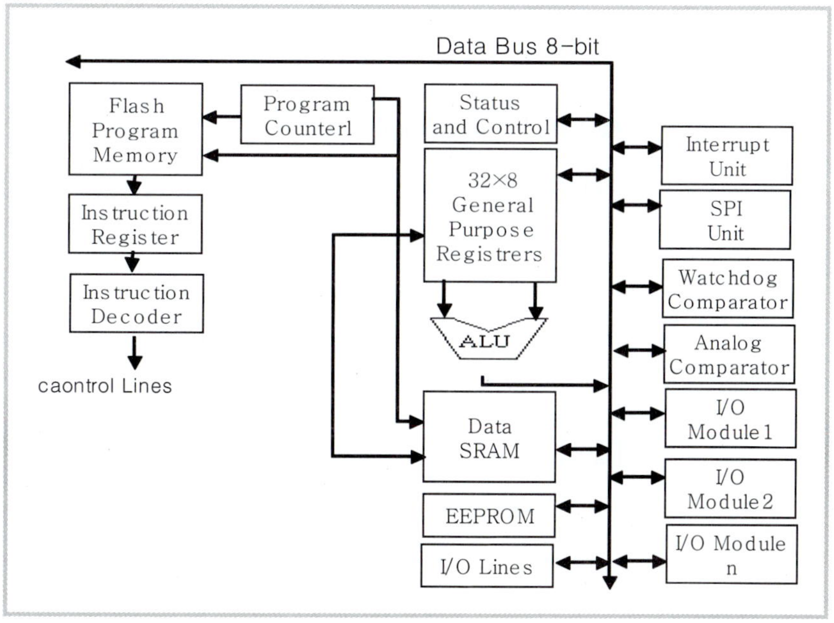

② ATmega 128 개발환경

AVR은 내부의 플래쉬 메모리와 EEPROM에 데이터를 써넣을 수 있도록 SPI 인터페이스를 제공한다. SPI는 오직 3라인을 이용한 통신 방법으로 MOSI(Master Out Slave In), MISO(Master In Slave Out), SCLK(SPI CLOCK) 시그널을 이용한다. 모토로라에서 개발되었으며 Master와 Slave가 SCLK에 동기하여 데이터를 교환하는 방식이다. 플래쉬 메모리를 액세스하기 위해서는 AVR의 Reset 핀을 low로 한 상태에서 앞의 세 시그널을 이용하여 데이터를 읽고 쓰기가 가능하다. AVR과의 SPI 인터페이스를 맞추어주기만 하면 내부 플래쉬 메모리의 억세스가 할 수 있다. 이는 AVR의 프로그래머를 싼 값으로 구현하게 하는 동기가 된다.

AVR의 내장 시스템과 ED-3100 RFID 리더에 있는 LCD, LED 등을 이용하여 mega128의 응용에 숙달될 수 있도록 학습을 한다. 총 6 개의 예제를 통하여 mega128에 대하여 자유롭게 활용할 수 있는 능력을 기르자. 각각의 예제는 폴더에 프로젝트 파일로 구성되므로 개별적으로 소스코드를 입력하는 불편함이 없이 실험을 할 수 있다.

- AVR Studio (Simulator/Emulator)

Simulator/Emulator는 디버깅의 환경을 제공해 주는 툴을 일컫는 말이다. AVR Studio는 시뮬레이션/에뮬레이션 프로그램으로, ATMEL사의 AVR용 통합환경의 개발 프로그램이다. AVR Studio는 AVR 시뮬레이터나 AVR 에뮬레이터로 설정될 수 있다. 사용자가 파일을 열 때, AVR Studio는 자동적으로 에뮬레이터가 현재 연결되어 있는지를 검색한다. 만일 에뮬레이터를 찾게 되면 디버그 플랫폼으로 선택된다. 만일 에뮬레이터를 찾지 못하면 시뮬레이터로 동작하게 된다.

- CodeVisionAVR 컴파일러

CodeVisionAVR 컴파일러는 AVR CPU 전용으로 개발된 컴파일러로 크기가 작으면서, 코드를 효율적으로 생성하는 매우 잘 만들어진 프로그램이다. 또한 개발 시작단계에서 여러 시스템의 초기화와 프로그램의 설정을 위한 코드를 생성하는 CodeWizardAVR 기능을 내장하고 있어서 사용자가 Project 시작 단계에서 칩에 대한 부담감을 덜어버리고 시작할 수 있다.

③ OCX(OLE custom control) 라이브러리

ActiveX는 DLL과 같은 라이브러리로 소프트웨어를 하나의 부품처럼 만들어서 애플리케이션의 기능을 바로 확장시킬 수 있는 컴퍼넌트이다. 확장자가 OCX 로 되어 있어, OCX(OLE custom control) 라고도 한다. 비주얼 베이직 과 C++은 OCX와 ActiveX control을 만들기 위해 많이 사용된다. 메인 소프트웨어와 OCX는 〈그림 4-2〉와 같이 method, Property, Event를 통해서 데이터를 주고받는다.

〈그림 4-2〉
소프트웨어와 OSC 관계

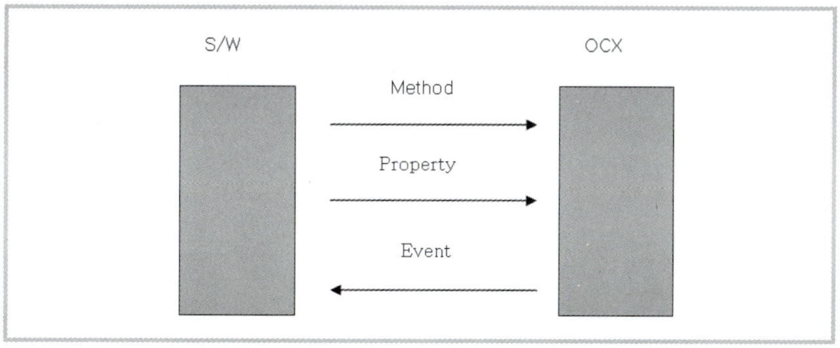

ED-3100에서 제공되는 OCX는 직렬 포트 Control는 컴퍼넌트 이다. 직렬 포트를 제어하여 RFID장비와 통신할 때, 응용 프로그램에서 OCX의 호출만으로도 충분히 제어할 수 있는 기능이 포함되어 있다.

〈그림 4-3〉에서와 같이 소프트웨어에서 메시지 형태로 명령을 OCX로

전달하게 되면 OCX에서는 명령을 RF ID와 통신할 수 있는 HEX Code 로 변환하게 된다. Visual Basic, Visual C++ 과 연계하여 다양한 애플리케이션을 만들 수 있다.

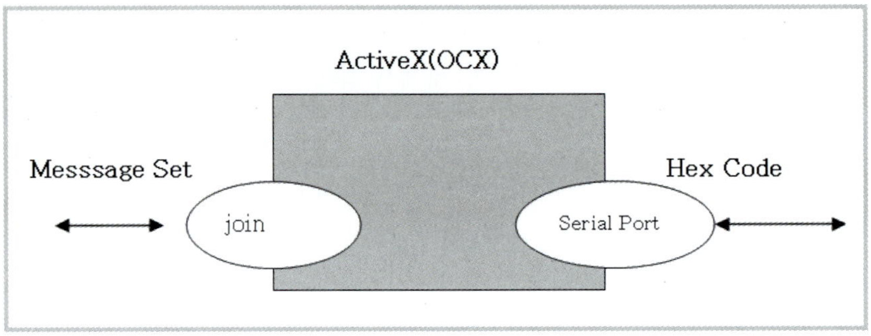

〈그림 4-3〉 메시지 형태로 OCX에 전달

④ I-CODE 1 프로토콜

I-CODE1 프로토콜은 필립스에서 개발한 비접촉 전자태그 시스템 프로토콜이다. 본 RFID 응용 시스템인 ED-3100에서 사용하였다. 리더는 전원과 데이터를 태그에 전송하기 위하여 13.56MHz의 전장 영역(magnetic field)에 발생시키고 태그내의 코일은 전장 영역을 전압으로 변환시키고, 변환된 전압을 I-CODE1 칩에 공급한다.

I-CODE1 시스템은 몇 개의 태그가 동시에 영역 내에 있을 때 동작하는 기능을 제공하고 태그와 리더는 타임슬롯 충돌방지 이론을 이용하여 서로 간에 통신을 한다.

타임슬롯 순서와 해당 명령어는 여러 개의 타임슬롯들은 설정가능하고 적절한 개수의 타임슬롯이 선택되어졌을 때 처리시간은 최소가 된다.

리더에 대한 기능은 필립스의 SL RM900을 근거로 하여 설명하였다. 리더 모듈은 비접촉 인식시스템의 일반적인 설정들을 가지고 있다. 변조기와 복조기는 RF 링크로 태그를 연결시키는 부품들이다. 먼저 마이크로프로세서는 인코딩/디코딩을 하여 태그에 데이터를 전송하고, 호스트 컴퓨터에 접근하기 위하여 시리얼 링크를 제어한다.

〈그림 4-4〉는 I-CODE1 비접촉 태그 시스템의 구성을 표시한다. I-CODE1 리더는 동작중인 태그의 volulme(번호)을 감지하고 전원 공급을 제어하고, I-CODE1 태그와 통신을 한다.

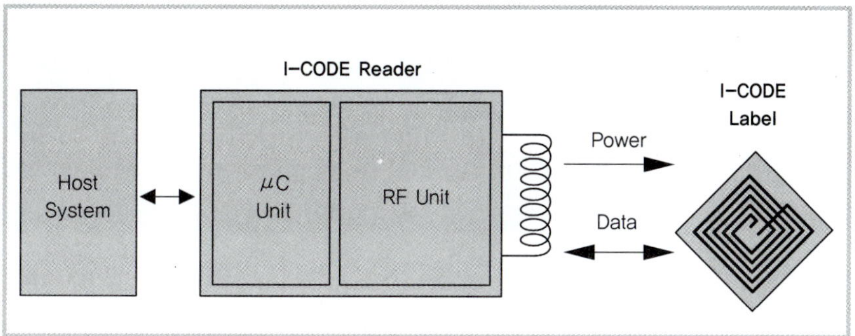

〈그림 4-4〉
RFID 응용 시스템에서 I-CODE1 구성

I-CODE1 리더는 일반적으로 호스트 시스템과 함께 동작한다. 호스트 시스템은 구성을 I-CODE1 리더에 설정하고, 태그와 데이터를 교환한다. I-CODE1 태그 IC와 태그 코일은 비접촉 배터리 없는 전자 태그이다.

리더(필립스 SL RM900)는 안테나 코일에 13.56MHz의 전류를 구동하여 자장계를 만들어낸다. 자장계는 에너지와 데이터를 전송하기 위한 물리적인 링크이다. 태그 코일에 유도된 전압은 I-CODE1 1C에 공급된다.

여러 개의 타임슬롯은 리더기로부터 설정가능하다. 여러 개의 타임슬롯이 점유되어 있을 때는 처리시간이 최소화되어져야 한다.

2) ED-3100 시스템의 구조

RFID 응용 시스템 ED-3100은 〈그림 4-5〉와 같은 형태를 가지고 있다.

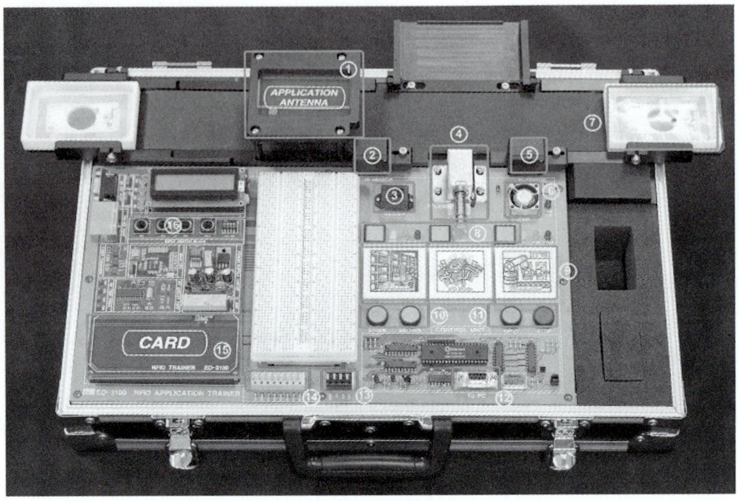

〈그림 4-5〉
RFID 시스템 ED-3100 형태

① **응용 실험 안테나** : ED-3100 시스템의 응용 실험 시 컨베이어 벨트와 연동하여 사용 가능한 안테나. 기능적으로는 ⑮ 와 동일한 기능을 한다.

② **물체 감지 센서** : 컨베이어 벨트에 태그 카드를 운송 중일 때 안테나 위치를 감지하기 위한 위치센서

③ **버저(Buzzer) 시스템** : ED-3100으로 응용 실험 시 구동 가능한 시스템. 공정 및 창고 실험 시 알람기능 또는 경고 버저로 사용가능.

④4 **솔레노이드 시스템** : ED-3100으로 응용 실험 시 구동 가능한 시스템. 공정 및 창고실험 시 제품의 분류 또는 공정상의 가공 시스템으로 사용 가능.

⑤ **물체 감지 센서** : 컨베이어 벨트에 태그 카드를 운송 중일 때 솔레노이드 시스템이 이송되어오는 물체를 감지하기 위한 위치센서이다.

⑥ **팬(FAN) 구동 시스템** : ED-3100으로 응용 실험 시 구동 가능한 시스템. 공정 및 창고 실험 시 송풍시스템 및 공정의 제어 요소로 사용 가능하다.

⑦ **카드 케이스**: ED-3100 으로 응용 실험 시 카드를 담는 케이스. 보통 창고나 생산라인 등에서는 제품 적재 팔레트 등이 있는데, 이와 비슷한 용도로 ED-3100 컨베이어 벨트 응용 실험 시 사용한다.

⑧ **Mode 선택 스위치** : ED-3100 응용실험 모드 선택 스위치. 응용 실험 모드는 창고 관리, I/O 실험, 공정관리, 3가지 모드가 있는데 각각의 패털 위쪽의 스위치를 누르면 해당하는 패널에 불이 들어오면서 그에 맞는 Mode로 시스템이 설정된다.

⑨ **패널 모드 창**: ED-3100이 설정된 모드를 나타내는 창. 설정된 모드에 불이 들어오고 스위치 입력이 활성화된다.

⑩ **창고모드 스위치** : ED-3100 이 자동창고 Mode로 구동 시 입출고를 관리하는 스위치 STOCK(입고), DELIVER(출고).

⑪ **공정모드 스위치** : ED-3100 이 공정라인 Mode 로 구동 시 제품 가공 투입을 관리하는 스위치 INPUT(가공라인 투입), STOP(라인 정지).

⑫ **통신 포트** : ED-3100과 호스트 컴퓨터와 통신을 하기 위한 통신포트. RS-232 케이블을 연결한 후 19200bps, 8bit data, 1 stop bit, NO Parity로 설정 후 통신프로그램과 통신한다.

⑬ **전원공급 단자** : ED-3100이 I/O Mode로 동작하며 실험할 때 사용자의 회로를 만능기판에 구성 후 전원을 공급할 수 있는 단자(24V,12V,5V 출력)

⑭ **I/O 출력 단자** : ED-3100이 I/O Mode 로 동작 시 각각의 비트를 개별적으로 제어하며 출력할 수 있는 단자.

⑮ **RFID 안테나** : RFID 리더의 안테나. 이곳에 TAG Card를 대면 정보를 읽고 쓸 수 있다. ① 번과 동일한 동작을 한다.

⑯ **리더 설정 스위치** : RFID 리더의 보레이트, ID 등을 설정할 수 있는 스위치 S1은 모드설정 진입 S2는 증가(+), S3는 감소(-), S4는 설정 값 저장 후 다음 항목 이동, S5~S8은 입력 Dip 스위치이다.

4.2 RFID 시스템 제어 소프트웨어

ED-3100 제어 소프트웨어는 PC기반으로 RFID를 학습할 수 있는 시스템이다. PC에 설치되는 소프트웨어에는 시스템을 제어하기 위한 제어패널, 학습을 위한 전자교과서 패널, 응용실험을 위한 응용 패널이 종합되어 있다.

RFID 응용 시스템 ED-3100의 제어 소프트웨어는 3개의 화면구성으로 되어 있다. 시스템 제어 창, 기본 실험 창, 응용 실험 창, 이 3개의 창이 개별적인 기능을 가지고 시스템을 제어한다.

1) 시스템 제어 창 구조

〈그림 4-6〉에 보이는 창에서 ②번 사각형이 지시하듯이 시스템제어 폴더가 열려 있는 모습이다. 그러면 다음의 숫자 번호 순으로 설명을 하겠다.

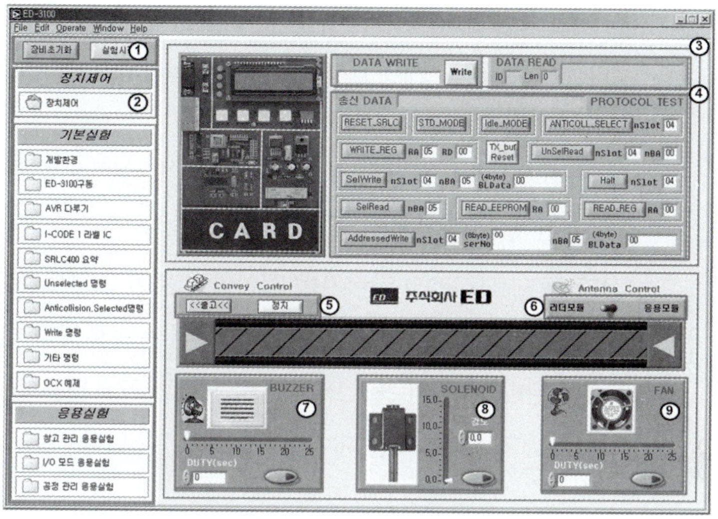

〈그림 4-6〉 ED-3100 RFID 시스템 제어 창

① 시스템 초기화, 실험시작 

시스템 초기화 버튼은 ED-3100의 기본창인 시스템 제어 창으로 화면을 전환하고 시스템을 초기화한다. 그리고 실험시작 버튼은 실험단원을 선택 후, 실험 중 단원전환을 하지 못하도록 단원선택 폴더를 비활성화시키는 버튼이다.

② 단원 선택 버튼

폴더를 클릭하여 열린 모양으로 변하면서 해당 화면으로 화면이 전환된다.

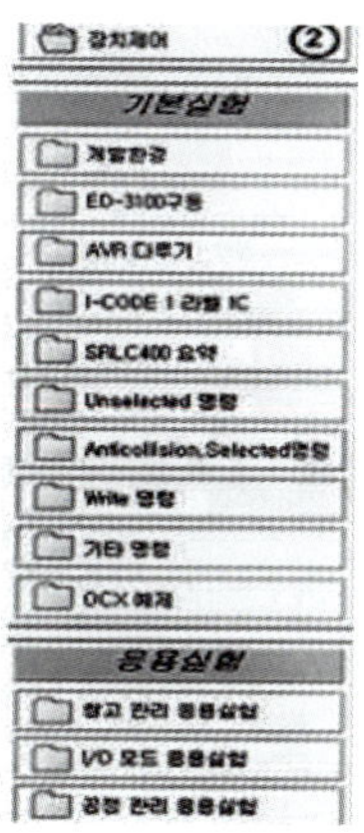

③ Protocol 모니터 창 

ED-3100 으로 보내는 HEX 데이터 와 수신되는 HEX 데이터를 실시간으로 모니터링이 가능한 창이다.

④ RFID 프로토콜 창

ED-3100에서 RFID 리더기를 제어하기 위한 프로토콜 제어 창이다.

해당하는 버튼을 누르면 그것에 해당하는 프로토콜 데이터가 시스템으로 전송된다. 제공된 프로토콜 시트와 ③번 프로토콜 모니터링 창을 보면서 시스템으로 전송되는 데이터를 확인할 수 있다.

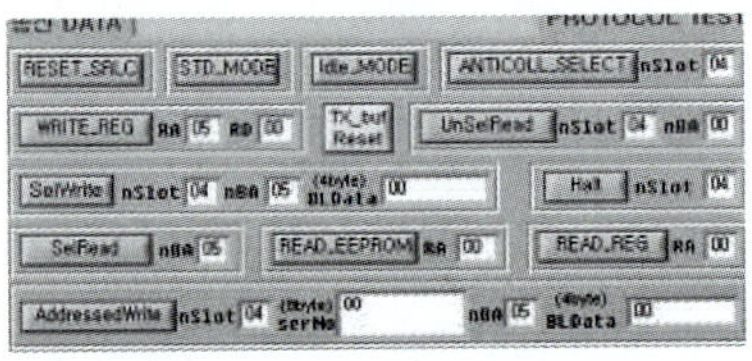

RFID 프로토콜 창의 제어는 RFID 리더가 동작하는 흐름을 알아야 동작을 제어할 수 있다.

태그를 선택하지 않은 상태(Unselected) 상태에서 Uid를 읽기 위해서는 안테나에 태그를 놓은 후 다음의 순서로 누른다.

Ⓐ RESET_SRLC

Ⓑ STD_MOD

Ⓒ UnSelRead(nSlot:04, nBA:00)

이렇게 하면 안테나의 전자기장 내에 있는 태그들의 Uid를 읽을 수 있다.

다른 명령어도 좀 더 기술문서를 읽은 후 실험해 보기 바란다.

⑤ 컨베이어 벨트 제어 창 

컨베이어 벨트를 제어하는 버튼. 입-출고 설정과 동작, 정지를 설정할 수 있다.

⑥ 안테나 전환 소프트웨어 

ED-3100의 안테나 제어 창으로 RFID 안테나를 **리더 모듈** 것을 사용할지 **응용 모듈** 것을 사용할지를 정하는 소프트웨어.

⑦ 버저 제어 창

ED-3100 이 내장하고 있는 버저 듈을 제어하는 창이다. 슬라이드 바와 숫자입력 모두 가능하고 여기서 설정된 값만큼 동작한 후 정지 한다.

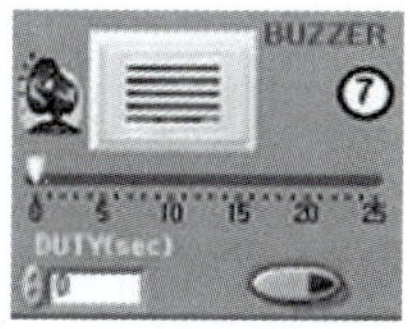

⑧ 솔레노이드 제어 창

ED-3100이 내장하고 있는 솔레노이드 모듈을 제어하는 창이다. 슬라이드 바와 숫자 입력 모두 가능하고 여기서 설정된 값만큼 동작한 후 정지 한다. 여기서 숫자는 상대적인 타격 강도를 나타낸다.

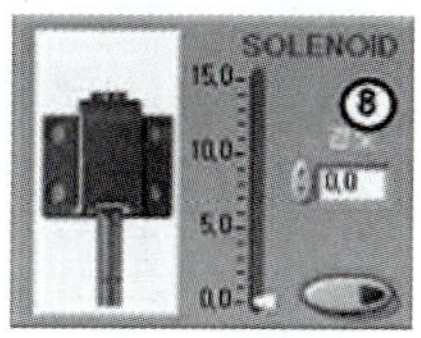

⑨ 팬 모듈 제어 창

ED-3100이 내장하고 있는 팬모듈을 제어하는 창이다. 슬라이드 바와 숫자 입력 모두 가능하고 여기서 설정된 값만큼 동작을 한 후 OFF된다.

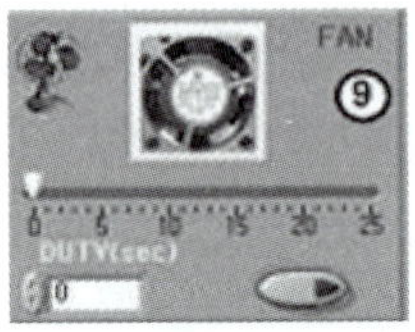

위에서 제시한 각각의 시스템은 구동될 때마다 전송되는 값이 보인다. 이것을 이용하여 사용자는 기타 다른 프로그램에서 ED-3100의 제어도 가능하다. 프로토콜에 맞는 데이터만 생성하여 전송하면 프로그램의 종류에 관계 제어가 된다.

그리고 제공된 DLL을 이용하면 보다 쉽게 윈도우 프로그램에서 제어가 가능하다.

2) 기본 실험 창 구조

다음 〈그림 4-7〉에 보이는 창은 기본 실험 창이다.

〈그림 4-7〉 기본설치 창

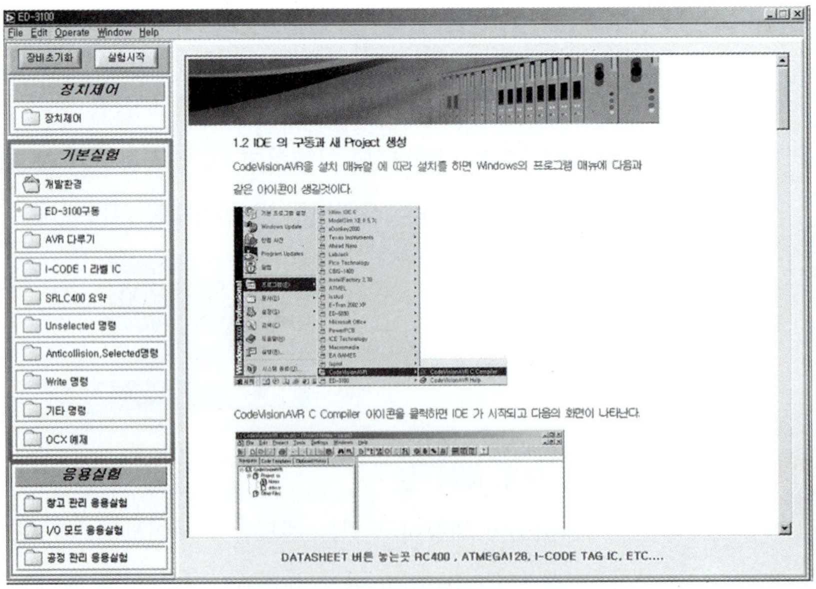

붉은 사각형이 지시하는 곳에서 **학습 메뉴**를 누르면 해당하는 폴더가 열리면서 학습자료가 우측의 화면에 표시된다. 〈그림 4-7〉은 **개발환경에 대한 폴더**를 클릭하여 AVR 컴파일러의 IDE 구동방법을 설명하고 있는 창의 모습이다. 단원이 진행되어가며 해당하는 폴더를 누르면 전자교과서 형태의 파일들이 자동으로 열리고 해당하는 단원에서 필요한 자료가 있으면 필요한 자료는 전자 문서의 형태로 제공된다.

3) 응용 실험 창 설명

다음 〈그림 4-8〉에 보이는 창은 응용실험 창이다. 응용실험은 3가지의 예제를 다룬다.

자동창고 모드 실험에서는 상품의 입출고 관리에 관한 실험을 한다.

I/O 모드 응용실험에서는 I/O Port를 이용하여 사용자가 구성한 임의의 회로를 구동할 수 있다.

〈그림 4-8〉 응용실험 창

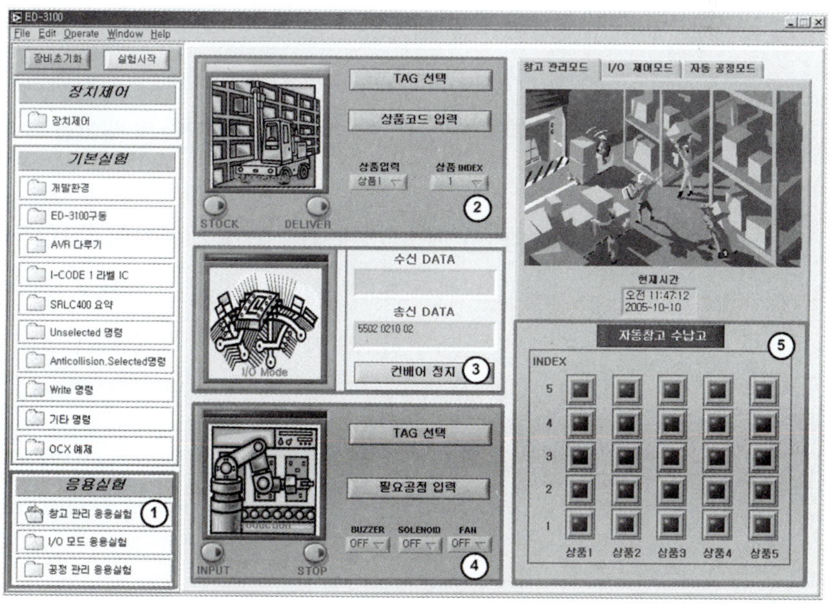

공정관리 응용실험에서는 생산라인 자동화와 관계되어 실험을 할 수 있다. 각각의 세부실습은 관계되는 장에서 자세히 설명하도록 하겠다.

화면구성을 숫자 인덱스 순으로 설명을 하겠다.

① **단원 선택 버튼** : ED-3100의 학습단원과 제어 화면을 선택하는 창이다. 각각에 해당하는 폴더를 클릭하면 열린 모양으로 변하면서 해당 화면으로 화면이 전환된다.

② **창고관리 모드 제어 창** : 창고관리 모드 실험을 하기 위한 제어 설정창. 상품에 정보를 입력하고 입-출고를 관리할 수 있는 스위치들이 있다.

③ **I/O 모드 모드 제어 창** : I/O모드 실험을 하기 위한 제어 설정창. I/O 포트 각각의 비트에 대하여 ON/OFF를 설정하여 사용자 구성 회로를 제어할 수 있게 한다.

④ **공정관리 모드 제어 창** : 공정관리 모드 실험을 하기 위한 제어 설정창. 각각의 상품에 대하여 컨베이어 라인에서 처리해야 할 공정을 기록하고상품의 투입과 가공 중 라인의 정지들을 제어할 수 있는 제어 창

⑤ **응용실험 창(창고)** : 응용실험 창은 각각의 모드가 모두 다른 그림이다. 위에 보이는 그림은 창고관리 모드 창인데 각각의 정해진 상품에 해당하는 물건이 입고되면 해당하는 창에 불이 들어오고 출고되면 불이 꺼진다.

세부적인 실험은 응용실험 편에서 다루기로 한다.

제5장 RFID 응용 시스템의 개발환경

5.1 ED-3100 RFID 실습 소프트웨어 개요

ED-3100은 PC기반으로 RFID를 학습할 수 있는 시스템이다. PC에 설치되는 소프트웨어에는 시스템을 제어하기 위한 제어패널, 학습을 위한 전자교과서 패널, 응용실험을 위한 응용 패널이 종합되어 있다. 시스템을 사용하기 위해서는 우선 소프트웨어를 설치해야 한다. ED-3100 RFID 실습 시스템을 운용하기 위해서는 다음과 같은 사양의 PC가 권장된다.

※ PC 권장 사양

- Microsoft Windows 2000, Windows NT 4.0, Windows XP
- 펜티엄3 500MHz 이상
- 하드 디스크에 빈 공간이 10MB 이상
- RAM 256MB
- CD-ROM 드라이브
- 마우스나 기타 호환 가능한 입력 디바이스
- 직렬 포트가 있는 PC

※ 프로그램 설치 전 준비사항

프로그램의 안정적인 설치를 위하여 실행 중인 다른 응용 프로그램들은 종료하여 설치 프로그램 CD를 PC의 CD-ROM 드라이브에 넣는다.

5.2 ED-3100 RFID 실습 소프트웨어 설치

1) 제공된 CD를 CD-ROM 드라이브에 넣고 Setup.exe 파일을 실행한다.

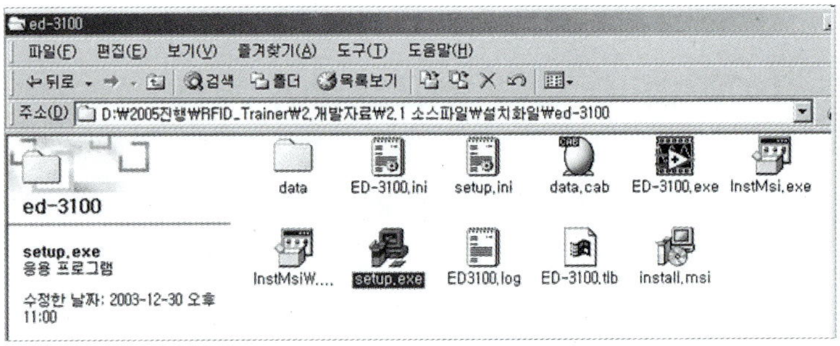

2) 초기 Setup 화면이 뜨면 Next를 눌러서 설치를 시작한다.

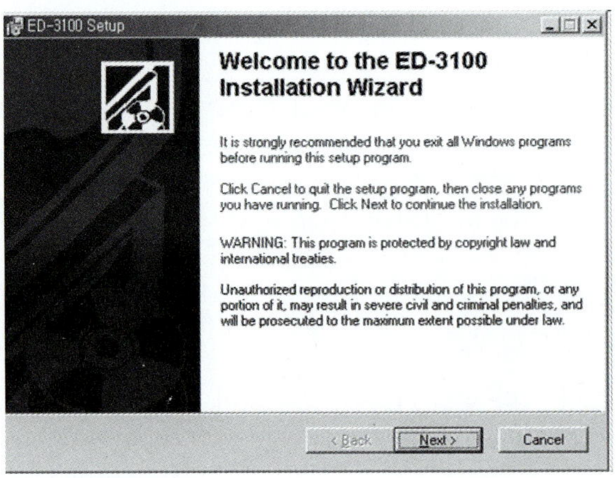

3) 설치 경로를 설정해주는 창이 뜨면 Next를 눌러서 진행을 계속한다.
(이때 설치 경로를 변경하지 않고 기본으로 설정된 경로로 설치한다)

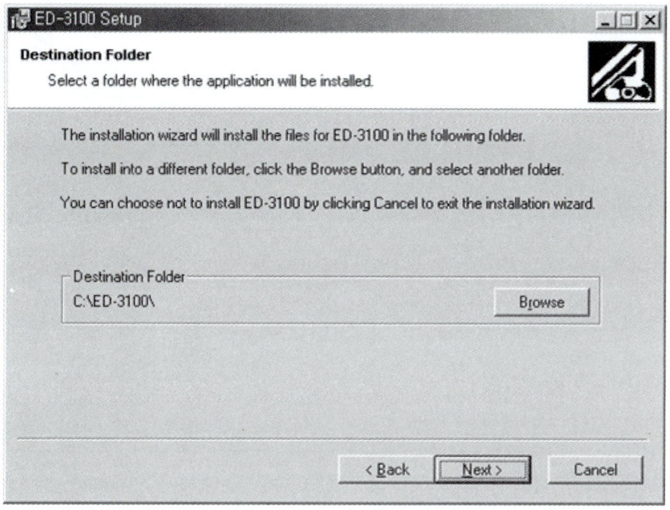

4) Application Install이 준비가 되면 Next를 눌러서 설치를 시작한다.

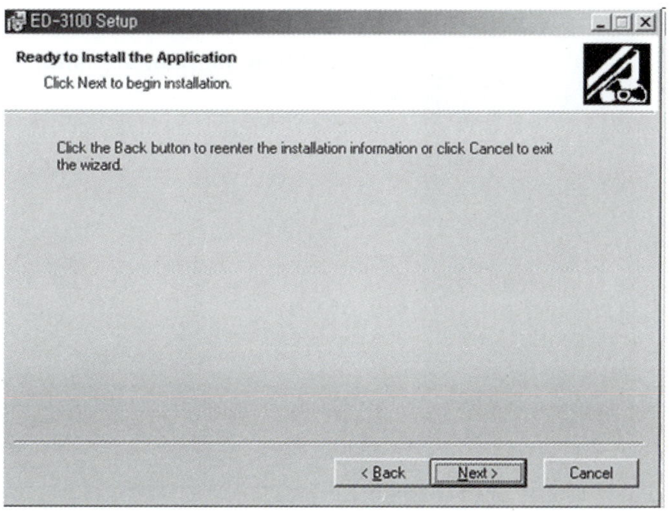

5) 설치를 시작하면 설치 상태 바가 설치 진행 상태를 보여준다.

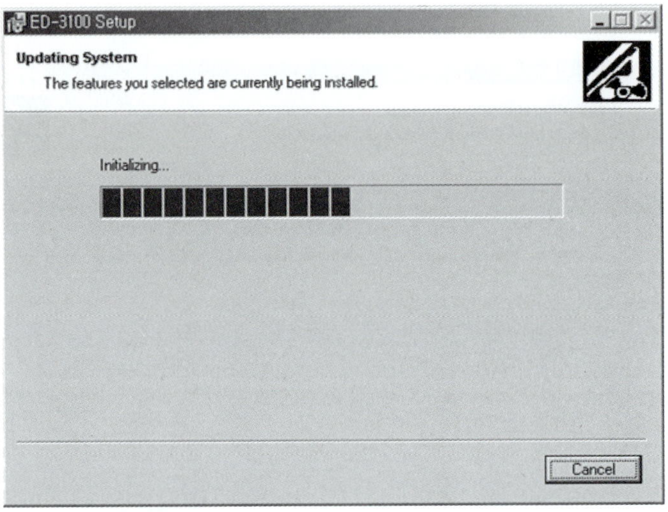

6) 성공적으로 설치했음을 알리는 메시지가 나오면 Finish를 눌러 설치를 완료한다.

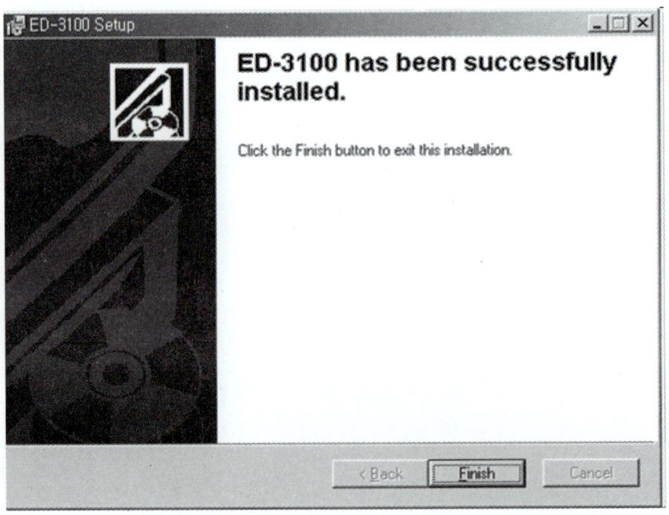

5.3 개발 환경 설정

1) CodeVisionAVR 컴파일러와 IDE

이 절의 목적은 AVR의 개발 환경에 친숙해지고 사용자가 개발 툴을 보다 유연하게 다룰 수 있도록 정보를 제공하는 것이다.

CodeVisionAVR 컴파일러는 AVR 전용으로 개발된 컴파일러로 크기가 작으면서, 코드를 효율적으로 생성하는 매우 잘 만들어진 프로그램이다. 또한 개발 시작단계에서 여러 시스템의 초기화와 프로그램의 설정을 위한 코드를 생성하는 CodeWizardAVR 기능을 내장하고 있어서 사용자가 프로젝트 시작 단계에서 칩에 대한 부담감을 덜어버리고 시작할 수 있다.

Wizard 기능을 통하여 자동으로 생성 가능한 코드는 현재 다음과 같은 특징이 있다.

- **외부 메모리 액세스 설정**
- **Chip reset source identification**
- **입/출력 포트 초기화**
- **외부 인터럽트 초기화**
- **타이머/카운터 초기화**
- **와치독(Watchdog) 타이머 초기화**
- **UART 초기화와 인터럽트 구동 버퍼 직렬 통신**
- **아날로그 비교기(Comparator)초기화**
- **ADC 초기화**
- **SPI 인터페이스 초기화**
- **1 와이어(Wire)버스와 DS 1820/DS18s20 온도 센서 초기화**
- **LCD 모듈 초기화**

현재 나와 있는 CodeVisionAVR 컴파일러는 Windows98, Windows2000, Windows XP 모든 OS에서 구동이 된다.

2) IDE의 구동과 새 Project 생성

CodeVisionAVR을 설치 매뉴얼에 따라 설치를 하면 윈도우의 프로그램 메뉴에 〈그림 5-1〉과 같은 아이콘이 생길 것이다.

〈그림 5-1〉 Windows의 프로그램 메뉴

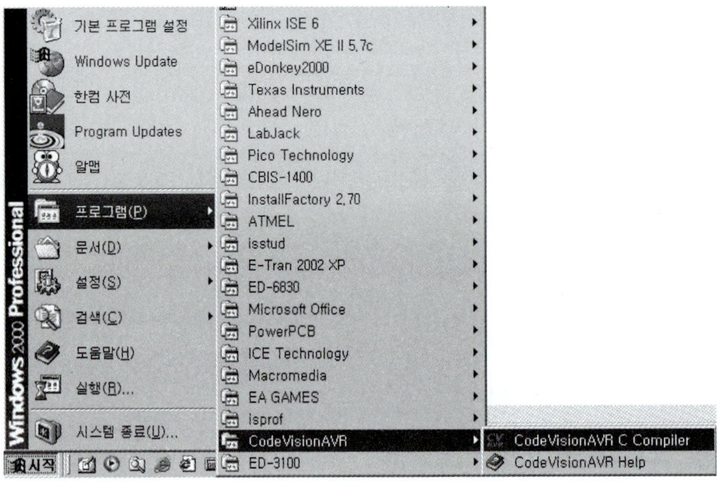

CodeVisionAVR C Compiler 아이콘을 클릭하면 〈그림 5-2〉의 화면이 나타난다. IDE는 모든 개발 자료 및 개발 환경을 프로젝트 단위로 관리한다. 프로젝트란 우리가 원하는 프로그램을 만들기 위하여 사용한 소스파일(source file), 컴파일러(compiler) 설정, makefile 등 개발과 관련된 일련의 파일을 모아놓은 그룹이다. 모든 프로젝트 파일의 확장자는 .prj의 형태를 갖는다.

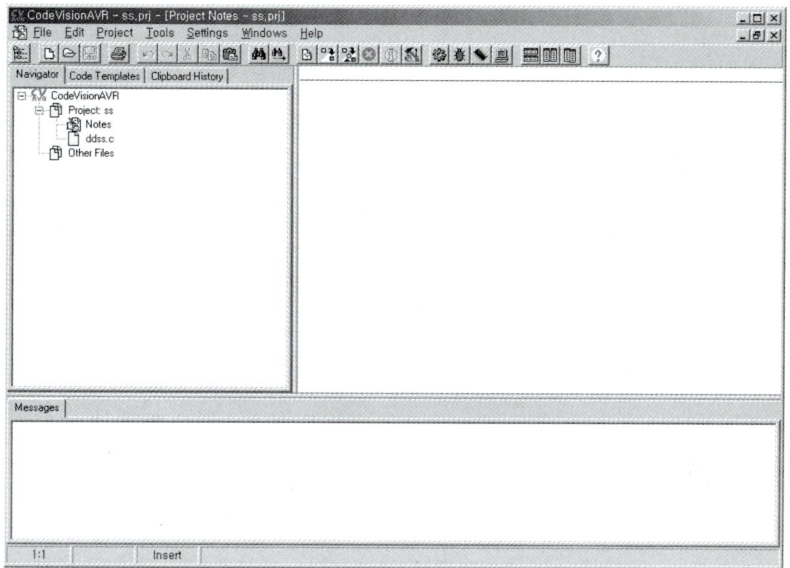

〈그림 5-2〉 CodeVisionAVR C Compiler 아이콘

(1) 기존 프로젝트 파일 열기

기존 프로젝트 파일을 열기 위해서는 File/Open 명령을 선택하거나 툴바에서 Open file 버튼을 눌러서 열기를 실행한다. 그러면 〈그림 5-3〉과 같은 창이 나타날 것이다.

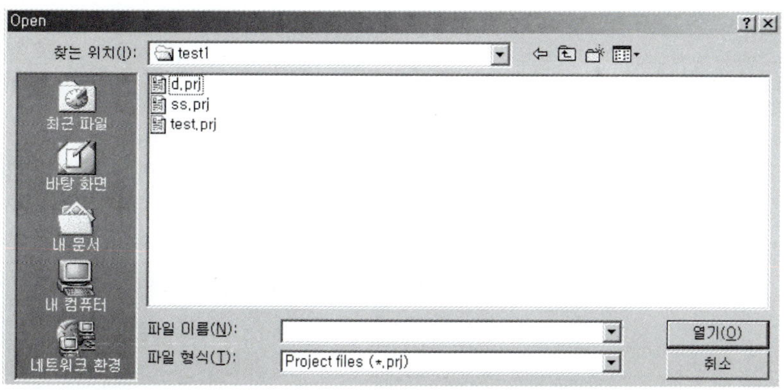

〈그림 5-3〉 Open File 창

〈그림 5-3〉의 창에서 해당 프로젝트를 선택 후 열기 버튼을 눌러 프로젝트 파일을 불러온다. 이렇게 하면 기존에 작업하던 프로젝트 파일이 열리고, 모든 개발 소스와 환경변수들이 저장되어진 상태로 열려서 계속 작업을 진행할 수 있다.

〈그림 5-4〉의 그림은 기존 작업 파일이 열려진 모습이다.

〈그림 5-4〉
작업파일 창

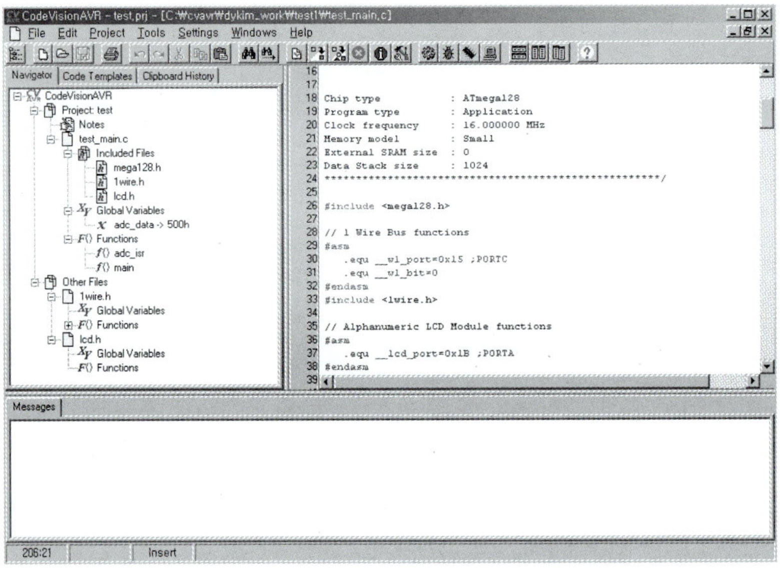

(2) 새 프로젝트 만들기

CodeVisionAVR IDE를 실행 후 Create New File 버튼을 누르든가 File/New를 선택한다. 그러면 〈그림 5-5〉 창이 열릴 것이다.

〈그림 5-5〉
프로젝트 폴더 위치

〈그림 5-5〉의 왼쪽에서 Project를 선택 후 OK를 선택하면 우측의 확인 창이 나타난다. 우측의 창은 자동으로 code를 생성하는 Wizard 기능인데, 다음에 언급하기로 하고 우선은 No를 선택하여 수동으로 프로젝트를 구성하기로 해본다.

No를 선택한 후 적당한 위치에 프로젝트 폴더를 만든 후 확인을 누르면 프로젝트 설정을 위한 〈그림 5-6〉의 창이 나타난다.

〈그림 5-6〉
프로젝트 폴더 위치

〈그림 5-6〉에서 알 수 있듯이 설정 창에는 3개의 탭 이 있다.

- **File 탭**을 선택하면 프로젝트에 파일을 추가하거나 삭제할 수 있다.
- **C Compiler 탭**을 선택하면 chip의 선택과 실행프로그램에 관련된 프로젝트의 성질을 설정할 수 있는 설정 버튼들이 있다.
- **After Make 탭**은 컴파일이 완료된 후 수행할 특정프로그램을 선택할 수 있게 해준다. 이 특정 프로그램은 대개 ISP를 위한 칩 프로그래머 같은 것을 설정하도록 한다.

그러면 CodeVisionAVR IDE 로 돌아가서 새로운 source file을 만들고 프

로젝트 내에 포함시키고 위의 3개의 탭에 대한 설정을 익혀보기로 하자.

IDE 창에서 File/New를 선택하여 Create New File 창을 띄운 후 Source를 선택 후 OK를 선택한다. 그러면 새로운 Edit 창이 열릴 것이다. 여기에 필요한 source를 입력 후 저장을 한다.

〈그림 5-7〉 대화상자 창

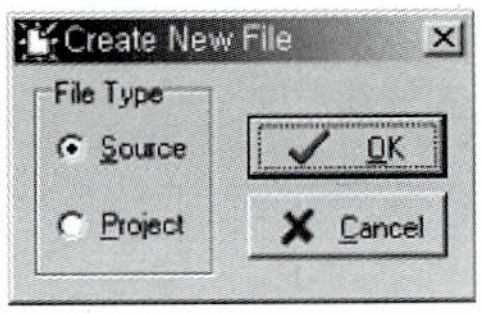

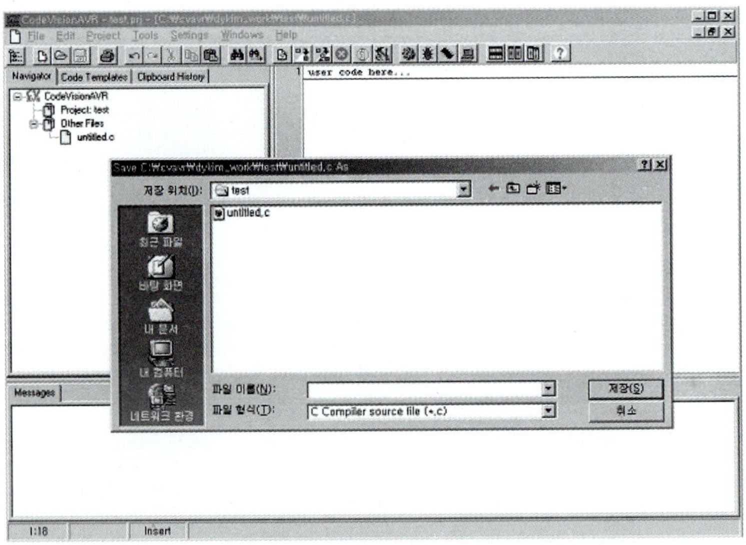

〈그림 5-7〉의 대화 상자가 열리고 이곳에 필요한 이름을 입력하면 된다. 이 file은 아직 프로젝트에 포함된 file이 아니다. 프로젝트에 포함시키기 위해서는 〈그림 5-6〉의 3개의 탭 중에서 file 탭을 선택하여 add를 시켜줘야 한다.

설정 창을 띄우기 위해서 Project/ Configure를 선택한다. 그러면 〈그림

5-8〉의 3개의 설정 탭을 가진 창이 나타난다.

〈그림 5-8〉
Add 선택 창

여기서 add 버튼을 눌러주면 대화상자가 나타나고 이때 작성한 file을 지정해 주면 작성된 파일이 프로젝트에 포함된다. 이 과정을 마치고 나면 프로젝트 창에 우리가 지금 삽입한 source code가 보일 것이다. 이런 식으로 여러 가지의 파일을 추가 또는 삭제가 가능하다.

다음은 C Compiler 탭을 살펴보기로 하자.

C Compiler 탭은 컴파일러에게 정보를 전달하기 위한 정보파일이다. 항목들을 보면 chip과 사용 clock 주파수 그리고 메모리 등 하드웨어와 관련된 내용들이 많다.

다음의 항목을 자세히 열거하며 학습해 보기로 하자.

우선 Chip과 Clock은 target 보드에서 사용한 AVR 종류와 크리스탈 (x-tal) 주파수를 적으면 된다.

이는 설정의 가장 기본이고 중요한 부분이다. Pull down 메뉴를 눌러서 정확하게 선택해 주어야 원하는 대로 칩이 움직인다.

〈그림 5-9〉
C Compiler 탭 창

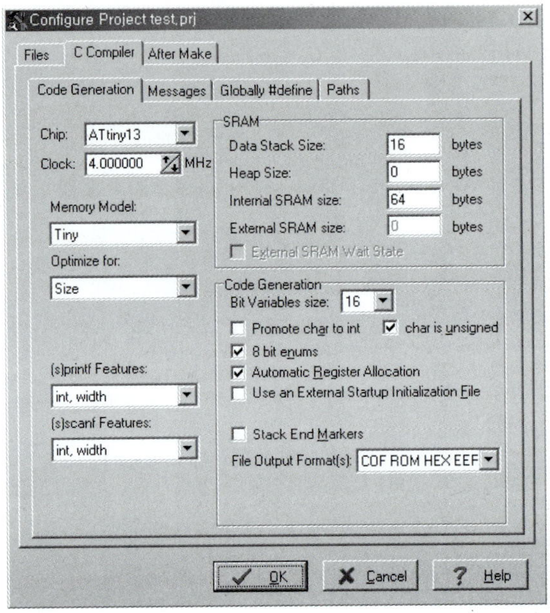

메모리 모델은 코드의 효율성을 향상시키고자 상황에 따라 선택한다. 그리고 chip에 따라 선택할 수 있는 옵션도 각각 다르다. 각각의 옵션을 간단하게 설명하면 **Tiny 옵션**은 SRAM에 위치한 변수를 가리키는 포인터를 저장하기 위하여 8비트를 사용한다. 이 메모리 모델에서는 SRAM의 처음 256개의 바이트만을 접근할 수 있다. **SMALL 옵션**은 SRAM에 위치한 변수의 포인터의 위치를 저장하기 위하여 16비트를 사용한다. 이 메모리 모델에서는 SRAM의 65,536개의 바이트를 접근가능하다. 프로그램이 작고 속도와 크기를 중시하는 응용에서는 Tiny 모델이 적당하고 FLASH 와 EEPROM을 주로 사용하는 응용에서는 Small 옵션이 적당하다.

최적화 대상(OPTIMIZE FOR)은 컴파일러가 실행 파일 작성 시 속도향상에 중점을 둘 것인가, 크기의 최소화에 중점을 둘 것인가를 사용자가 설정하는 항목이다. 이것은 각각의 응용에 맞게 사용자가 설정하면 된다. 정확한 시간이 요구되는 응용에서는 통상 속도에, 그리고 메모리가 모자랄 때는 파일크기에 중점을 두어 컴파일한다.

SRAM 탭에서 데이터 Stack Size는 변수를 저장하기 위해 책정한 메모리의 양이다. 변수 공간이 통상보다 많이 필요한 데이터가 풍부한 응용에서는 데이터 스택 크기를 증가시켜 주어야 한다. 그리고 외부 SRAM이 연결되어 있으면 그 메모리의 크기를 명시하라. 외부 메모리 속도가 느리다면 External SRAM Wait State 확인 상자를 선택하여 대기 상태(wait state)를 사용하라.

Code Generation 탭에서는 다른 설정은 Default 상태로 놓고, File Output Format 리스트 상자는 컴파일러가 생성하는 파일에 대하여 다음의 형식 중 하나를 선택한다.

- COFF, ROM,EEP ROM - COFF는 Atmel AVR Studio 디버거에서 요구하는 포맷이고 ROM 과 EEP ROM은 몇몇 시스템 프로그래머에서 사용되는 포맷이다.
- OBJ, ROM, EEP ROM - 어떤 시스템 프로그래머에서 사용되는 포맷이다. 여기서는 COFF, ROM, EEP ROM을 선택한다.

3) 프로젝트 컴파일(COMPILE)하고 메이크(MAKE)하기

실행 프로그램 파일을 얻으려면 다음 단계가 필요하다.

① 프로젝트의 C 소스 파일을 컴파일하여 어셈블러 소스 파일로 변환한다.

② 어셈블러 소스 파일을 어셈블 한다. 소스파일을 컴파일하면 1단계만 실행되고 소스 파일을 메이크(make) 하면 1,2가 동시에 실행되며 실행 파일이 생성된다. 〈그림 5-10〉은 메뉴바 이다.

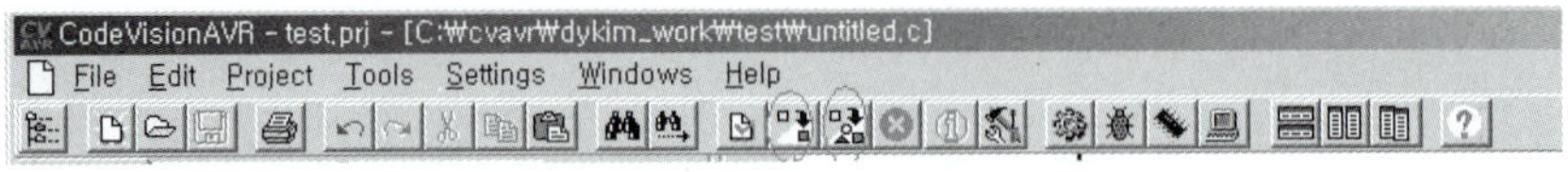

〈그림 5-10〉 메뉴 바

왼쪽의 붉은 원이 **Compile 버튼**이고, 오른쪽의 붉은 원이 **make 버튼**이다.

프로젝트를 컴파일하면 Information 윈도우가 나타나고 컴파일 결과를 보여준다.

컴파일하는 동안 오류나 경고가 나오면 편집기 윈도우 밑에 있는 Message 윈도우와 네비게이터 윈도우에서 열거된다. 오류나 경고 메시지를 더블 클릭하면 코드에서 문제있는 행을 하이라이트시켜서 보이게 해 준다.

프로젝트를 make하면 실행 파일이 생성된다. 위 메뉴 바에서 오른쪽의 빨간 원 안에 있는 단추를 누른다. 이상이 없으면 Information 윈도우가 열리고 컴파일 결과를 보여준다. 역시 오류가 있으면 Information 윈도우에서 오류난 행을 더블클릭하면 그 행으로 커서가 이동되어서 수정할 수 있다.

4) AVR Studio를 통한 프로그램 다운로드 및 JTAG 디버거

AVR Studio는 ATMEL 사에서 제공하는 프로그램으로 JTAG emulation를 지원한다. CodeVision에서 make하여 생성된 file 중에서 xx . cof 파일을 로드하여 에뮬레이션(emulation)을 실행할 수 있다.

그럼 **JTAG emulation**을 하는 방법에 대하여 소개하겠다.

우선 구입한 JTAG 시스템을 USB 포트에 연결하여 시스템을 설정(setting) 한다.

이때 디바이스 드라이버를 요구하면 제공된 CD에서 적절한 프로그램을 선택하여 설치한다.

설치가 끝나면 JATG 시스템은 가상 시리얼 시스템으로 인식된다. 이 시스템의 포트를 확인하는 방법은 윈도우의 제어판에서 확인 가능하다. 〈그림 5-11〉을 참고하라.

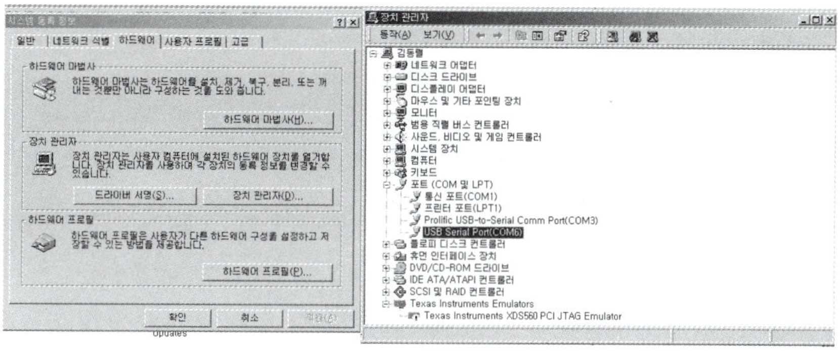

〈그림 5-11〉
시스템 관리자

제어판 → 시스템 → 하드웨어 → 시스템관리자 → 포트(COM 및 LPT)에서 확인하면 된다.

〈그림 5-11〉은 COM6으로 설정된 모습이다. 이 포트 번호를 반드시 기억하기 바란다.

(1) AVR Studio4를 설치 후 타겟 보드에 JTAG를 연결 후 AVR Studio를 기동한다.
(2) 메뉴에서 파일 열기를 실시한다. 그러면 〈그림 5-12〉의 파일 열기 창이 나타날 것이다.

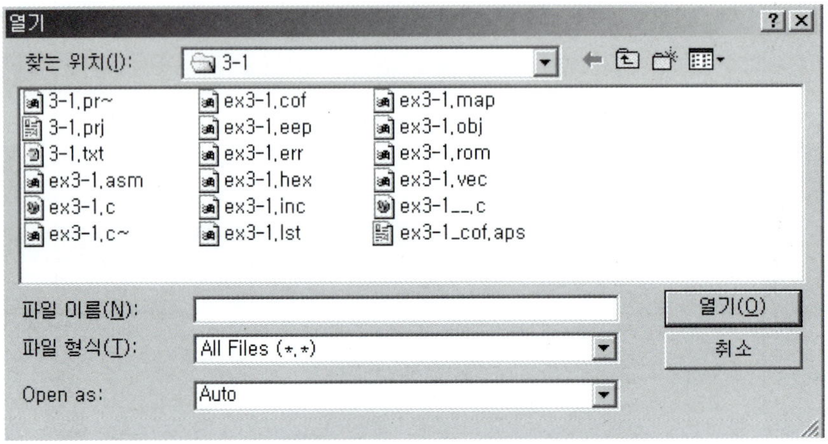

〈그림 5-12〉 파일 열기 창

여기서 make 해서 생긴 파일 중 xx . cof 파일을 선택한다.

그러면 다음의 〈그림 5-13〉 시스템 설정화면이 나타난다.

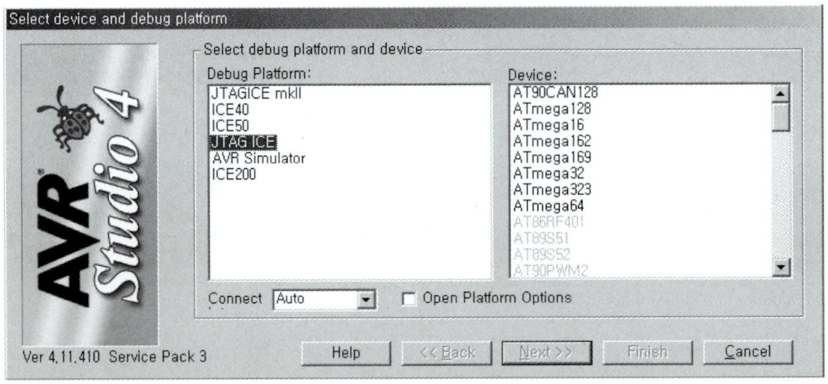

〈그림 5-13〉 장치 화면 창

여기서 JTAG ICE와 ATmega128을 선택한 후 Finish를 누른다.

그러면 파일을 로딩하기 위한 포트가 제대로 설정되어 있는지 검사한 후 포트 설정창이 나타나게 된다. 〈그림 5-11〉에서 기억한 포트번호를 여기에 기록하면 된다.

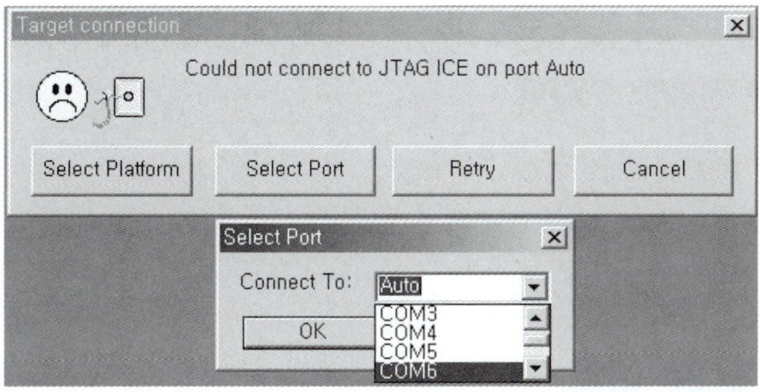

〈그림 5-14〉
선택포트 창

위의 경우 포트번호를 COM6번으로 한 후 Retry를 눌러 프로그램을 시작한다. 이 번호는 사용자와 PC에 따라 변하는 가변적인 값이므로 잘 확인하기 바란다. 모든 설정이 바르게 됐다면 AVR Studio 상에 프로그램이 로드되고 JTAG emulation을 시행할 준비가 된 것이다.

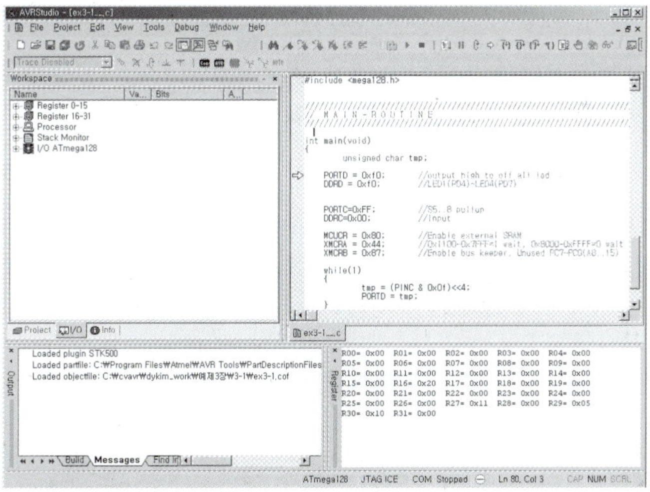

〈그림 5-15〉
AVA Studio 상에 프로그램 로드

〈그림 5-15〉 같이 프로그램이 로드된 창이 나타나면 emulation을 실행할 수 있다. 메뉴 바에서 필요한 메뉴를 사용하여 프로그램을 다운로딩하고 emulation 하기 바란다. 자세한 사용법은 ATMEL의 AVR Studio 사용법을 참고하기 바란다. 그러나 모든 JTAG emulation 시스템이 사용법이 대

부분 비슷하기 때문에 하나의 시스템을 익혀두면 다른 것도 비슷한 방법으로 사용할 수 있다.

5.4 개발환경 설정 실습

New Project 생성 및 프로젝트 컴파일과 다운 로드를 실습한다.

이번에는 새 프로젝트를 생성하고 소스를 작성하여 컴파일하고 AVR studio를 통하여 프로그램을 다운로드 및 emulation하는 예제를 실행해 보도록 하자.

1) 우선 설치된 CodeVisionAVR 프로그램을 기동시킨 후 Create New File을 눌러서 프로젝트 생성 창을 open한다. 그런 후 Project를 선택 후 OK를 누른다(〈그림 5-16〉 참고).

〈그림 5-16〉
프로젝트 생성 창

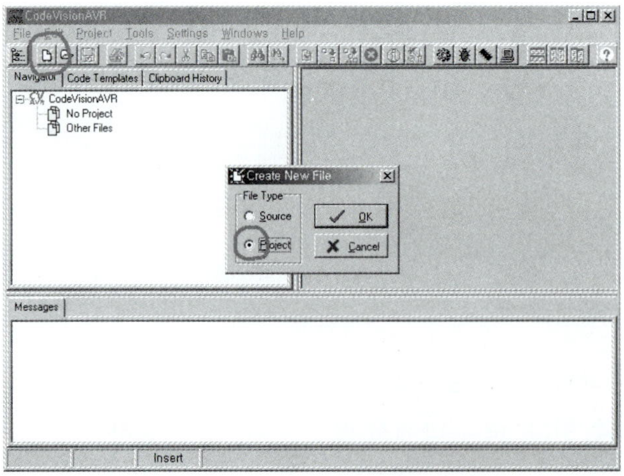

2) 그러면 〈그림 5-17〉의 화면이 열릴 것이다.

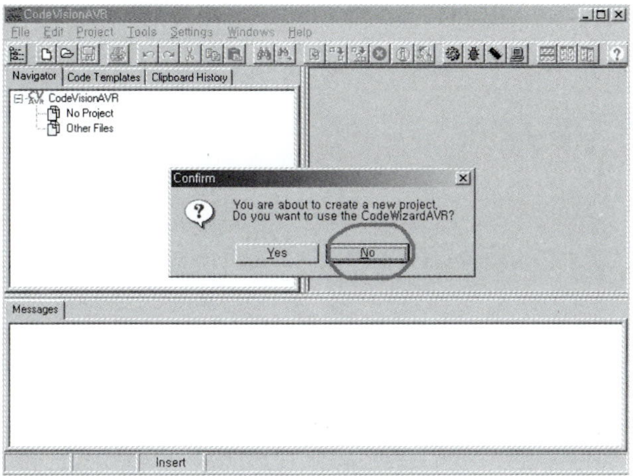

〈그림 5-17〉 선택 창

3) 〈그림 5-17〉 창은 Code를 자동으로 생성하는 Wizard 기능을 사용할지, 수동으로 코드를 생성할지를 선택하는 창이다. 여기서는 수동으로 프로젝트를 생성하고 설정할 것이기 때문에 NO를 선택한다. 그러면 〈그림 5-18〉의 화면이 나타난다. 이때 적당한 곳에 폴더를 만들고 sample.prj 라는 이름으로 프로젝트를 저장한다. 저장하면 프로젝트 설정 화면이 나타난다.

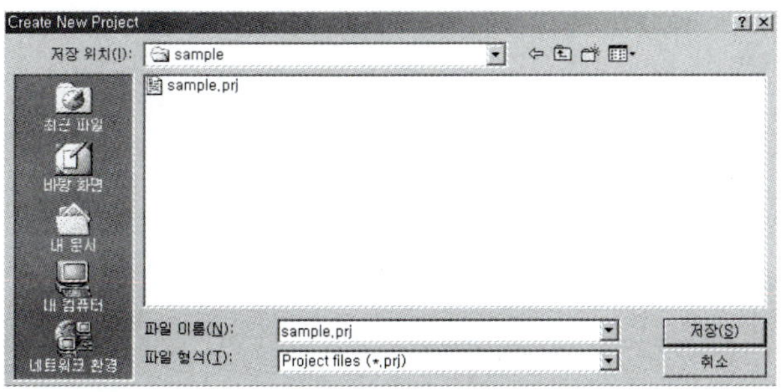

〈그림 5-18〉 프로젝트 저장

4) 두 번째 C compiler 탭을 선택하여 〈그림 5-19〉와 같이 설정을 한 후 OK를 선택한다. File 탭은 source를 작성 후 source를 프로젝트에 포함시킬 때 사용한다.

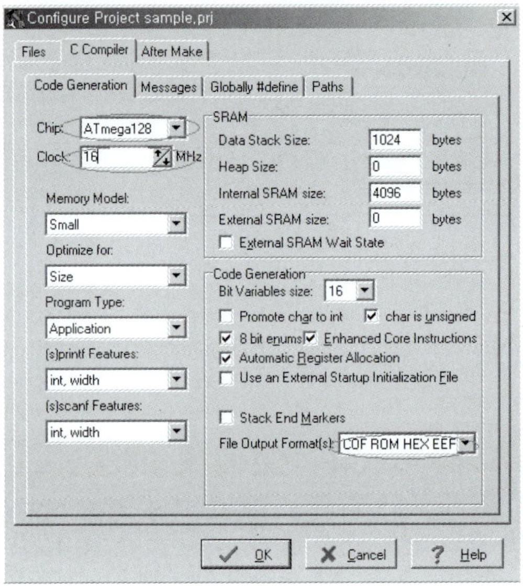

〈그림 5-19〉 설정화면

이 과정을 마치면 프로그램의 타이틀 바에는 우리가 시작한 프로젝트 명으로 변경되어 있을 것이다. 아무것도 없는 빈 IDE 창이 나타나고 여기서 우리는 새로운 프로젝트를 시작하기 위해서 source를 작성해야 한다.

5) 다시 Create New File을 누르고 〈그림 5-20〉과 같이 Source를 선택 후 OK를 선택한다.

〈그림 5-20〉
Create New File 선택

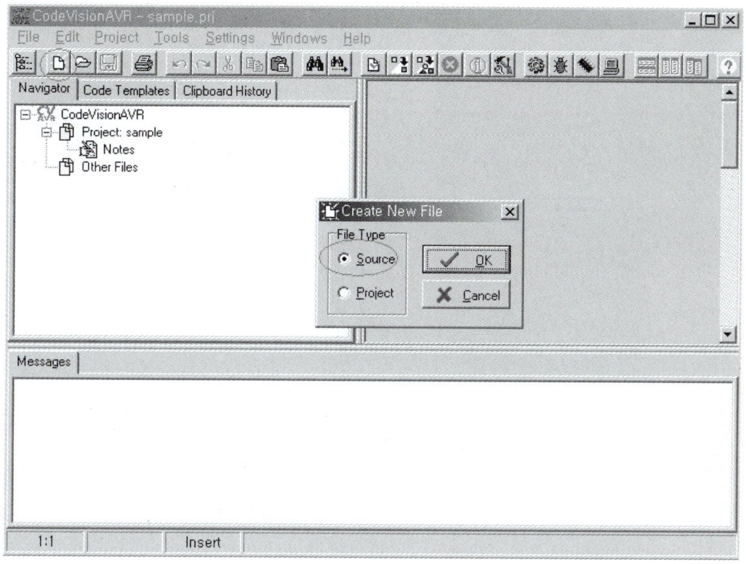

6) 그러면 source를 작성할 수 있는 Untitled.c 라는 입력창이 나온다. 여기에 작업하는 Source 코드를 작성하면 된다.

〈그림 5-21〉
소스코드 작성

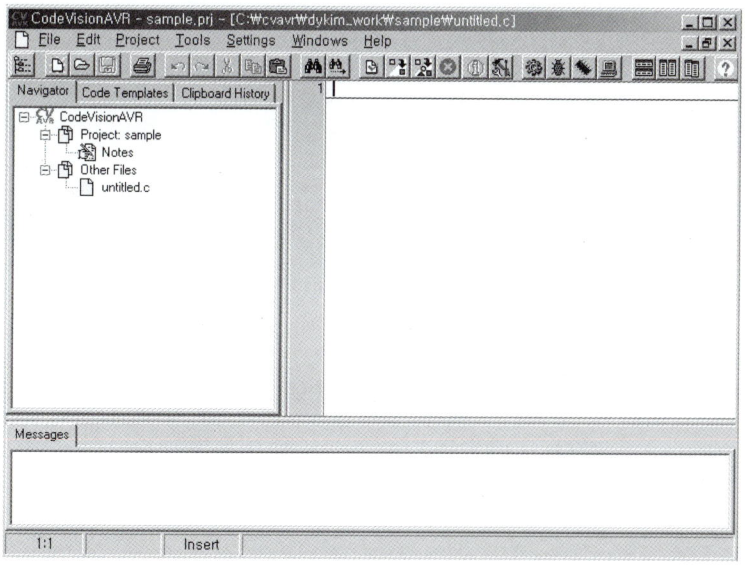

7) 〈그림 5-21〉의 창에 다음과 같이 **소스코드를 입력**한다.

```
#include <mega128.h>
////////////////////////////////////////////////////////////////////////////////
// M A I N - R O U T I N E
////////////////////////////////////////////////////////////////////////////////

int main(void)
{
        unsigned char tmp;
        PORTD = 0xf0;//output high to off all led
        DDRD = 0xf0;//LED1(PD4)~LED4(PD7)

        PORTC=0xFF;//S5..8 pullup
        DDRC=0x00;//input
        MCUCR = 0x80;//Enable external SRAM
        XMCRA = 0x44;//0x1100-0x7FFF=1 wait, 0x8000-0xFFFF=0 wait
        XMCRB = 0x87;//Enable bus keeper, Unused PC7-PC0(A8..15)
        while(1)
        {
                tmp = (PINC & 0x0f)<<4;
                PORTD = tmp;
        }
        return 0;
}
```

8) 위의 code는 RFID 리더 보드의 스위치 S5~S8을 ON, OFF 할 때 마다 D1~D4가 ON, OFF되는 기능을 포트를 이용하여 간단히 구현한 것이다. 제어 레지스터에 대한 것은 각자가 참고해 보길 바란다.

9) 우선 작성된 source를 저장하고 프로젝트에 포함시켜서 컴파일 후 make 해야 보드를 구동시킬 수 있다.

〈그림 5-22〉
컴파일과정

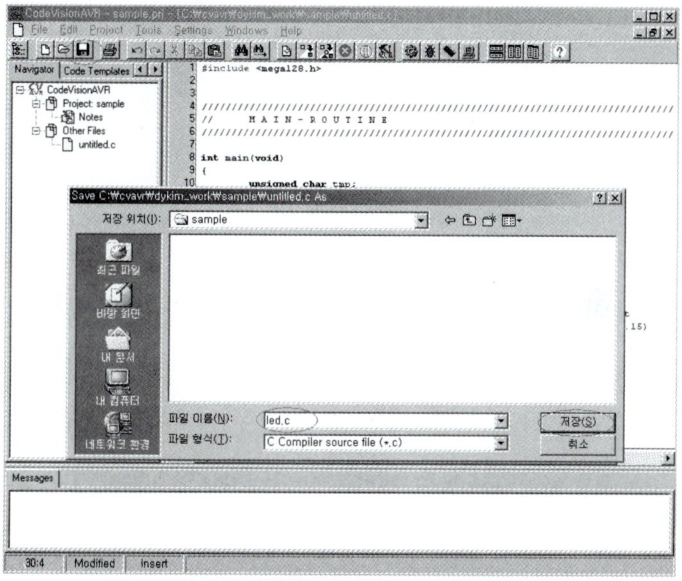

〈그림 5-22〉에서 저장을 누르면 대화상자가 나타날 것이다. 여기에 led.c 라는 이름을 입력 후 저장을 누른다.

10) 그러면 〈그림 5-23〉의 화면이 나타나는데 여기서 망치 모양의 붉은 원 안의 아이콘을 누른다. 이것은 프로젝트를 설정하는 창을 띄우는 아이콘이다. 그리고 **File 탭**에서 **Add 버튼**을 누르면 대화상자가 나타나는데 여기에 우리가 작성한 **lec.c** 라는 파일을 지정 후 열기 버튼을 누른다. 그런 후 설정이 끝났으면 **OK**를 눌러서 설정 창을 닫는다. 일련의 과정이 〈그림 5-23〉에 잘 나와 있다.

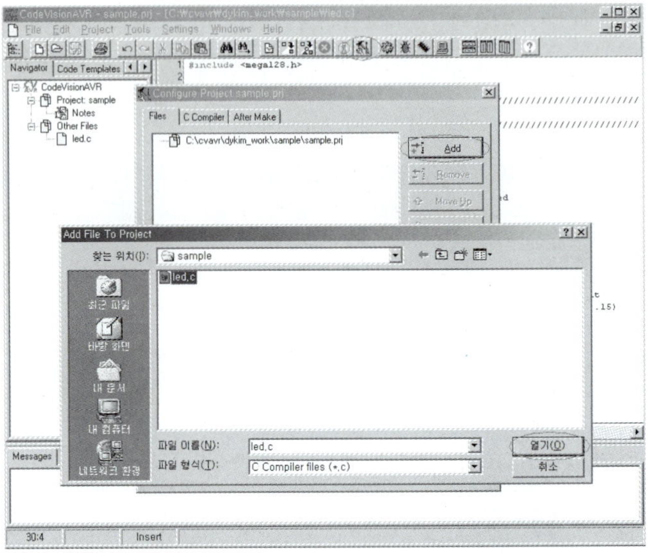

〈그림 5-23〉 led.c 파일열기

이런 작업을 모두 마치면 컴파일을 할 준비가 다 된 것이다.

11) 보드를 구동시키기 위한 **hex 파일**을 생성하기 위하여 〈그림 5-24〉에서 붉은 원안의 **make 버튼**을 누른다.

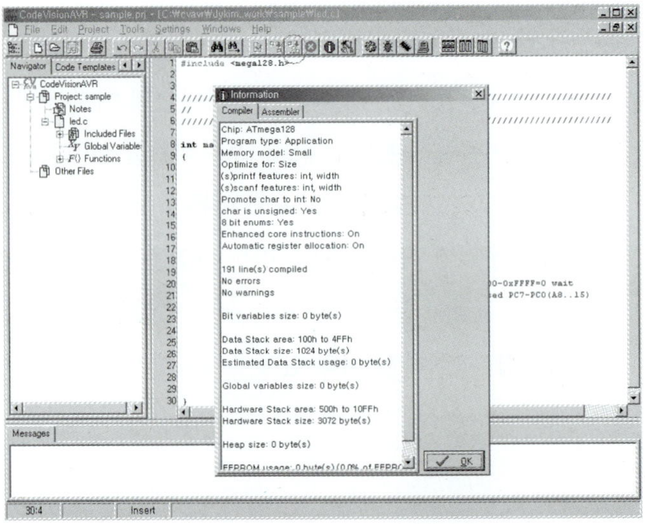

〈그림 5-24〉 make 정보 창

만약 입력 오류가 없다면 make information **창**이 나타나고 오류가 없다는 메시지가 나타날 것이다. 여기서 OK를 클릭한다.

12) 이제 프로그램을 보드에 다운로드 후에 동작 실험을 해야 한다. 우선 AVRStudio4 **프로그램**을 기동시킨다. 그런 후 메뉴에서 파일 열기를 실시한다. 그러면 〈그림 5-25〉의 파일 열기 창이 나타날 것이다.

〈그림 5-25〉
파일열기 창

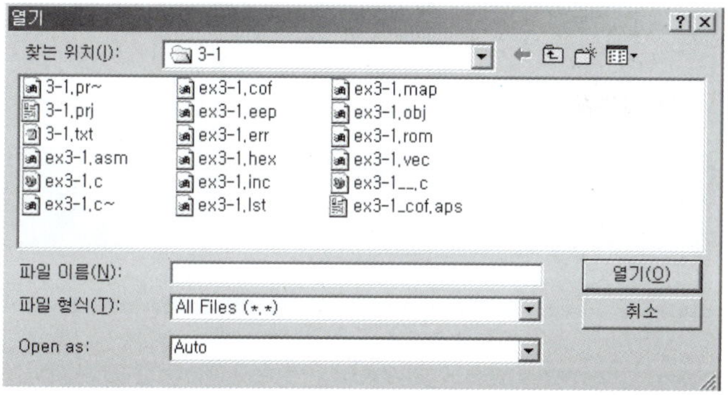

13) 여기서 make 해서 생긴 파일 중 **xx . cof 파일**을 선택한다. 그러면 〈그림 5-26〉의 시스템 설정화면이 나타난다. 여기서 **JTAG ICE** 와 **ATmega128**을 선택한 후 Finish를 누른다.

〈그림 5-26〉
JTAGICE 설정

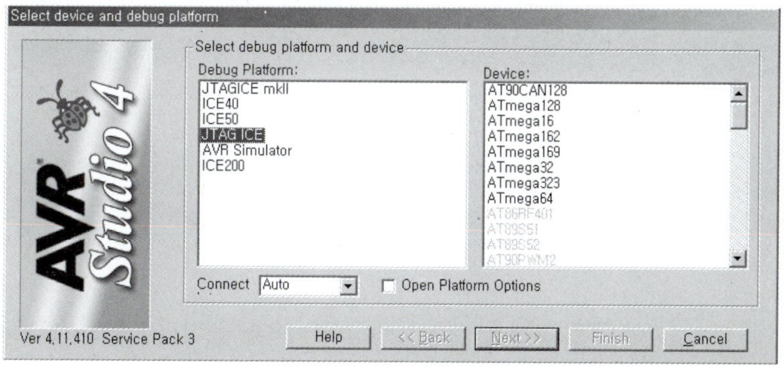

14) 그러면 파일을 로딩하기 위한 포트가 제대로 설정되어 있는지 검사한 후 포트 설정창 〈그림 5-27〉과 같이 나타나게 된다. 제어판의 시스템에서 포트 번호를 확인 후 여기에 설정을 한다. 이 경우 포트번호를 COM6번으로 한 후 Retry를 눌러 프로그램을 시작한다. 이 번호는 사용자와 PC에 따라 변하는 가변적인 값이므로 잘 확인하기 바란다.

〈그림 5-27〉 포트설정 창

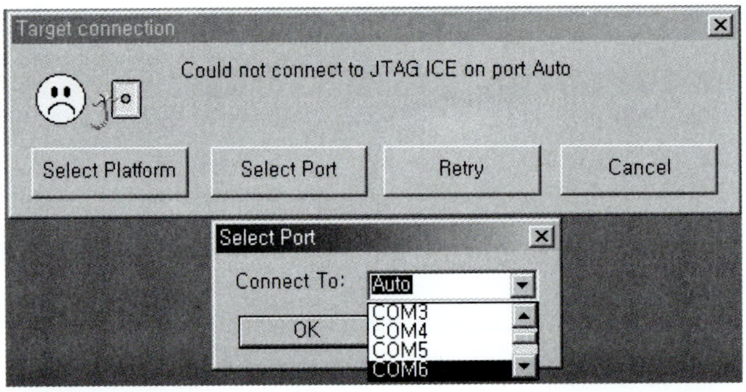

15) 모든 설정이 바르게 됐다면 AVR Studio 상에 프로그램이 로드되고 JTAG emulation을 시행할 준비가 된 것이다. 그러면 상단의 툴바에서 Emulation 메뉴에서 적당한 아이콘을 선택하여 프로그램을 실행하고 동작을 확인한다.

〈그림 5-28〉 Emulation 메뉴

〈그림 5-28〉의 붉은 원의 아이콘들에 마우스 커서를 올리면 무엇을 하는 아이콘인지 풍선 도움말이 나타나게 된다.

16) 프로그램을 실행시키고 S5~S8을 올리면 LED1~LED4가 해당하는 곳에서 점멸을 하게 된다.

이것으로서 개발환경의 설명과 간단한 프로그림의 작성 및 구동에 대하여 마무리 짓는다. 다음 장에서는 본격적으로 프로그램의 작성에 대하여 학습해 보도록 하자.

제6장 RFID 응용 시스템의 제어 실습

이번 장에서는 AVR의 내장 시스템과 ED-3100 RFID 리더기가 있는 LCD, LED 등을 이용하여 mega128의 응용에 숙달될 수 있도록 학습을 한다. 총 6 개의 예제를 **입출력 설정 및 LED 출력 실습, 키 입력 실습, 외부입력 인터럽트 실습, 타이머 인터럽트 실습, LCD 구동 실습, 직렬통신 실습**을 통하여 mega128에 대하여 자유롭게 활용할 수 있는 능력을 기르자. 각각의 예제는 폴더에 프로젝트 파일로 구성되므로 개별적으로 소스코드를 입력하는 불편함이 없이 실험을 할 수 있다.

6.1 입출력 설정 및 LED 출력 실습

이번 예제는 모든 MCU 학습의 가장 기본이 되는 학습이다. GPIO 포트의 입력과 출력을 제어하는 예제로 각각의 파일은 예제 폴더에 있다.

1) 우선 다음과 같이 예제 파일을 만들어보자. CodeVisionAVR IDE를 실행 후 Create New File 버튼을 누르든가 File/New를 선택한다. 그러면 다음의 창이 열릴 것이다.

〈그림 6-1〉
프로젝트 폴더 위치

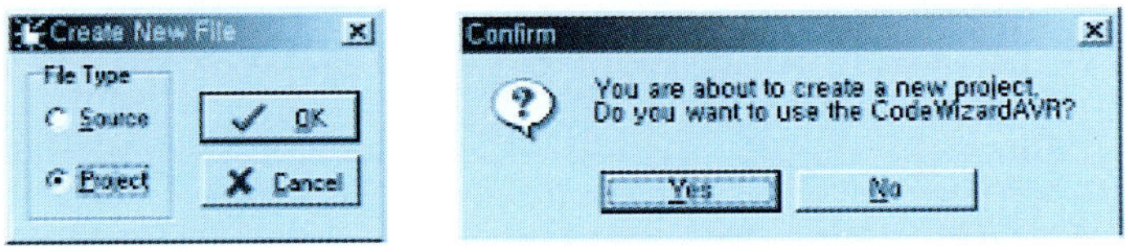

왼쪽에서 Project를 선택 후 OK를 선택하면 우측의 확인창이 나타난다. 우측의 창에서 No를 선택한다.

No를 선택한 후 적당한 위치에 프로젝트를 만든 후 확인을 누르면 프로젝트 설정을 위한 다음의 창이 나타난다.

〈그림 6-2〉
프로젝트 폴더 위치

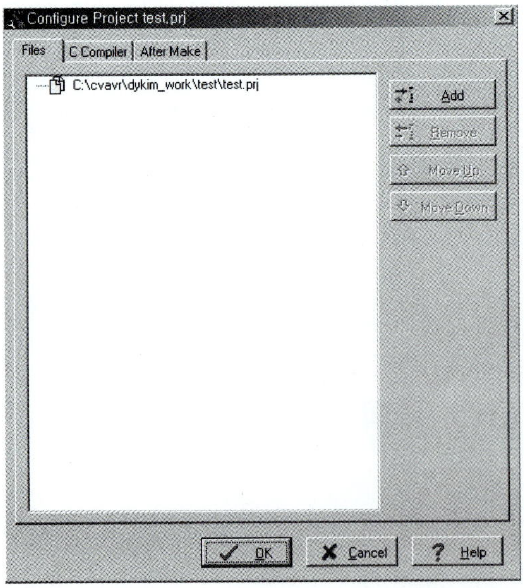

OK를 누르고 소스를 작성하기 위하여 다시 IDE 창에서 File/New를 선택하여 Create New File 창을 띄운 후 Source를 선택 후 OK를 선택한다. 그러면 새로운 Edit 창이 열릴 것이다. 여기에 필요한 다음과 같은 source를 입력 후 저장을 한다.

```
#include〈mege128.h〉

/////////////////////////////////////////////////////////////////////////////////////////
//MAIN-ROUTINE
/////////////////////////////////////////////////////////////////////////////////////////
int main(void)
{
    unsigned char tmp;
    PORTD = 0×f0;//out put high to off all led
    DDRD = 0×f0; //LED1(PD4) - LED4(PD7)

    PORTC= 0×FF; //SS..8 ru11up
    DDRC = 0×00; //input

    MCU CR = 0×80;  //Enable external SRAM
    XMCRA = 0×44;   //0×1100 - 0×7FFF = 1 wait, 0×8000-0×FFF=0 wait
    XMCRB = 0×87;   //Enable bus keeper, Unused PC7-PC0(A8..15)
    while (1)
        {
            tmp = (PINC & 0×0f)〈〈4;
            PORTD = tmp;
        }
        return=0;
    }
```

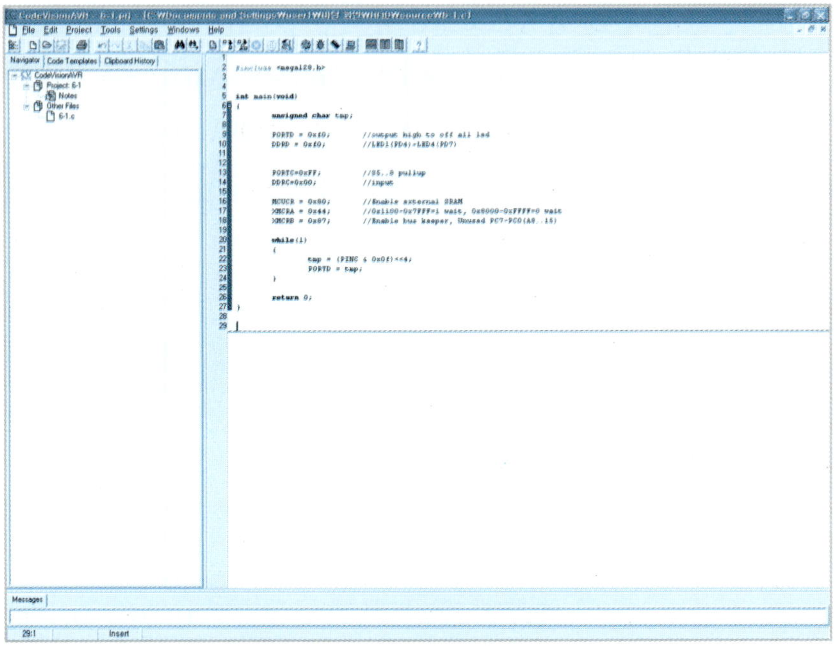

〈그림 6-3〉
소스 파일

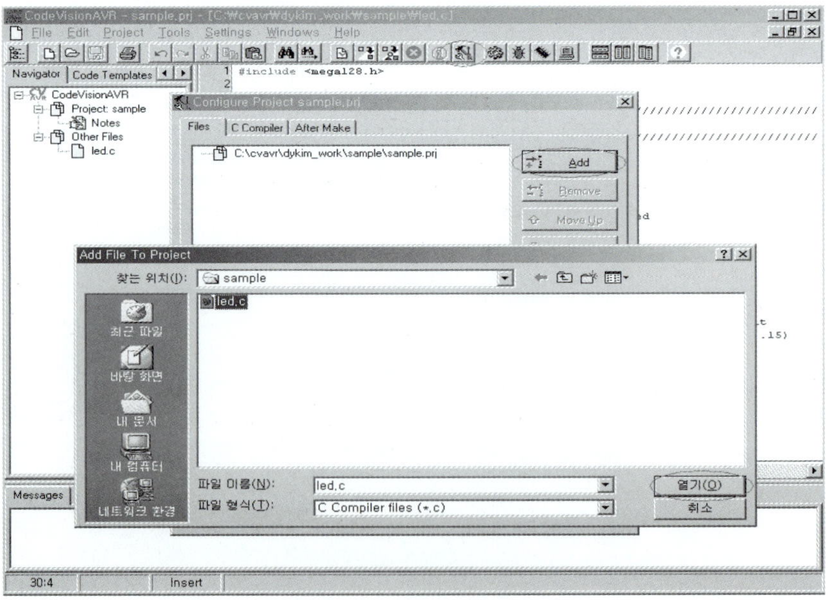

〈그림 6-4〉
소스 폴더 위치

저장한 소스를 프로젝트에 포함시키기 위해서는 설정 창을 띄워 프로젝트에 소스를 Add를 시켜줘야 한다.

설정 창을 띄우기 위해서 Project/ Configure를 선택한다. 그러면 아래 〈그림 6-5〉와 같은 창이 나타나다. Add를 누르면 다시 새로운 창이 아래와 같이 나타나고 여기서 위에 저장한 소스를 선택한다. 그러면 왼쪽 메뉴에 저장한 소스가 프로젝트에 포함되는 것을 볼 수 있다.

또는 미리 저장된 파일을 불러와도 된다. CodeVisionAVR에서 열기를 하여 폴더에서 6-1.prj 파일을 연다. 그러면 〈그림 6-5〉과 같은 화면이 나타날 것이다.

〈그림 6-5〉
LED 출력 프로젝트 파일

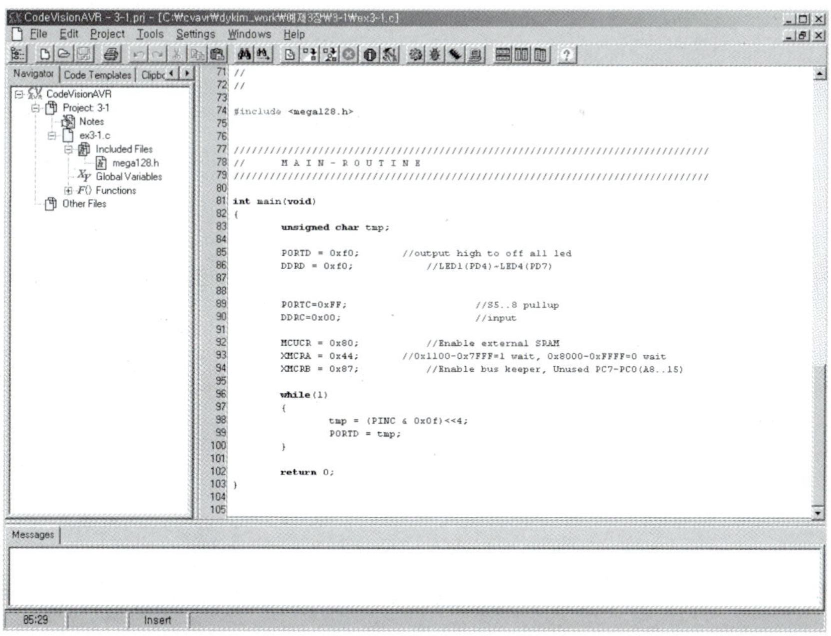

〈그림 6-5〉 code에 해당하는 ED-3100의 하드웨어 구조는 다음과 같다.

〈그림 6-6〉
LED 1~4 제어회로도

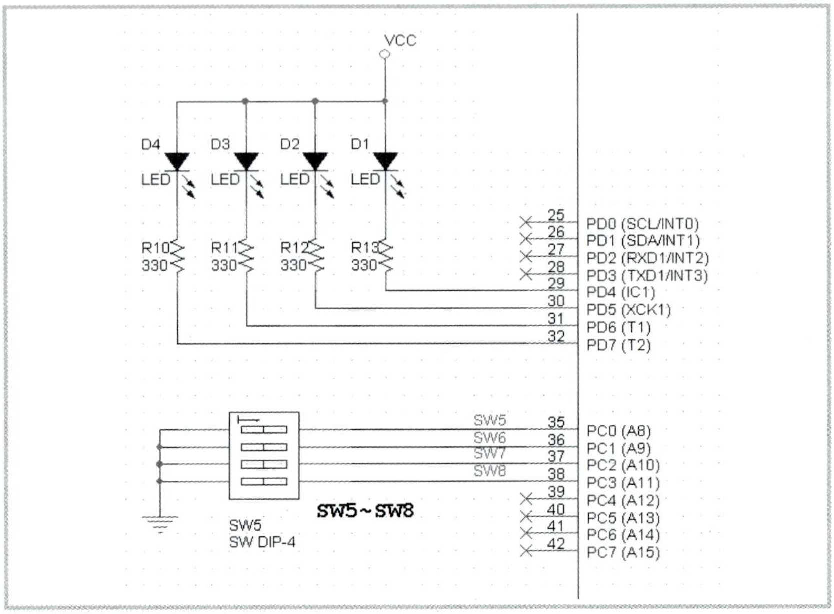

PORT C의 하위번지인 PC0~PC3에 SW5~SW8이 연결되어 있다. 그리고 PORT D의 상위 핀에 LED1~LED4가 연결되어 있다. AVR의 PORT 구조는 3개의 레지스터로 구성된다. PORT D를 예로 들어 설명을 하겠다. 우선 PORT D 레지스터는 드라이브 레지스터이다. PORT D에 어떤 값을 쓰고 싶으면 이 레지스터에 해당되는 값을 쓰면 AVR의 물리적인 핀으로 값이 나간다. 두 번째로 PIND 레지스터는 외부에서 입력되는 값을 반영하는 레지스터이다. 외부에 스위치 등을 부가한 경우 입력되는 값을 가져오기 위해서는 PIND 레지스터의 값을 읽으면 현재 PIN에 입력되는 값을 알 수가 있다. 그리고 마지막으로 DDRD 레지스터는 PORT D의 입출력 방향을 설정하는 레지스터이다. 해당하는 비트를 1로 설정하면 출력이고, 0 으로 설정하면 입력으로 된다. 이런 점을 유념하면서 〈그림 6-7〉 코드를 잘 살펴보기 바란다.

〈그림 6-7〉
LED 실험 프로그램

```
#include<mege128.h>

////////////////////////////////////////////////////////////////////////////////////
//NAIN-ROUTINE
////////////////////////////////////////////////////////////////////////////////////
int main(void)
{
        unsigned char tmp;
PORTD = 0×f0;//out put high to off all led
DDRD = 0×f0;        //LED1(PD4) - LED4(PD7)

PORTC= 0×FF; //SS..8 ru11up
DDRC = 0×00; //input

MCU CR = 0×80;  //Enable external SRAM
XMCRA = 0×44;    //0×1100 - 0×7FFF = 1 wait, 0×8000-0×FFF=0 wait
XMCRB = 0×87;    //Enable bus keeper, Unused PC7-PC0(A8..15)
while (1)
    {
        tmp = (PINC & 0×0f)<<4;
        PORTD = tmp;
    }
    return=0;
}
```

〈그림 6-7〉의 코드는 포트 설정을 한 후 무한 루프인 while(1){ }에서 PORT C의 스위치에 입력되는 값들을 모니터링하여 PORT D 드라이브 레지스터에 값을 출력하는 간단한 동작을 반복한다.

위의 파일을 컴파일하여 AVRStudio의 JTAG 장비를 이용하여 칩의 flash 메모리에 기록해보자.

(1) AVR 프로그램을 다운로드하기 위해 AVR Studio를 실행한다.

(2) 메뉴에서 파일 열기를 실시한다.

그러면 〈그림 6-8〉의 파일 열기 창이 나타날 것이다.

〈그림 6-8〉
파일 열기 창

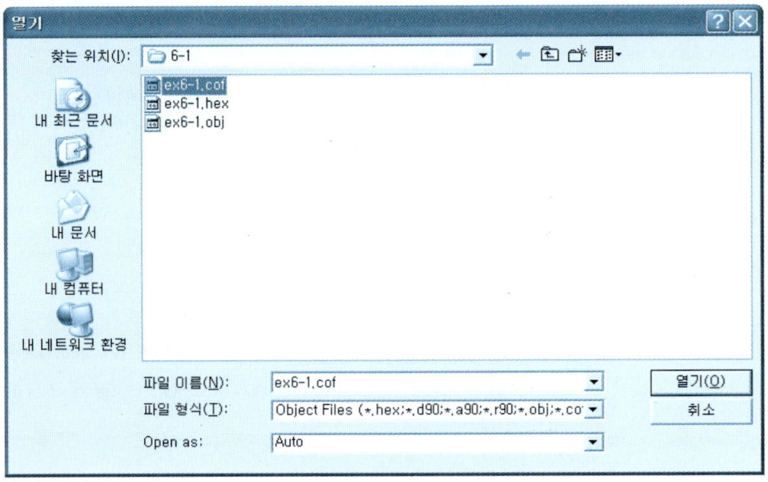

여기서 make 해서 생긴 파일 중 xx.cof 파일을 선택한다.

그러면 다음의 〈그림 6-9〉 시스템 설정화면이 나타난다.

〈그림 6-9〉
장치 화면 창

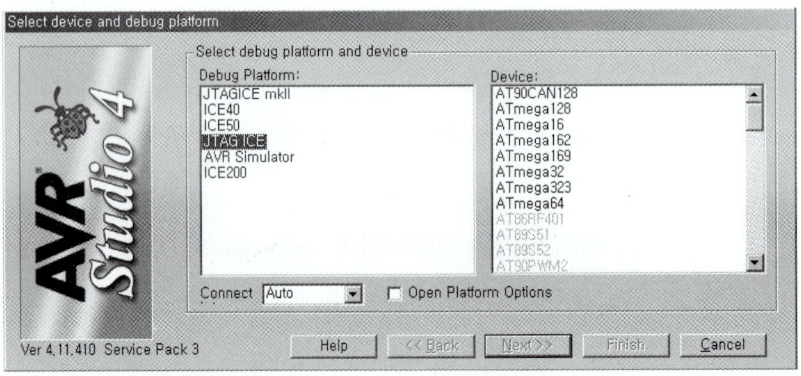

여기서 JTAG ICE 와 ATmega128을 선택한 후 Finish를 누른다.

그러면 파일을 로딩하기 위한 포트가 제대로 설정되어 있는지 검사한 후 포트 설정창이 나타나게 된다. 〈그림 5-11〉에서 기억한 포트번호를 여기에 기록하면 된다.

〈그림 6-10〉 선택포트 창

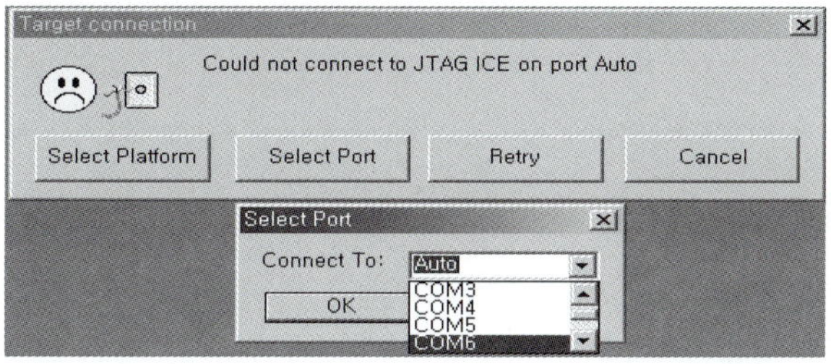

위의 경우 포트번호를 COM6번으로 한 후 Retry를 눌러 프로그램을 시작한다. 이 번호는 사용자와 PC에 따라 변하는 가변적인 값이므로 잘 확인하기 바란다.

모든 설정이 바르게 됐다면 AVR Studio 상에 프로그램이 로드되고 JTAG emulation을 시행할 준비가 된 것이다.

〈그림 6-11〉 AVR Studio 상에 프로그램 로드

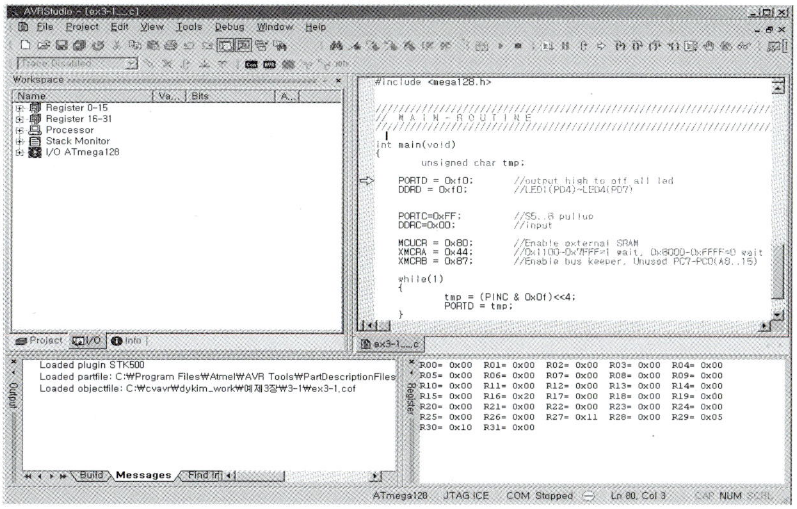

〈그림 6-11〉 같이 프로그램이 로드된 창이 나타나면 emulation을 실행할 수 있다. 메뉴 바에서 필요한 메뉴를 사용하여 프로그램을 다운로딩하고 emulation 하기 바란다. S5~S8 까지를 ON/OFF하면서 LED가 켜지고 꺼지는지 살펴본다.

6.2 키 입력 실습

이번 예제는 6-1의 예제와 비슷한 예제이다. 다만 스위치 입력이 S5~S8의 DIP 스위치에서 S1~S4의 택트(TACT) 스위치로 변경되는 것이다. 그러나 택트(TACT) 스위치의 오류없는 검출은 약간의 테크닉이 필요하므로 CODE는 약간 복잡해진다. 그러나 어려울 것은 없으므로 CODE를 주의 깊게 살펴보면 어려움없이 이해할 수 있을 것이다. 우선 하드웨어 구조는 다음과 같다.

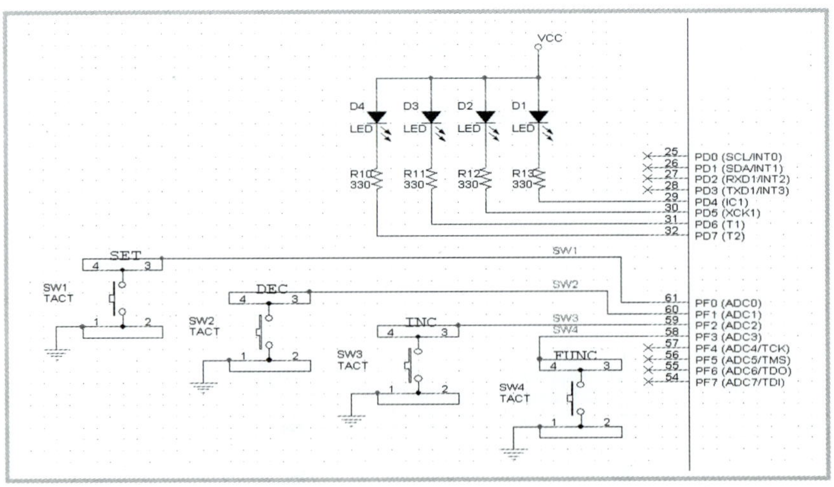

〈그림 6-12〉
Dip 스위치 회로

LED1~LED4는 PORTD의 PD4~PD7에 연결되어 있다. 그리고 택트 스위치 SW1~SW4는 PORTF의 PF0~PF3에 연결되어 있다.

우리가 작성하고자 하는 프로그램은 S1을 누르면 D1의 상태가, S2를 누르면 D2의 상태가, S3를 누르면 D3가, S4를 누르면 D4가, 각각 반전되는 프로그램을 만들고자 하는 것이다. 이때 스위치 입력의 채터링 등을 방지하기 위한 약간의 CODE가 삽입되므로 유심히 살펴보기 바란다.

우선 폴더에서 6-2.prj 파일을 만들거나 로드하여 다음의 화면을 나타나게 한다.

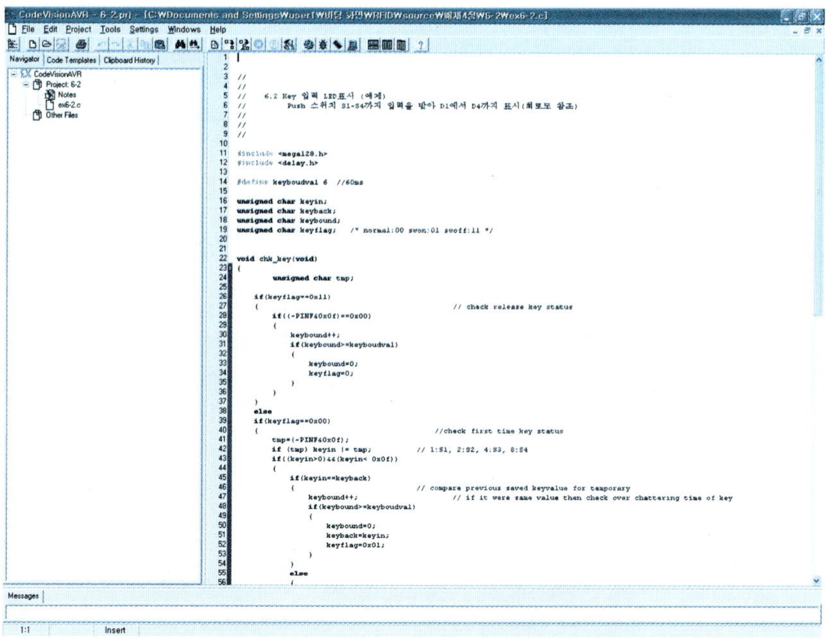

〈그림 6-13〉 소스 파일 로드

이 파일을 컴파일한다. 그리고 프로그램을 다운로드 해보자.

(1) AVR 프로그램을 다운로드 하기 위해 AVR Studio를 실행한다.

(2) 메뉴에서 파일 열기를 실행한다.

그러면 〈그림 6-14〉의 파일 열기 창이 나타날 것이다.

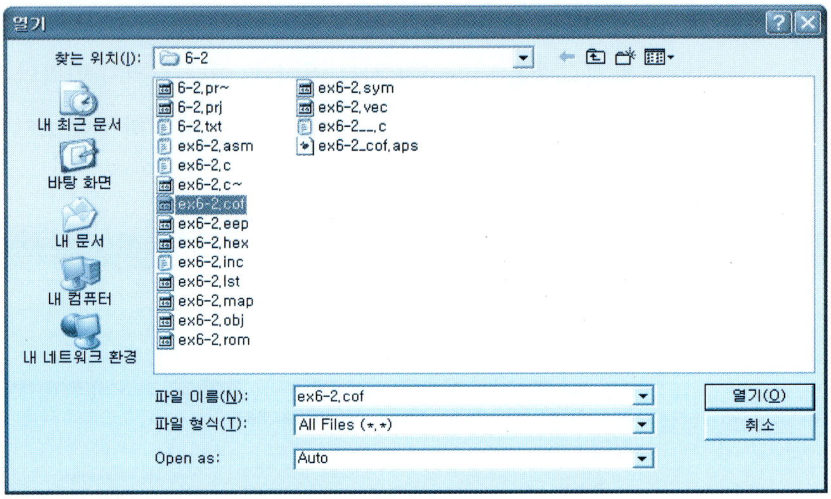

〈그림 6-14〉 파일 열기 창

여기서 make 해서 생긴 파일 중 xx . cof 파일을 선택한다.

그러면 다음의 〈그림 6-15〉 시스템 설정화면이 나타난다.

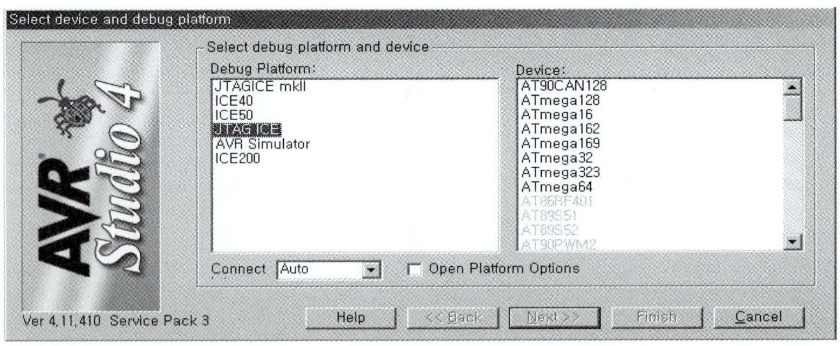

〈그림 6-15〉 장치 화면 창

여기서 JTAG ICE 와 ATmega128을 선택한 후 Finish를 누른다.

그러면 파일을 로딩하기 위한 포트가 제대로 설정되어 있는지 검사한 후 포트 설정창이 나타나게 된다. 〈그림 5-11〉에서 기억한 포트번호를 여기에 기록하면 된다.

〈그림 6-16〉 선택포트 창

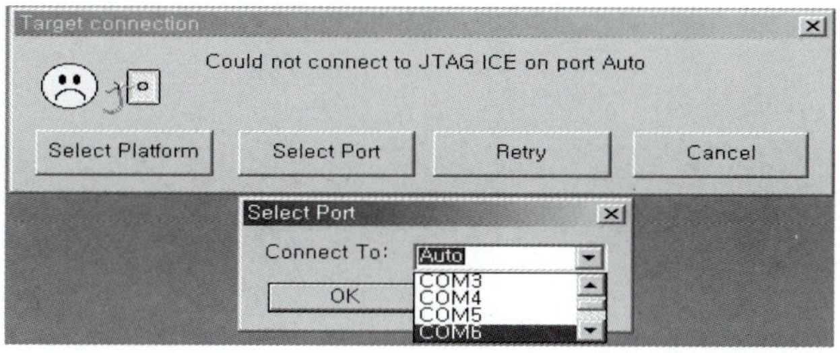

위의 경우 포트번호를 COM 6번으로 한 후 Retry를 눌러 프로그램을 시작한다. 이 번호는 사용자와 PC에 따라 변하는 가변적인 값이므로 잘 확인하기 바란다.

모든 설정이 바르게 됐다면 AVR Studio 상에 프로그램이 로드되고 JTAG emulation을 시행할 준비가 된 것이다.

〈그림 6-17〉 AVR Studio 상에 프로그램 로드

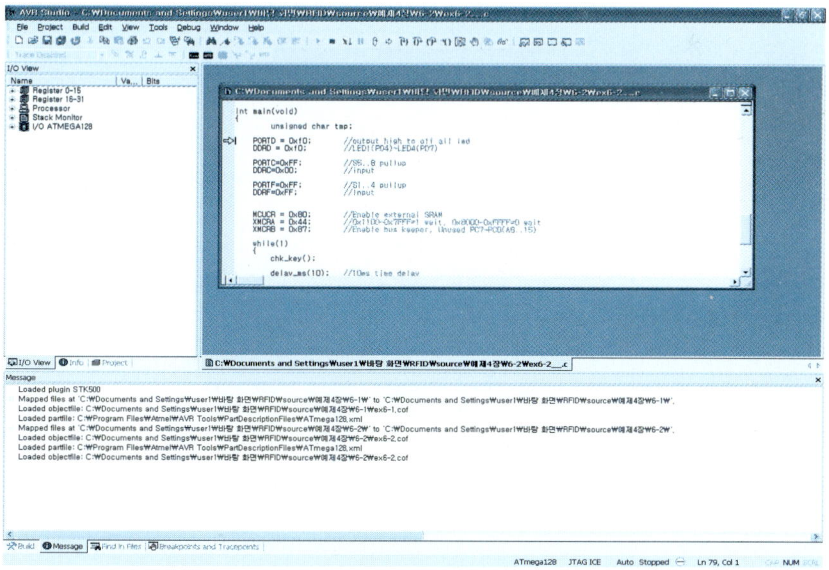

〈그림 6-17〉 같이 프로그램이 로드된 창이 나타나면 emulation을 실행할 수 있다.

메뉴 바에서 필요한 메뉴를 사용하여 프로그램을 다운로딩하고 emulation 하기 바란다.

Code의 채터링 방지 알고리즘을 약간 설명하면 다음과 같다.

key 입력을 받아들이는 순서는 keyflag=00(입력감지 7번 반복) → keyflag=0x01(포트출력) → keyflag=0x11(key가 눌려진 것이 떨어진 것을 확인하는 부분 : 7번 반복) → keylfag=00(다시 입력 감지 부분 진입). 이와 같은 순서를 반복하면서 key 값의 입력을 채터링을 방지하며 처리할 수 있다.

〈그림 6-18〉
입력 헤더 링 방지 프로그램(Key 눌리는)

```
void ch k_key(void)
{
    unsigned char tmp;
    if(keyflag--0×11)          //check release key status
    {
     if((~PINF&0×0f)==0×00)
     {
          keybound++;
          if(keybound〉=keyboudval)
          {
         keybound=0;
               keyflag=0;
          }
      }
}
```

〈그림 6-19〉
LED 출력 프로그램

```
else
if(keyflag==0×00)
{                //check first time key status
   tmp=(~PINF &0×0F);
   if(tmp)keyin |: tmp;  //1:S1, 2:S2, 4:S3, 8:S4
   if ((keyin)0)&&(keyin(0×0f))
   {
      if(keyin==keyback)
      {              //compare previous saved keyvalue for temporary
   keybound++; //if it were same value then check over chattering time of
key
   if(keybound )-keyboudval)
     {
      keybound = 0;
      keyback = keyin;
      keyflag = 0×01;
     }
   }
   else
   {  keyback =keyin//save keyvalue temporary to compare
      keybound =0;
   }
}
   else
   {  keyback =keyin;
      keybacd =0;
   }
   }
}
```

〈그림 6-18〉 code는 key 눌리는 입력 채터링 방지 부분이고, 〈그림 6-19〉 보라색 부분이 LED 출력 부분이고, 〈그림 6-20〉이 key가 눌린 후 떨어질 때의 채터링을 방지하는 부분이다.

〈그림 6-20〉
채터링 방지 프로그램
(Key 눌린 후)

```
/////////////////////////////////////////////////////////////////////
// MAIN - ROUTINE
/////////////////////////////////////////////////////////////////////
int main(void)
{
    while(1)
    }
        chk_key();
        delay_ms(10);  //10ms time delay
        if (keyflag==0×01)
        {
            tmp = (keyin & 0×0f)<<4;
            PORTD ^=tmp;    //toggle led whenever key press
            keyis =0;       //clear and check release
            keyflag=0×11;
        }
    }
    return 0;
}
```

각각의 변수에 주의하며 code를 살펴보기 바란다.

6.3 외부입력 인터럽트 실습

인터럽트란 본질적으로 하드웨어에 의해 발생된 함수의 호출로 정의할 수 있다. 단지 이것은 일반적인 code보다 우선적으로 처리되는 것에 불과하다. 인터럽트는 그 이름이 시사하듯이 프로세서 프로그램의 흐름을 중지시키고 프로세서가 인터럽트 서비스 루틴(ISR)으로 분기하도록 한다. 인터럽트 서비스 루틴은 인터럽트가 걸릴 때 발생할 것으로 예상되는 일이 무엇이든 간에 그 일을 처리한다. 프로세서가 인터럽트에 즉각적으로 반응해야 하는 상황이거나, 또는 프로세서가 사건이 일어나기를 기다리면서 확인하는 작업이 매우 낭비적인 상황일 때 인터럽트는 매우 유용하다. 모든 인터럽트는 개별적으로 메모리의 하위 영역에 벡터 번지가 할당되어 있다. 컴파일러는 관련된 인터럽트 서비스 루틴의 시작 번지와 상대번지 점프 명령어를 각 인터럽트의 해당 벡터 번지에 둔다. 인터럽트가 발생하면 지금 실행하고 있는 명령어를 완료한 후 해당 인터럽트와 관련된 해당 번지로 점프한다. 인터럽트가 발생하면 인터럽트 종료 후 복귀할 번지는 시스템의 스택에 저장된다.

현재 ED-3100 회로도의 외부 인터럽트는 SLRC400의 IRQ와 ATmega128의 INT0에 연결되어 있기 때문에 간단한 인터럽트 실험은 힘들다. SLRC400과 관련된 동작을 설정하여 동작 이벤트가 끝나면 인터럽트가 되도록 할 수 있지만 여기에서는 단지 인터럽트를 사용할 수 있는 설정, ISR 루틴정도의 예제를 들었다. 상세한 코드는 6장 이후의 예제에서 다루기로 한다.

우선 폴더에서 6-3.pjt를 열어 code를 열어 놓는다. 이 코드는 동작하는 code는 아니다. 다만 code의 구조만을 보인 것이고 명시된 곳에 우리가 필요로 하는 동작을 넣기만 하면 동작할 것이다. 그럼 code의 구조를 살펴보도록 하자. 위의 예제 code는 main( )이 시작부에서 관련 인터럽트 설정과 PORT 설정을 한 후 while(1) 무한 반복 루틴에서 메인 루틴 코드를 실행하면서 관련 인터럽트(EXT_INT0) 이 발생하면 관련 함수로 점프하여 코드를 수행 후 다시 메인 루틴 코드로 복귀하는 구조로 되어 있다. 이렇게 하면 인터럽트를 사용할 수 있으며 발생을 예측할 수 없는 불규칙한 일을 신속히 처리하는데 매우 효과적이다. 〈그림 6-21〉에서 붉은색 code 부분의 인터럽트라는 말은 compiler 예약어이며, compiler는 이후에 기술되는 code가 인터럽트 루틴이라는 것을 알 수 있고 이 code의 시작번지를 해당 벡터 번지에 저장하게 하여, 인터럽트 발생 시 그곳으로 점프하게 만든다.

〈그림 6-21〉
인터럽트 프로그램

```
#include<mega128.h>
//Enable external interrupt INT0
void EnableExtIntr(BYTE intrN)
{
    BYTE mask;
    if(mtrN==0) mask=0×01;
    else if(intrN==1) mask=0×02;
    else if(intrN==2) mask=0×04;
    EIMSK | =mask;
}
//Disable external interrupt INTO
void DisableExtIntr(BYTE intrN)
{
    BYTE mask;
    if(intrN==0) mask=0×01;
    else if(intrN==1) mask=0×02;
    else if(intrN==2) mask=0×04;
    EIMSK & =~mask;
}

interrupt [EXT_INT0] void ext_int0_isr(void)
{
    disableExtIntr(0);
    인터럽트 루틴 코드
    EnableExtIntr(0);
}
//////////////////////////////////////////////////////////////////////////////////
MAIN - ROUTINE
//////////////////////////////////////////////////////////////////////////////////
int main(void)
{
    unsigned char tmp;
    포트 및 레지스터 설정코드
```

```
        EICRA = 0×02;  //INT0 falling edge
        while(1)
        {
            메인루틴 코드
        }
        return 0;
}
```

좀 더 자세하고 실질적으로 동작하는 code는 다음 장에서 언급하기로 한다.

6.4 타이머 인터럽트 실습

이번 절에서는 타이머 인터럽트에 대하여 실습해 보기로 하자. 이제 기존 code에 살을 붙여가는 형태로 code를 키워나가겠다. 6-2에서 학습한 key 입력 code에 타이머 인터럽트를 추가하여 같이 동작하게 만들어 보도록 하자. 동작은 스위치 입력에 의해 ON된 LED가 1초에 한번씩 점멸하는 동작이다. Timer3를 이용하여 500ms 마다 한번씩 상태를 바꾸는 code를 작성하였고 결과적으로 1초에 한번씩 점멸한다.

우선 폴더에서 6-4.prj 파일을 로드하여 다음의 화면을 나타나게 한다.

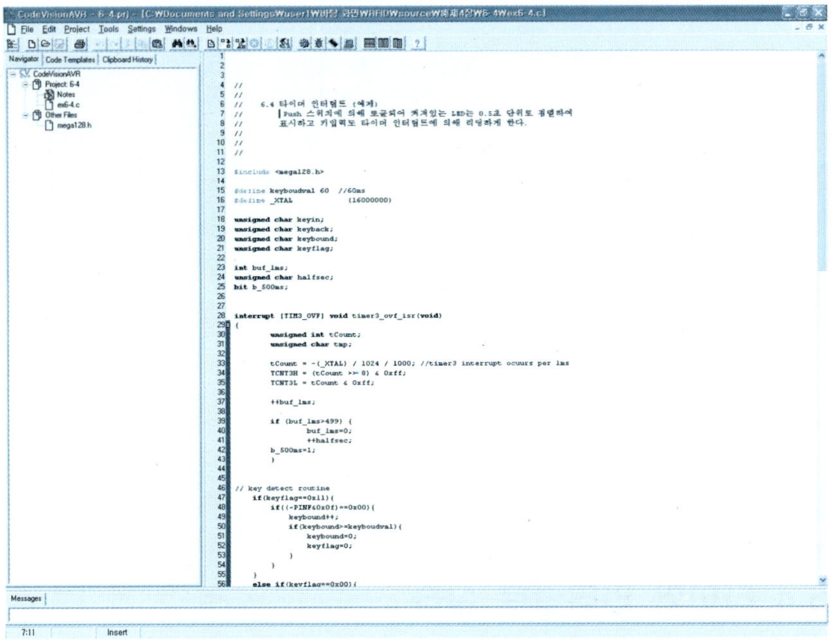

〈그림 6-22〉 소스 파일 로드

이 파일을 컴파일하자. 그리고 프로그램을 다운로드해보자.

(1) AVR 프로그램을 다운로드하기 위해 AVR Studio를 실행한다.

(2) 메뉴에서 파일 열기를 실행한다.

그러면 〈그림 6-23〉의 파일 열기 창이 나타날 것이다. 여기서 make 해서 생긴 파일 중 xx . cof 파일을 선택한다.

〈그림 6-23〉
파일 열기 창

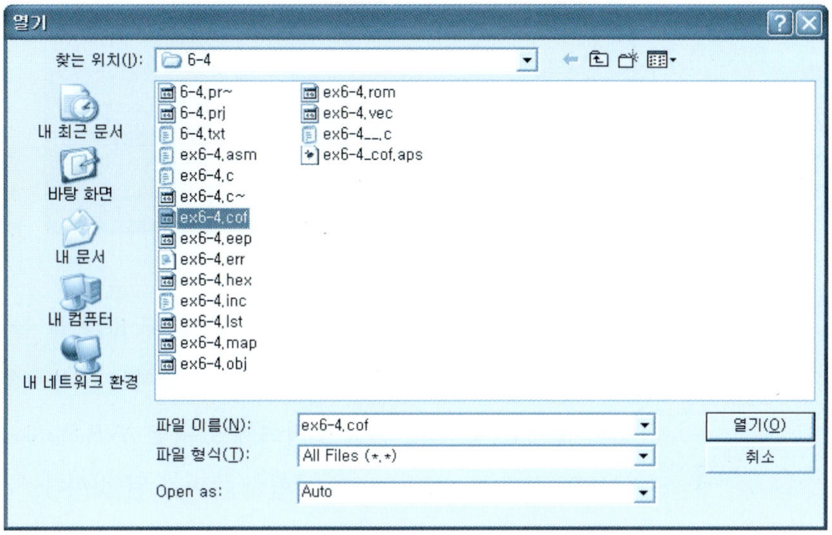

그러면 다음의 〈그림 6-24〉 시스템 설정화면이 나타난다.

〈그림 6-24〉
장치 화면 창

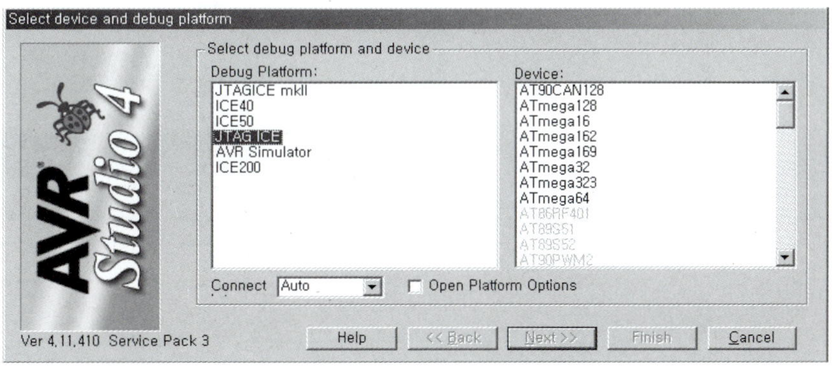

여기서 JTAG ICE 와 ATmega128을 선택한 후 Finish를 누른다.

그러면 파일을 로딩하기 위한 포트가 제대로 설정되어 있는지 검사한 후 포트 설정창이 나타나게 된다. 〈그림 5-11〉에서 기억한 포트번호를 여기에 기록하면 된다.

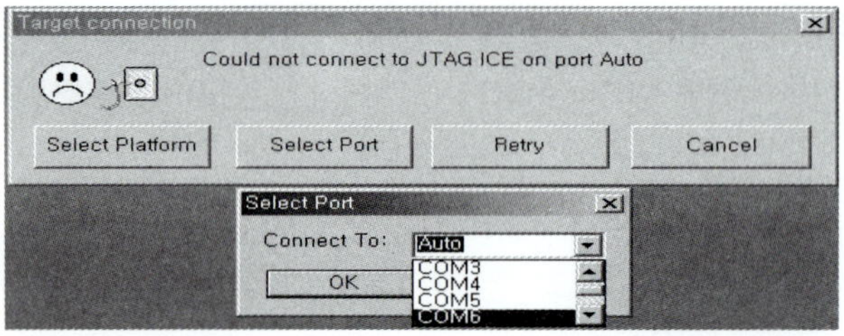

〈그림 6-25〉
선택포트 창

위의 경우 포트번호를 COM6번으로 한 후 Retry를 눌러 프로그램을 시작한다. 이 번호는 사용자와 PC에 따라 변하는 가변적인 값이므로 잘 확인하기 바란다. 모든 설정이 바르게 됐다면 AVR Studio 상에 프로그램이 로드되고 JTAG emulation을 시행할 준비가 된 것이다.

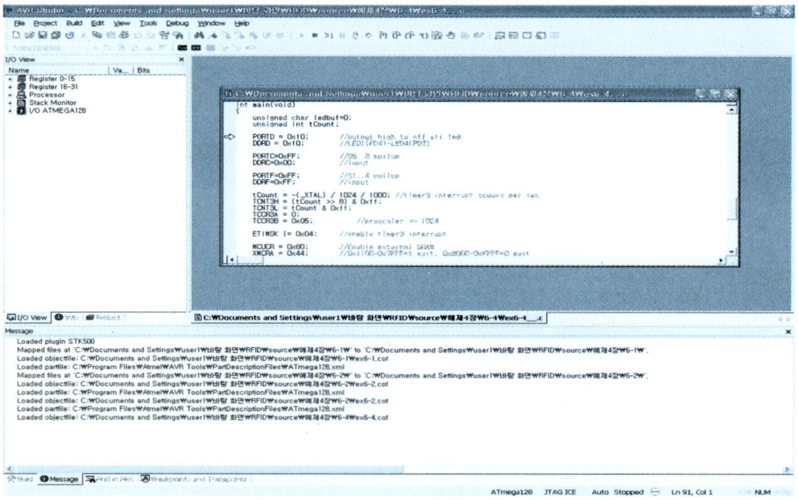

〈그림 6-26〉
AVR Studio 상에
프로그램 로드

〈그림 6-26〉 같이 프로그램이 로드된 창이 나타나면 emulation을 실행할 수 있다. 메뉴 바에서 필요한 메뉴를 사용하여 프로그램을 다운로딩하고 emulation 하기 바란다.

〈그림 6-27〉처럼 하드웨어 구조를 살펴보자.

〈그림 6-27〉
타이머 회로도

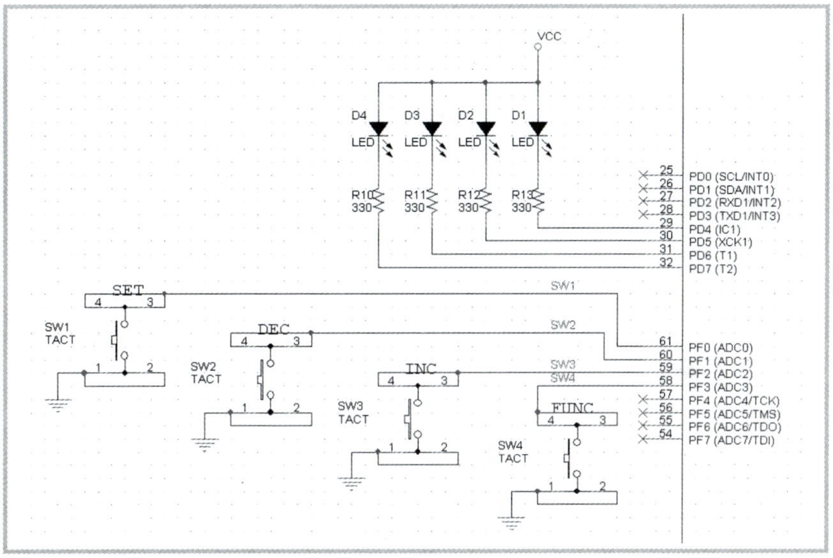

main( ) 함수에서 시스템 설정 부분의 code를 살펴보도록 하자.

〈그림 6-28〉
타이머 인터럽트 프로그램

```
int main(void)
{
    unsigned char ledbuf=0;
    unsigned int tCount;

PORTD = 0×f0;    //output high to off all led
DDRD = 0×f0;     //LED1 (PD4)~LED4(PD7)

PORTC = 0×FF;        //SS..8 pullup
DDRC = 0×00;         //input

PORTD = 0×FF;        //S1..4 pullup
DDRC = 0×00;         //input
```

```
tCount = -(_XTAL)/1024/1000;//timer3 interrupt ocuurs per 1ms      ①
TCNT3H = (tCount >> 8)&0×ff;
TCNT3L = tCount & 0×ff;
TCCR3A = 0;                                                        ②
TCCR3B = 0×05;;  //prescaler==1024

ETIMSK |= 0×04; //enable timer3 interrupt
```

〈그림 6-28〉 code에서 PORTD 와 PORTF의 설정은 이전 실험과 동일하다. 주목해야 할 부분은 ①번으로 표시된 지점과 ②번으로 표시된 지점이다.

Timer3은 TCNT3H와 TCNT3L이 하나의 counter를 이루는 16비트 카운터이다. 이것은 많은 기능을 수행할 수 있는 모드가 있으나 여기서는 단순히 counter가 overflow가 발생하면 인터럽트가 발생하는 모드로 설정되어 있다. 1ms를 만들어 내기 위해 counter에 채워야 할 값은 다음과 같이 계산한다.

timer3은 0xFFFF에서 0x0000되는 순간 인터럽트가 발생한다. 이와 같은 동작을 하도록 counter 값을 계산하는 것은 많은 방법이 있지만 간단하고 편한 방법 한 가지를 소개하도록 하겠다.

만약 5카운트후에 오버플로우(overflow)가 발생하도록 counter 값을 설정하려면 10진수 5의 음수인(-5)를 취한 후 16진수로 변환한다. 그러면 16진수 0xFFFB가 된다. 이 값은 5번을 증가시키면 overflow 인터럽트가 발생하는 값이다. 이와 같이 하면 값을 쉽게 계산할 수 있다.

위의 계산에서는 _XTAL이 16MHz이고, timer3의 프리스케일러가 1024로 설정되어 있기 때문에(TCCR3B = 0x05) timer3에 실제적으로 입력되는 값은 15.625kHz가 입력된다.

그러나 1mS 마다 타이머3가 인터럽트가 발생하려면 15.6번 카운트 후에 overflow가 되게 값을 설정하면 된다. 그렇기 때문에 다시 1000으로 나누어 준다. 그러면 값이 -15.6이 되고 이 값의 16진수는 0xFFF1이 된다. 이렇게 설정하면 Timer3은 1mS 간격으로 인터럽트가 발생한다.

그리고 인터럽트 루틴의 code 부분을 살펴보면 다음과 같다.

〈그림 6-29〉
인터럽트 루틴

```
interrupt [TIM3_OVF] void timer3_ovf_isr(void)
{
    unsigned int tCount;
    unsigned char tmp;
    tCount = -(_XTAL)/1024/2000;//timer3 interrupt ocuurs per 1ms
    TCNT3H = (tCount〉〉8) & 0×ff;                                    ①
    TCNT3L = tCount & O×ff;
    ++buf _1ms;
    if(buf_1ms〉499) {
        buf_1ms=0;
        ++halfsec;                     ②
        b_500ms=1;
}
```

〈그림 6-29〉의 code에서 보면 인터럽트 루틴 진입 후 다음 인터럽트가 다시 1ms 후에 발생하도록 ①번 부분으로 재설정하고 ②번 부분은 1ms를 500번 count 하여 500mS를 만든다.

〈그림 6-30〉
두 번째 인터럽트 루틴

```
while(1){
    if (keyflag==0×01){
        ledbuf ^=((keyin&0×0f)<<4);  //toggle led when ever key press
        keyin=0;                     //clear and check release
        keyflag = 0×11;
    }
    if(b_500ms){          ①
        b_500ms=0;
        if(halfsec&0×01) PORTD &= ~ledbuf;
        else PORTD I=0×ff
    }
}
```

〈그림 6-30〉 main( ) 함수의 while(1) code 부분을 보면 번호 ①의 b_500ms는 1이 될 때마다 진입하여 PORTD의 LED 상태를 토글시킴을 알 수 있다.

확인 방법은 CD의 4-4.prj를 컴퍼일하고 보드에 다운로드하여 동작 확인해 보기 바란다.

6.5 LCD 구동 실습

이번 절에서는 16x2 문자 표시 LCD에 대하여 학습해 보기로 하자.

다음은 16x2 문자 표시 LCD의 제어라인에 대한 설명이다.

〈그림 6-31〉에서 4. 5. 6번 라인은 제어 신호 라인이고 7~14번까지는 데이터 라인이다. LCD에 데이터를 쓰기 위해서는 그에 맞는 순서대로 제어를 해주어야 한다.

〈그림 6-31〉 핀 배치도

핀번호	기호	레벨	기능
1	Vss(GND)	O V	Ground
2	VDD(Vcc)	+5V	Logic Suppty Voitage
3	Vo	–	LCD Driving Voitage
4	RS	H/L	LCD Driving Voitage
5	R/W	H/L	H: Data Input L: Instruction Input
6	E	H,H →L	H: Data Read L: Data Write
7	DBO	H/L	Enable signal
8	DB1	H/L	Data Bus Line
9	DB2	H/L	
10	DB3	H/L	
11	DB4	H/L	
12	DB5	H/L	
13	DB6	H/L	
14	DB7	H/L	
15	NC	–	
16	NC	–	

〈그림 6-32〉 읽기/쓰기 타이밍도

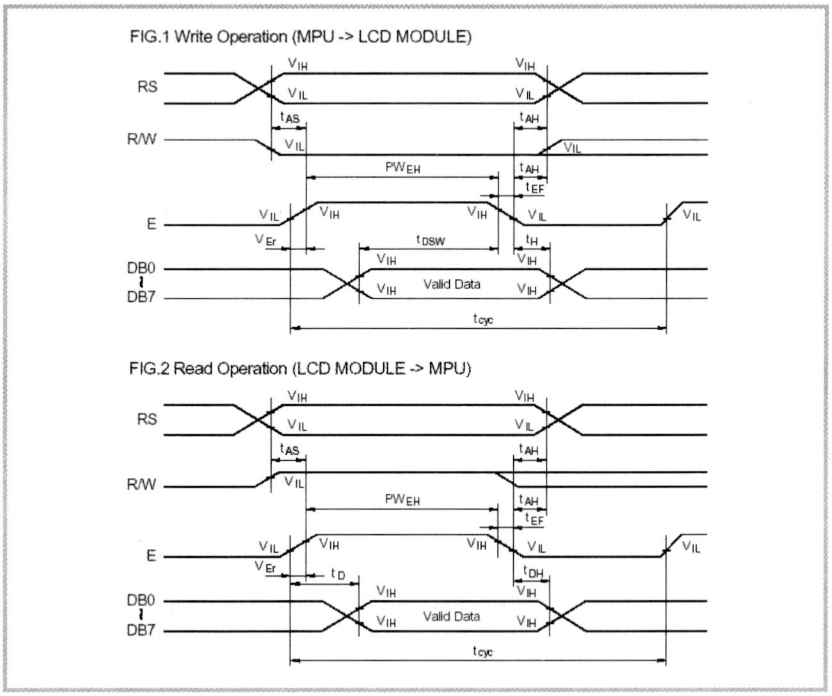

〈그림 6-32〉는 읽기/쓰기 타이밍도이다. LCD에 읽기/쓰기 할 때는 반드시 다음의 타이밍도상의 사양에서 벗어나지 않게 해야 한다. 대부분 우리가 사용할 모드는 쓰기 모드이므로 주의깊게 살펴보길 바란다.

RS 라인은 제어명령과 데이터를 구분하기 위하여 사용하는 제어라인이다. RS=1은 데이터이고 RS=0 이면 제어 명령이다. 그리고 R/W=0는 쓰기 동작이고 R/W=1이면 읽기 동작이다. E=1 이면 LCD 모듈이 동작 상태이고, E=0이면 동작하지 않는 상태이다.

〈그림 6-33〉에서 ED-3100의 CD 하드웨어 구조에 대하여 살펴보도록 하자.

LCD의 제어라인은 PORTE의 PE5~PE7에 연결되어 있고, 데이터 라인은 PORTB에 연결되어 있다. 그럼 실습을 시작해 보면

폴더에서 6-5.prj 파일 열면 source 파일이 열린다. LCD를 제어하기 위한 많은 함수들이 있는데, 쓰기 타이밍과 관련된 함수를 살펴보기로 하자.

〈그림 6-33〉
LCD 회로도

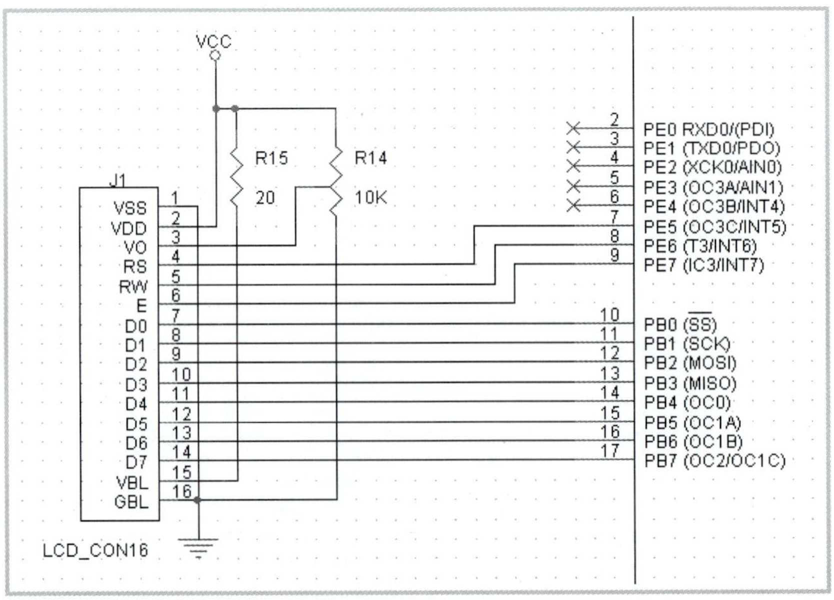

void lcd_command(unsigned char Command), void lcd_data(unsigned char dat)

위의 두 함수는 매우 유사하게 동작한다. 단지 RS 핀의 상태에 따라 표시 데이터를 전송하는지 제어 명령어를 전송하는지의 차이만이 있을 뿐이다.

다음 〈그림 6-34〉는 실제 code를 보며 살펴보기로 하자.

〈그림 6-34〉
LCD 프로그램

```
void 1cd_command(unsigned char command)
{
while(1cd_check_busy( ));
DDRB = 0×ff;
PORTB = Command;
PORTE & = ~1cd_rs;
PORTE & = ~1cd_rs;
PORTE & = ~1cd_rs;
PORTE & = ~1cd_rs;
PORTE & = ~1cd_rw;
PORTE & = ~1cd_rw;
PORTE & = ~1cd_rw;
PORTE & = ~1cd_rw;
PORTE | = 1cd_e;
PORTE | = 1cd_e;
PORTE | = 1cd_e;
PORTE | = 1cd_e;
PORTE | = 1cd_e;
PORTE | = 1cd_e;
PORTE | = 1cd_e;
PORTE | = 1cd_e;
PORTE & = ~1cd_e;
PORTE & = ~1cd_e;
PORTE & = ~1cd_e;
PORTE & = ~1cd_e;
PORTE & = ~1cd_e;
PORTE | = ~1cd_rw;;
}
```

```
void 1cd_data(unsigned char dat)
{
while(1cd_check_busy(1));
 DDRB = 0×ff;
PORTB = dat;
PORTE | = ~1cd_rs;
PORTE | = ~1cd_rs;
PORTE | = ~1cd_rs;
PORTE | = ~1cd_rs;
PORTE & = ~1cd_rw;
PORTE & = ~1cd_rw;
PORTE & = ~1cd_rw;
PORTE & = ~1cd_rw;
PORTE | = 1cd_e;
PORTE | = 1cd_e;
PORTE | = 1cd_e;
PORTE | = 1cd_e;
PORTE | = 1cd_e;
PORTE | = 1cd_e;
PORTE | = 1cd_e;
PORTE | = 1cd_e;
PORTE & = ~1cd_e;
PORTE & = ~1cd_e;
PORTE & = ~1cd_e;
PORTE & = ~1cd_e;
PORTE | = ~1cd_rw;;
}
```

〈그림 6-34〉를 보면 동일한 명령을 반복적으로 사용한 것을 볼 수 있을 것이다. 이것은 정확한 동작을 보장하면서 setup time 지연을 만들기 위한 방법이다. 이렇게 하고 싶지 않으면 하나의 명령어 전송 후 약간의 delay를 주는 code를 삽입하면 된다.

두 함수의 유일하게 다른 점은 RS의 상태를 어떻게 정의를 했는가 많이 다르다. lcd_command()에서는 lcd_rs 비트를 토글시켜서 0으로 만든 후 (RS=0) instructio mode 로 동작하고 lcd_data() 함수에서는 lcd_rs가 1인 상태에서 동작하게 하여 데이터 전송모드로 동작하게 하는 것만이 다르다.

위의 동작은 쓰기동작 타이밍도를 확인해 보면 알 수 있을 것이다.

〈그림 6-35〉의 코드는 LCD를 사용하고자 하는 모드로 설정하는 code이다.

더 자세한 것은 LCD 데이터 시트를 참고 하기 바란다.

〈그림 6-35〉
LCD 모드설정 프로그램

```
void led_initialize (void)
{
    lcd_command(0×38); /* 0c38;function set; DL=1(8bit made) N=1 */
    lcd_command(0×0c); /* 0×0c; display control set; Ð=1(Display on), C=0,B=0*/
                        /*cursor off; 0×0c, cursor on;0×0d */
    lcd_command(0×06); /*0×06; entry mode set ; I/D=1, S=D */
    lcd_command(0×01); /*0×01; Lcd reset  */
}
```

〈그림 6-36〉 LCD 명령어

Instruction	Code										Description	Execution time (Max) Fosc is 270kHz
	RS	R/W	DB7	DB6	DB5	DB4	DB3	DB2	DB1	DB0		
Clear Display	0	0	0	0	0	0	0	0	0	1		1.52㎲
Return Home	0	0	0	0	0	0	0	0	1	•	Returns display being Shifted	1.52㎲
Entry mode Set	0	0	0	0	0	0	0	1	I/D	SH		37㎲
Display on/off Control	0	0	0	0	0	0	1	D	C	B		37㎲
Cursor or Display Shift	0	0	0	0	0	1	S/C	R/L	•	•		37㎲
Function Set	0	0	0	0	1	DL	N	F	•	•		37㎲
Set CG Ram Address	0	0	0	1	ACG							37㎲
Set DD Ram Address	0	0	1	ADD								37㎲
Read Busy Flag and Address	0	1	BF									0㎲
Write Data to CG or DD Ram	1	0	AC									43㎲
Read Data From CG or DD Ram	1	1	Read									43㎲

〈그림 6-37〉 LCD 핀 기능

Remarks				
I/D	1	Increment	0	Decrement
SH	1	Entire Shift on	0	Entire Shift off
S/C	1	Display Shift	0	Cursor move
R/L	1	Shift to the Right	0	Shift to the Left
DL	1	8 Bit	0	4 Bits
N	1	2 Lines	0	1 Lines
F	1	5×11 Dots	0	5×8 Dots
BF	1	Internally Operating	0	Can accept instruction

DD RAM :Display Data RAM

CG RAM :Character Generator RAM

ACG : CG RAM Address

ADD : CG RAM Address: Corresponds to cursor Address

AC :Address Counter Used for both DD&CG RAM Address

〈그림 6-38〉의 함수는 다음과 같은 기능을 한다.

Movestr() 함수는 flash 메모리 영역에 저장해 놓은 문자 데이터를 램 영역으로 복사하는 함수이고, 위의 lcd_string() 함수는 배열에 저장된 문자열을 넣을 문자를 만날 때까지 LCD에 출력하는 함수이다. 제시된 LCD 드라이버 코드를 데이터 시트를 참고하면서 완전히 이해하기 바란다.

〈그림 6-38〉
LCD 프로그램

```
void lcd_string(char command, char *string)   /*display a string on LCD*/
{
  lcd_command(command);

  while(*string ! = '\0'){
    lcd_data (*string);
    string++;
    }
}

void MoveStr(char *ptr, flash char *str)
{
    char i;
    for (i =0;*str != '\0' ;i++)*ptr++=*str++;
}
```

대략적인 LCD 드라이버 코드의 설명이 끝났다. 이제 파일을 다운로드해 보자.

우선 폴더에서 6-5.prj 파일을 로드하여 다음의 화면을 나타나게 한다.

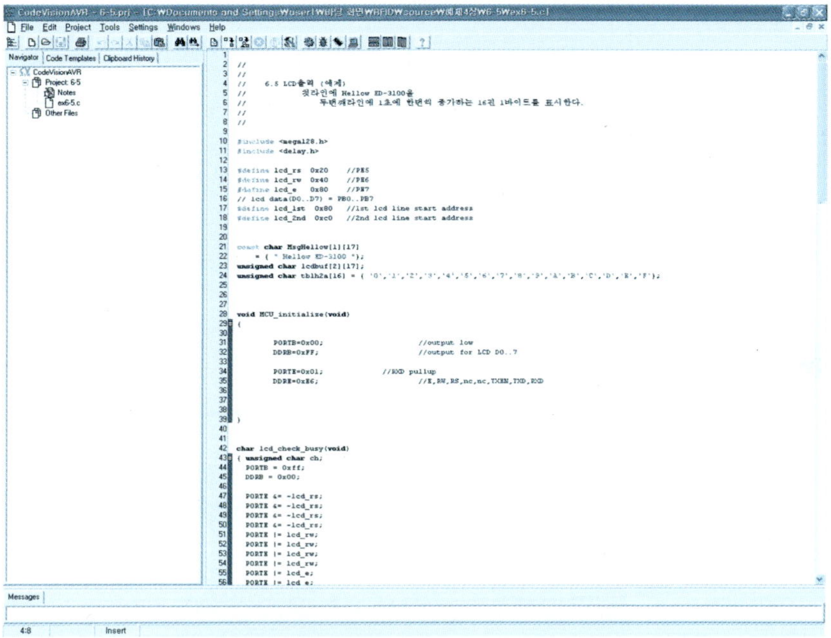

〈그림 6-39〉 소스 파일 로드

컴파일한다. 이제 프로그램을 다운로드해보자.

(1) AVR 프로그램을 다운로드하기 위해 AVR Studio를 실행한다.

(2) 메뉴에서 파일 열기를 실행한다.

그러면 〈그림 6-40〉의 파일 열기 창이 나타날 것이다. 여기서 make 해서 생긴 파일 중 xx . cof 파일을 선택한다.

〈그림 6-40〉
파일 열기 창

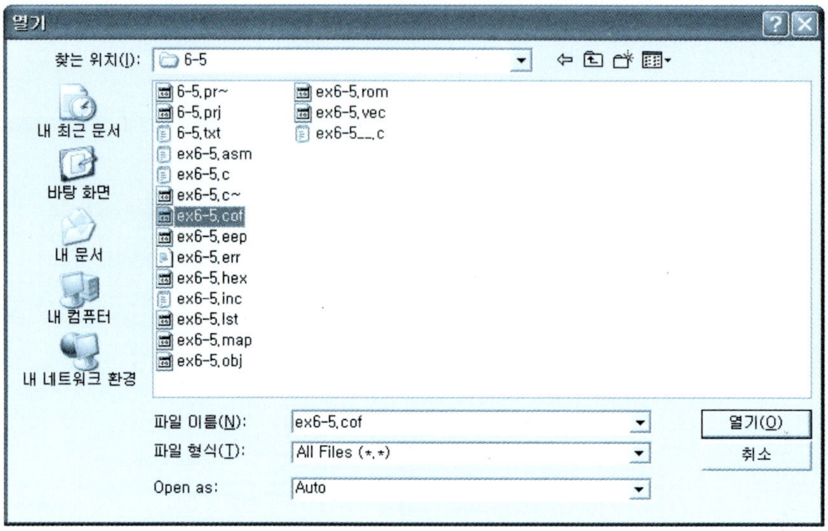

그러면 다음의 〈그림 6-41〉 시스템 설정화면이 나타난다.

〈그림 6-41〉
장치 화면 창

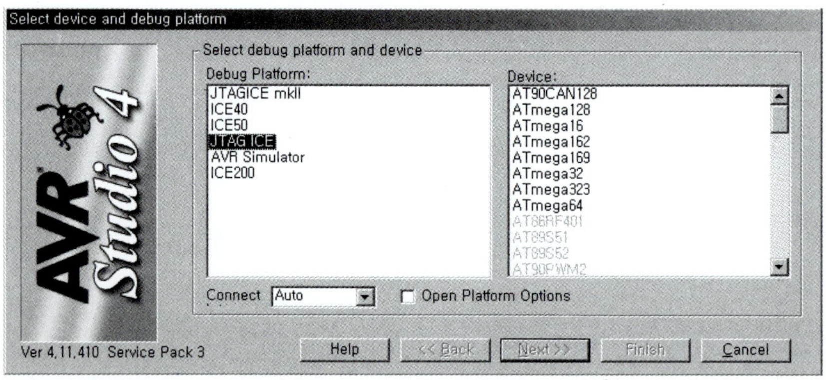

여기서 JTAG ICE 와 ATmega128을 선택한 후 Finish를 누른다.

그러면 파일을 로딩하기 위한 포트가 제대로 설정되어 있는지 검사한 후 포트 설정창이 나타나게 된다. 〈그림 5-11〉에서 기억한 포트번호를 여기에 기록하면 된다.

〈그림 6-42〉 선택포트 창

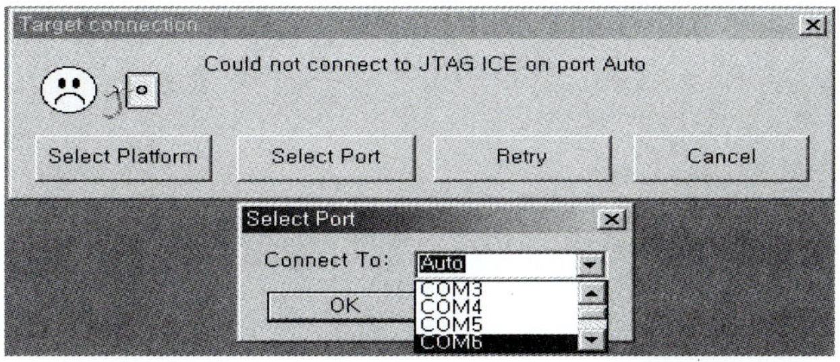

위의 경우 포트번호를 COM6번으로 한 후 Retry를 눌러 프로그램을 시작한다. 이 번호는 사용자와 PC에 따라 변하는 가변적인 값이므로 잘 확인하기 바란다. 모든 설정이 바르게 됐다면 AVR Studio 상에 프로그램이 로드되고 JTAG emulation을 시행할 준비가 된 것이다.

〈그림 6-43〉 AVR Studio 상에 프로그램 로드

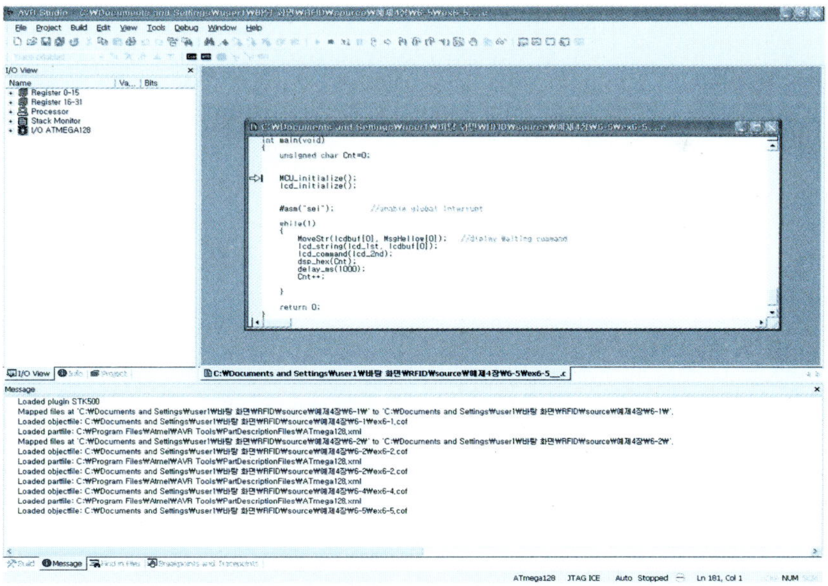

〈그림 6-43〉 같이 프로그램이 로드된 창이 나타나면 emulation을 실행할 수 있다.

메뉴 바에서 필요한 메뉴를 사용하여 프로그램을 다운로딩하고 emulation

하기 바란다. 원하는 기능이 있으면 새로 code를 추가하여 실험을 해보길 바란다.

6.6 직렬(Serial) 통신 실습

이번 절에서는 AVR의 직렬 통신 포트를 이용하여 ED-3100과 PC 간에 통신하는 실습해 보겠다. 시리얼 통신에 관한 이론적 내용은 다른 책을 참고하기 바란다.

여기서는 이론적 배경보다는 실제 통신을 할 수 있는 방법에 대하여 언급하겠다.

ED-3100의 직렬 통신의 하드웨어 구조는 〈그림 6-44〉와 같다. 실험을 위해서는 RFID 리더 보드의 직렬 포트에 PC의 com1 포트를 연결 후 리더 보드의 직렬 포트 옆의 두 개의 스위치의 위치를 RD(리더 보드)와 232(드라이버 IC를 Max232 사용)에 설정하기 바란다.

〈그림 6-44〉
직렬통신 회로도

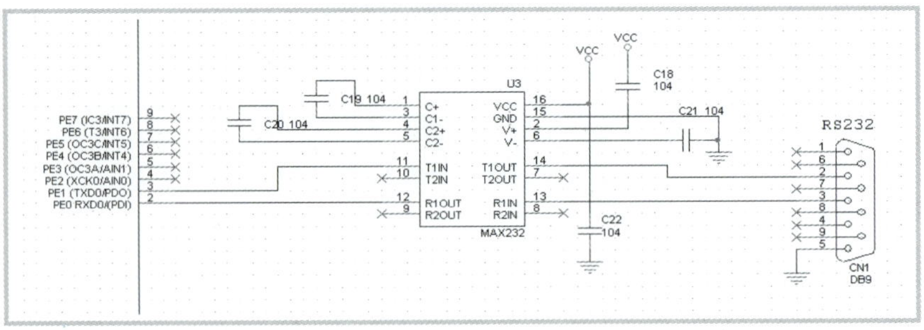

위의 〈그림 6-44〉에서 보듯이 우리가 사용하고자 하는 AVR의 직렬 통신 포트는 PORT0이다.

ATmeag128의 직렬 포트를 사용하기 위해서 제어해 주어야 하는 레지스터는 다음과 같다.

UDR0 레지스터

UDR0 레지스터는 USART0 모듈의 송수신 데이터 버퍼의 기능을 수행하며, 각 포트의 송신 및 수신 버퍼는 동일한 주소에 위치하지만 내부적으로는 서로 별개의 레지스터로서 송신할 데이터를 UDR0에 쓰면 이때는 송신기능을 수행하고, UDR0 레지스터에서 값을 읽으면 이때는 수신 버퍼의 기능을 수행한다. 프로그래머 입장에서는 USART0에 데이터를 보낼 때는 단순히 쓰기만 하고, 데이터를 수신할 때는 단순히 읽기만 하면 된다.

UCSR0A 레지스터

UCSR0A(USART0 Control & Status Register A) 레지스터는 USART0 모듈의 송수신 동작을 제어하거나 송수신 상태를 저장하는 기능을 수행한다. 각각의 비트 정의를 보도록 하자.

〈그림 6-45〉 UCSR0A 레지스터

Bit	7	6	5	4	3	2	1	0	
	RXCn	TXCn	UDREn	FEn	DORn	UPEn	U2Xn	MPCMn	UCSRnA
Read Write	R	R/W	R	R	R	R	R/W	R/W	
Intial Value	0	0	1	0	0	0	0	0	

Bit 7 : RXCn(USART Receive Complete)

RXCn 비트는 수신 버퍼에 읽혀지지 않은 수신 문자가 들어 있으면 "1"로 세트되고, CPU가 이를 읽어서 수신 버퍼가 비어 있는 상태가 되면 "0"으로 클리어되는 상태를 나타내는 플래그이다. RXCn 비트는 송신완료 인터럽트를 발생시킬 때 사용한다.

Bit 6 : TXCn(USART Transmit Complete)

TXCn 비트는 송신 시프트 레지스터에 있는 송신 데이터가 모두 송신되고 UDRn의 송신 버퍼에 아직 새로운 송신 데이터가 라이트되지 않은 상태이면 "1" 로 세트되는 상태를 지시하는 플래그이다. TXCn 비트는 송신 완료 인터럽트를 발생시킬 때 상용한다.

Bit 5 : UDREn(USART Data Register Empty)

UDREn 비트는 UDRn의 송신 버퍼에 새로운 송신 데이터를 받을 준비가 되어 있으면 "1" 로 세트되는 상태 플래그이다. UDREn 비트는 USART Data Register Empty 인터럽트를 발생시킬 때 사용한다.

Bit 4 : FEn(Frame Error)

FEn 비트는 데이터를 수신하는 동안 프레임 에러가 발생될 때 "1" 로 세트 된다.

Bit 3 : DORn(Data OverRun)

DORn 비트는 수신동작에서 오버런 에러가 발생하였음을 나타내는 상태 플래그로 오버런 에러는 수신 버퍼에 읽지 않은 데이터가 있는데 새로운 데이터가 또 들어올 경우 발생한다.

Bit 2 : PEn(Parity Error)

PEn 비트는 데이터 수신 중 Parity Error가 발생할 때 세트된다.

Bit 1 : U2Xn(Double the USART Transmission Speed)

비동기 모드에서 Clock 분주 비를 반으로 낮추어 전송속도를 두 배로 높이는 비트.

Bit 0 : MPCMn(Multi-Process Communication Mode)

Multi 통신 모드로 사용 시 슬레브에 어드레스를 전송하기 위해 사용하는 비트

UCSR0B,UCSR0C 레지스터

UCSR0B (USART Control & Status Register B,C) 레지스터는 USART 모듈의 송수신 동작을 제어하거나 송수신 상태를 저장하는 기능을 수행한다.

〈그림 6-46〉
USCRnB 레지스터

Bit	7	6	5	4	3	2	1	0	
	RXCIEn	TXCIEn	UDRIEn	RXENn	TXENn	UCSZn2	RXB8n	TXB8n	UCSRnB
Read Write	R	R/W	R	R	R	R	R/W	R/W	
Intial Value	0	0	0	0	0	0	0	0	

〈그림 6-47〉
USCRnB 레지스터

Bit	7	6	5	4	3	2	1	0	
	-	UMSELn	UPMn1	UPMn0	USBSn	UCSZn1	UCSZn0	UCPOLn	UCSRnC
Read Write	R/W	R/W	R/W	R/W	R/W	R/W	R/W	R/W	
Intial Value	0	0	0	0	0	1	1	0	

〈그림 6-46〉,〈그림 6-47〉의 레지스터에 대한 자세한 정보는 관련 데이터 시트를 참고하기 바란다. 여기서는 우리가 중요하게 사용할 비트 만을 간략하게 설명하겠다.

우선 UPMn 비트를 보자. 이것은 통신 중 패리티 모드 설정 비트이다. 〈그림 6-48〉의 도표에 설정 값이 나와 있으니 참고하기 바란다.

〈그림 6-48〉
UPMn 비트설정

UPMn1	UPMn0	패리티 모드
0	0	Disabled
0	1	(Reserved)
1	0	Enabled, Even Parity
1	1	Enabled, Odd Parity

〈그림 6-49〉,〈그림 6-50〉에서 볼 것은 UMSELn 과 USBSn 비트이다. 이것들은 동기, 비동기 모드의 설정과 Stop 비트를 설정하는 비트이다.

〈그림 6-49〉
UMSELn 비트설정

UMSELn	Mode
0	Asynchronous Operation
1	Synchronous Operation

〈그림 6-50〉
USBSn 비트설정

USBSn	Stop Bit(s)
0	1-bit
1	2-bit

그리고 마지막으로 살펴볼 것은〈그림 6-51〉의 UCSZn 비트이다. 이것은 데이터 비트 수를 정의한다. 우리가 사용하는 모드는 8비트 모드이다.

〈그림 6-51〉
UCSZn 비트설정

UCSZn2	UCSZn1	UCSZn0	Character Size
0	0	0	5-bit
0	0	1	6-bit
0	1	0	7-bit
0	1	1	8-bit
1	0	0	Reserved
1	0	1	Reserved
1	1	0	Reserved
1	1	1	9-bit

마지막으로 살펴볼 레지스터는 보레이트 설정을 위한 UBRRnH, UBRRnL 레지스터이다.

이곳에 채워지는 값에 따라 통신 속도인 보레이트는 값이 달라진다. 이 값은 사용한 클럭에 따라 달라지는 값으로 표를 참고하여 설정하기 바란다.

우리가 사용한 크리스탈이 16MHz이므로 이 부분의 표를 〈그림 6-52〉에 수록하였다.

16MHz 클럭에 19200bps이고 송신 속도 2배 모드가 아닌 경우의 값은 51 이다.

〈그림 6-52〉
보트레이드 설정

Baud Rate (bps)	f_{esc}=16.0000MHz				f_{esc}=18.4320MHz				f_{esc}=20.0000MHz			
	U2X=0		U2X=1		U2X=0		U2X=1		U2X=0		U2X=1	
	UBRR	Error	UBRR	Error	UBRR	Error	UBRR	Error	UBRR	Error	UBRR	Error
2400	416	−0.1%	832	0.0%	479	0.0%	950	0.0%	520	0.0%	1041	0.0%
4800	207	0.2%	416	−0.1%	239	0.0%	470	0.0%	259	0.2%	520	0.0%
9600	103	0.2%	207	0.2%	119	0.0%	239	0.0%	129	0.2%	259	0.2%
14.4k	68	0.6%	138	−0.1%	79	0.0%	159	0.0%	86	−0.2%	173	−0.2%
19.2k	51	0.2%	103	0.2%	59	0.0%	119	0.0%	64	0.2%	129	0.2%
28.8k	34	−0.8%	68	0.6%	39	0.0%	79	0.0%	42	0.9%	86	−0.2%
38.4k	25	0.2%	51	0.2%	29	0.0%	59	0.0%	32	−1.4%	64	0.2%
57.6k	16	2.1%	34	−0.8%	19	0.0%	39	0.0%	21	−1.4%	42	0.9%
76.8k	12	0.2%	25	0.2%	14	0.0%	29	0.0%	15	1.7%	32	−1.4%
115.2k	8	−3.5%	16	2.1%	9	0.0%	19	0.0%	10	−1.4%	21	−1.4%
230.4k	3	8.5%	8	−3.5%	4	0.0%	9	0.0%	4	8.5%	10	−1.4%
250k	3	0.0%	7	0.0%	4	−7.8%	8	2.4%	4	0.0%	9	0.0%
0.5M	1	0.0%	3	0.0%	−	−	4	−7.8%	−	−	4	0.0%
1M	0	0.0%	1	0.0%	−	−	−	−	−	−	−	−
MaX[1]	1Mbps		2Mbps		1.152Mbps		2.304Mbps		1.25Mbps		2.5Mbps	

이번에는 간략하게 코드에 대하여 설명을 하겠다. 세세한 부분은 각자가 코드를 보면서 이해를 하기 바란다. 기본적인 동작은 수신은 인터럽트 모드로 수신하고 송신은 인터럽트 모드를 사용하지 않고 폴링모드를 사

용한다.

우선 〈그림 6-53〉 code에서 AVR PORT의 초기화와 UART0를 사용하고자 하는 모드로 설정한다. 〈그림 6-53〉의 코드는 레지스터 set을 참고하며 보기 바란다.

〈그림 6-53〉
UART설정 프로그램

```
void UARTO_Init(void)
{
    PORTE =0×01; /R×D pullup
    PORE = 0×E6; //E,RW,RS,nc,nc,TXEN,TXD,RXD
}
void UART0_Init(void)
{
    unsigned char tmp;

    UBRROH=0×00;
    UBRROL=51;    //19200

    UCSR0A= 0×0;     //asynchronous normal mode
    UCSR0B= 0×98;    //Rx Interrupt enable, Rx/Tx enable, 8 data
    UCSR0C= 0×86;    //NO paricy,1 stop, 8 data

    tmp = UDR0;      //dummy read;
}
```

그리고 〈그림 6-54〉에서 보듯이 직렬 RX0 인터럽트 서비스 루틴에서는 Frame error, Parity error, Over_run error등을 검사한 후 이상이 없으면 Rx0_bur[ ] 배열에 데이터를 담는다.

〈그림 6-54〉
직렬 RX0
인터럽트서비스 루틴

```
interrupt [USART0_RXC] void uart0 _rx_isr(void)
{
    char staus, data;

    startus = UCSR0A;
    data = UDR0;

    if ((status & (FRAMING_ERROR | PARITY_ERROR |
DATA_OVERRUN))==0)
{
    Rx0_Buf[RxWr_Ptr] = data;

    if(++RxWr_Ptr == 32)
        RxWr_ptr = 0;
    if(++Rx_cnt== 32){
        Rx_cnt == 0;
     }
    }
}
```

〈그림 6-55〉
Echo 기능 프로그램

```
int main(void)
{
    MCU_initialize();
    UART0_Init();

    PORTD=0×00;
    DDRD=0×ff;
    #asm("sei"); //enable global interrupt
    while(1)
    {
        TX0_char(uarr0_rxbuf());
    }
    return 0;
}
```

〈그림 6-55〉의 main() code에서는 수신된 데이터가 있으면 다시 PC로 보내는 Echo 기능을 수행한다. 이제 Code를 컴파일한 후 보드에 다운로드하자. 우선 폴더에서 6-6.prj 파일을 로드하자.

〈그림 6-56〉 소스 파일 로드

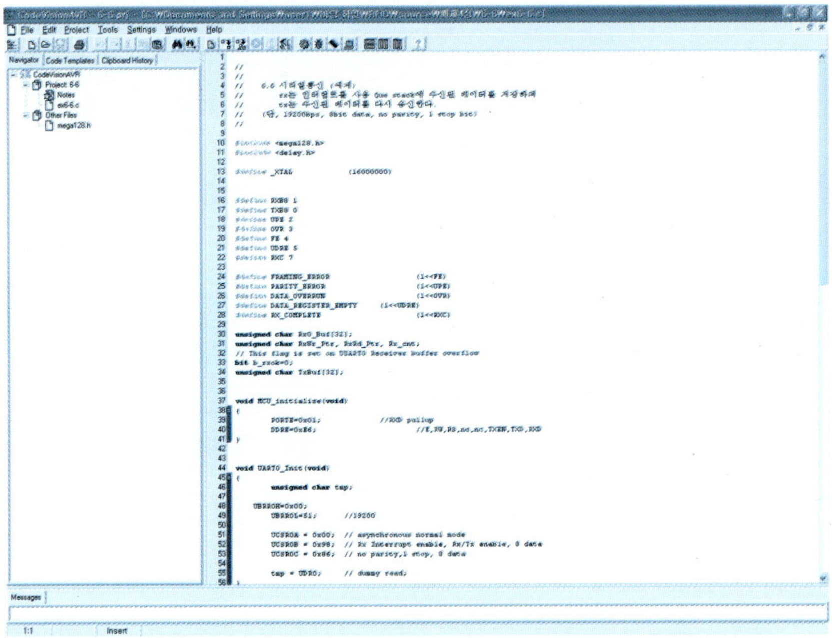

로드한 소스파일을 컴파일하고 프로그램을 다운로드해보자.

(1) AVR 프로그램을 다운로드하기 위해 AVR Studio를 실행한다.

(2) 메뉴에서 파일 열기를 실행한다. 그러면 〈그림 6-57〉의 파일 열기 창이 나타날 것이다.

〈그림 6-57〉
파일 열기 창

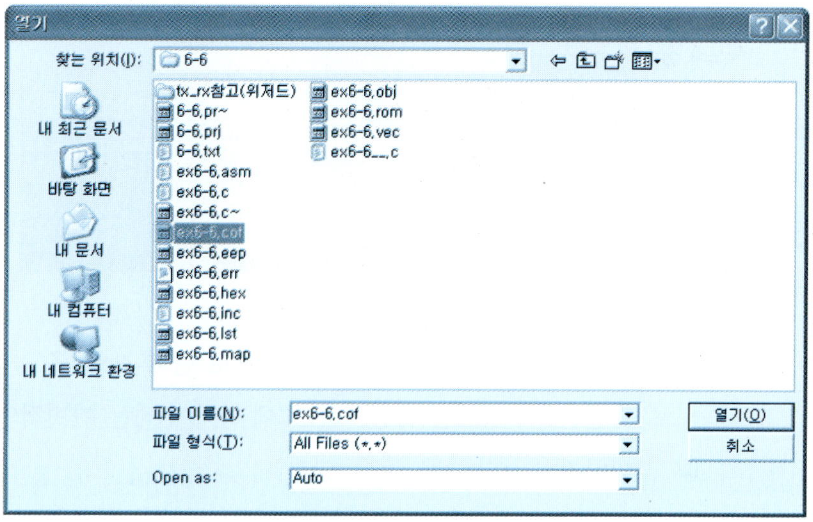

여기서 make 해서 생긴 파일 중 xx . cof 파일을 선택한다.

그러면 다음의 〈그림 6-58〉 시스템 설정화면이 나타난다.

〈그림 6-58〉
장치 화면 창

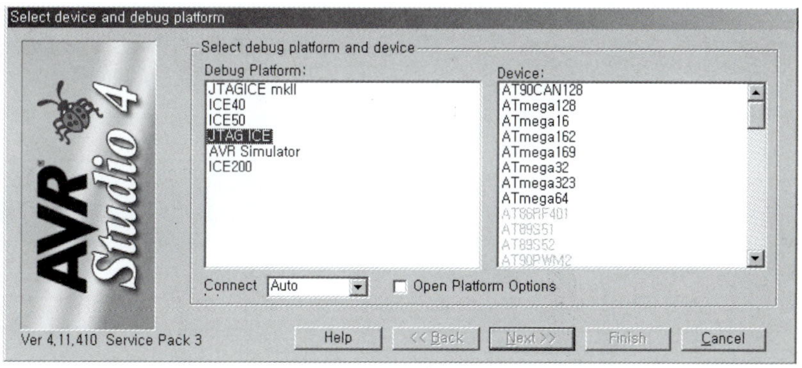

여기서 JTAG ICE 와 ATmega128을 선택한 후 Finish를 누른다.

그러면 파일을 로딩하기 위한 포트가 제대로 설정되어 있는지 검사한 후 포트 설정창이 나타나게 된다. 〈그림 5-11〉에서 기억한 포트번호를 여기에 기록하면 된다.

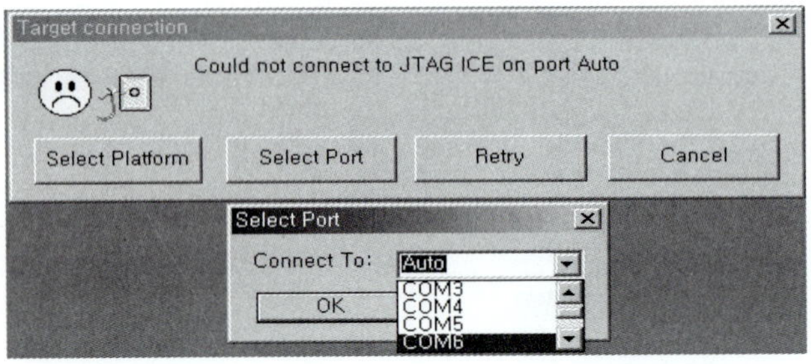

〈그림 6-59〉 선택포트 창

위의 경우 포트번호를 COM6번으로 한 후 Retry를 눌러 프로그램을 시작한다. 이 번호는 사용자와 PC에 따라 변하는 가변적인 값이므로 잘 확인하기 바란다.

모든 설정이 바르게 됐다면 AVR Studio 상에 프로그램이 로드되고 JTAG emulation을 시행할 준비가 된 것이다.

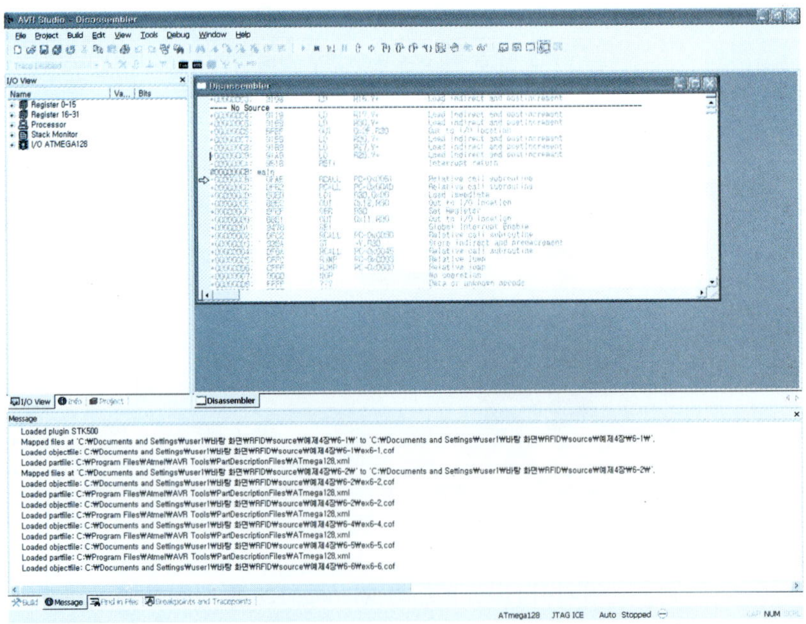

〈그림 6-60〉 AVR Studio 상에 프로그램 로드

〈그림 6-60〉 같이 프로그램이 로드된 창이 나타나면 emulation을 실행할 수 있다.

메뉴 바에서 필요한 메뉴를 사용하여 프로그램을 다운로딩하고 emulation 하기 바란다. 그리고 하이퍼 터미널이나 기타 통신 프로그램을 기동시켜 19200bps, 8비트, 1stop, no parity로 설정 후 데이터를 전송해 보기 바란다.

그러면 전송한 데이터가 그대로 반향되어 돌아올 것이다.

Part 3

RFID 시스템의 전자태그 제어기술/명령

제7장 RFID 시스템의 전자태그 제어 기술

7.1 전자태그 시스템(I-Code 1)의 개요

이 장은 RFID 응용 시스템 ED-3100에서 사용된 필립스의 I-CODE1 칩을 사용한 비접촉 전자태그 시스템에 대하여 설명한다. 리더는 전원과 데이터를 태그에 전송하기 위하여 13.56MHz의 전장 영역에 발생시키고 태그 내의 코일은 전장 계를 전압으로 변환시키고, 변환된 전압을 I-CODE1 칩에 공급한다.

I-CODE1 시스템은 몇 개의 태그가 동시에 영역 내에 있을 때 동작하는 기능을 제공한다(충돌방지 기능). 태그와 리더는 타임슬롯 충돌방지 이론을 이용하여 서로 간에 통신을 한다.

타임슬롯 순서와 그에 해당하는 명령어는 여기에서 설명되어 있다. 여러 개의 타임슬롯들은 설정가능하고 적절한 개수의 타임슬롯이 선택되어졌을 때 처리시간은 최소가 되어야 한다.

리더에 대한 기능은 필립스의 SL RM900을 근거로 하여 설명하였다. 리더 모듈은 비접촉 인식시스템의 일반적인 설정들을 가지고 있다. 변조기(Modulator)와 복조기(Demodulator)는 RF 링크로 태그를 연결시키는 부품들이다. 먼저 마이크로프로세서는 인코딩/디코딩을 하여 태그에 데이터를 전송하고, 호스트 컴퓨터에 접근하기 위하여 시리얼 링크를 제어한다.

〈그림 7-1〉은 I-CODE1 비접촉 태그 시스템의 구성을 표시한다. I-CODE1 리더는 동작중인 태그의 번호를 감지하고 전원 공급을 제어하고, I-CODE1 태그와 통신을 한다.

〈그림 7-1〉
RFID 시스템 구성

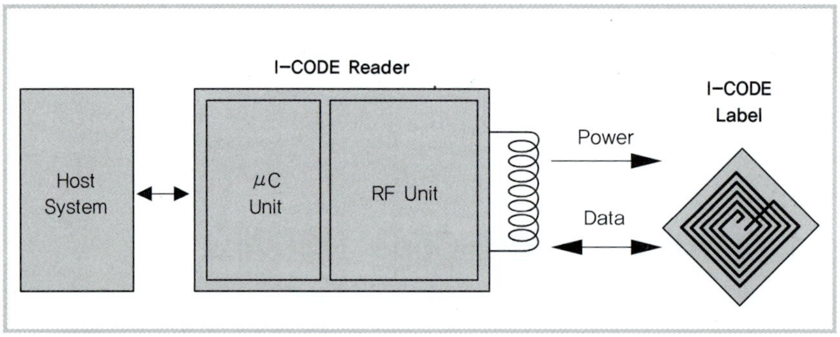

I-CODE1 리더는 일반적으로 호스트 시스템과 함께 동작한다. 호스트 시스템은 구성을 I-CODE1 리더에 설정하고, 태그와 데이터를 교환한다.

I-CODE1 태그 IC 와 태그 코일은 비접촉 배터리 없는 전자태그 이다. 리더(SL RM900)는 안테나 코일에 13.56MHz의 전류를 구동하여 자장계를 만들어 낸다. 자장계는 에너지와 데이터를 전송하기 위한 물리적인 링크이다. 태그 코일에 유도된 전압은 I-CODE1 IC에 공급된다. I-CODE1 시스템은 여러 개의 태그가 동시에 동일한 영역 내에 있어도 동작하는 기능을 제공한다. 여러 개의 타임슬롯은 리더기로부터 설정가능하다. 여러 개의 타임슬롯이 점유되어 있을 때는 처리시간은 최소화되어져야 한다.

단축 용어 설명

AI	Application Identifier
CRC	Cyclic Redundancy Check
EAS	Electronic Article Surveillance
EEPROM	Electrically Erasable and Programmable Read Only Memory
FC	Family Code
IC	Integrated Circuit
LSB	Least Significant Bit or Byte
MSB	Most Significant Bit or Byte
SNR	Serial Number
Nslet	타임슬롯의 수
Ntabel	영역에 있는 동시의 태그 수
Ncom	모든태그를 감지하기 위한 리더기 명령어의 m 수를 의미한다.
Pn	n 리더기 명령어로써 모드태그를 감지한다.
tcom	명령어 수행 시간
toverhead	명령어 오버헤드 시간
tslet	타임슬롯 동안 시간
tmean	태그당 메인 액세스 시간

7.2 I-CODE1 태그 칩의 특징

1) 기본 특성

I-CODE1 태그 칩은 태그 응용에서 사용할 수 있는 512비트의 EEPROM이 있고 I-CODE1 리더는 여러 개의 태그가 동시에 같은 영역 내에 있을 때 동작 가능한 기능을 제공한다.

2) 블록도

• EEPROM 용량	64 비트 시리얼 번호(SNR)
	32 비트 액세스 조건
	32 비트 특별 기능(EAS, QUIET)
	384 비트 유저
• 충돌방지	타임슬롯 기술
• 동작 주파수	13.56MHz
• 최대 태그 인식 거리	약 1.2m 읽기/쓰기
(사변50cm의 사각 태그)	약 1.5m 인식(EAS)
• 처리(Transaction) 속도	30 태그/sec

〈그림 7-2〉는 비접촉 태그 IC의 기본 블록은 아날로그 RF인터페이스, 디지털 제어부, EEPROM 메모리부로 3영역으로 구분된다.

① **아날로그 RF 인터페이스**는 태그의 코일에 연결되어 있다. 태그 코일과 칩 내의 캐패시터가 공진회로를 구성한다. 정류자(RECT)와 병렬 전압 안정기(VREG)는 13.56MHz의 코일 전압을 정류하여 내부 에너지로 사용한다. 복조기는 코일 패드에서 ASK 변조를 감지하고, "Data In" 신호

를 만들어 낸다. 변조기는 "Data Out" 신호에 의해 제어되며, 코일에서 부하 변조를 한다. 시스템 클록은 코일에서 유도되어 생성된다.

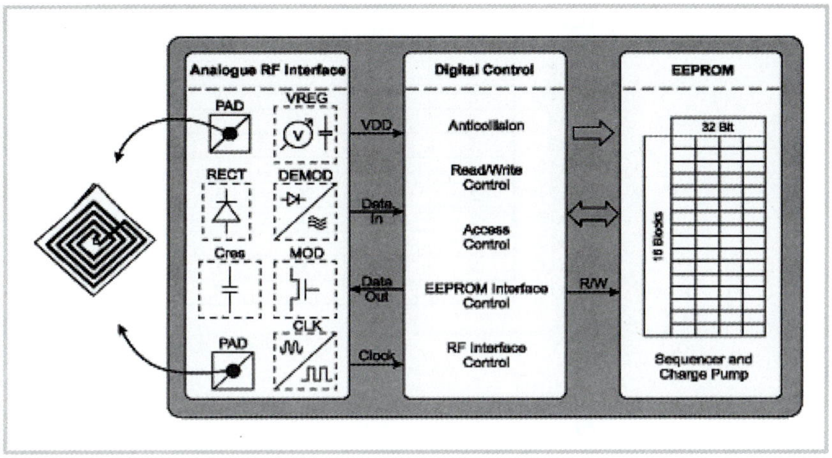

〈그림 7-2〉 I · CODE I 태그 칩 블록도

② **디지털 제어**는 〈그림 7-3〉의 해당 블록에 나열된 기능들을 수행한다.

③ 데이터는 비휘발성 메모리인 **EEPROM**에 저장되고 512비트의 용량이고 읽기만 가능한 시리얼 번호, 구성 데이터, 쓰기 액세스 조건, 응용 확인기, 패밀리 코드, 그리고 384 비트의 사용자 데이터를 사용할 수 있다.

3) EEPROM 메모리 구조

512비트 EEPROM은 16개의 블록으로 나누어지고 하나의 블록은 읽기, 쓰기의 최소 단위이고 각 블록은 4바이트를 갖고 있다(1 블록= 32비트). 각 바이트의 비트 0은 LSB를 나타내고, 비트 7은 MSB를 각각 나타낸다.

〈그림 7-3〉
EEPROM 메모리의 구조

	Byte 0	Byte 1	Byte 2	Byte 3	
Block0	SNR0	SNR1	SNR2	SNR3	Serial Number(lower bytes)
Block1	SNR4	SNR5	SNR6	SNR7	Serial Number(higher bytes)
Block2	F0hex	FFhex	FFhex	FFhex	Write Access Conditions(factory default)
Block3	X	X	X	X	Special Functions(EAS/QUIET)
Block4	X	X	X	X	Family Code/Application Identifier/user
Block5	X	X	X	X	User Data
Block6	X	X	X	X	:
Block7	X	X	X	X	:
Block8	X	X	X	X	:
Block9	X	X	X	X	:
Block10	X	X	X	X	:
Block11	X	X	X	X	:
Block12	X	X	X	X	:
Block13	X	X	X	X	:
Block14	X	X	X	X	:
Block15	X	X	X	X	User Data

① 시리얼 번호

64비트 시리얼 번호는 유일한 값이며 블록 0과 블록 1에 저장되어 있다. 이 값은 공장의 생산단계에서 기록되어진다. 〈그림 7-3〉에서 SNR0은 최하위 바이트를 나타내고, SNR7은 최상의 바이트를 나타낸다.

② 쓰기 액세스 조건

액세스 조건은 "읽기/쓰기" (=11) 또는 "읽기만" (=010) 둘 중 하나만 가능하다. 한번 "읽기만" 으로 설정되면 쓰기는 금지가 되고, 다시 모드를 변경시킬 수 없다.

액세스 조건은 각각의 블록 별로 개별 설정이 가능하다.

Note

블록2를 "읽기만" 으로 설정하면, 더 이상의 액세스 조건의 변경을 하지 말고 비트 조합 (110) 또는 (011)은 사용해서는 안 된다. 만약 사용하면 예기치 못한 결과를 초래할 것이다.

〈그림 7-4〉
블록2 - 쓰기 액세스 조건

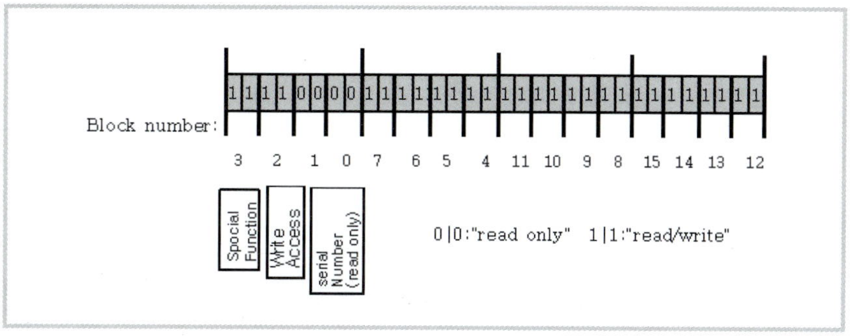

③ **특별 기능** : Electronic Article Surveillance(EAS)와 무반응(Quiet) 모드

블록3은 EAS와 무반응 모드를 위한 특별 기능 제어 비트를 갖고 있다.

EAS 기능은 도난 방지 기능에 사용된다. 리더는 EAS 명령어를 태그에 보내고 태그는 특별한 EAS 패턴으로 응답한다. 만약 EAS 기능이 동작되지 않는다면, 태그는 수신된 EAS 명령어를 무시한다.

〈그림 7-5〉
블록3 - 특별 1 기능

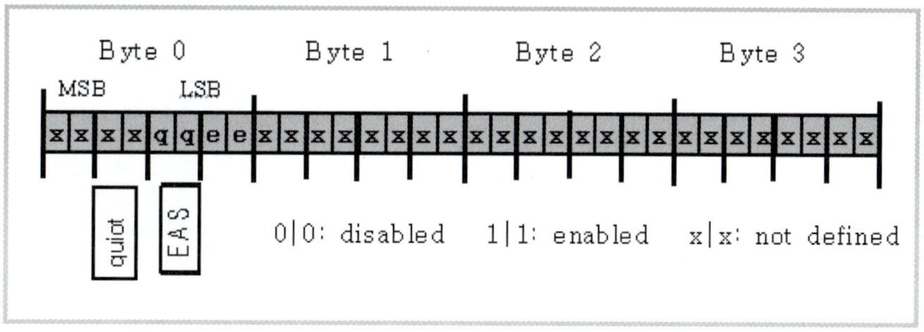

무반응 모드에서 I-CODE 태그는 "무반응 비트 리셋" 과 "EAS" 를 제외한 모든 리더 명령어를 무시한다.

④ **패밀리 코드와 응용 확인기**

I-CODE1 시스템은 독립적인 패밀리 코드의 기능과 응용 확인기 기능을 제공한다. 응용 확인기와 패밀리 코드는 8비트 값이다. 이들 값들은

I-CODE1 태그 EE-PROM 메모리의 블록4에 저장되어 있다(〈그림 7-6〉참고).

〈그림 7-6〉 블록4 - 패밀리 코드와 응용 확인기

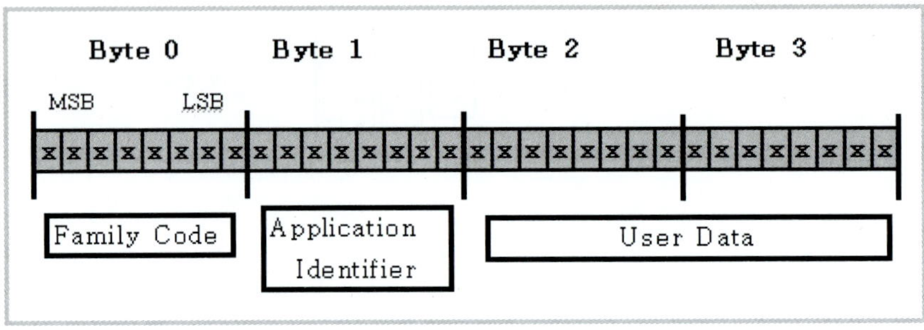

〈표 7-2〉 패밀리 코드 와 응용 확인기 사용 시 태그 응답조건

리더 명령어		태그 응답
패밀리 코드	응용 확인기	
o	o	모든 태그 응답
1...255	o	다음 경우만 태그 응답 패밀리 코드 : 블록4의 0바이트 = 패밀리 코드
o	1...255	다음의 경우만 태그 응답 응용 확인기 : 블록4의 1바이트 = 응용 확인기
1...255	1...255	다음의 경우만 태그 응답 패밀리 코드와 응용 확인기 : 블록4의 0바이트 = 패밀리 코드와 블록4의 1바이트 = 응용 확인기

리더에서 태그에 보내는 어떤 명령어들은 패밀리 코드와 응용 확인기 파라미터들을 사용한다. I-CODE1 태그는 리더로부터 온 패밀리 코드와 응용 확인기 파라미터를 블록4에 있는 데이터와 비교하여 〈표 7-2〉의 조건에 따라 응답한다.

그러므로 리더는 같은 패밀리 코드 또는 응용 확인기를 선택할 수 있다.

7.3 명령어 셋트와 상태도

I-CODE1 시스템은 "label talk first" 원리에 의해 동작한다. 리더가 먼저 명령어를 전송한다는 의미이다. 태그는 명령어를 수행하고 리더에 대한 응답을 보낸다. 만약 영역 내에 하나 이상의 태그가 있다면, 리더는 이 응답을 분리해 낼 수 있는 메커니즘이 필요하다. I-CODE1 태그 시스템은 태그들이 각각 다른 타임슬롯으로 그들의 응답을 분리하여 보낼 수 있는 기능을 제공한다. 각각의 태그들은 응답을 위한 자신의 타임슬롯을 계산한다.

태그 시스템의 상태도는 〈그림 7-6〉이다. 동그라미는 "비선택(Unselected)", "선택(Selected)", "정지(Halt)", "무반응(Quiet)" 4개의 상태를 나타낸다. 새로운 상태로의 이동은 리더 명령어에 의해 이루어진다.

"비선택" 상태일 때, 태그는 자신의 타임슬롯 위치를 pseudo random 알고리즘에 의해서 계산한다. 중첩된 충돌 태그 정보는 I-CODE1 리더에서 읽기가 쉽지 않으나, 충돌은 감지될 수 있다. 이러한 경우 리더는 충돌을 해결하기 위해서 마지막 명령어를 반복한다.

충돌 방지/선택 명령어에 의하여 태그는 "선택" 상태로 변경된다. 각각의 선택된 태그는 항상 같은 타임슬롯 위치에서 응답을 한다. 선택은 선택 읽기, 블록 쓰기 그리고 정지 명령어를 위해 반드시 요구되어진다.

블록 쓰기와 정지 명령어에 대하여 모든 선택된 태그는 그들의 시리얼 수를 서로 다른 타임슬롯에 전송한다. 만약 리더가 승인된 탈출(QUIT) 신호를 보내면 태그는 즉시 자신의 시리얼 숫자를 전송하는 명령어만 수행한다.

EAS 명령어에 대하여, 모든 태그는 동시에 같은 EAS 데이터 패턴으로 응답한다.

〈표 7-3〉 명령어 종류

I-CODE1 명령어	설 명
충돌 방지(ANTICOLLISION)/ 선택(SELECT)	영역 안에서 태그를 선택한다.
비선택 읽기 (UNSELECTED READ)	선택되지 않은 태그의 하나나 그 이상 연속적인 메모리 블록을 읽는다.
선택 읽기 (SELECTED READ)	선택된 태그의 하나나 그 이상 연속적인 메모리 블록을 읽는다.
블록 쓰기(WRITE BLOCK)	선택된 태그의 메모리 블록에 한 개의 블록에 쓴다.
정지(HALT)	Set the 태그 in state "Halt". The 태그 does not respond to any further command
무반응 비트 리셋 (RESET QUIET BIT)	무반응 모드 비트가 0/0으로 설정되면 무반응 기능은 동작하지 않는다.
EAS	만약 일치되는 제어 비트가 1/1이 되면 EAS기능이 된다.

리더기 인식	설 명
탈출(QUIT)	각 태그에 대하여 개별적으로 인식

태그는 무반응 비트 리셋 명령에는 응답하지 않는다. 무반응 비트 리셋 명령은 EEPROM 블록3에서 무반응 모드 비트를 지운 후 태그를 "비선택(Unselected)" 상태로 만든다. EEPROM을 지우기 위해서 다음 명령어를 전송하기 전에 약간의 지연시간이 필요하다.

〈그림 7-6〉
I-CODE 태그 상태도

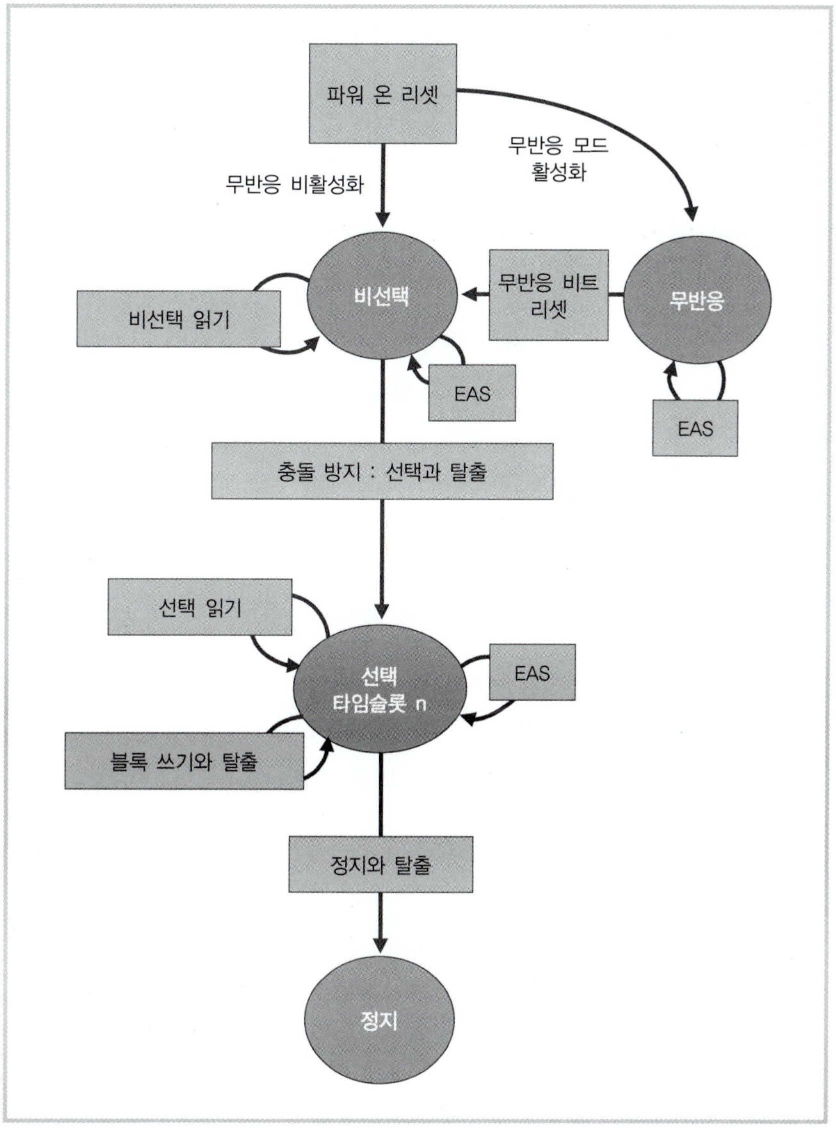

7.4 타임슬롯 순서 사용 명령어

이 절은 명령어와 파라미터 인코딩에 대하여 설명하지 않고 타임이 없다.

1) 비선택 읽기

비선택 읽기 명령어는 태그의 연속된 메모리 블록을 읽는다. 패밀리 코드와 응용 확인기는 응용의 부가적인 선택을 가능하게 한다.

① 파라미터

• 해쉬 값

타임슬롯의 위치를 계산하기 위한 시리얼 숫자의 비트 어드레스

• 패밀리 코드

동일한 패밀리 코드를 가진 태그를 읽을 때 사용하는 파라미터(〈표 7-2〉 참고)

• 응용 확인기

동일한 응용 확인기를 가진 태그를 읽을 때 사용하는 파라미터(〈표 7-2〉 참고)

• 타임슬롯 표시

타임슬롯 표시는 이 명령어의 수만큼 타임슬롯을 정의한다.

타임슬롯 표시	0	1	2	3	4	5	6	7
타임슬롯의 번호	1	4	8	16	32	64	128	256

• 블록의 번호(Number of block)

이 값은 읽을 수 있는 블록의 번호보다 1 작은 번호를 나타낸다. 이 값은 0~15이다. 이때 각각의 읽는 블록은 EEPROM의 블록 개수이고 1~16이다.

• 시작 블록 어드레스

읽혀질 수 있는 첫 번째 블록을 정의한다. 유효한 값은 0~15이다.

② 태그로부터 응답

태그는 처음에 시작 블록 어드레스와 함께 "블록의 숫자 + 1" 의 EEPROM 메모리 블록을 전송한다. 블록15(최상위 메모리 블록 어드레스)를 전송한 후에 태그는 계속해서 블록 0(16진법)에 전송을 계속한다.

③ 블록 선택 예제

시작 블록 어드레스 파라미터 = 14, 블록의 숫자 = 3, 태그 응답 4개의 메모리 블록인 비선택 읽기를 나타내어라.

해답 : 1) 시작 블록 어드레스 : block 14

2) 블록의 숫자 3은 블록수보다 1이 작으므로 : 4개 블록

3) 태그 응답 4개의 메모리 블록

4) 블록 14, 블록 15, 블록 0, 블록 1

④ 타임슬롯 계산

• 타임슬롯의 위치는 다음과 같이 계산되어진다 :

전원 리셋 후 8비트 타임슬롯 레지스터는 초기 설정된 16진법(HEX) 값 0x01로 설정된다.

- 비선택 읽기 명령어에 의해, 타임슬롯 레지스터의 초기 설정 값은 CRC8 계산 단위로 로드된다.
- 해쉬 값은 시리얼 숫자의 오프셋 위치 비트이다. CRC8 계산 단위는 시리얼 숫자로부터 이 오프셋 다음의 8비트를 취한다.
- CRC8 계산 결과는 타임슬롯 레지스터에 저장된다.
- 타임슬롯 표시는 또한 타임슬롯 마스크도 정의한다.

타임슬롯 표시	0	1	2	3	4	5	6	7
마스크 숫자(Hex)	00	03	07	0F	1F	3F	7F	FF

- 타임슬롯 위치는 타임슬롯 마스크와 논리 AND 연산되어지며, 타임슬롯 레지스터에 저장된다.

〈그림 7-7〉 타임슬롯 계산과정

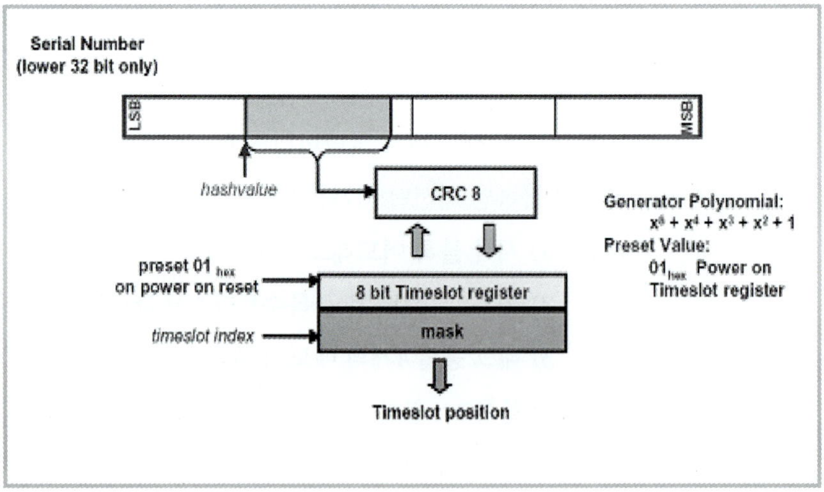

⑤ 타임슬롯 계산 예제

다음과 같은 시리얼 숫자의 태그가 동일 자장 영역 내에 있다고 가정한다.

태그	A	B	C	D
SNRhax (최저 32비트)	EB 1E 99 00	55 1B 99 00	F2 14 99 00	A4 14 99 00

모든 태그는 "비선택" 상태이다. 리더는 비선택 읽기 명령어와 함께 다음의 파라미터를 전송한다.

```
UNSELECTED READ
    Hashvaleu:        0
    Family Code:        0
    Application Identifier:  0
    Timeslot index:      2 (Number of timeslots =8, timeslot mask = 0x07)
    Number of blocks:      0 (Nread =1)
    Start block address      0
```

태그는 블록0에 들어 있는 값을 응답한다. 다음의 표는 모든 태그의 타임슬롯 계산 값이다.

	태그 A	태그 B	태그 C	태그 D
SNR(lower32bit)	EB1E9900	551B9900	F2149900	A4149900
Hashvalue=0→CRC input	EB	55	F2	A4
Timeslot register(after power on)	01	01	01	01
CRC result	B1	AA	71	13
Timeslot mask	07	07	07	07
Timeslot position	01	02	01	03

〈그림 7-8〉
비선택 읽기의 타이밍도

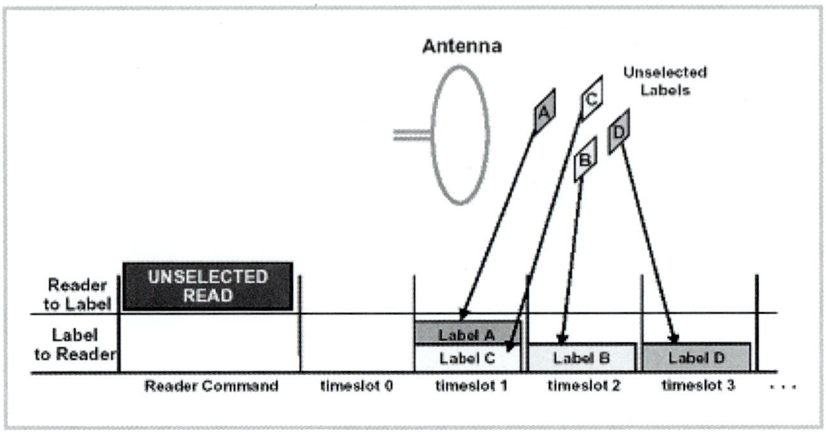

태그 A 와 태그 C가 동일한 타임슬롯 위치1에 응답을 한다. 이 두개의 태그의 데이터는 중첩되어 결과적으로 데이터 충돌을 발생한다. 리더는 태그 A와 C의 SNR을 읽지 못하지만, 그러나 충돌은 감지할 수 있다. 〈그림 7-8〉은 비선택 읽기 명령어의 타이밍을 보여주고 있다.

태그 A 그리고 C를 읽기 위해서 리더는 잠시 후 비선택 읽기를 동일 파라미터를 사용하여 보낸다. 이제, CRC8 seed 값은 이전의 CRC8 결과이다.

	태그 A	태그 B	태그 C	태그 D
SNR(lower 32 bit)	EB1E9900	55169900	F2149900	A4149900
Hashvalue =0→CRC input	EB	55	F2	A4
Timeslot register preset (see CRC result previous table)	B1	AA	71	13
CRC reault	30	23	14	CC
Timeslot mask	07	07	07	07
Response in timeslot	00	03	04	04

이제 태그 A는 읽혀질 수 있다. 그러나 태그 C는 태그 D 와 타임슬롯 4에서 충돌이 된다. 계속되는 비선택 읽기는 태그 C를 읽기 위해서 필요하다.

	태그 A	태그 B	태그 C	태그 D
Hashvalue =0→CRC input	EB	55	F2	A4
Timeslot register preset See CRC result in	30	23	14	CC
CRC result	EC	4C	E3	C1
Response in timeslot	04	00	03	07

모든 태그가 성공적으로 읽혔다.

첫째로 타임슬롯 위치 결정은 시리얼 번호에 달려있다. 만약 시리얼 번호가 태그 A와 태그 B처럼 좋지 않은 경우로 표현되었다면, 두 태그가 동일하게 되어 이 두 태그에 있는 내용은 읽기가 불가능하다.

다음 표와 같이 예기치 않은 동작은 해쉬 값을 변경하여 피할 수 있다. 각각의 방법에 의한 해쉬 값의 변경 방법은 다음에서 참고 바란다.

	태그 A	태그 B	태그 C	태그 D
SNR(lower 32 bit)	EB1E9900	55169900	F2149900	A4149900
Hashvalue =16→CRC input	99	99	99	99
Timeslot register preset	01	01	01	01
CRC reault(1. Unset Read)	1C	1C	1C	1C
Reponse in timeslot(1. Unset Read)	04	04	04	04
CRC reault(2. Unset Read)	3D	3D	3D	3D
Reponse in timeslot(2. Unset Read)	05	05	05	05
CRC reault(3. Unset Read)	77	77	77	77
Reponse in timeslot (3. Unset Read)	07	07	07	07
CRC result(4. Unset Read)	50	50	50	50
Response in timeslot(4. Unset Read)	00	00	00	00

2) 충돌 방지/선택

충돌 방지/선택 명령어는 태그들의 부분 집합을 선택할 때 이용된다. 선택된 태그는 항상 이후의 명령어에 대해서도 동일한 타임슬롯으로 응답한다. 패밀리 코드와 응용 확인기는 항상 부가적인 선택 응용을 가능하게 한다.

① 파라미터

• 해쉬 값

타임슬롯의 위치를 계산하기 위한 시리얼 숫자의 비트 어드레스

• 패밀리 코드

동일한 패밀리 코드를 가진 태그를 읽을 때 사용하는 파라미터(〈표 7-2〉 참고)

• 응용 확인기

동일한 응용 확인기를 가진 태그를 읽을 때 사용하는 파라미터(〈표 7-2〉 참고)

• 타임슬롯 표시

타임슬롯 표시는 이 명령어의 수만큼 타임슬롯을 정의한다.

타임슬롯 표시	0	1	2	3	4	5	6	7
타임슬롯의 번호	1	4	8	16	32	64	128	256

② 태그로부터 응답

시리얼 번호

③ 타임슬롯 계산

비선택 읽기와 동일하다.

④ QUIT 계산

- CRC8의초기 설정 값은 0xFF 이다.
- “해쉬 값 + 8” 은 시리얼 숫자에서의 오프셋 값이다. CRC8 계산 단위는 시리얼 숫자에서 이 오프셋 다음의 8비트를 취한다.
- QUIT 값은 CRC8의 계산 값이다.
- 태그는 수신된 QUIT 값과 자신이 내부에서 계산한 값을 비교한다. 태그는 두 값이 같은 경우에만 선택 상태로 진입한다.
- QUIT은 태그를 선택 상태로 놓는다(〈그림 7-1〉 참고). 선택 상태에서 태그는 현재의 타임슬롯 위치를 유지한다.
- 가능한 모든 256가지의 QUIT 값들이 있다.

〈그림 7-9〉 Quit 값 계산

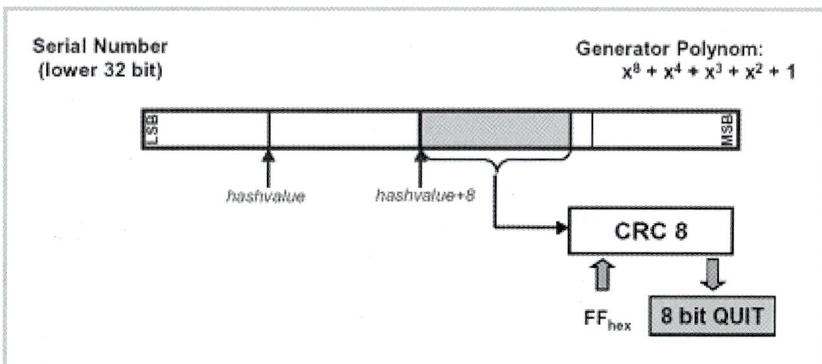

⑤ 충돌 방지/선택 예제

충돌 방지/선택의 타이밍과 QUIT의 사용법에 대한 예제

해쉬 값 : 0

패밀리 코드 : 0

응용 확인기 : 0

타임슬롯 표시 : 2 (타임슬롯의 번호 =8, 타임슬롯 마스크=0x07)

〈그림 7-10〉은 충돌 방지/선택 타이밍을 나타낸다. 리더는 시리얼 숫자를 수신한 즉시 QUIT를 전송한다.

〈그림 7-10〉
충돌 방지 / 선택의 타이밍도

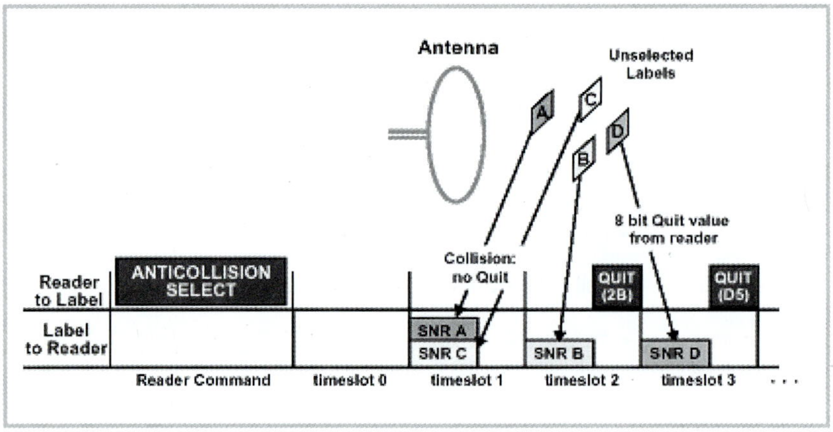

	태그 A	태그 B	태그 C	태그 D
SNR(lower 32 bit)	EB1E9900	55169900	F2149900	A4149900
Hashvalue =16→CRC input CRC input for timeslot calculation	EB	55	F2	A4
Timeslot register preset	01	01	01	01
CRC 8 reault	B1	AA	71	13
Timeslot mask	04	04	04	07
Timeslot	3D	3D	3D	03
QuIT value calculation: CRC input for hashvaue+8	1E	1B	14	14
CRC preset value	FF	FF	FF	FF
OUIT value=CRC result	(AE)*	2B	(D5)*	D5

타임슬롯1에서의 충돌로 태그 A와 C의 시리얼 숫자를 읽는 것은 불가능하다. 태그는 유일한 타임슬롯을 획득하기 위해서 리더는 QUIT를 보내

서는 안된다. 태그 B와 C는 QUIT에 의해 선택되어진다.

리더는 QUIT 값 2B를 태그 B를 위해 타임슬롯2에 보내고, D5를 태그 D를 위해 타임슬롯3에 보낸다. 이제 태그 B는 타임슬롯2에서 태그 D는 타임슬롯3에서 모든 유효한 명령어에 대하여 "선택" 상태일 때 응답한다. 모든 다른 명령어는 태그 B 와 D에서 무시된다.

충돌 방지/선택 명령어는 몇 번씩 반복될 수 있다. 이와 같은 비선택/읽기 명령어 순서에 의해 선택되어지지 않은 태그는 그들의 시리얼 숫자를 다른 타임슬롯에서 응답한다. QUIT는 항상 동일한 해쉬 값을 위해서 고정된다.

리더는 선택된 태그들에 의해 할당된 타임슬롯을 고려해야 한다. 가령 위의 예에서 타임슬롯2와 3은 이미 할당되어 있다. 다음의 충돌 방지/선택에 대해 리더는 타임슬롯 2와 3에서 태그를 선택해서는 안된다.

3) 선택 읽기

선택 읽기는 선택된 태그의 연속된 메모리 블록을 읽는 명령어이다. 패밀리 코드와 응용 확인기는 충돌 방지/선택에 의해 이전에 주소가 부여되어 있다.

〈그림 7-11〉
선택 읽기의 타이밍도

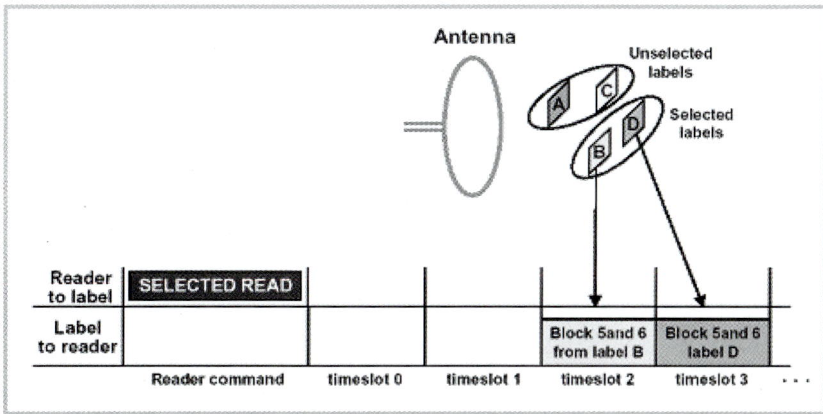

① 파라미터

• 블록의 수

이 값은 읽을 수 있는 블록의 수보다 1 작은 수를 나타낸다. 이 값은 0~15 이다. 이때 각각의 읽는 블록은 EEPROM의 블록 개수이고 1~16 이다.

• 시작 블록 어드레스

유효한 값의 범위는 0~15이고 이 값은 읽혀져야 할 블록의 첫 번째 번지를 정의한다.

② 태그로부터 응답

• 태그는 "블록의 숫자 + 1" 개수의 EEPROM 메모리 블록을 전송하는데 이때 앞에 시작 블록 어드레스도 같이 보낸다. 15번 블록(최상위 메모리 블록 주소)을 전송한 후에 태그는 블록 어드레스 0의 값을 보낸다 (모듈러 16 계산)

③ 예제

태그A와 태그C가 "비선택" 상태에 있다. 태그B와 태그D는 선택되어 있고 각각 타임슬롯2와 타임슬롯3에 할당되어 있다. 리더는 다음의 파라미터와 함께 선택 읽기 명령어를 보낸다.

블록의 숫자: 2 *시작 블록 어드레스: 5*

4) 블록 쓰기

블록 쓰기는 선택된 태그의 메모리 블록 1개에 값을 기록한다. 패밀리 코드와 응용 확인기는 충돌 방지/선택에 의해 이전에 주소가 부여되어 있다.

〈그림 7-12〉
WRITE BLOCK의 타이밍

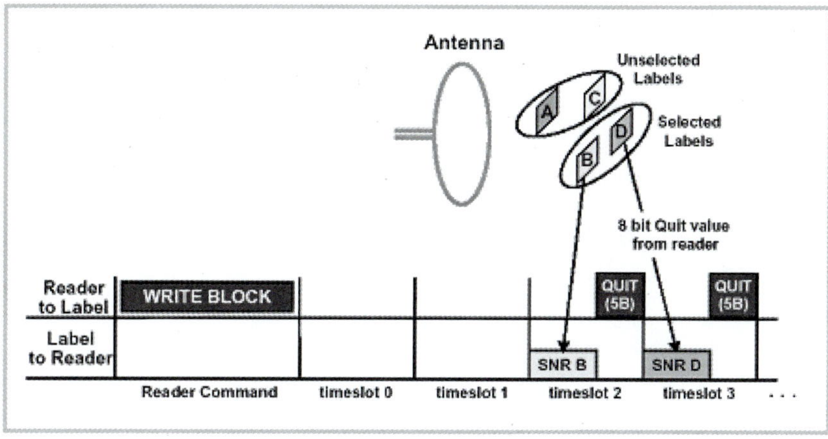

① 파라미터

• 해쉬 값

이 값은 QUIT 값을 계산하기 위해 사용된다.

• 블록 쓰기 숫자

태그의 메모리 블록 주소이다.

• 데이터 쓰기

태그의 EEPROM에 기록되는 4바이트의 데이터

② 태그로부터 응답

시리얼 번호

③ QUIT 계산

QUIT 값의 계산 값은 충돌 방지/선택과 같다.

④ **예제**

태그A와 태그C는 "비선택" 상태이다. 태그B와 태그D는 선택 상태이고, 타임슬롯은 각각 2와 3이다. 리더는 다음의 파라미터와 함께 블록 쓰기 명령어를 전송한다.

해쉬 값: 8

블록 쓰기 번호: 6

데이터 쓰기 : 4개의 데이터 바이트

	태그 A	태그 B	태그 C	태그 D
SNR(lower 32 bit)	EB1E9900	55169900	F2149900	A4149900
timeslot에서 응답	not selected	02	not selected	03
QUIT value calculation: CRC input for hashvaue+8=16	not selected	99	not selected	99
CRC preset value	not selected	FF	not selected	FF
QUIT value = CRC result (see Appendix A)	not selected	5B	not selected	5B

5) 정지

정지는 하나 또는 하나 이상의 선택된 태그를 "정지" 상태로 만든다. 패밀리 코드와 응용 확인기는 충돌 방지/선택에 의해 이전에 주소가 부여되어 있다.

① **파라미터**

• 해쉬 값

이 값은 QUIT 값을 계산하기 위해 사용된다.

② 태그로부터 응답

시리얼 번호

③ QUIT 계산

QUIT 값의 계산 값은 충돌 방지/선택과 같다.

Note

"정지(Halt)" 와 "무반응(Quiet)" 의 차이점

정지 명령어는 "정지" 상태로 만든다. "정지" 상태에서는 태그는 파워 온 리셋(power on reset)이 되기 전에는 어떠한 명령어에도 응답하지 않는다. 만약 태그가 영역 내에서 벗어났다가 다시 영역 내에 재 진입하면(또는 리더가 영역을 off 할 때)태그는 "비선택" 상태로 돌아간다. 만약 많은 수의 태그가 동일한 영역 내에 있을 때, 정지는 임시적으로 태그들을 비활성화 상태로 만들 때 사용될 수 있다.

"무반응" 는 파워 온 리셋후 "무반응" 모드 비트가 설정되어 있으면 바로 진입한다(〈그림 7-6〉 참조). "무반응" 상태에서 태그는 EAS와 RESET QUIET BIT 명령어를 제외하고는 어떠한 명령어에도 반응하지 않는다. "RESET QUIT BIT" 명령어는 블록3에 있는 "Quit" 모드 비트를 지우고, 태그를 "비선택" 상태로 설정한다. 블록3에 있는 "Quiet" 모드 비트는 블록 쓰기 명령어를 사용하여 1로 설정될 수 있다. 만약 태그가 더 이상 사용이 필요치 않으면, "Quiet" 모드는 태그의 통신을 비활성화시키기 위해서 사용될 수 있다.

④ 예제

태그 A와 태그 C가 "비선택" 상태에 있다. 태그 B와 태그 D는 선택되어 있고 각각 타임슬롯2와 3에 있다고 가정한다. 리더는 다음의 파라미터와 함께 정지(HALT)를 보낸다.

HALT:

해쉬 값: 16

<그림 7-13>은 태그 D를 정지 상태로 만드는 타이밍을 보여주고 있다. 해쉬 값이 16이고, 이때 타임슬롯3은 해제된다. 다른 태그는 충돌 방지/선택에 의하여 이 타임슬롯에 할당될 수 있다.

<그림 7-13> 정지(HALT) 명령어 타이밍

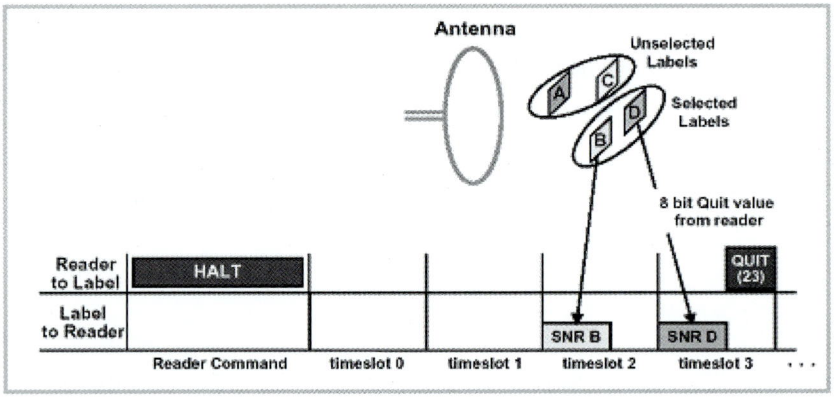

	태그 A	태그 B	태그 C	태그 D
SNR(lower 32 bit)	EB1E9900	55169900	F2149900	A4149900
Response in timeslot	not selected	02	not selected	03
QUIT value calculation: CRC input for hashvaue+8=24	not selected	00	not selected	00
CRC preset value	not selected	FF	not selected	FF
QUIT value = CRC result	not selected	no Quit	not selected	23

7.5 시스템 통합

1) 타임슬롯 최적화

이 번 절은 타임슬롯들의 최소 명령어 실행 시간을 얻기 위한 최적화에 대하여 설명한다. 최적화는 모든 태그에 대하여 읽기 또는 선택하는데 필요한 명령어의 평균을 시뮬레이션하는 이론에 바탕을 두고 있다. 이 평균 명령어 수에 의하여, 평균적인 명령어의 실행시간은 영역에서의 태그의 수와 타임슬롯 개수의 함수로 계산되어질 수 있다. 최소 평균 명령어 실행 시간은 타임슬롯의 최적 개수를 결정한다. 고정된 일정 개수의 타임슬롯은 고정된 태그 개수에서 사용되거나, 고정된 개수보다 적은 태그 개수가 영역 내에 있을 때 사용 가능하다. 그렇지 않은 경우는 타임슬롯은 동적으로 채택되어야 한다.

(1) 명령어의 평균 갯수

명령어의 평균 개수는 비선택 읽기와 충돌 방지/선택 두개의 연관된 명령어들이 분리되어 계산되어진다. 명령어의 평균 개수는 태그의 개수와 타임슬롯의 개수와 관계된다. 이 연관 관계는 두개의 명령어로 시뮬레이션 된다.

① 비선택 읽기

주어진 타임슬롯에서 태그들의 개수를 완전히 읽는데 필요한 명령어의 개수가 시뮬레이션 되었다. 타임슬롯의 위치는 각각의 타임슬롯이 동일한 확률로 계산된다. 평균 명령어 개수 Ncom은 20000개의 평균값으로 주어진다. 〈그림 7-14〉는 파라미터에 따른 타임슬롯 개수의 시뮬레이션 결과이다.

〈그림 7-14〉
태그의 숫자의 기능으로써 비선택 읽기의 평균 값

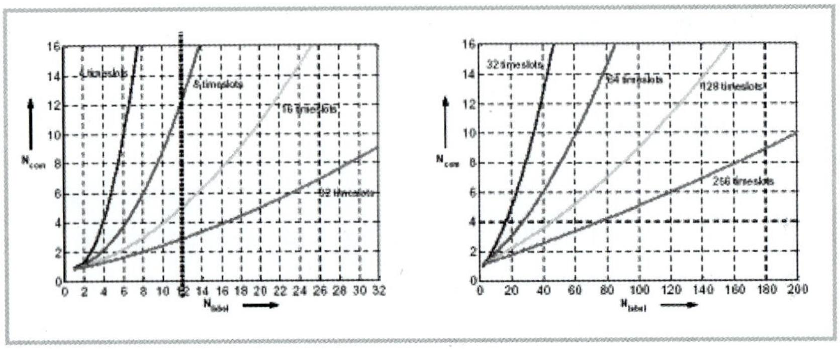

② 예제

12개의 태그가 영역 내에 있다고 가정하자. 그러면 리더는 다음과 같이 필요로 한다.

- 32개 타임슬롯을 가진 3개 리더 명령어는 3×32=96개의 타임슬롯을 갖춘다.
- 16개 타임슬롯을 가진 5개의 리더 명령어는 5×16=80개의 타임슬롯을 갖춘다.
- 8개 타임슬롯을 가진 12개의 리더 명령어는 12×8=96개의 타임슬롯을 갖춘다.
- 16개 타임슬롯을 가진 5개의 리더 명령어는 가장 작은 값이다.

③ 충돌 방지/선택

주어진 타임슬롯에서 태그들의 개수를 완전히 읽는데 필요한 명령어의 개수가 시뮬레이션되었다. 타임슬롯의 위치는 각각의 타임슬롯이 동일한 확률로 계산되어진다. 평균 명령어 개수 Ncom은 20000개의 평균값으로 주어진다.

〈그림 7-15〉는 파라미터에 따른 타임슬롯 개수의 시뮬레이션 결과이다.

시뮬레이션에서 태그의 개수가 타임슬롯보다 큰 경우는 이상한 점이 있다. 그러므로, 타임슬롯은 항상 태그의 개수보다 많아야 한다.

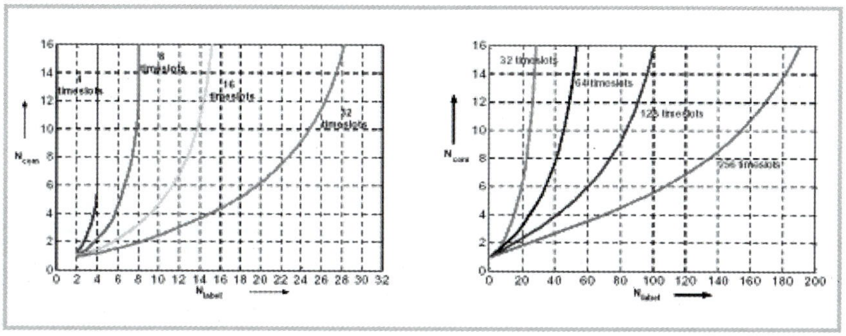

〈그림 7-15〉 태그의 숫자의 기능으로써 충돌 방지/선택의 평균 값

④ 예제

6개의 태그가 영역 내에 있다고 가정하자. 그러면 리더가 다음 처리를 필요로 한다.

- 32개 타임슬롯을 가진 1.5 리더 명령어는 1.5×32=48개의 타임슬롯을 갖춘다.
- 16개 타임슬롯을 가진 2.3 리더 명령어는 2.3×16=36.8개의 타임슬롯을 갖춘다.
- 8개 타임슬롯을 가진 4.5 리더 명령어는 4.5×8=36.0개의 타임슬롯을 갖춘다.
- 8개 타임슬롯을 가진 4.5 리더 명령어가 가장 작은 값이다.

(2) 상수 개수 태그의 명령어 실행시간

완전한 명령어 실행 시간은 다음 〈그림 7-16〉 처럼 주어진다.

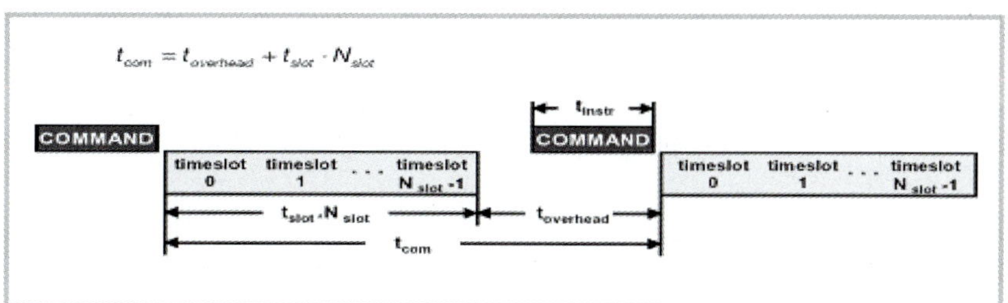

〈그림 7-16〉 완전한 명령어 시간

이때 평균 액세스 시간/태그 t_{mean}은 다음과 같다.

$$t_{mean} = \frac{N_{com} \cdot t_{com}}{N_{label}}$$
$$= N_{com} \cdot \frac{t_{overhead} + t_{slot} \cdot N_{slot}}{N_{label}}$$

타임슬롯의 지속시간과 명령어 오버 헤드 시간은 명령어와 데이터 전송모드에 달려 있다(표준 모드와 고속 모드).

	표준 모드	고속 모드
비선택 읽기	1.2ms+ nread + 0.9ms	1.2ms+ nread +0.9ms
충돌 방지/선택	8.46ms	3.93ms

명령어의 오버 헤드 시간(toverhead)은 항상 명령어 시간인 tinstr 보다 크다〈그림 7-16〉. 명령어 시간인 tinstr은 표준모드에서 39ms이고, 그리고 고속 모드에서는 2.8 ms이다. 다음에 나오는 평균 액세스 시간 계산은 오버헤드 시간이 명령어 시간에 비해서 약간 큰 것으로 가정한다.

$$t_{overhead} \approx 40\text{ms}(\text{표준 모드})$$
$$t_{overhead} \approx 3\text{ms}(\text{고속 모드})$$

〈그림 7-17〉에서 〈그림 7-20〉은 평균 명령어 수 Ncom의 시뮬레이션에 바탕을 둔 태그당 평균 액세스 시간의 다이어그램이다(〈그림 7-14〉 그리고 〈그림 7-15〉).

비선택 읽기 다이어그램은 블록의 수에 의해서(nread=1,4 그리고 16) 위에서 아래까지 정리되어 있다. 다이어그램 왼쪽은 타임슬롯 4, 8, 16, 32에서의 평균 접근시간을 보여준다. 다이어그램의 오른쪽은 타임슬롯32,

64, 128, 256에서의 곡선을 보여준다. 최적화된 타임슬롯의 번호는 최소 접근시간에 의해 주어진다.

① 예제

최적 타임슬롯의 번호(표준 모드에서 비선택 읽기 = 40ms)

영역 내에서 태그의 번호는 N태그=10이 된다. 만약 nread=1이면 32 타임슬롯은 최소 평균 접근시간으로 25ms를 산출한다. 만약 nread=4 또는 16 이면 태그당 16 타임슬롯의 최소 접근 시간은 tmean= 52 또는 140 ms이다.

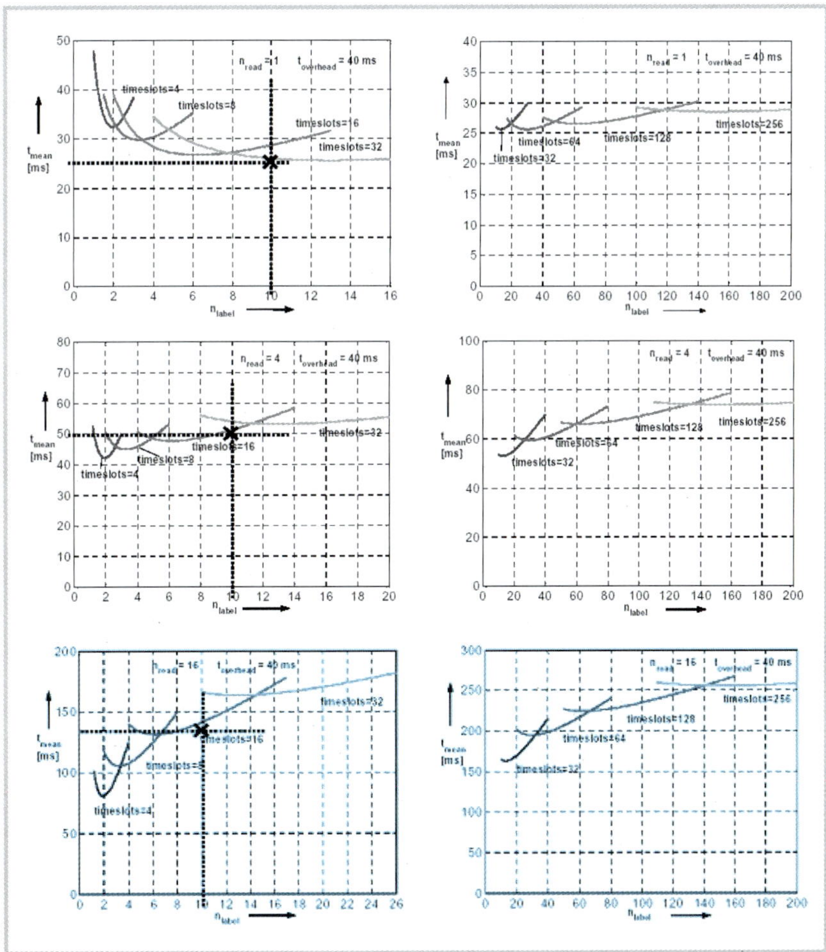

〈그림 7-17〉 t_{com}=40ms를 가진 비선택 읽기 명령어를 위한 평균 액세스 시간

〈그림 7-18〉
t_{com}=3ms를 가진 비선택 읽기 명령어를 위한 평균 액세스 시간

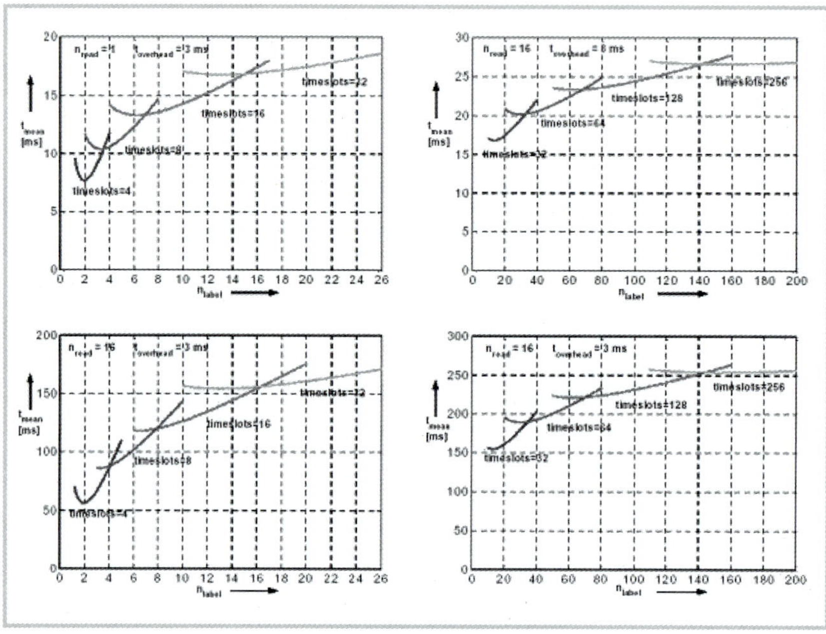

〈그림 7-19〉
t_{com}=40ms를 가진 충돌 방지/선택에 대한 평균 액세스 시간

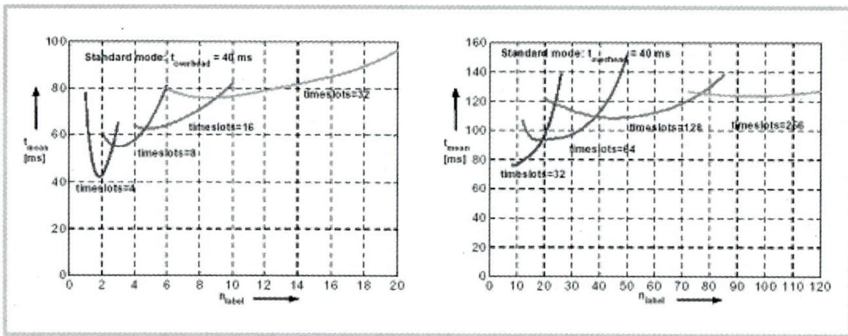

〈그림 7-20〉
t_{com}=3ms를 가진 충돌 방지/선택에 대한 평균 액세스 시간

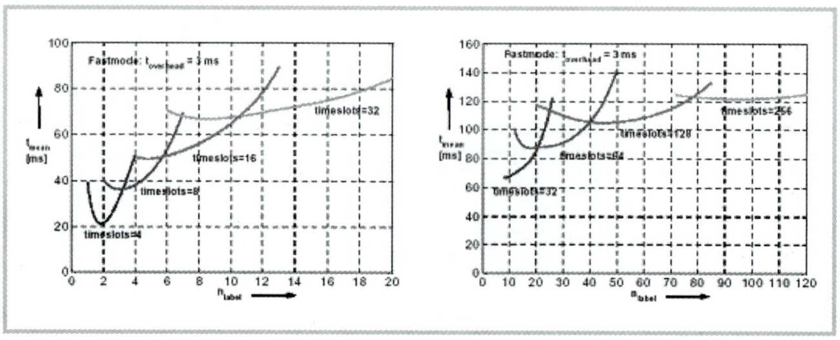

(3) 같은 종류 태그들의 명령어 실행시간

일반적으로 태그의 개수는 고정된 개수가 아니다. 빈번하게 태그 개수를 변동하는 것은 드물다. 그리고 태그의 평균 액세스 시간을 계산하기 위해 평균 태그 개수를 채택하는 것으로 충분하다.

Note

충돌 방지/선택에서 타임슬롯의 개수는 항상 실제 태그의 개수보다 많아야 한다.

보다 정확한 최적화는 태그들의 분포가 알려져 있을 때 주어진다.

Pn(n개의 태그가 동일 영역 내에 있을 때의 확률)은 해당 명령어의 평균 개수 Ncom과 곱해야 한다. 평균 접근시간은 명령어 액세스 시간과 곱해진 곱의 합 형태로 주어진다.

$$t_{mean.all} = t_{com} \cdot \quad p_n \cdot N_{com}$$

① 예제

동일 영역 내에 동시에 4, 5, 또는 6개의 태그가 있다고 가정하자. 리더는 비선택 읽기 명령어를 nread=4, 그리고 toverhead =40ms 로 하여 보낸다. 태그들의 분포는 다음과 같다.

$p_4=0.2$ for n=4 labels (20% probability of occurrence)
$p_5=0.5$ for n=5 labels (50% probability of occurrence)
$p_6=0.3$ for n=6 labels (30% probability of occurrence)

첫 번째 지시하는 것은 5개의 태그를 이용한 것으로 〈그림 5-4〉에 보여 주었다. 이때 최적은 8 또는 16개의 타임슬롯이다. 각각의 해당 명령어 시간 tcom은 다음과 같다.

timeslots	8	16
t_{com}	85.6ms	131ms

② 8 타임슬롯에 대한 계산

명령어 Ncom의 평균 액세스 값〈그림 7-14〉

	n=4 labels	n=5 labels	n=6 labels
N_{com}	2.2	3.0	3.7
p_n	0.2	0.5	0.3
$N_{com}{}^{*}\, p_n$	0.44	1.50	1.11

완료된 평균 액세스 시간은

$$\begin{aligned} t_{mean,all} &= t_{com} \cdot \quad p_n \cdot N_{com} \\ &= 85.6ms \cdot (0.44 + 1.5 + 1.11) \\ &= 261ms \end{aligned}$$

16 타임슬롯에 대한 계산

명령어 Ncom의 평균 액세스 값〈그림 7-14〉

	n=4 labels	n=5 labels	n=6 labels
N_{com}	1.6	1.8	2.2
p_n	0.2	0.5	0.3
$N_{com}{}^{*}\, p_n$	0.32	0.90	0.66

완료일 평균 액세스 시간은

$$\begin{aligned} t_{mean,all} &= t_{com} \cdot \quad p_n \cdot N_{com} \\ &= 131ms \cdot (0.32 + 0.9 + 0.66) \\ &= 246ms \end{aligned}$$

비선택 읽기 명령어는 16 타임슬롯에서 8 타임슬롯 보다 약 6% 빠르다.

(4) 타임슬롯의 동적 선택

어떤 응용은 동시에 같은 영역 내에서 많은 양의 태그를 이용한다. 이런 종류의 응용에서 리더는 타임슬롯의 수를 결정해야 한다. 리더는 타임슬롯의 수를 변경하는 기준이 필요하다. 이 기준은 총 타임슬롯의 개수(N태그)와 관계되는 빈 타임슬롯 개수가 될 수 있다. 비어있는 타임슬롯의 평균 개수 N0는 (태그 개수의 함수 N태그)통계적으로 계산되어질수 있다.

$$N_0 = \left(1 - \frac{1}{N_{slot}}\right)^{N_{label}} \cdot N_{slot}$$

상대적 빈 타임슬롯 N0/Nslot은 N태그/Nslot의 함수로, 〈그림 7-21〉에 보여주었다. 8 개의 가능한 타임슬롯의 중첩된 곡선은 빈 타임슬롯의 상대적 개수에 따른 작은 차이점을 보여준다.

〈그림 7-21〉
빈 타임슬롯의 숫자

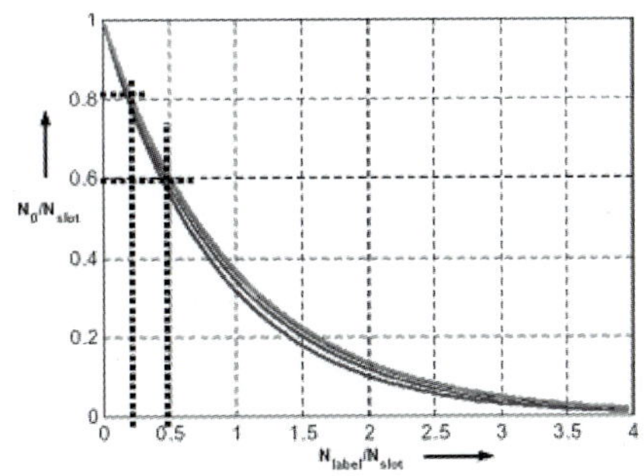

그러므로 빈 타임슬롯의 상대적 개수는 현재의 영역 내의 태그의 개수로 평가되어질 수 있다. 예를 들어 타임슬롯의 60%가 비어 있으면 (N0/Nslot=0.6), 이때는 태그의 개수는 타임슬롯의 50%라 가정한다. (N태그 = 0.5*Nslots)

① 예제

최적화를 위한 간단한 법칙들 ;

$N_{slot} > 2^*N_{lable} \rightarrow N_{lable}/N_{slot} < 0.5$

타임슬롯의 숫자를 증가시키기 위한 위의 경계는 <그림 7-21> 참조.

$N_0/N_{slot} = 0.6$

만약 다음과 같으면 타임슬롯의 다음 작은 숫자는 현재 타임슬롯의 숫자를 사용된 것이 항상 반 정도다.

$N_{lable}/N_{slot} < 0.25$

그러면 타임슬롯의 숫자는 2로 나눌 수 있다($N_{slot,new} = N_{lable}/2$)왜냐하면

$N_{lable}/N_{slot,new} < 0.5$

최소화 규칙을 이행하면 그래서 타임슬롯의 숫자를 감소하기 위하여 가장 적은 경계는 다음과 같이 주어진다.

$N_0/N_{slot} = 0.8$

타임슬롯의 숫자는 다음과 같이 변경할 수 있다.

if $N_0/N_{slot} < 0.6$ 타임슬롯의 숫자 증가

if $N_0/N_{slot} > 0.8$ 타임슬롯의 숫자 감소

(5) 해쉬 값

각각의 태그의 타임슬롯의 계산은 8비트의 초기값에 의한 pseudo random 계산으로 한다. 초기값은 시리얼 숫자 영역(블록0)이다. 이 절의 시작비트의 주소는 해쉬 값의 명령어 파라미터에 의해 제어된다. 동일한 시리얼 숫자 영역을 가지고 있는 두 개의 태그는 항상 같은 타임슬롯에서 응답한다. 그러므로 리더는 유일한 시리얼 숫자의 다른 영역을 사용하기 위하여 해쉬 값을 변경시켜야 한다. 해쉬 값은 비선택 읽기와 충돌 방지/선택 명령에 의해서 변경될 수 있다. 해쉬 값은 0에서 시작하여 다음의 순서로 진행된다.

0 8 16 24 4 12 20 28 2 10 18 26 6 14 22 30 1 9 17 25 5 13 21 29

3 11 19 27 7 15 23 31

and again with

0 8 16 24 …

해쉬 값의 선택은 비선택 읽기와 충돌 방지/선택에서 적절한 명령어를 선택하여 행한다.

7.6 리더 모듈

1) 블록도

〈그림 7-22〉는 I-CODE1 리더 모듈 SL RM900의 블록도를 나타낸다.

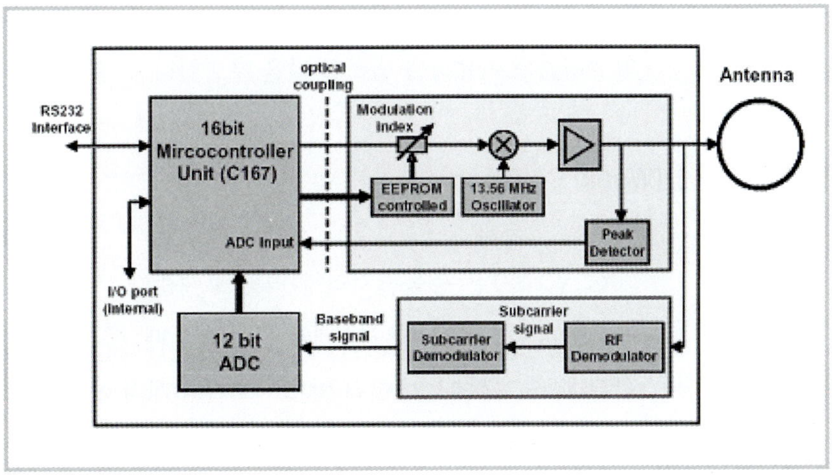

〈그림 7-22〉 리더 모듈 블록

마이크로컨트롤러는 시리얼 인터페이스를 이용하여 호스트 컴퓨터로부터 명령을 받는다. 컨트롤러는 아날로그 인터페이스에 연결되어 있다. 광결합은 DC 전압을 분리한다. 아날로그 인터페이스는 50옴 출력 드라이브를 포함하여 변조기와 복조기를 가지고 있다. 마이크로컨트롤러는 변조벌스를 발생시키는 디지털 출력을 가지고 있다. 펄스폭은 가변 가능하다. 출력 전력과 변조 표시는 EEPROM에 의해 제어되는 저항에 의해 설정 가능하다. 확실한 값은 알려져 있지 않다. 실제적 출력 전압의 측정을 위하여 안테나 출력의 피크 감지기는 마이크로컨트롤러의 ADC 입력에 연결되어 있다. 그러므로, 리더는 출력 전력과 변조 표시를 측정할 수 있다. 절대 전압의 허용 오차때문에, ADC를 이용한 출력 전력 측정은 기준 측정에 의해 보정된다. 관계된 변조 표시는 보정이 필요치 않다.

복조는 두 단으로 이루어진다. 첫째, 밴드패스 필터가 안테나 전압의 상위측 밴드를 분리하고, 배치된 복조기가 변조된 부캐리어 신호를 넘겨준다. 두 번째로 이 부캐리어 신호가 베이스밴드 신호로 변환된다. 12비트의 ADC는 211.9kHz(8 샘플/데이터 비트)의 샘플 비율로 베이스밴드 신호를 디지털 신호로 변경시킨다. 마이크로컨트롤러는 디지털 신호 처리 알고리즘을 이용하여 샘플된 값을 분별한다.

2) 약한 충돌(Weak Collision)

〈그림7-23〉은 충돌감지의 원리를 보여준다. 두 개의 태그가 같은 타임슬롯에서 동시에 명령어에 대하여 응답할 때, 두 태그의 데이터 변조는 중첩된다. 태그A에서 데이터 비트 "0"은 8개의 변조된 부캐리어 파형을 첫 번째 반주기 동안 발생시키고, 데이터 비트 "1"은 나머지 반주기 동안 변조된 8개의 부캐리어 파형을 발생시킨다.

〈그림 7-23〉
충돌 감지

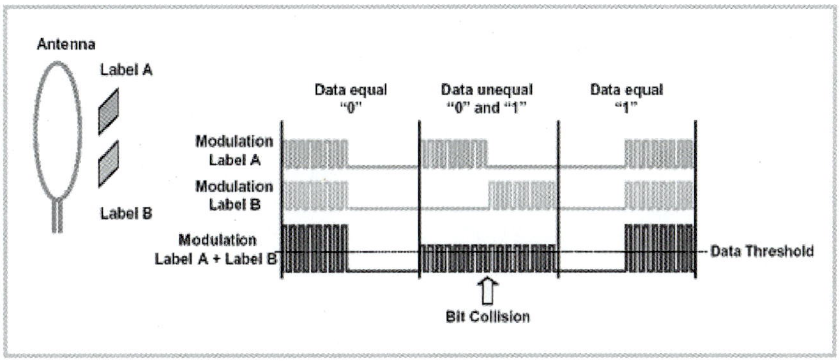

리더는 두 태그의 비트가 같을 경우에만 데이터 비트를 감지할 수 있다. 그렇지 않으면 리더는 전체 데이터 비트 프레임에서 부캐리어 신호를 감지한다. 이런 경우를 "비트 충돌" 이라 한다. 그러므로, 충돌은 태그의 데이터가 다른 경우에 감지가 가능하다. 그들의 유일한 시리얼 숫자 블록0의(충돌 방지/선택과 비선택적 읽기)의 전송은 최소한 1비트의 다른 값을 보증하므로 충돌을 감지가 가능하다.

특히 이 경우에는 동일한 타임슬롯에서 하나 또는 그 이상의 태그가 선택되는 것을 피하기 위하여 충돌 방지/선택 명령어가 필요하다. 〈그림 7-24〉는 태그가 리더의 안테나로부터 동일한 거리에 있을 때인 "강한" 충돌을 설명한다.

〈그림 7-24〉
약한 충돌의 감지

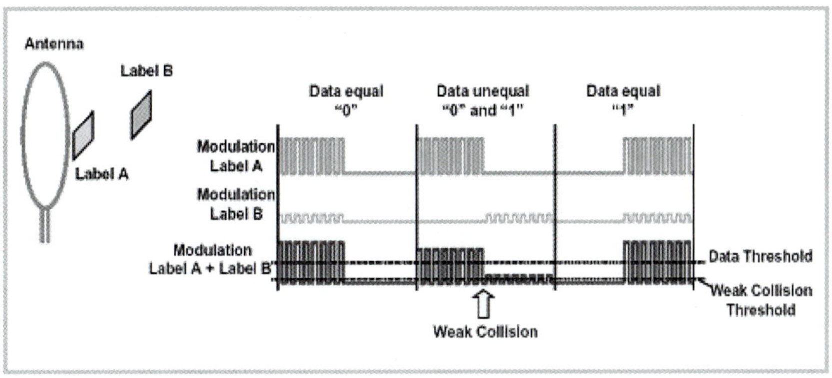

약한 충돌은 하나의 태그가 리더의 안테나에 더 가까운 경우이다. 수신된 변조 깊이는 〈그림 7-24〉에 보는 바와 같이 서로 다르다. 데이터 신호의 중간 데이터 한계점으로 리더는 태그 A로부터의 데이터를 감지할 수 있다. 리더는 약한 충돌 한계점(weak collision threshold)을 사용하여 약한 충돌을 감지할 수 있다. 다음에서 약한 충돌에서 노이즈를 포함한 것을 상세히 담고 있다.

3) 데이터 디코딩

〈그림 7-25〉는 한 비트의 변조 신호를 나타낸다. 이것은 부가 잡음이 중첩되어 있다. 이 그림은 이에 해당하는 베이스밴드 신호(아날로그 복조기 출력)이다. 베이스밴드 노이즈 신호는 3개의 파라미터인 평균, 최대, 최소 노이즈 레벨이다. 노이즈 레벨은 데이터 신호가 없을 때 측정될 수 있다. SL RM900 리더는 명령어 전송 전 또는 호스트 컴퓨터에 의한 제어로 노이즈 레벨을 자동으로 측정할 수 있다.

〈그림 7-25〉
베이스밴드 노이즈 레벨

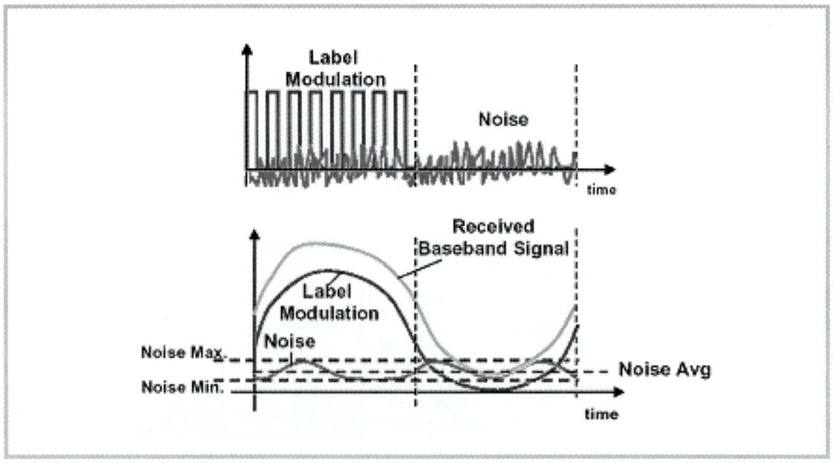

이러한 노이즈 레벨은 비트 한계점, 노이즈 한계점, 충돌 한계점을 결정

하는데 사용된다. 〈그림 7-26〉은 데이터의 인식에 대한 원리를 설명한다. 베이스밴드 신호는 데이터 비트당 8번이 샘플된다. d1 기호는 첫 4개의 샘플의 평균을 나타낸다. d2는 비트의 나머지 반에 대한 평균을 나타낸다. 〈그림 7-26〉의 수평선은 이러한 평균값을 나타낸다.

d1과 d2가 노이즈 한계점보다 낮으면 리더는 "태그 없음" 으로 판단한다.

충돌은 만약 |d1 - d2|가 충돌 한계점보다 작으면 감지되고, 만약 |d1 -d2|가 충돌 한계점보다 크면 데이터 비트의 인식이 가능하다.

〈그림 7-26〉
데이터 인식

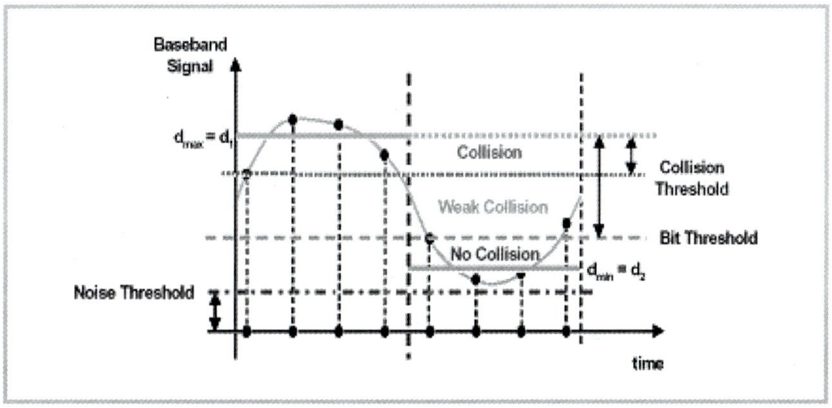

데이터 비트 ="1" if d1 〉 d2

데이터 비트 ="0" if d2 〉 d1

만약 |d1-d2|가 비트 한계점보다 작고 충돌 한계점보다 크면 리더는 "약한 충돌" 로 읽는다.

리더 모듈 SL RM900은 자동 한계점 계산 기능을 가지고 있다. 노이즈 한계점은 최대 노이즈 레벨보다 약간 높게 설정한다. 한편으로는 충돌 한계점은 높은 복조기의 감도를 위하여 가능한 한 낮게 설정되어야 한다. 다른 한편으로는 데이터 신호는 노이즈 신호로부터 구별되어져야 한다. SL RM900 리더 모듈은 충돌 한계점과 약한 충돌 한계점을 채택하기 위하여 노이즈 레벨의 차이 값을 사용한다. 가장 큰 노이즈 레벨의 차이 값은 충돌 한계점보다 크게 설정된다. 리더 모듈 SL RM900은 연속적인 노이즈 측정을 가능하게 한다. 충돌 한계점의 채택은 최적화된 복조기 감도를 제공한다.

4) 약한 충돌과 노이즈를 위한 베이스밴드 신호

리더는 노이즈 레벨의 함수로 "비트 한계점" 을 계산한다. 단지 태그 A만이 데이터 비트 "1" 을 변조한다고 가정하자. 그에 해당하는 베이스밴드 신호는 데이터 비트 프레임의 첫 번째 절반에서 상위 레벨의 신호를 갖는다. 두 번째 반의 레벨은 제로 라인 근처의 값을 가진다. 부가잡음은 노이즈 레벨에 의하여 곡선을 이동시킨다. 그러나 나머지 반의 레벨은 비트 한계점 아래로 떨어진다. 두 번째 태그 B는 보다 낮은 진폭으로 "0 " 으로 변조된 데이터 비트를 생성시킨다. 태그 A와 태그 B의 베이스밴드 신호와 노이즈 신호의 합이 결과적으로 베이스밴드 신호인데, 이것은 항상 "비트 한계점" 보다 크다. 리더는 태그 A 강한 변조를 감지할 수 있다.

〈그림 7-27〉
비트 한계점과 약한 충돌

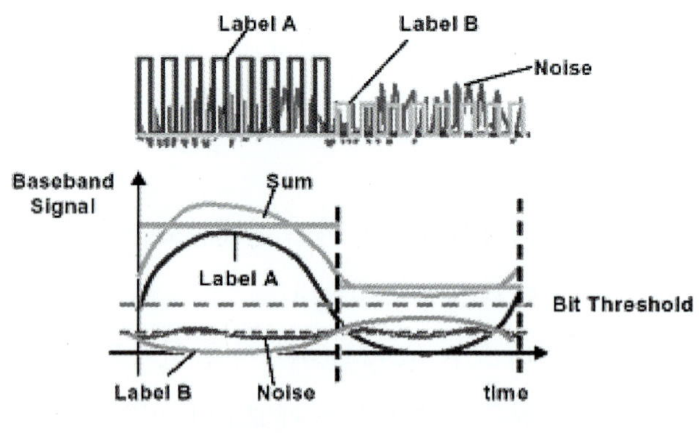

〈그림 7-27〉은 특별한 경우를 보여주고 있다. 태그 B는 노이즈 레벨보다 낮은 변조된 베이스밴드 신호를 발생시키고 있다. 그래서 결국은 "비트

한계점” 보다 낮은 베이스밴드 신호가 된다. 리더는 비록 두개의 태그가 같은 타임슬롯에서 응답을 해도 충돌을 감지하지 못한다.

〈그림 7-28〉 약한 충돌시 감지 못하는 경우

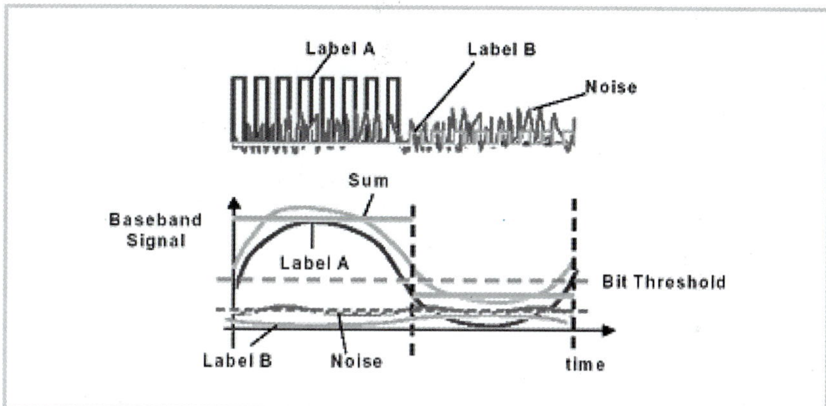

이것은 충돌 방지/선택에서 블록 쓰기명령어와 결합될 때 심각한 문제이다. 두 개의 태그가 같은 QUIT 값을 기대하고 있을 때 리더는 두 태그를 같은 타임슬롯에서 선택한다. 만약 QUIT 다음의 블록 쓰기가 동일하다면, 리더는 두 태그에 데이터를 기록하게 된다. 리더는 태그 B에 데이터를 기록할 수는 있지만 태그 B로부터 데이터를 읽을 수는 없다. 이러한 예기치 않은 동작은 리더의 읽기 거리가 쓰기 거리보다 길게 설정되어지면 피할 수 있다(전력 감소, 안테나 코일)

이러한 경우 예기치 않게 태그에 “읽을 수 없는” 데이터를 기록하기 때문에 리더는 읽기 거리를 크게 하는 것이 불가능하고, 태그는 충돌 방지/선택을 위해 다른 해쉬 값을 사용하여 최소화될 수 있다.

5) 복조기 포화 영향

태그가 매우 가깝게 안테나에 붙어 있을 때 복조기 증폭기는 논 리니어 포화 영역에서 동작하게 된다. 〈그림 7-29〉는 전형적인 포화의 영향을 보여준다. 베이스밴드 신호는 수직 오프셋을 획득한다. d2 아래의 평균값은 "비트 한계점" 위로 옮겨진다. 리더는 비록 하나의 태그가 이 타임슬롯에서 응답할지라도 항상 충돌을 지시한다. 비선택 읽기에서 리더 신호가 약한 충돌이라도 데이터는 읽혀질 수 있다.

일반적으로, 약한 충돌일 때 태그를 선택 하는 것은 허락되지 않는다. 태그의 선택은 사용자가 약한 충돌이 포화 영향에 의해 생긴 것을 알고 있을 때만 허가된다. SL RM900 리더 모듈은 충돌 방지/선택을 위한 약한 충돌을 무시할 수 있다.

〈그림 7-29〉 복조 포화

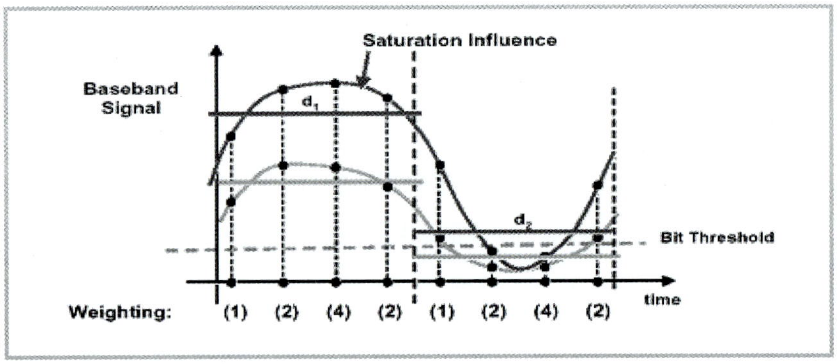

6) 노이즈 레벨 측정(적절치 못한 스파크)

리더의 변조 강도는 노이즈 한계점에 의해 영향을 받는다. 각각의 노이즈 레벨을 측정 시, 노이즈 한계점은 최대 노이즈 레벨보다 약간 높게 설정한다. 만약 적절치 못한 스파크가 노이즈와 중첩된다면, 리더는 높은 노이즈 레벨을 측정하고, 노이즈 한계점은 높은 값으로 설정된다. 이것은 수신 감도를 낮추게 된다.

〈그림 7-30〉은 순수 노이즈가 최대 레벨과 최소 레벨의 중간에서 대략적인 노이즈 레벨의 평균을 산출하는 것을 보여준다. 적절치 못한 스파크가 가미된 상태에서 평균 노이즈값은 최소 노이즈 레벨에 더욱 가깝다. 그

러므로 적절치 못한 스파크는 확연한 비대칭 노이즈 레벨에서 감지될 수 있다(〈그림 7-30〉 참조).

적절치 못한 스파크에 의한 수신감도가 줄어드는 것을 피하기 위하여 노이즈 레벨의 측정은 노이즈 레벨이 대략적으로 대칭일 때까지 반복되어야 한다.

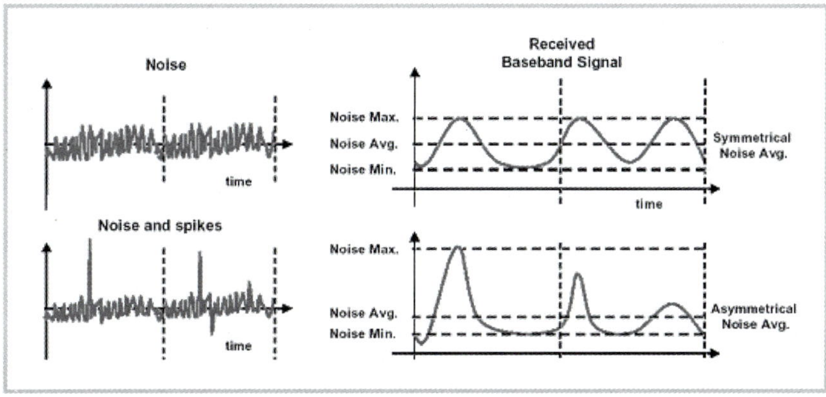

〈그림 7-30〉 적절치 못한 스파크와 밴드 신호

7.7 시스템 명령어 시퀀스

1) 유형

일반적인 시스템 구성은 다음의 유형으로 주어질 수 있다.

(1) 태그의 개수에 따른 유형

① 하나의 태그 응용(휴대용 리더)

단지 하나의 태그가 영역에 있다. 이 리더는 단지 하나의 타임슬롯을 이용한다. 해쉬 값은 영향이 없다. 충돌과 약한 충돌은 불가능하다. 복조 포화에 의한 약한 충돌은 무시할 수 있다.

② 멀티 태그 응용(게이트 안테나)

여러 개의 태그가 영역 내에 있다. 리더는 타임슬롯의 개수를 정의한다. 간단한 법칙은 타임슬롯의 개수는 예상되는 태그의 개수의 2배이어야 한다. 타임슬롯의 최적 개수는 앞에서 설명되어 있다. 해쉬 값은 리더의 각각의 명령어에 대하여 변경되어야 한다. 블록 쓰기 명령어를 사용 할 때 "약한 충돌 무시" 설정은 허용되지 않는다.

(2) 다른 기능적 분류는 "읽기만" 과 "읽기/쓰기" 를 분리한 응용이다.

① "읽기만 EAS" :

EAS 기능은 읽기만 명령어이다. 모든 태그는 같은 EAS 패턴에 어떠한 데이터의 충돌도 없이 동기화되어 응답한다. 태그를 구분하는 것은 요구되지 않는다. 리더는 만약 EAS 패턴이 감지되면, EAS 알람을 보낸다.

② "읽기만" :

일반적으로 "read only" 시스템은 단지 비선택 읽기만 사용한다. 태그의 확인은 모든 태그들이 그들의 응답에 대하여 구분 가능할 때 요구된다. 예를 들어, 유일한 시리얼 숫자가 블록 0에서 읽혀질 수 있을 때 . . .

③ "읽기/쓰기" :

쓰기 명령어를 실행하기 전에 태그는 선택되어야 한다. 리더는 적절한 숫자의 태그가 선택될 때 까지 충돌 방지/선택 명령어를 반복한다. 그런 다음, 블록 쓰기를 태그의 완전한 데이터 블록에 기록한다. 선택 읽기는 쓰여진 데이터에 대하여 검증하기 위하여 사용된다. 만약 모든 데이터가 쓰여지면 리더는 선택된 태그에 대하여 강제적으로 정지 모드로 전환시킨다. 이제 다음 그룹의 태그가 선택 되어질 수 있다. 일반적인 명령어 시퀀스가 다음의 예로 주어졌다.

2) 읽기/쓰기 명령어 시퀀스 예제

〈그림 7-31〉은 7개의 태그가 8개의 타임슬롯에서의 명령어 시퀀스를 보여준다.

〈그림 7-31〉 명령어 시퀀스와 Quit 값 영향

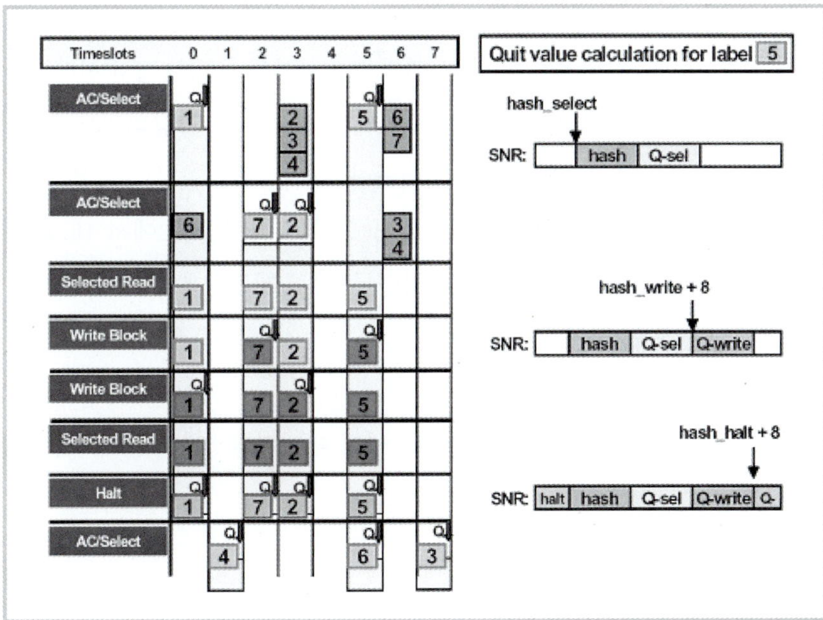

① 충돌 방지/선택

리더는 충돌 방지/선택을 보내고, 태그는 타임슬롯0~7을 통하여 자신들의 시리얼 숫자를 보낸다. 해쉬 값은 6 으로 설정되어진다. 그러므로, 태그 5의 타임슬롯의 위치는 시리얼 숫자의 비트 6~비트13에 달려 있다. 리더는 타임슬롯0에서 태그 1의 시리얼 번호를 읽고, 타임슬롯5에서 태그

5의 시리얼 번호를 읽는다. 리더는 시리얼 번호 후에 즉시 QUIT 값을 보낸다. 태그 5에서 QUIT 값은 시리얼 번호의 비트14에서 비트 21(Q-sel) 사이로 주어진다. 타임슬롯0과 타임슬롯5는 태그 1과 태그 5 로 할당된다. 타임슬롯1,2,4 그리고 7은 비어 있다. 타임슬롯3과 6에서 리더는 충돌을 감지한다. 리더는 50 %의 빈 타임슬롯을 감지하고, 다른 충돌 방지/선택 명령어를 보낼 것을 결정한다.

② 충돌 방지/선택

단지 비선택된 태그 2,3,4,6,7,만이 두 번째의 충돌 방지/선택에 응답한다. 해쉬 값은 변경된다. 리더는 타임슬롯0, 2, 3에서 태그 6, 7, 2의 시리얼 번호를 읽는다. 태그 7, 2는 타임슬롯2,3에서 선택되어질 수 있다. 태그 6은 타임슬롯0이 이미 태그 1에 의해 할당되었으므로 선택되지 않는다. 타임슬롯1,4,7은 비어있다. 이제 비어 있는 비율은 50%이하이고, 리더는 타임슬롯0에서 태그1에 그리고 타임슬롯2에서 태그 7에 타임슬롯4에서 태그 2에 그리고 타임슬롯5에서 태그 5에 쓰기 동작을 수행한다.

③ 선택 읽기

리더는 선택된 태그에서 데이터를 읽는다. 태그는 그들에게 할당된 타임슬롯에서 응답한다.

④ 블록 쓰기

리더는 해쉬 값 14와 함께 블록 쓰기 명령을 보내고, 모든 선택된 태그는 그들에 할당된 타임슬롯에서 그들의 시리얼 번호로 응답한다. 시리얼 번호 후 바로 태그 7과 5는 QUIT를 보냄으로 인해 그들의 메모리 내의 데이터 블록에 기록된다. 시리얼 번호 비트 22에서 29(Q-write)는 QUIT 값을 계산하는데 이용된다. 24비트의 유일한 시리얼 번호는 쓰기 명령과 연관된다.

Note

앞 장에서 안테나로부터 멀어질 때의 가능성에 대하여 설명되어 있다. 태그는 리더 명령을 읽을 수 있다. 그러나 데이터의 전송이 노이즈 레벨보다 낮다. 리더는 이 태그를 인식하지 못한다. 만약 안테나 근처의 태그가 동일한 시리얼 번호를 가지고 있고, 그런 후 하나의 태그가 안테나로부터 멀어지고, 그 다음 완전한 명령어가 태그에 가해지면, 동일한 데이터가 두 태그에 기록된다. 이러한 예상되지 않은 확률은 1600만분의 1이다(1:2・24).

⑤ 블록 쓰기

또 다른 데이터 블록이 태그 1과 2에 쓰여진다.

⑥ 정지

리더는 해쉬 값 22와 함께 정지(HALT) 명령어를 보낸다. 모든 선택된 태그는 정지 모드로 설정된다. 왜냐하면, 리더가 모든 선택된 태그에 Quit 값을 보내기 때문이다. 시리얼 번호의 비트 30에서 비트 5까지는(Q-halt) 각각의 QUIT 값을 계산하는데 이용되어진다.

⑦ 충돌 방지/선택

태그 1,2,5 그리고 7 이 "정지" 모드에 있다. 그러므로, 단지 태그 3, 4 그리고 6만이 다음에 오는 통신과 관련이 있다. 이제 리더는 남아 있는 태그에 데이터를 기록하기 위하여 완전한 시퀀스를 반복한다.

〈표 7-4〉 SNR8과 Quit값 비교

SNR8	Quit	SNR8	Quit	SNR8	Quit	SNR8	Quit	SNR8	Quit	SNR8	Quit	SNR8	Quit	SNR8	Quit
00	23	20	0D	40	7F	60	51	9B	A0	B5	C0	C7	C7	E0	C7
01	47	21	69	41	1B	61	35	FF	A1	D1	C1	A3	A3	E1	A3
02	EB	22	C5	42	B7	62	99	53	A2	7D	C2	0F	0F	E2	0F
03	8F	23	A1	43	D3	63	FD	37	A3	19	C3	6B	6B	E3	6B
04	C2	24	EC	44	9E	64	B0	7A	A4	54	C4	26	26	E4	26
05	A6	25	88	45	FA	65	D4	1E	A5	30	C5	42	42	E5	42
06	0A	26	24	46	56	66	78	B2	A6	9C	C6	EE	EE	E6	EE
07	6E	27	40	47	32	67	1C	D6	A7	F8	C7	8A	8A	E7	8A
08	90	28	BE	48	CC	68	E2	28	A8	06	C8	74	74	E8	74
09	F4	29	DA	49	A8	69	86	4C	A9	62	C9	10	10	E9	10
0A	58	2A	76	4A	04	6A	8A	E0	AA	CE	CA	BC	BC	EA	BC
0B	3C	2B	12	4B	60	6B	4E	8B	84	AB	AA	CB	D8	EB	D8
0C	71	2C	5F	4C	2D	6C	03	8C	C9	AC	E7	CC	95	EC	95
0D	15	2D	3B	4D	49	6D	67	8D	AD	AD	83	CD	F1	ED	F1
0E	B9	2E	97	4E	E5	6E	CB	8E	01	AE	2F	CE	5D	EE	5D
0F	DD	2F	F3	4F	81	6F	AF	8F	65	AF	4B	CF	39	EF	39
10	34	30	1A	50	68	70	46	90	8C	B0	A2	D0	D0	F0	D0
11	50	31	7E	51	0C	71	22	91	E8	B1	C6	D1	B4	F1	B4
12	FC	32	D2	52	A0	72	8E	92	44	B2	6A	D2	18	F2	18
13	98	33	B6	53	C4	73	EA	93	20	B3	0E	D3	7C	F3	7C
14	D5	34	FB	54	89	74	A7	94	6D	B4	43	D4	31	F4	31
15	B1	35	9F	55	ED	75	C3	95	09	B5	27	D5	55	F5	55
16	1D	36	33	56	41	76	6F	96	A5	B6	8B	D6	F9	F6	F9
17	79	37	57	57	25	77	0B	97	C1	B7	EF	D7	9D	F7	9D
18	87	38	A9	58	DB	78	F5	98	3F	B8	11	DB	63	F8	63
19	E3	39	CD	59	BF	79	91	99	5B	B9	75	D9	07	F9	07
1A	4F	3A	61	5A	13	7A	3D	9A	F7	BA	D9	DA	AB	FA	AB
1B	2B	3B	05	5B	77	7B	59	9B	93	BB	BD	DB	CF	FB	CF
1C	66	3C	2C	5C	3A	7C	70	9D	DE	BC	F0	DC	82	FC	82
1D	02	3D	2C	5D	5E	7D	70	9D	BA	BD	94	DD	E6	FD	E6
1E	AE	3E	80	5E	F2	7E	DC	9E	16	BE	38	DE	4A	FE	4A
1F	CA	2F	E4	5F	96	7F	B8	9F	72	BF	5C	DF	2E	FF	2E

〈그림 7-32〉
Quit값 계산 프로그램

QUIT value calculation C – Program

```
#include <stdio.h>

/*************************************************************/
/*****  FUNCTION CRC8fun                             *********/
/*************************************************************/
/*****  INPUT:  in       8 bit crc8  input           *********/
/*****          preset   8 bit crc8  preset          *********/
/*************************************************************/
/*****  RETURN: 8 bit crc8 calculation with          *********/
/*****          a generator polynom B8 (hex)         *********/
/*************************************************************/

unsigned char crc8fun(unsigned char in,unsigned char preset)
{
  int loop;
  unsigned char out;
  const unsigned char crc_pol=0xb8; /* generator polynom   */

  out=in^preset;                                /* preset xor */

  for(loop=0; loop<8; loop++)       /* crc8 calulation loop */
  {
    if (out&0x0001)  { out = (out>>1) ^ crc_pol;}
    else             { out = (out>>1);}
  }

  return out;
}

/*************************************************************/
/***** Main Program I-CODE QUIT value calculation **********/
/*************************************************************/

void main(void)
{
  int snr_8;                    /* 8 bit serial number section */
  unsigned char crc_res;
  const unsigned char quit_preset=0xff;      /* QUIT preset */

  printf("\n\n|------|------|\n");           /* table header */
  printf(    "|  SNR  | QUIT |\n");
  printf(    "|------|------|\n");

  for(snr_8=0; snr_8 < 256; snr_8++)
  {
     crc_res=crc8fun((unsigned char)snr_8,quit_preset);
     printf("|  %02X  |  %02X  |          \n",snr_8,crc_res);
     printf("press <ESC> to quit\r");     /* keyboard input */
     if (getch()==0x1b) break;            /* continue/abort */
  }
}
```

7.8 SL RC400 개요 및 특징

1) SL RC400 SOP핀 배치

〈그림 7-32〉
SL RC400 SOP핀 배치도

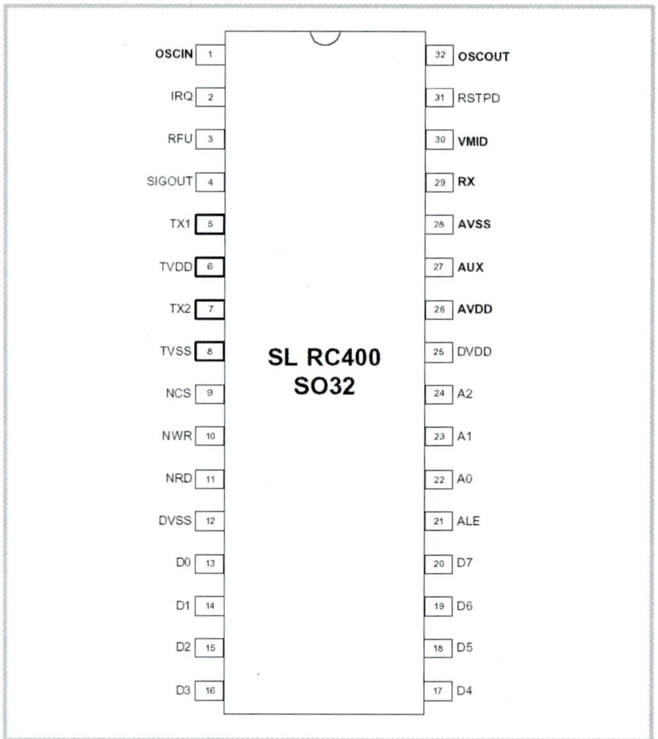

2) SL RC400 SOP핀 설명

〈그림 7-33〉
SL RC400 SOP핀 설명〉

핀번호	핀 명	종 류	설명
1	OSCIN	I	크리스탈 오실레이터 입력 : 외부에 발생된 클럭 입력 (fosc = 13.56 MHz).
2	IRQ	O	인터럽트 요구 인터럽트 이벤트 출력
3	RFU	I	이 핀은 접지에 연결
4	SIGOUT	O	I CODE 인터페이스 출력 ICODE의 시리얼 데이터 열의 출력, 테스트 핀 TP2에 연결됨

핀번호	핀 명	종 류	설명
5	TX1	O	전송기 1 변조된 13.56 MHz 캐리어 주파수 출력
6	TVDD	PWR	전송기 전원 공급 TX1 와 TX2 출력단의 전원 공급
7	TX2	O	전송기 2 변조된 13.56 MHz 캐리어 주파수 출력
8	TVSS	PWR	전송기 접지 TX1 와 TX2 출력단의 전원 공급
9	NCS	I	Not Chip Select SL RC400 선택 (low enable)
10	NWR R/NW nWrite	I I I	Not Write SL RC400 register에 데이터를 쓰기 위한 strobe Read Not Write 수행될 read 또는 write cycle 선택 Not Write 수행될 read 또는 write cycle 선택
11	NRD NDS nDStrb	I I I	Not Read: SL RC400 register에 데이터를 읽기 위한 strobe Not Data Strobe 수행될 read 또는 write strobe Not Data Strobe 수행될 read 또는 write strobe
12	DVSS	PWR	디지털 접지
13	D0 ~ D7 AD0 ~ AD7	I/O I/O	8 Bit Bi-directional Data Bus 8 Bit Bi-directional Address and Data Bus
21	ALE AS nAStrb	I I I	Address Latch Enable 내부 address로 AD0 ~ AD5까지 래치하기 위한 strobe로 HIGH일 때 래치됨 Address Strobe 내부 address로 AD0 ~ AD5까지 래치하기 위한 strobe로 HIGH일 때 래치됨 Not Address Strobe: 내부 address로 AD0 ~ AD5까지 래치하기 위한 strobe로 LOW 일 때 래치됨
22	A0 nWait	I O	Address Line 1 내부 레지스터 address 0비트 Not Wait access-cycle시에 LOW 액티브인 대기 신호
23	A1	I	Address Line 1 내부 레지스터 address 1비트
24	A2	I	Address Line 2 내부 레지스터 address 2비트
25	DVDD	PWR	디지털 전원
26	AVDD	PWR	아날로그 전원
27	AUX	O	Auxiliary Output 아날로그 테스트 신호 핀 레지스터 TestAnaOutSel에 의해 아날로그 신호종류를 선택할 수 있다. 테스트 핀 TP1에 연결됨
28	AVSS	PWR	아날로그 접지
29	RX	I	Receiver Input 안테나로부터 유도된 13.56 MHz 캐리어 주파수 변조된 태그 응답 입력 핀
30	VMID	PWR	Internal Reference Voltage 내부 reference 전압 공급
31	RSTPD	I	Reset and Power Down HIGH일 때 내부전류는 차단되고, 오실레이터는 금지되며 입력은 끊어진다. Falling 엣지시 내부적인 리셋 단계가 시작된다.
32	OSCOUT	O	Crystal Oscillator Output 반전된 오실레이터 출력

3) 인터페이스

SL RC400은 여러 종류의 마이컴 인터페이스를 할 수 있게 준비가 되어 있다. 어드레스 디코더 대신 임베디드 마이컴에서 여분의 포트로 대신해서 하드웨어를 간단히 할 수 있다.

(1) 분리된 읽기/쓰기 스트로브(인텔 계열)

〈그림 7-34〉 SL RC400 인터페이스(인텔계열)

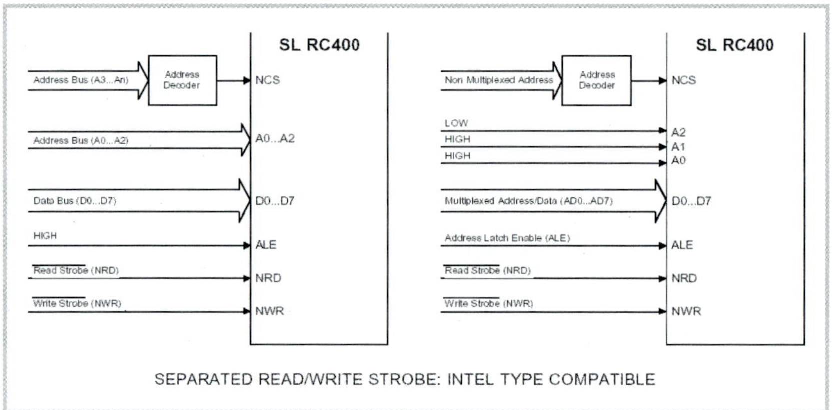

(2) 일반적인 읽기/쓰기(모토롤러 계열)

〈그림 7-35〉 SL RC400 인터페이스(모토롤러 계열)

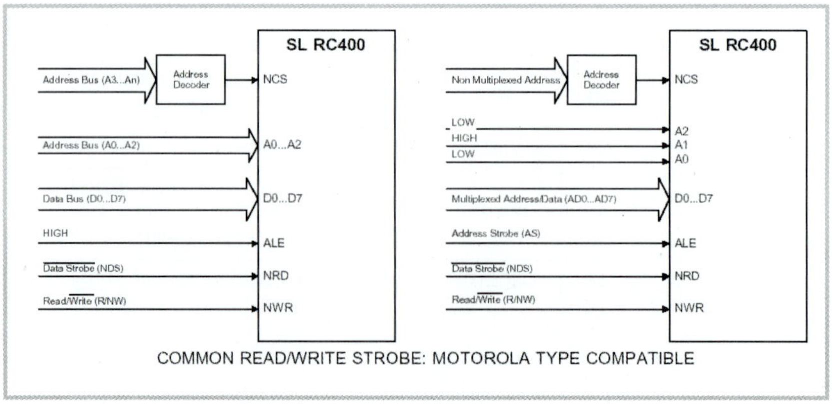

(3) 기본 회로와 정수 값

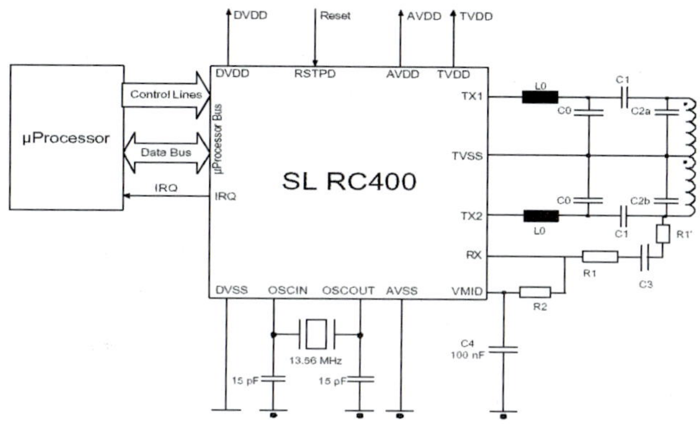

〈그림 7-36〉 SL RC400 기본회로

〈그림 7-37〉 부품내역

부품명	값	표시
L0	1μH±5%	Magnetic shieldede.g. TDK NL322522T-1R0J
C0	2+PF±2%	NP0(Imaterial Value depending on the antenna Inductance
R1'	3.9kΩ ±1%	
R1	560Ω ±1%	
R2	820Ω ±1%	
C3	1nF±2%	NP0 material

〈그림 7-38〉 매칭 회로를 위한 콘덴서 값

안테나 코일 인덕턴스[μH]	C1[pF]	C2a[pF]	C2b[pF]
0.8	27	270	330
0.9	27	270	270
1.0	27	220	270
1.1	27	180□□□□22	220
1.2	27	180	180□□□□22
1.3	27	180	180
1.4	27	150	180
1.5	27	150	150
1.6	27	120□□□□10	150
1.7	27	120	150
1.8	27	120	120

〈그림 7-39〉 레지스터 기능

페이지	어드레스 (16진법)	레지스터 이름	기능
페이지 0: 명령어와 상태	0	Page	레지스터 페이지 선택
	1	Command	명령실행(실시 또는 정지)
	2	FIFO Date	입력, 출력할 64바이트 FIFO버퍼
	3	PrimaryStatus	수신기,송신기와 FIFO버퍼의 상태 플래그
	4	FIFOLength	FIFO 버퍼에 저장된 바이트 수
	5	SecondaryStatus	기타 상태 플래그
	6	InterruptEn	인터럽트 제어
	7	InterruptRg	인터럽트 요구 제어
페이지 1: 제어와 상태	8	Page	레지스터 페이지 선택
	9	Control	timer,power saving 등 여러 가지 코틀롤 플래그
	A	ErrorFlag	최근 실행한 명령의 에러상태를 나타내는 에러 플래그
	B	Collpos	RF 신호에서 검출된 colision의 첫 번째 비트 위치
	C	TimerValue	타이머의 실제값
	D	CRCResultLSB	CRC 레지스터의 LSB
	E	CRCResultMSB	CRC 레지스터의 MSB
	F	Preset0F	값을 변경할 수 없음
페이지 2: 전송기와 코더 제어	10	Page	레지스터 페이지 선택
	11	TxControl	TX1과 TX2의 On/Off제어
	12	CwConductance	TX1과 TX2의 conductance 선택
	13	ModConductance	변조기간의 TX1과 TX2의 conductance 선택
	14	CoderControl	전송시 bit coding mode 와 framing mode 선택
	15	Modwidth	변조의 펄스 폭 선택
	16	ModwidthSOF	SOF의 변조의 펄스 폭 선택(I•CODE Fast• Mode)
	17	PreSet17	값을 변경할 수 없음
페이지 3: 수신기와 디코더 제어	18	Page	레지스터 페이지 선택
	19	Rxcontrol1	수신기 콘트롤
	1A	DecoderControl	디코더 콘트롤
	1B	BitPhase	송수신 사이의 비트 위상 선택
	1C	RxThreshold	bit decoder의 threshold 선택
	1D	Preset1D	값을 변경할 수 없음
	1E	RxControl2	수신기의 디코더 제어 및 수신기 입력 소스 정의
	1F	ClockQControl	90° 위상차 인 Q-channel clock의 클럭 제어

페이지	어드레스 (16진법)	레지스터 이름	기능
페이지 4: RF-타이밍과 Channel 중복	20	Page	레지스터 페이지 선택
	21	PxWait	송신 후 시간 간격 설정
	22	ChannelReundancy	CRC 연산 등 모드 제어
	23	CRCPresetLSB	CRC 레지스터 pre~set값 LSB
	24	CRCPresetMSB	CRC 레지스터 pre~set값 MSB
	25	TimeSlotPeriod	명령전송 후 자동으로 시작할 명령 Frame의 시간 설정
	26	SIGOUTSelect	SIGOUT 핀에 출력할 내부신호 선택 테스트 핀 TP2에서 측정할 수 있음
	27	PreSet27	값을 변경할 수 없음
페이지 5: FIFO, 타이밍과 IRQ핀 구성	28	Page	레지스터 페이지 선택
	29	FIFOLevel	FIFO의 water level 설정
	2A	TimerClock	타이머 클럭의 분주 비선택
	2B	TimerControl	타이머의 시작과 정지 조건 설정
	2C	TimerReload	타이머의 pre-set값 설정
	2D	IrqPinConfig	1RQ핀 출력 제어
	2E	PreSet2E	값을 변경할 수 없음
	2F	PreSet2F	값을 변경할 수 없음
페이지 6: RFU	30	Page	레지스터 페이지 선택
	31	RFU	예약
	32	RFU	예약
	33	RFU	예약
	34	RFU	예약
	35	RFU	예약
	36	RFU	예약
	37	RFU	예약
페이지 7: 테스트 제어	38	Page	레지스터 페이지 선택
	39	RFU	예약
	3A	TestAnaSelect	analog test mode 선택
	3B	Preset3B	값을 변경할 수 없음
	3C	PreSet3C	값을 변경할 수 없음
	3D	TestDigiSelect	digital test mode 선택
	3E	RFU	예약
	3F	RFU	예약

4) Icode 리셋

RSTPD핀이 ATmega128의 PD1에 연결이 되어있다. SL RC400을 리셋시키고 상태레지스터를 읽어 에러 판별 후 에러코드를 LCD에 표시한다.

```
PORTD | = 0×02; //PD1핀을(RSTPD) 1로 출력하여 SL RC400을 리셋시킴
delay_ms(200);      //200ms 동안 지연
PORTD &=-0×02;  //PD1핀을(RSTPD) 0로 출력하여 SL RC400을 동작시킴

StartTimer1(210);    //하드웨어 타이머를 2100ms, 즉 2.1초를 설정

while ((Rdravrc(RegCommand) & 0×3F) != 0×3F && timervalue3);
// 리셋후 Command 레지스터 값이 0×3f이거나 하드웨어 타이머가
타임아웃될 때까지 대기
while ((RdRavRC(RegCommand) & 0×3F)&& timervalue3);
// Command레지스터 값이 0×3f가 아닌 다른 값이거나 하드웨어 타이머가
타임 아웃될 때까지 대기

StopTimer1();  //timer3 interrupt 정지

if(!timervalue3) status = MI_RESETERR; //타임 아웃이면 에러코드를
상태레지스터에 저장

if(status == MI_OK) {
 WrgawRC(RegPage, 0×80);
//하드웨어 버스 configuration을 결정하기 위해서 Dummy access
 if (RdRawRc(RegCommand) != 0×00) status = MI_INTERFACEERR;
 // Command레지스터의 비트 7이 0이면 인터페이스 정상
}
```

다음은 SL RC400의 내부 레지스터를 읽기 위한 함수이다.

ATmega128의 상위 어드레스인 A8~A15는 하드웨어적으로 디스에이블 시켰다.

하지만 외부 데이터 램을 읽거나 쓰기 위해서 unsigned char 포인터 형식의 0x2000의 값을 설정하였다.

```
// Read Register Data
BYTE RdRawRC(BYTE addr) //addr은 레지스터 어드레스
{
    BYTE dat;;
    dat =* ((volatile BYTE *)(addr+0×2000)); //리딩
    return dat; // 리딩한 값을 리턴
}
void WrRawRC(BYTE addr, BYTE value) // addr은 레지스터 어드레스,
value는 레지스터에 쓸 데이터 1바이트
    *((volatile BYTE *)(addr+0×2000)) = value;// 라이팅
}
```

7.9 레지스터 쓰기, 읽기

본 예제는 주어진 패킷 형식으로 통신을 하여 SL RC400을 리셋을 수행하거나, 특정 레지스터를 리드 또는 라이트한다. 이때 여기에서 사용되는 프로토콜 형식은 다음과 같다.

1) 호스트에서 리더 측으로 보내는 명령형식

[송신]

SYN	DevID	Length	Cmd	Data
0x55	xx	0x02	xx	xx

xx : 0x00 ~ 0xff 사이의 1바이트 hex값

SYN : 1바이트, 통신의 동기바이트로 0x55임

DevID : 1바이트, 트레이닝 킷의 장치번호로 범위는 0x01~0x07이될 수 있다.

Length : 2바이트, Cmd부터 그 이후 끝까지의 데이터 열의 크기

Cmd : 1바이트, 트레이닝 킷의 명령

Data : Cmd가 쓰기 명령일 때 데이터 값임

2) 리더에서 호스트 측으로 보내는 응답형식

[수신]

SYN	DevID	Length	Status
0x55	xx	0x01	xx

SYN : 1바이트, 통신의 동기바이트

DevID : 1바이트, 트레이닝 킷의 장치번호로 범위는 0x01~0x07이될 수 있다.

Length : 1바이트, 길이 이후 끝까지의 데이터 열의 크기

Status : '+' : ACK, 호스트로부터의 정상수신, 명령을 처리함

'-' : NAK, 호스트로부터의 통신 수신에러

3) SL RC400 리셋명령

55 01 01 20 // 호스트에서 리더 측으로 보내는 명령

55 01 01 2B // 리더에서 호스트 측으로 보내는 응답

리셋 명령을 보내면 6.4절의 리셋 기능을 수행하고 그 결과를 응답한다.

```
int main (void)
{
    BYTE status=0;

    MCU_initialize();        //MCU 초기화
    1cd_initialize();     //LCD 초기화
    UART0_Init();        //통신 초기화
    .
    .
    ResetSLRC400();          //SLRC400 초기화
    .
    .
    PORTD | = 0×f0;        //led off
    RxWr_Ptr=RxRd_Ptr=0; //수신 령 포인터 초기화
    b_ovf_Rxbuf = 0;
    rx_seq=0;

    while(1)
    {
        Cmd_proc();    //get rx data and processing cmd.

    }
    return 0;
}
void Cmd_proc(void)
```

```
{
    BYTE cmd[10], len, regaddr, regByte, byteValue;

    if(!uart0_chkbuf(SYN))return;    //SYN검사
    if(uart0_rxbuf();      !=DevID)return;//Dev ID검사
    Length=uart0_rxbuf();   //Length저장
    Cmd=uart0_rxbuf(); //Cmd저장
    switch(cmd) {
    case _RESET_SLRC; //RESET SLRC명령인 경우
        if(--Length){//길이가 맞지 않은 경우
         g_RxBuf[3] = 0×10;
        }else (
         regByte = ResetSLRC400();
         if(regByte == 0) g_RxBuf[3] = '+';//정상일 경우 ack
         else g_RxBuf[3] = '_' ;              //에러일 경우 nak
        }
        g_RxBuf[0] = SYN; //응답 포맷 저장
        g_RxBuf[1] = DevID;
        g_RxBuf[2] = 0×01;
        TX0_buf(g_RxBuf, 4);  //호스트 측으로 저장된 데이터 전송
        break;
    }
}
```

4) SL RC400 레지스터 읽기 명령

55 01 02 21 RA

RA : 레지스터 읽기

다음의 예는 0x03레지스터인 Primary Status Register를 읽는 경우로 응답은 0x01로 돌아왔다. 0x01은 Primary Status Register의 비트 0에 해당하

므로 LoAlert인 상태를 알 수가 있다.

```
55 01 02 21 03      // 호스트에서 리더 측으로 보내는 명령
55 01 02 2B 01      // 리더에서 호스트 측으로 보내는 응답
```

```
#define GetRegPage(adr) (0×80 □□ (adr〉〉3))
//주어진 레지스터 어드레스에서 레지스터 페이지를 구하고 Page레지스터
//비트7인 UsePagese1을 1로 설정
void Cmd_proc[void]
{
  BYTE Cmd [10], len, regAddr, regByte, byteValue;

    if(!uart0_chkbuf(SYN))return;   //SYN검사
    if(uart0_rxbuf() !=DevID)return;//DevID 검사
    Length=uart0_rxbuf();        //Length저장
    Cmd=uart0_rxbuf();     //Cmd저장

    switch(Cmd) {
    case_READ_RC;          //READ RC 명령인 경우
      regAddr = uart0_rxbuf();
      --Length;
      if (--Length){     //길이가 맞지 않은 경우
        g_Rxbuf [3] = 0×10;
    }else{
     regByte = ReadRC(regAddr);
     g_Rxchuf[3] = '+';     //정상일 경우 ack
    }
    g_Rxchuf[0] = SYN;     //응답 포멧 저장
    g_Rxchuf[1] = DevID
    g_Rxchuf[2] = 0×02;
    g_Rxchuf[4] = regByte;
    if (g_Rxchuf[3]==0×10) TX0_buf(g_Rxchuf,4);
```

```
    else TX0_buf(g_RxBuf, 5);       //호스트 측으로 저장된 데이터 전송
    break;
  }
}
BYTE ReadRC(BYTE Address)
{
    WrRawRC(0×00, GetRegPage(Address));//Select appropriate page
    return RdRawRC(Address);           //read value at the spec1f1ed
address
```

5) SL RC400 레지스터 쓰기 명령

55 01 02 22 RA RD

RA : 레지스터 어드레스

RD : 레지스터 데이터

아래의 예는 0x11레지스터인 Tx Control Register에 0x03 즉, 비트 1(TX2RFEn)과 비트 0(TX1RFEn)을 설정하는 경우이다. SL RC400의 20번 핀 인 RX에 연결 되어있는 테스트 핀 TP3을 오실로스코프에 연결하면 파형을 볼 수 있을 것 이다.

55 01 03 22 11 03 // 호스트에서 리더 측으로 보내는 명령

55 01 01 2B // 리더에서 호스트 측으로 보내는 응답

```
void Cmd_proc(void)
{
    BYTE Cmd[10], len,regAddr, regByte, byteValue;

    if(!uart0_chkbuf(SYN))return;    //SYN검사
    if(uart0_rxbuf() !=DevID)return;//DevID검사
    Length=uart0_rxbuf();        //Length 저장
    Cmd=uart0_rxbuf();      //Cmd 저장

    switch(Cmd) {
    case_WRITE_RC;
      regAddr = uart0_rxbuf();--Length;
      regByte = uart0_rxbuf();--Length;
      if (--Length) {
        g_RxBuf[3] = 0×10;
      }else {
        WriteRC(regAddr, regByte); //지정한 레지스터에 1바이트 라이팅
        byteValue = ReadRC(regAddr); //확인하기위해 리딩
        if(regAddr==6 | | regAddr==7)
        g_RxBuf[3] = '+';
//InterrptEn과 InterrtiRQ 레지스터로 라이팅과 리딩의 값이 틀리기
// 때문에 레지스터 어드레스가 6이나 7이면 비교하지 않고 ack처리
        else g_RxBuf[3] = (regByte == byteValue)? '+':'_'; //비교 후 ack,
nak 처리
    }
    g_RxBuf[0] =SYN;
    g_RxBuf[1] =DevID;
    g_RxBuf[2] =0×02;
    TX0_buf(g_RXBuf,4);    //호스트 측으로 저장된 데이터 전송
    break;
 }
}
void WriteRC(BYTE Address, BYTE value)
```

```
{
    WrRawRC(0×00, GetRegPage(Address); //Select appropriate page
    WrRawRC(Address, Value); //write value at the specified address
    #asm("nop")
    #asm("nop")
}
```

7.10 Icode 초기화 설정

아래의 예는 I code 1의 표준규격에 준하는 규격으로 SL RC400의 레지스터에 값을 설정한다. 거의 대부분은 리셋 시 필수 값을 그대로 사용하지만 여기에서는 통신에 의해 사용 변수 값이 바뀔 수 있기 때문에 관련 레지스터를 설정한다.

```
int main(void)
{
.
.
.
    ResetSLRC400(); //init SLRC400

    WriteRC (RegTxControl  , 0×48);
 //변조 소스 :내부
 //ASK변조 폭이 RegModConductance에 영향을 받음
    // TX2 캐리어 신호 반전
 WriteRC (RegCwConductance, 0×3F);
    // TX1과 TX2의 Conductance 설정
```

```
//0×3f는 63이므로 Source Resistance Table에 따라서
//EXPgsconfcw = 3, MANTgsconfcw=F, RSre1=0.0093이 된다
```

$$Rs_{pel} = \frac{1}{MANT_{GsConfCW} \bullet \left(\frac{44}{77}\right)^{EXP_{GsConfCW}}}$$

```
//자세한 사항은 데이터 시트 13.2.1절 ANTENNA DRIVER OUTPUT
SOURCE
// RESISTANCE 참조
   WriteRC(Reg ModConductance, 0×04);
//변조폭 설정
//50옴 안테나이고 GsCfgCW가 0×3f로 설정되어있다면
//0×04이면 상대저항이 0.25로 변조인덱스가 15.73%로 설정됨
//자세한 사항은 데이터 시트 13.3절 Changing the Modulation Index 참조
   WriteRC(RegCoderControl 0×2C);
   //I Code 1 표준설정 클록 레이트; ~52.97khz, 1 out of 256 coding 설정
   WriteRC(RegModWidth, 0×3F); //변조 펄스 폭 9.44us로 설정

   WriteRC(RegModWidthSOF,0×3f); //SOF 변조 폭을 9.44us로 설정
   WriteRC(RegRxControl1,0×89) //RX 게인 30dB 설정
   WriteRC(RegDecoderControl,0×00); //I code1 수신 frame,로직 1에 처음
반 비트 변 조
   WriteRC(RegBitPhase, 0×52); //송수신기 클록의 비트 위상을 선택
   WriteRC(RegRxThreshold,0×66); //비트 코더의 드레쉬 홀드설정
   WriteRC(RegRxContr012,0×01); //Q 클럭 사용, 내부변조·
   WriteRC(RegClockQControl,0×00); //
   WriteRC(RegRxWait,0×08); //frame guard time
   WriteRC(RegChanne1Redundancy,0×0C); //I Code 1 CRC 16
   WriteRC(RegCRCPresetLSB,0×FE); //CRC Preset value 0×FFFE
   WriteRC(RegCRCPresetLSB,0×FF); //
   WriteRC(RegTimeSlotPeriod,0×00); //데이터 시트 9.2.5절
```

```
TIMESLOTPERIOD 참조
    WriteRC(RegSigOutSelect,0×02); //TimeSlotPeriodMSB, SIGOUTSelect
    WriteRC(RegFIFOLevel,0×20); //FIFO, Timer and IRQ-Pin Configuration
    WriteRC(RegTimerClock,0×0B);


 //타이머 감소하여 0이면 TimerIRQ를 1로 셋
 //타이머 prescaler 설정
 // = 13.56e×p6/2exp11=6621.1hz
 // t=1/f = 1/6621.1hz =151usec
    WriteRC(RegTimerControl.0×02); //해당하는 비트가 0이면 그 비트에
해당하는 기능이 디스에이블 됨
 //TStoRxEnd =0 데이터 끝부분을 받으면 타이머가 자동으로 시작
 //TStoRxBegin= 0 데이터 처음 유효 비트를 받으면 타이머가 자동으로
시작
 //TStartTxEnd = 1 데이터 전송 끝부분이면 타이머가 자동으로 시작
 //타이머가 이미 기동 중이면 TReloadValue를 타이머에 조종 후 가동
 //TStartTcEnd = 0 데이터의 첫 비트를 송신 후 타이머가 자동으로 시작
    WriteRC(RegTimerReload,0×00); //이 값이 0이면 타이머는 기동되지 않음

    FlushFIFO(); //FIFO 초기화

    WriteRC(RegIRqPinConfig, 0×01);
 //IRQInv가 0이면 IRQ비트와 IRQ핀이 같고 1이면 반전되어 출력됨
 //IRQPushPull 1이면 풀업 0이면 open drain
    // Rf - reset and enable output driver
    ClearBitMask(RegTxControl,0×03);       //Tx2RF-En, Tx1RF-En disablen
    delay_ms(10);
    SetBitMask(RegTxControl.0×03);      //Tx2RF-En, Tx1RF-En enable
    .
    .
    .
}
```

```
void SetBitMask(BYTE reg, BYTE mask)   //레지스터의 해당비트를 1로 설정
{
    char tmp = 0×0;

    tmp = ReadRC(reg);
    WriteRC(reg, tmp | mask); //set bic mask
}
void ClearBitMask(BYTE reg, BYTE mask) //레지스터의 해당비트를 0으로 설정
{
    char tmp = 0×0;

    tmp = ReadRc(reg);
    WritRC(reg, tmp &~mask);  //clear bit mask
}
//Flush FIFO
void FlushFIFO(void)
{
    SetBitMask(RegControl,0×01);
//FlushFIFO비트가 1로 설정되면 FIFO의 리딩 라이팅 포인터가 크리어됨
}
```

7.11 테스트 핀

ED-3100의 RFID리더보드는 4개의 테스트 핀을 가지고 있으며 그 중 하나가 GND로 할당이 되어 있다.

TP1은 GND 이다.

TP2은 SL RC400의 AUX(27번 핀)에 연결되어 있으며 TestAnaSelect (0x3A) 레지스터의 내용에 따라 측정할 수 있는 신호가 바뀐다.

TP3은 SL RC400의 SIGOUT(4번 핀)에 연결되어 있으며 TestDigiSelect (0x3D) 레지스터의 내용에 따라 측정할 수 있는 신호가 바뀐다.

TP4은 SL RC400의 수신인 RX(29번 핀)에 연결되어 있으며 캐리어가 포함된 신호를 측정할 수 있다.

데스트 핀의 자세한 사항은 데이터시트의 테스트 신호를 참조한다.

제8장
RFID 시스템의 전자태그 제어 명령(1)

8.1 비선택 읽기 명령

1) 동작 설명

비선택 읽기 명령은 태그 IC의 연속된 메모리 블록을 읽는다. 패밀리 코드 와 응용 확인기는 응용의 부가적인 선택을 가능하게 한다.

(1) 파라미터

- 해쉬 값 : 타임슬롯의 위치를 계산하기 위한 시리얼 번호의 비트 어드레스
- 패밀리 코드 : 동일한 패밀리 코드를 가진 태그를 읽을 때 사용하는 파라미터
- 응용 확인기 : 동일한 응용 확인기를 가진 태그를 읽을 때 사용하는 파라미터
- 타임슬롯 표시 : 명령에서 지정한 크기의 타임슬롯을 정의한다.

〈그림 8-1〉 타임슬롯 표시

타임슬롯 표시	0	1	2	3	4	5	6	7
타임슬롯의 번호	1	4	8	16	32	64	128	256

- 블록의 수 : 이 값은 읽을 블록의 개수이며 읽을 수 있는 블록의 수보다 1 작은 값으로 0~15이다.
- 시작 블록 어드레스 : 읽을 블록의 어드레스를 지정하며 이 값은 0~15 이다.

(2) 태그IC 응답

태그 IC는 블록의 시작 어드레스부터 정의한 블록개수 +1개의 EEPROM 메모리 블록을 전송한다. 블록15(최상위 블록 어드레스)를 전송한 후에도 전송할 블록 수가 남아 있다면 태그는 rolling over되어 블록0을 전송한다.

예 : 비선택 읽기 명령으로 블록 주소가14 그리고 블록 수가 3이라면 태그 IC가 인식하는 주소는?

block 14, block 15,block 0, block 1,

(3) 타임슬롯 계산

태그IC는 RF 캐리어 영역에 접근되었을 때 전원을 생성하여 동작하기 시작하며 리셋 후의 8비트 타임슬롯 레지스터는 0x01로 초기 설정된다. 비선택 읽기 명령에 의해, 타임슬롯 레지스터의 초기 설정 값은 CRC8 계산 유니트로 로드 된다.

해쉬 값은 시리얼 번호의 옵셋 위치 비트이며, CRC8 계산 UNIT은 시리얼 번호로부터 정의한 해쉬 값부터 8비트를 취하여 계산결과를 타임슬롯 레지스터에 저장한다.

주어진 타임슬롯 표시는 다음 〈그림 8-2〉처럼 타임슬롯 마스크를 정의되어 타임슬롯과 AND 연산된 후 타임슬롯 레지스터에 저장된다.

〈그림 8-2〉 타임슬롯 마스크 정의

타임슬롯 표시	0	1	2	3	4	5	6	7
타임슬롯 마스크(hex)	00	03	07	0F	1F	3F	7F	FF

〈그림 8-3〉 타임슬롯의 구성

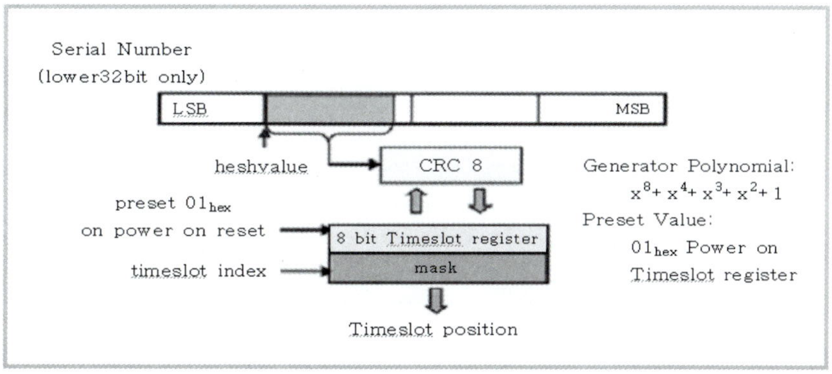

(4) 예제

다음 〈그림 8-4〉와 같은 시리얼 번호의 태그가 동일 자장 영역 내에 있다고 가정한다.

〈그림 8-4〉 시리얼 번호의 태그

태그	A	B	C	D
SNRhex (lower32bit)	EB 1E 99 00	55 1B 99 00	F2 14 99 00	A4 14 99 00

모든 태그는 "비선택" 상태이다. 리더기는 비선택 읽기 명령과 함께 다음의 파라미터를 전송한다.

UNSELECTED READ

Hashvaleu: 0

Family Code: 0

Application Identifier: 0

Timeslot index: 2 (Number of timeslots =8, timeslot mask = 0x07)

Number of blocks: 0 (Nread =1)

Start block address 0

〈그림 8-5〉 명령 파라미터

	태그 A	태그 B	태그 C	태그 D
SNR (lower 32 bit)	EB 1E 99 00	55 1B 99 00	F2 14 99 00	A4 14 99 00
Hashvalue =0 -〉 CRC input	EB	55	F2	A4
Timeslot register(after power on)	01	01	01	01
CRC result	B1	AA	71	13
Timeslot mask	07	07	07	07
Timeslot position	01	02	01	03

태그 A와 태그 C가 동일한 타임슬롯 위치1에 응답을 한다. 이 두 개의 태그의 데이터는 중첩되어 결과적으로 데이터 충돌을 초래한다. 리더는 태그 A 와 C의 SNR(시리얼 번호)을 읽지는 못하지만 충돌은 감지할 수 있다.

〈그림 8-6〉 동일 타임슬롯1 (태그A와C의 충돌)

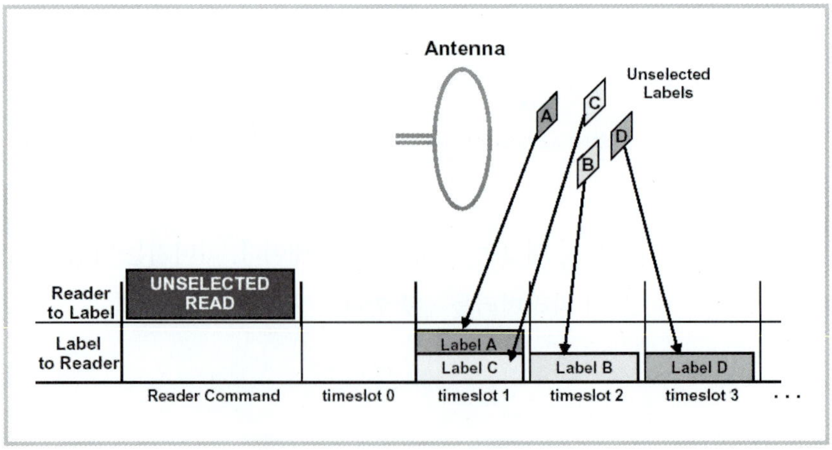

태그 A와 C를 읽기 위해서 리더기는 잠시 후 비선택 읽기를 동일 파라미터를 사용하여 보내면, CRC8 seed 값은 이전 CRC8의 결과 값을 사용하며 타임슬롯을 재계산한다.

〈그림 8-7〉
타임슬롯 재계산
(태그 C와D 충돌)

	태그 A	태그 B	태그 C	태그 D
SNR (lower 32 bit)	EB 1E 99 00	55 1B 99 00	F2 14 99 00	A4 10 99 00
Hashvalue =0-〉 CRC input	EB	55	F2	A4
Timeslot regiser preset (see CRC result in previous table)	B1	AA	71	13
CPC 결과	30	23	14	CC
Timeslot mask	07	07	07	07
Response in timeslot	00	03	04	04

이제 태그 A는 읽을 수 있지만 태그 C는 태그 D와 타임슬롯 4에서 충돌이 된다. 계속되는 비선택 읽기는 태그 C를 읽기 위해서 필요하다.

〈그림 8-8〉
타임슬롯 재계산
(비선택 읽기)

	태그 A	태그 B	태그 C	태그 D
Hashvalue =0-〉 CRC input	EB	55	F2	A4
Timeslot register preset See CRC result in	30	23	14	CC
CRC result	EC	4C	E3	C1
Response in timeslot	04	00	03	07

마찬가지로 리더기는 비선택 읽기를 동일 파라미터를 사용, 타임슬롯 재계산 하면 모든 태그가 성공적으로 읽혀진다.

타임슬롯 위치 결정은 시리얼 번호에 달려 있다. 만약 시리얼 번호가 다음 〈그림 8-9〉와 같이 좋지 않은 경우로 설정된다면, 전 태그 IC가 동일하게 되어 내용을 읽을 수가 없게 된다.

〈그림 8-9〉
타임슬롯 위치 결정(해쉬 값 변경)

	태그 A	태그 B	태그 C	태그 D
SNR (lower 32 bit)	EB 1E 99 00	55 1B 99 00	F2 14 99 00	A4 14 99 00
Hashvalue = 16→CRC input	99	99	99	99
Timeslot register preset	01	01	01	01
CRC result (1. Unsel. Read)	1C	1C	1C	1C
Response in timeslot (1. Unsel. Read)	04	04	04	04
CRC result (2. Unsel. Read)	3D	3D	3D	3D
Response in timeslot (2. Unsel. Read)	05	05	05	05
CRC result (3. Unsel. Read)	77	77	77	77
Response in timeslot (3. Unsel. Read)	07	07	07	07
CRC result (4. Unsel. Read)	50	50	50	50
Response in timeslot (4. Unsel. Read)	00	00	00	00

이러한 경우 해쉬 값을 변경하기만 하면 해결될 수가 있다

2) 비선택 읽기 명령 형식과 타이밍

먼저 시작 펄스가 9.44us이고, 비트 코딩이 1/256이므로 한 바이트 분은 4.83328ms, 명령길이가 CRC까지 포함하여 8바이트이므로 4.83328ms*8 = 38.66624ms가 된다. 그리고 태그IC가 응답하기 전까지의 보호 시간이 325.68us이다.

수신에서는 한 비트의 전송시간이 37.76us이므로 한 개의 블록은 37.76us * 32 = 1.20832ms가 된다. CRC16이 37.76us * 16 = 604.16us, 응답 사이의 보호 시간이 302.08us가 된다. 두 개의 블록을 읽게 되면 2*(1.20832ms + 604.16us + 302.08us)는 약 4.2ms가 된다.

ConfigICode1 함수에서 RegTimerClock에서 TPreScaler값을 0x0B(십진수 11)를 설정하였는데 이 값은 SLRC400이 리셋되었을 경우의 디폴트값이기도 하다. 이 값은 13.56*10exp6 / 2exp11=6621.1Hz이다. 시간으로 환산하면 151us인데 이미 RegTimerReload에 설정한 값을 로드한 카운터는

151us마다 변하는 펄스를 입력으로 동기가 되어 카운트다운 된다. 이는 결과적으로 302us마다 카운트 다운되는데 이 값은 37.76us * 8 과 거의 같은 값이 되며, RegTimerReload에서는 간편하게 수신 바이트 수만큼 설정하게 되는 셈이 된다.

〈그림 8-10〉 비선택 명령형식과 타이밍

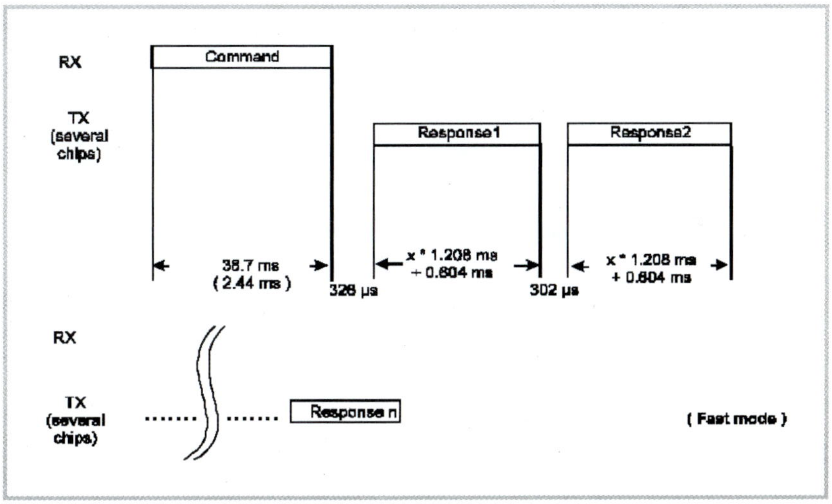

RX command: Instruction code = 40 hex+hashvalue(0...31)→(40...5F hex)
Parameter byte 1 = 00 hex or Family Code (1...255)
Parameter byte 2 = 00 hex or Application Identitfier
Parameter byte 3 = z : exponent of number of timeslots(0...))
= number of timeslots = z 2+1 (except for z = 0 → n = 1)
Parameter byte 4 = x-1 : number of blocks decreased by one(x-1 = 0....15)
Parameter byte 5 = y : block address(0....15) 2 CR C16 bytes (1...255)

TX response: Data bits of x blocks, 16bit CRC

RX quit: None

Total time [μ s] (n=number of timeslots, x=number of blocks)
standard mode: 9.44+38666.24+325.68+n* (x*1208.32+604.16+302.08)=
39001.36+n*(X*1208.32+906.24)μ s

Fast mode: 18.88+2416.64+325.68+n*(x*1208.32+604.16+302.08)=
2761.20+n*(x*1208.32+906.24)μ s

Possible number of timeslots: 1, 4, 8, 16, 32, 64, 128, 256

Parameter byte 1 must have the value zero if the Family Code should be ignored by the I•CODE1 Label IC.
The same is valid for the Application Identifier with parameter byte 2.

3) 흐름도

태그를 처음 영역 안으로 들어오게 하면 태그는 비선택 모드에 있게 되는데 비선택 읽기 명령은 RF 영역 안에 들어온 비선택 모드에 있는 모든 태그에 대해 주어진 블록 어드레스의 1블럭(4바이트) 읽기를 시도한다.

비선택 읽기명령은 메인에서 Cmd_proc을 호출해서 호스트로부터 받은 프로토콜을 비교함으로 시작하며 USReadLabel를 호출하여 명령을 수행한다. 태그로부터 수신한 데이터는 호스트 측으로 보내지는데 호스트가 0블록을 읽었을 경우에는 2블록(시리얼번호 8바이트)을 보내고 그 외에는 1블록으로 고정시켰다.

```
void Cmd_proc [void]
{
    BYTE cmd[10], len. regAddr, regByte, byteValue;
    if (!uart0_chkbuf (SYN) return ;      // SYN 확인
    if (uart0_rxbuf() !=DevID) return ; // device ID 확인
    Length=uart0_rxbuf() ;               //  Length 저장
    Cmd=uart0_rxbuf() ;                  // Cmd 저장

    switch (cmd) {
                .
                .
                .
    case_UNSEL_READ:
        g_bTraceISR = 1; // 트레이스를 목적으로 만들어둔 모니터용 코드 이네이블
        g_isrCount = 0;
        len = 0;

        cmd[0] = uart0_rxbuf () ;– Length //number of time sloc
        cmd[2] = uart0_rxbuf () ;– Length //start block addr  (base 0)
        cmd[1] = cmd[2]? 1:2 ;     //number of block to read

        reqByte = USReadLabe1 (cmd[0], cmd[1], cmd[2]) ;
                                            //BYTE nTimeSlot, BYTE
biockCount, BYTE biockAddr

        g_RxBuf[0] = SYN;
        g_RxBuf[1] = DevID;
        if (nTAG) {    //      수신된 태그 데이터 호스트로 전송
          if  [cmd[2]} {
              g_RxBuf[2] = nTAG *6;          // Length
              MovDat (&g_RxBuf[3], &I1dat[0], nTAG, 1) ;
          }
          else  {
```

```
                g_RxBuf[2] = nTAG *10;          // Length
                MovDat (&g_RxBuf[3], &I1dat[0], nTAG, 0) ;
            }
        }
        else  {
            g_RxBuf[2]=1;                              // Length
            g_RxBuf[3] = I1det[0].TSSt;
        }
        TX0_buf (g_RxBUF, g_RxBuf[2] + 3) ;
    break;
  }
}
```

(1) BYTE USReadLabel(BYTE nTimeSlot, BYTE blockCount, BYTE blockAddr)

- BYTE nTimeSlot : 타임슬롯 개수
- BYTE blockCount : 읽을 블록 개수
- BYTE blockAddr : 읽을 블록 시작 어드레스
- 리턴 값은 명령을 실행한 상태
- 여기에서 BYTE는 unsigned char로 부호 없는 1바이트, 0~255(0x00~0xff)
- WORD는 unsigned int 로 부호 없는 2 바이트, 0~65535(0x0000~0xffff)이다.

(2) USReadLabel 흐름도

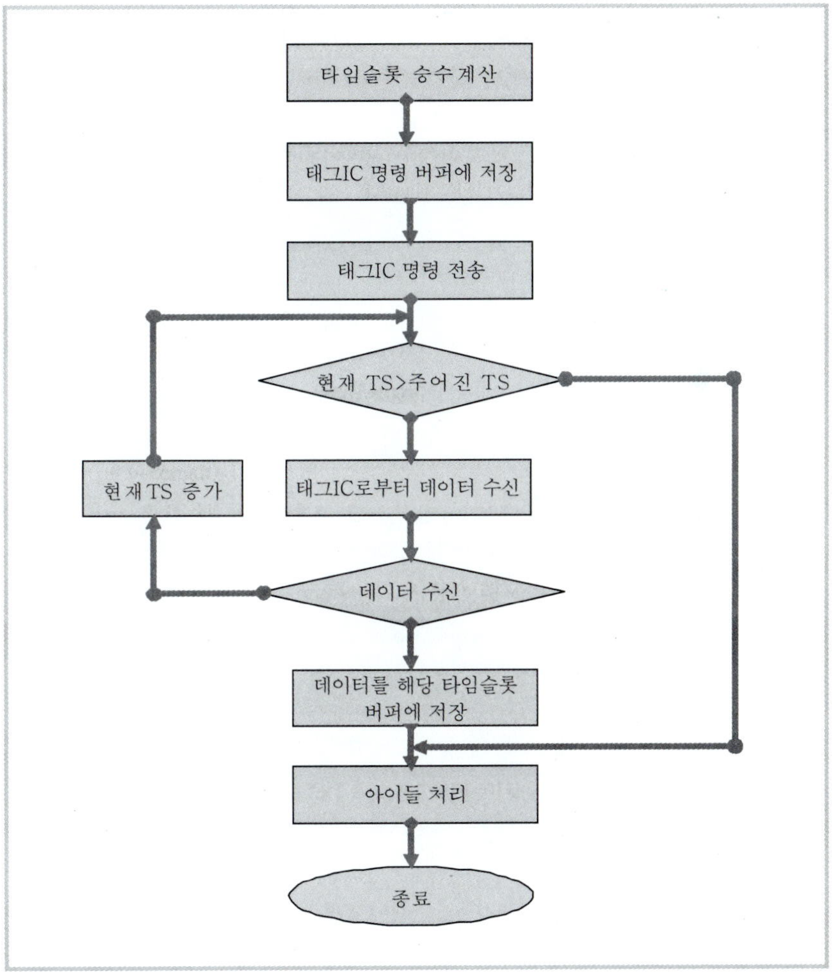

〈그림 8-11〉
Us Read Label 흐름도

(3)타임슬롯 승수 계산

주어진 타임슬롯의 범위를 확인하고 타임슬롯의 승수를 계산하며 주어진 해쉬 값을 조합하여 주어진 tse_hash 버퍼에 전달시킨다.

(4) tse_hash 버퍼

〈그림 8-12〉
tse_hash 버퍼

```
char calc_tse_hash(int ts, BYTE hash, BYTE *tse_hash)
{
    char status = I1_OK;
    BYTE tse;

    if (ts 〉 MAX_TIMESLOTS) ts = MAX_TIMESLOTS;

    if (ts〈4) tse = 0;
    else if (ts〈8) tse = 1;
    else if (ts〈16) tse = 2;
    else if (ts〈32) tse = 3;
    else if (ts〈64) tse = 4;
    else if (ts〈128) tse = 5;
    else if (ts〈256) tse = 6;
    else tse = 7;

    tse = (tse 〈〈 5) ;
    *tse_hash = (tse | hash) ;

    return status;
}
```

(5) 태그IC 명령 버퍼에 저장

비선택 읽기 명령, 패밀리 코드, 응용 ID, 타임슬롯 표시, 시작블록 어드레스, 블록의 번호의 순서로 태그에 전송할 명령코드를 버퍼에 저장하고 FIFO레벨을 설정한다. 수신 FIFO레벨을 2바이트 이상 RX로 들어오게 되면 highIrq가 발생하도록 하기 위해서는 0x3E를 4바이트일 때는 RegFIFOLevel에 0x3C을 설정한다.

```
g_icodeBuf[0] = I1_UNSELECTED_READ | (g_icodeBuf[0] & 0×1F) ;
g_icodeBuf[1] = FamilyCode;
g_icodeBuf[2] = ApplicationID;
g_icodeBuf[3] = g_icodeBuf[0] >> 5;

ts = (g_icodeBuf[3] == 0) ? 1 : 2 << g_icodeBuf[3];

g_icodeBuf[4] = blockCount - 1;
g_icodeBuf[5] = blockAddr;

len = blockCount * 4;                  //a block hes 4 Bytes
Write RC (RegFIFOLeve1, 0x3E) :       //2byte 이상 RX로 들어오면, highIrq가
발생하도록 함.
init_iltxbuf() ;                       //init cmd info
i1_TotalTs = ts;                       //TSR에서 현재 ts를 계산하기 위해
i1_nByteToSend = 6;                    //send할 command의 byte 수
```

(6) 태그IC에 명령 전송

비선택 읽기 명령 형식과 타이밍에서 고려한 것처럼 명령크기에 따른 타임설정(TimerReload)을 하고 인터럽트 관련 플래그를 설정한 후 Fifo 레지스터를 초기화 한 후 전체 인터럽트를 활성화 시켜서 태그IC 응답에 따른 처리를 하게 된다.

```
char send_command (BYTE rcvLen, int ts)
(
      int TimeSlotPeriod;
      BYTE TimerReload;
      char starus = I1_OK;

      if (ts 〉 1) SetBitMask(RegTimerClock, 0×20); //set TAutoRestart :
TReloadValue값 자동restart
      SetBitMask(RegdDecoderControl, 0×40);          //Rx Multiple enable :
한 frame 이상 수신
      TimerReload = rcvLen * 0×02+0×02+0×01; //수신 타임설정
      if(ts == 0 ) TimerReload = 0×21;

      SetBitMask(RegChannelRedundancy, 0×40); //enable TxCRC : CRC16
enable
      WriteRC(RegTimerReload, TimerReload);    //set TimerPeloadVal
      WriteRC(RegTimerControl, 0×02);       //set TStartTxEnd : 라벨IC로
                                             명령이 송신 완료되는
                                            //시점에서 타이머가 자동으로
                                             시작하게 설정

      FlushFIFO();                              // Fifo 레지스터를 초기화

      WritreRC(RegCommand, 0×00);            //만약 이전의 명령이 수행되어
                                               아직까지 실행되고
```

```
                                          //있다면 현재의 명령을 취소한다.
    WritreRC(RegCommand, 0×81);            //set LowAlertEn to write data
to FIFO
    WritreRC(RegCommand, 0×3f);           //clear all IPqs : 모든 인터럽트
                                           비트 초기화
    WritreRC(RegCommand, 0×10 | 0×80); //enab le TxIEn

    StopTimer1();                              //stop timer3 interrupt
    StopTimer1(210);                           //set timeout to 2100 ms
        EnableExtIntr(0);                      //enable TNTO

    WriteRC(RegCommand, PCD_TRANSCEIVE);      //라벨 IC로 명령 전송
                                                 개시
    while (! ( i1_irqsource & 0×10     | | ! (timervalue3))) {}
    // wait for cmd completion (TxEndIrq) or timeout (max 100 ms)

    if(!timervalue3) return I1_TIMEOUT;
    clearBitMask(RegChannelRedundancy, 0×04); //disable TxCRC
     // Set new values for Timer, Tineslotperiod and Interrupc
     if(status == I1_OK)
     {
        WriteRC(RegInterruotEn, 0×10);           // disable TxIEn
        WriteRC(RegTimerControl, 0×00);         // disable TstartTxEnd

        TimerReload = rcvLen * (g_timerReloadScale) +0×04 + 0×02;
        WriteRC(RegTimerRCload, TimerReload);
        WriteRC(RegInterruptEn, 0×2A | 0×80); // enable TimerIEn,
RxIEn, HiAlertIEn
     }
        g_icodeBuf[0] = 0;
    return status;
```

(7) 태그IC로부터 데이터 수신

rxirq가 올 때까지 대기하다 데이터를 수신해서 에러 및 정상여부를 판별해서 상태를 저장한다.

```
char receive_timeslot(void)
{
   char status, err;

   status = I1_OK;
   init_i1rxbuf();

   //1f last timeslot reset Timer and TimeSlotPeriod register
   if(( i1_CurrTs + 1) == i1_TotalTs && (i1_TotalTs > 1)) {
      WriteRC(RegTimeSlotPeriod, 0×00);        // set TimeSlotPeriod to 00
      ClearBitMask(RegSigOutSelect, 0×10);     // clear TimeSlotPeriod MSB
      WriteRC(RegTimerReload, 0×00);           // set TimerReloadVal to 00
      ClearBitMask(RegTimerClock, 0×20);       // set TAutoRestart to 00
  }
  // wait for TimerIRq or RxIRq or timeout
   while(!(il_irqSource & 0×28 | | ! (timervalue3)) && (i1_nByteReceuved
< 4))  {}
   if(!timervalue3) return i1_TIMEOUT;

   if(status == I1_ OK) {
       if(il_irqSource & 0×08) {   // RxIrq occurred
          if(il_nBitReceived % 8) status = I1_CRCERR;
          else {
             err = ReadRC (RegErrorFlag);
             if(err & 0×08) status = I1_CRCERR;
             if(err & 0×01) {
```

```
                status = i1_COLLERR;
                il_collPos = ReadRC (RegCollPos);
            }
        }
    } else if(il_irqSource & 0×20) status = I1_NO_TAG;
    i1_CurrTs++;
  }
  return status;
}
```

(8) 데이터를 해당 타임슬롯 버퍼에 저장

구조체 선언은 다음과 같다.

```
typedef struct _i1_dat{
        BYTE  TSn;        //timeslot number
        BYTE  TSSt;       //timeslot status
        BYTE  TSDat[8]; //timeslot block data
         }I1Dat;

         I1Dat I1dat[8];
```

현재의 슬롯번호에 해당하는 구조체 버퍼에 상태와 수신된 데이터를 해당 슬롯에 저장한다.

```
if(status == I1_TIMEOUT {
                SetIdle();
                return status;
        }
        Ildat[i].TSSt=status;
        Ildat[i].TSn=curTS;

        switch(status) {
        case I1_NO_TAG;
              break;
        case I1_OK;
        case I1_COUNTERR;
        case I1_CRCERR;
        case I1_COLLERR;
              memcpy(&I1det[i].TSDat[0], g_icdeBuf, len);
              nTAG++;
              i++;
              break;
        default;
              break;
        }
}
```

(9) Idle 처리

모든 인터럽트를 비활성화시키고 SLRC400을 아이들(idle)상태로 한다.

```
BYTE SetIdle(void)
{
      DisableExtIntr(0);                                    //disable INTO
```

```
        WriteRC(RegInterruptEn, 0×3f);                    // disable interrupts
        WriteRC(RegInterruptRq, 0×3f);
        ClearBitMask(RegDecoderControl, 0×40);          // Rx Multiple disable
        WriteRC(ReqFIFOLeve1, 0×20);
        WriteRC(ReqCommand, PCD_IDLE);                     // clmmand idle

        return I1_OK;
}
```

(10) 인터럽트 핸들러(Interrupt Handler) RC400

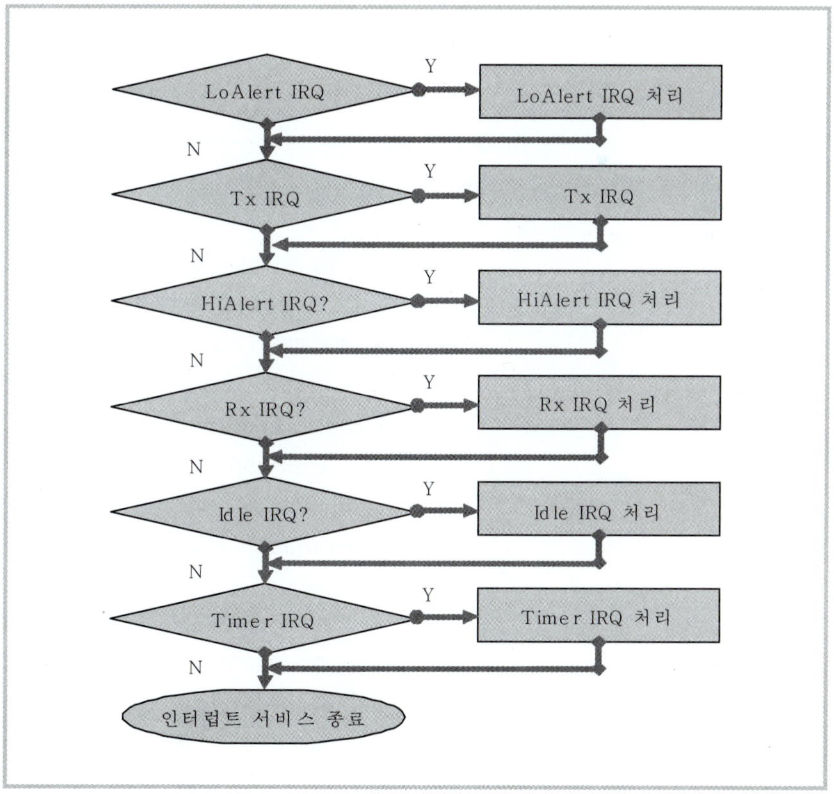

〈그림 8-13〉
인터럽트 핸들러 RC400 흐름도

SL RC400 인터럽트 핸들러는 태그IC와 관련된 모든 명령을 수행할 때 공동으로 사용되는 루틴으로 SL RC400에 설정한 인터럽트 소오스와 관련되어 MPU의 인터럽트가 발생된다.

이 인터럽트는 펜딩된 인터럽트를 포함한 모든 인터럽트 이벤트를 검출하여 한번에 처리할 수 있게 되어있다.

(11) LoAlert IRQ 처리

태그IC에 명령을 보낼 때 사용되며 SL RC400의 FIFO에 레벨을 설정하여 설정된 레벨보다 FIFO내용이 비워졌을 때 인터럽트를 일으켜 연속해서 다음 명령을 중단 없이 바로 보낼 수 있게 FIFO에 데이터 열을 전송 후 이 IRQ 비트를 클리어시킨다.

```
        //LoAlertIRQ처리 ************************
         if(irqBits & 0×01)  {
#ifdef_TRACE_ISR
                  if(g_bTraceISR) g_isrTrace[g_isrCount++] = 0×71;
                  //nBytes = 64 - current_fifo_data_count
                  nbytes = DEF_FIFO_LENGTH - RdRawRC(RegFIFOLength);

                  if((i1_nByteToSend - il_nByteSent) <= nbytes)  {
                      nbytes = i1_nByteToSend - i1_nByteSent; //data byte
size계산
                      wrRawRC(RegInterruptEn, 0×01); //disable LoAlert IRQ
                  }
                  for(cnt = 0; cnt < nbytes; cnt++)  {
                       WrRewRC(RegFIFOData, g_icodeBuf[i1_nByteSent]);
                       i1_nByteSent++;
                  }
```

```
            //reset IRQ bit
            WrRawRC(RegInterruptRq, 0×01);
    }
```

(12) Tx IRQ 처리

FIFO 내용이 태그IC측에 완전히 전송되면 인터럽트가 걸리며, 이 IRQ 비트를 클리어시킨다.

```
//TxIRQ 처리 ****************************
        if(irqBits & 0×10) {

#ifdef_TRACE_ISR
            if(g_bTraceISR) g_isrTrace[g_isrCount++] = 0×72;
#endif
            //TxIRA bit clear
            WrRawRC(RegInterruptRq, 0×10);
            //HiAlert Irq enable
            WrRawRC(RegInterruptEn, 0×82);

            i1_irqSource | = 0×10;
        }
```

(13) HiAlert IRQ 처리

태그IC로부터 데이터를 받게 되어 SL RC400의 FIFO에 저장될 경우 설정된 상위 FIFO레벨을 초과할 경우 인터럽트가 발생된다. 이때 FIFOLength 레지스터 값을 읽어서 수신된 데이터의 바이트 수를 알 수 있으며 g_icodeBuf에 데이터 열을 저장한 후 이 IRQ 비트를 클리어시킨다.

```
//HiAlertIRQ 처리 ******************
    if(irqBits & 0×02) {
        nbytes = RdRawRC(RegFIFOLength);

#ifdef_TRACE_ISR
            if(g_bTraceISR) {
                g_isrTrace[g_isrCount++] = 0×73;
                g_isrTrace[g_isrCount++] = nbytes;
            }
#endif
            for(cnt = 0; cnt = 0; cnt < nbytes && cnt < 8; cnt++) {
                g_dbg = RbRawRC(RegFIFOData);
#ifdef_TRACE_ISR
                if(g_bTraceISR) g_isrTrace[g_isrCount++] = g_dbg;
#endif
                g_icodeBuf[i1_nByteReceived] = g_dbg;
                i1_nByteReceived++;
            }
            // reset IRQ bit
            wrRawRC(RegInterruptRq, 0×02 & irqBits);
    }
```

(14) Rx IRQ 처리

태그IC로부터 데이터를 받게 되어 SL RC400의 FIFO에 저장될 경우 설정된 상위 FIFO레벨을 초과할 경우 인터럽트가 발생되어 데이터를 저장하기도 하지만 데이터를 완전히 수신할 경우에도 수신된 데이터가 있다면 HiAlert IRQ 처럼 처리하며 이 IRQ 비트를 삭제 시킨다.

```
//RxIRQ Handling 처리 ******************
        if(irqBits & 0×08)  {
            nbytes = RdRawRC(RegFIFOLength);
#ifdef_TRACE_ISR
            if(g_bTraceISR)  {
                g_isrTrace[g_isrCount++] = 0×74;
                g_isrTrace[g_isrCount++] = nbytes
            }
#endif
            for(cnt = 0; cnt < nbytes && cnt < 8; cnt++)  {
                g_dbg = RdRewRC(RegFIFOData;

#ifdef_TRACE_ISR
                if(g_bTraceISR) g_isrTrace[g_isrCount++] = g_dbg;
#endif
                g_icodeBuf[i1_nByteReceived] = g_dbg;
                il_nByteReceived++;
            }
            //reset IRQ bit
            WrRawRC(RegInterruptRq, 0×08 & irqBits);
        }
```

(15) Idle IRQ 처리

커맨드 레지스터에 현재의 명령을 취소할 때 인터럽트가 발생되며 Idle과 타이머에 관련된 비트를 클리어한다.

```
        //IdleIRQ Handling 처리 ***********
        if(irqBits & 0×04)  {
#ifdef_TRACE_ISR
            if(g_bTraceISR) g_isrTrace[g_isrCount++] = 0×75;
#endif
            WrRawRC(RegInterruptEn, 0×20); // disable Timer IRQ
            WrRawRC(RegInterruptRq, 0×20); // disable Timer IRQ
request

            irqBits &= ~0×20;    // clear Timer IRQ in local var

            i1_irqSource &= ~0×20;    // idle irq발생시는 timeout cancel

            WrRawRC(RegInterruptRq, 0×04);  // reset IRQ bit
```

(16) Timer IRQ 처리

SL RC400에 설정한 타이머 값이 0으로 될 때 발생되며 관련된 비트를 클리어한다.

```
//TimerIRQ Handling 처리 ***********
        if(irqBits & 0×20)  {
#ifdef_TRACE_ISR
```

```
            if(g_bTraceISR) g_isrTrace[g_isrCount++] = 0×76;
#endif
            // reset IRQ bit
            WrRawRC(RegInterruptRq, 0×20);
        }

    }

    WrRawRC(Regpage, oldpageSelect | 0×80);
}
```

4) 내부 트레이스 코드

프로그램 소스를 보면 아래와 같이 트레이스를 목적으로 만들어둔 모니터용 코드인데 사용해보면 생각보다 동작상황을 알기 쉽게 해주기 때문에 소개하기로 한다.

```
#ifdef_TRACE_ISR
        if(g_bTraceISR) {
            g_isrTrace[g_isrCount++] = 0×77;
            g_isrTrace[g_isrCount++] = i1_HasgVal;
            g_isrTrace[g_isrCount++] = i1_QuitVal;
            g_isrTrace[g_isrCount++] = g_icodeBuf[0];
            g_isrTrace[g_isrCount++] = g_icodeBuf[1];
            g_isrTrace[g_isrCount++] = g_icodeBuf[2];
            g_isrTrace[g_isrCount++] = g_icodeBuf[3];
        }
#endif
```

(1) 코드종류

- 71: 하위 alert로 FIFO가 비어 있을 때 서비스함을 의미한다.
- 72: Tx irq로 태그IC로 FIFO안에 있는 내용이 완료됨을 의미한다.
- 73: 상위 alert로 수신 바이트를 의미하며 73다음은 바이트 수이며 0을 제외한 숫자일 경우 그 바이트 수만큼 수신된 데이터가 됨을 의미한다. 예를 들면 73 02 73 74 으로 되어있다면 앞의 73은 상위 alert로 2바이트를 수신했으며 그 데이터는 73(하위 바이트) 74(상위 바이트)인 것을 의미한다.
- 74: Rx irq로 수신이 완료됨을 의미하며 73의 상위 alert와 사용법이 같다.
- 76: 타이머 irq는 정해진 타임을 초과했을 경우 서비스함을 의미한다.
- 77: 해쉬 값, quit 값, 낮은 블록 시리얼 번호의 순서로 목적은 quit 값을 정확히 계산한지를 나타내는 부분이다. 예를 들면 77 00 5F 2A 2C B9 33의 경우에는 77다음은 해쉬 값으로 00, 그 다음 quit로 5F이며 계산 근거에 사용되었던 값은 2A 2C B9 33의 중에서 2C가 사용됨을 의미한다.
- 78: Quit 값 77에서 얻은 quit 값을 실제 전송할 때 표시한다. 트레이스를 할 때 시리얼로 텍스트를 보내는 방법을 주로 사용하지만 인터럽트와 이 속도가 빠른 부분에 있어서는 시리얼로 보내게 되면 실행속도에 전체적으로 영향을 줄 수 있어서 리얼타임 디버깅에 문제가 있을 수 있다. 그래서 메모리에 가능한 크기의 메모리를 준비해서 디버깅하고자 하는 부분의 내용을 저장하면 이러한 문제를 어느 정도는 해결할 수 있지만 메모리 오버플로우를 주의 하지 않으면 안 된다.

5) 예제 프로그램

태그를 RF 영역 안으로 가져오면 태그는 비선택 모드에 있게 되는데, 비선택 읽기는 RF 영역 안에 들어 온 비선택 모드에 있는 모든 태그에 대해 지정한 블록의 1블럭(4바이트) 읽기를 시도한다. 이때 충돌 문제 때문에 타임슬롯 수를 설정하며 최대 값은 8개가 된다. 단, 0블록과 1블록은 시리얼 번호가 있는 부분이므로 예제에서는 0블록을 읽을 경우 2블록이 읽는 0블록을 제외한 그 외는 한 개의 블록으로 고정시켰다.

(1) 실행결과 1

55 01 03 42 04 00

55 01 0A 00 03 7E 2C B9 33 00 00 00 01

슬롯 수를 0x04로 읽는 블럭을 0으로 실행한 결과 상태가 정상 처리되었고, 타임슬롯이 03으로 할당되었고, 시리얼 번호가 01 00 00 00 33 B9 2C 7E인 8바이트가 되었다.

내부 트레이스 코드 결과는 다음과 같다.

71 72 73 00 76 76 76 73 02 7E 2C 73 02 B9 33 73 02 00 00 73 02 00 01 74 00 76 76 76 76

71 하위 alert, 72 Tx irq, 73 상위 alert , 74 Rx irq,

76 타이머 irq, 77 해쉬 값, quit value, 하위 브록 시리얼 번호, 78 Quit 값

비선택 명령을 버퍼에 저장 후 인터럽트를 활성화시키면 71인 하위 alert가 뜨고 인터럽트루틴에서 코드를 FIFO에 전달한다. 그러면 SL RC400

내부에서 FIFO에 저장된 데이터와 생성한 CRC16를 보낸 후에 72인 Tx irq가 발생되고, 수신한 데이터가 있으면 73인 상위 alert가 발생된다. 73 다음 코드는 수신된 바이트 수이며 73 00이면 상위 alert가 발생했지만 수신된 바이트가 없음을 나타낸다. 76인 타이머 irq가 3회 발생되고 다시 73 02 7E 2C가 나오는데 상위 alert 로 2바이트 수신되었고 수신된 바이트는 7E 2C가 됨을 의미한다.

결국 시리얼번호의 최하위 바이트부터 들어왔음을 알 수 있다.

(2) 실행결과 2

55 01 03 42 04 01

55 01 06 00 03 00 00 00 01

슬롯수를 0x04로 리딩 할 블럭을 1로 실행한 결과 상태가 정상 처리되었고, 타임슬롯이 03으로 할당되었고, 블록1의 내용(시리얼 번호 상위측 블록)이가 01 00 00 00 4바이트가 되었다.

(3) 실행결과 3

55 01 03 42 04 00

55 01 14 00 01 2A 2C B9 33 00 00 00 01 00 04 7E 2C B9 33 00 00 00 01

2개의 태그IC를 안테나에 근접시킨 상태에서 슬롯수를 0x04로, 읽는 블럭을 0으로 실행한 결과 1번과 4번 슬롯인 두 개의 시리얼번호를 포함한 응답이 되었다.

내부 트레이스 코드 결과는 다음과 같다.

71 72 73 00 76 73 02 2A 2C 73 02 B9 33 73 02 00 00 73 02 00 01 74 00 76

76 73 02 7E 2C 73 02 B9 33 73 02 00 00 73 02 00 01 74 00 76 76 76

비선택 명령을 버퍼에 저장 후 인터럽트를 활성화시키면 71인 low alert가 뜨고 인터럽트루틴에서 코드를 Fifo에 전달한다. 그러면 SL RC400 내부에서 Fifo에 저장된 데이터와 생성한 CRC16을 보낸 후에 72인 Tx irq가 발생되고, 수신한 데이터가 있으면 73인 상위 alert가 발생된다. 73 다음 코드는 수신된 바이트 수이며 73 00이면 상위 alert가 발생했지만 수신된 바이트가 없음을 나타낸다. 타임슬롯 0에서 정해진 설정시간을 넘기면 76인 Timer irq가 발생되고 다음 슬롯인 1번 슬롯 위치에서 2A 2C B9 33 00 00 00 01이 4번 슬롯에 7E 2C B9 33 00 00 00 01이 수신되었다.

8.2 충돌방지와 선택 명령

1) 동작설명

초기 RF 영역 내의 비선택 모드로 되어 있는 태그를 주어진 타임슬롯으로 충돌이 발생되지 않는 태그에 한해서 선택 모드로 만들며 64비트 시리얼 번호로 응답한다. 충돌 방지/선택 명령은, 선택된 읽기, 쓰기, 정지 명령을 수행하기 위해 필요하다.

충돌 방지/선택 명령은 태그 IC의 특정 군을 선택할 때 사용되며 일단 선택된 태그 IC는 RF 영역을 벗어나기 전까지는 항상 이후의 명령에 대해서도 동일한 타임슬롯으로 응답한다. 또한 이미 선택 모드로 변경된 태그는 더 이상 충돌 방지/선택 명령에 반응하지 않는다. 패밀리 코드와 응용 확인기는 항상 부가적인 군 선택을 하기 위해서 사용한다. 일단 태그가 RF 영역을 벗어나면 태그의 상태는 자동으로 비선택 모드로 변경된다.

(1) 파라메터

- 해쉬 값 : 타임슬롯의 위치를 계산하기 위한 시리얼 번호의 비트 어드레스
- 패밀리 코드 : 동일한 패밀리 코드를 가진 태그를 읽을 때 사용하는 파라미터
- 응용 확인기 : 동일한 응용 확인기를 가진 태그를 읽을 때 사용하는 파라미터
- 타임슬롯 표시 : 명령에서 지정한 크기의 타임슬롯을 정의한다.

〈그림 8-14〉 타임슬롯 표시

타임슬롯 표시	0	1	2	3	4	5	6	7
타임슬롯의 번호	1	4	8	16	32	64	128	256

(2) 태그IC 응답

8바이트의 시리얼 번호를 반환한다.

(3) 타임슬롯 계산

비선택 읽기 명령 참조(7장)

(4) QUIT 값 계산

Quit 값은 통신에서 사용되는 상대편으로부터 데이터 수신에 대한 ack 일종으로 생각할 수 있다. 일반 ack와 다른 점은 데이터의 일부를 취해서 일정형태로 가공한 값과 같은지 판별하여 여러 개의 상대편으로 한 개 또는 여러 개를 선택할 수 있다. 여기에서는 해쉬 값을 사용하여 Quit 값을

결정할 수 있으므로 시리얼번호의 같은 부분을 이용하면 Quit 값도 같은 값이 된다. 그러므로 타임슬롯이 증가할 때마다 태그로부터 데이터 수신 후 한 개의 Quit 값으로 응답하여 순차적으로 복수개의 태그를 선택할 수 있다.

Quit 값을 만들기 위해 CRC8 계산 UNIT을(초기 설정 값은 0xFF) 사용하며 지정한 해쉬 값에 8비트 더한 위치인 "해쉬 값 + 8" 의 위치에서 시리얼 번호를 취해서 계산한 값이 Quit 값으로 태그측으로 보낸다.

태그는 수신된 QUIT 값과 자신이 내부에서 계산한 값을 비교해서 두 값이 같은 경우에만 선택 상태로 진입하게 된다. 즉, QUIT은 태그를 선택 상태로 놓는다. 선택 상태에서 태그는 현재의 타임슬롯 위치를 유지한다.

〈그림 8-15〉 충돌 방지 / 선택의 구성

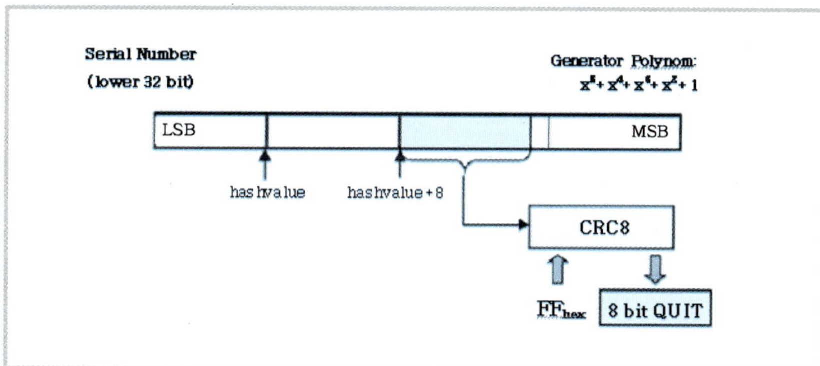

(5) 예제

충돌 방지/선택의 타이밍과 QUIT의 사용법에 대한 예

해쉬 값 : 0

패밀리 코드 : 0

응용 확인기 : 0

타임슬롯 표시 : 2 (Number of timeslot =8, timeslot mask=0x07)

충돌 방지/선택명령을 전송 후 리더는 시리얼 번호를 수신한 즉시 QUIT를 전송한다.

〈그림 8-16〉
충돌 방지 / 선택 리더

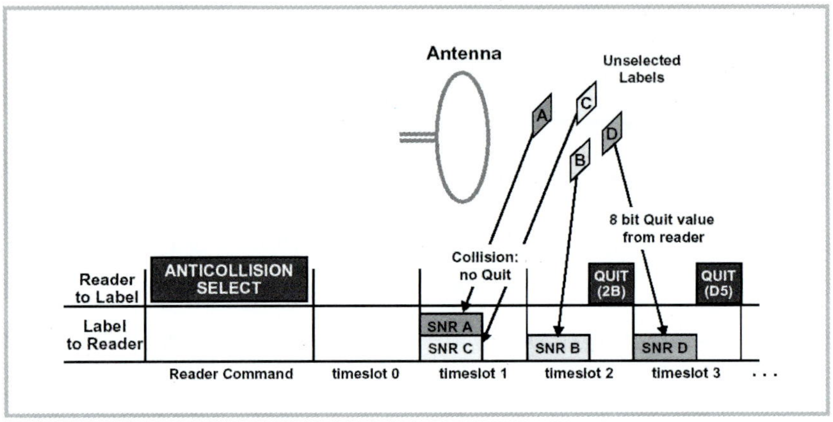

각 라벨의 Quit 값 계산과정은 〈그림 8-17〉과 같다.

타임슬롯 1에서는 충돌이 발생되어 태그 A 와 C의 시리얼 번호를 읽는 것을 불가능하다. 태그 B와 C는 QUIT에 의해 선택되게 되는데 리더는 태그 B의 타임슬롯2 동안에 QUIT 값 2B를 보내고, 태그 D는 타임슬롯 3에 D5를 보낸다. 이제 태그 B는 타임슬롯 2에서 태그 D는 타임슬롯 3에서 모든 유효한 명령에 대하여 "선택" 상태일 때 응답한다.

충돌 방지/선택 명령은 몇 번씩 반복될 수 있다. 선택되지 않은 태그들은 시리얼 번호를 다른 타임슬롯에서 응답한다. QUIT는 항상 동일한 해쉬 값을 위해서 고정해서 사용한다.

〈그림 8-17〉 각 라벨의 Quit 값 계산과정

	태그 A	태그 B	태그 C	태그 D
SNR (lower 32 bit)	EB 1E 99 00	55 1B 99 00	F2 14 99 00	A4 14 99 00
Hashvalue = 0 CRC input for timeslot calculation	EB	55	F2	A4
Timeslot register preset	01	01	01	01
CRC 8 result	B1	AA	71	13
Timeslot mask	07	07	07	07
Timeslot	01	02	01	03
QUIT value calculation: CRC input for hashvaue+8	1E	1B	14	14
CRC preset value	FF	FF	FF	FF
QUIT value = CRC result (see Appendix A)	(AE) °	2B	(D5) °	D5

리더는 선택된 태그들에 의해 할당된 타임슬롯을 고려해야 한다. 가령 위의 예에서 타임슬롯 2와 3은 이미 할당되어 있다. 다음의 충돌 방지/선택에 대해 리더는 타임슬롯 2와 3에서 태그를 선택해서는 안 된다.

2) 충돌 방지의 선택 명령 형식과 타이밍

먼저 시작 펄스가 9.44us이고, 비트 coding이 1/256이므로 한 바이트 분은 4.83328ms, 명령길이가 CRC까지 포함하여 8바이트이므로 4.83328ms*8 = 38.66624ms가 된다. 그리고 태그IC가 응답하기 전까지의 보호시간이 325.68us이다.

수신에서는 한 비트의 전송시간이 37.76us이므로 시리얼번호64비트와 CRC16으로 37.76us * 80 = 3.0208ms가 된다. 응답 사이의 보호 시간이 278.48us가 된다.

그리고 quit 값 응답 대기시간이 4.83328us이며 다음 타임슬롯의 응답 전까지 보호 시간이 325.68us이다. 지금까지의 수신과정을 주어진 타임슬롯만큼 반복한다.

ConfigICode1 함수에서 RegTimerClock에서 TPreScaler값을 0x0B(십진수로11)를 설정하였는데 이 값은 SL RC400이 리셋되었을 경우의 디폴트 값이기도 하다. 이 값은 13.56*10exp6/2exp11=6621.1Hz이다.

시간으로 환산하면 151us인데 이미 RegTimerReload에 설정한 값을 로드한 카운터는 151us마다 변하는 펄스를 입력으로 동기가 되어 카운트다운 된다. 이는 결과적으로 302us마다 카운트 다운되는데 이 값은 37.76us * 8 과 거의 같은 값이 되며, RegTimerReload에서는 간편하게 수신 바이트 수만큼 설정하게 되는 셈이 된다.

〈그림 8-18〉
충돌 방지와 선택 타이밍

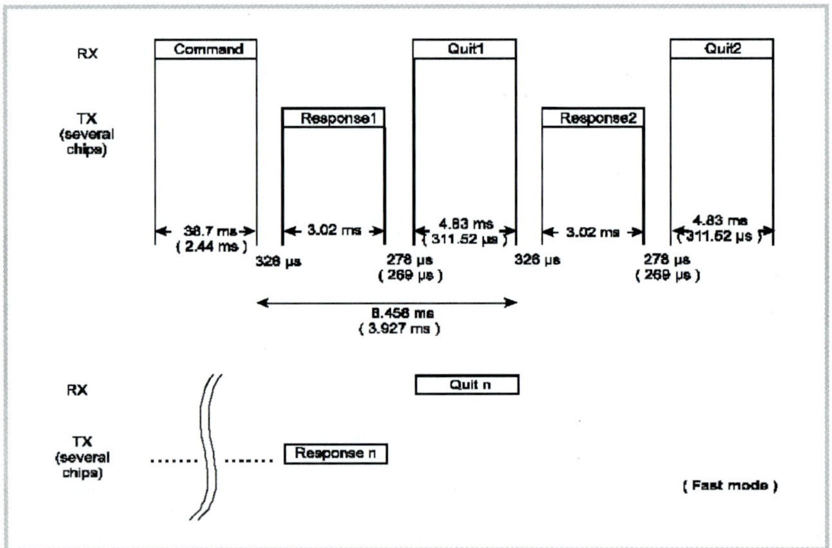

RX command: Instruction code = 20 hex+hashvalue(0...31)→(20...3F hex)
Parameter byte 1 = 00 hex or Family Code(1...255)
Parameter byte 2 = 00 hex Application Identifier(1...255)
Parameter byte 3 = z: exponer of number of
timeslots(0...7),

n:number of
timeslots=2z+1(exceptforz=0→n=1)
Parameter byte 4 = 00 hex
Parameter byte 5 = 00 hex
2 CRC16 byte

TX response: 64 bit SNR, 16bit CRC
RX quit: I byte depending on the serial number of the I•CODE1 Label IC and the hashvalue

Total time [μ s]
standand mode:
9.44+38666.24+n*(325.68+3020.8+278.48+4833.28)=38675.68+ n*8458.24μ s

3) 흐름도

태그를 처음 RF 영역 안으로 들어오게 하면 태그는 비선택 모드에 있게 되는데 비선택 읽기 명령은 RF field 안에 들어온 비선택 모드에 있는 태그 중에서 주어진 패밀리 코드와 응용 확인기로 태그 IC의 특정 군을 선택한다. 충돌 방지와 선택 명령은 메인에서 Cmd_proc을 호출해서 호스트로부터 받은 프로토콜을 비교함으로 시작하며 AntiCollSelect를 호출하여 명령을 수행한다.

(1) BYTE AntiCollSelect(BYTE nTimeSlot);

- BYTE nTimeSlot : 타임슬롯 개수
- 리턴 값은 명령을 실행한 상태

- 여기에서 바이트는 unsigned char로 부호 없는1 바이트, 0~255(0x00~0xff)
- WORD는 unsigned int 로 부호 없는2 바이트, 0~65535(0x0000~0xffff)이다.

```
void Cmd_proc(void)
{
    BYTE cmd[10], len, regAddr, regByte, byteValue;

    if( ! uart0_chkbuf(SYN))return;       //SYN 확인
    if( uart0_xbuf() !=DevID)return;      //device ID 확인
    Length=uart0_rxbuf();                 //Length 저장
    Cmd=uart0_rxbuf();                    //Cmd 저장

    switch(Cmd)   {
.
.
.
    case _ANTICOLL_SELECT;
        g_bTraceISR = 1;
        g_isrCount = 0;
        len = 0;
        cmd[0] = uartO_rxbuf();--Length; //number of time slot

        regByte = AntiCollSelect(cmd[0]);
        nBeep(nTAG);

        g_RxBuf[0] = SYN;
        g_RxBuf[1] = DevID;

        if (nTAG) {
            g_RxBuf[2] = nTAG*10;         //Length
            MovDat(&g_RxBuf[3], &I1dat[0], nTAG, 0);
        }
        else {
```

```
                g_RxBuf[2]=1;                          //Length
                g_RxBuf[3] = I1dat[0]. Tsst;
            }
            TXO_buf(g_RxBuf, g_RxBuf[2] + 3);
            break;
        }
    }
```

(2) 충돌 방지/선택 흐름도

〈그림 8-19〉 충돌 방지 / 선택 흐름도

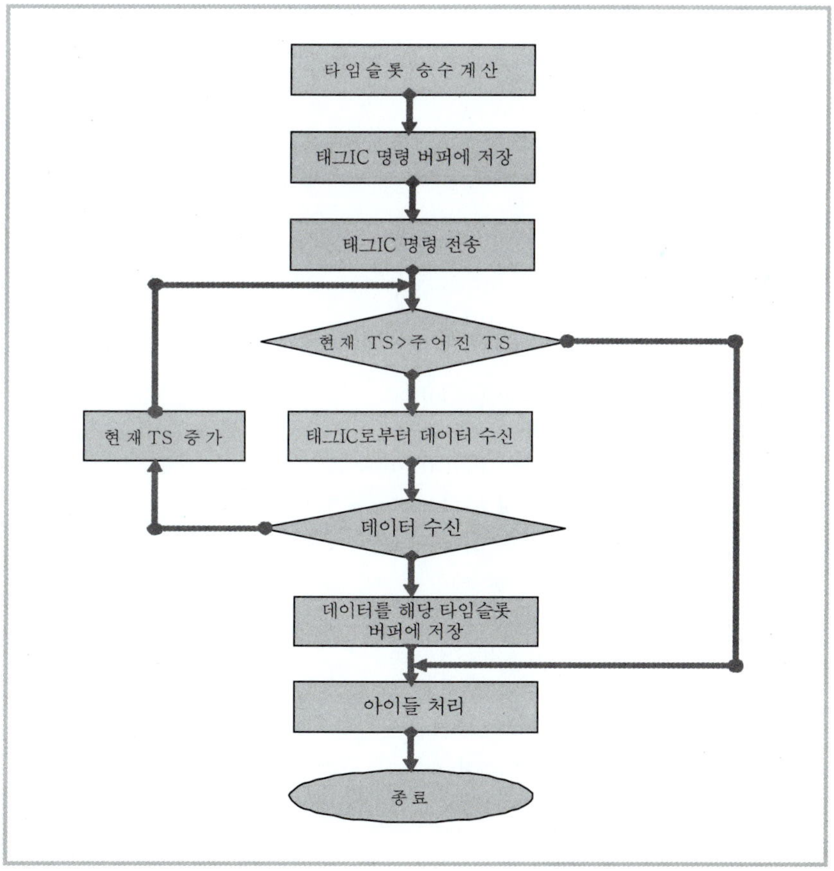

(3) 타임슬롯 승수 계산

주어진 타임슬롯의 범위를 확인하고 타임슬롯의 승수를 계산하며 주어진 해시 값을 조합하여 주어진 tse_hash 버퍼에 전달시킨다.

(4) tse_hash 버퍼

〈그림 8-20〉
Tse_hash 버퍼

```
char calc_tse_hash(int ts, BYTE hash, BYTE *tse_hash)
(
    char status = I1_OK;
    BYTE tse;

    if (ts > MAX_TIMESLOTS ts = MAX_TIMESLOTS;

    if (ts<4) tse = 0;
    else if (ts<8) tse = 1;
    else if (ts<16) tse = 2;
    else if (ts<32) tse = 3;
    else if (ts<64) tse = 4;
    else if (ts<126) tse = 5;
    else if (ts<256) tse = 6;
    else tse = 7;

    tse = (tse << 5);
    *tse_hash = (tse | hash);

    return status;
}
```

(5) 태그IC 명령 버퍼에 저장

충돌 방지/선택 명령, 패밀리 코드, 응용 ID, 타임슬롯 표시, 0x00, 0x00의 순서로 태그에 전송할 명령코드를 버퍼에 저장하고 FIFO태그를 설정한다. 수신 FIFO태그를 2바이트 이상 RX로 들어오게 되면 highIrq가 발생하도록 하기 위해서는 0x3E를 4바이트 일때는 RegFIFOLevel에 0x3C을 설정한다. 충돌 방지/선택에서는 태그IC가 시리얼 번호로 응답할 때 시리얼 번호를 받아서 주어진 해시 값의 offset으로 CRC8 계산을 하여 리더가 응답하여야 해당 타임슬롯이 고정된다. Quit 값을 계산하기 위해 i1_flagQuit = 1;로 설정한다.

```
hash = (g_icodeBuf[0] & 0x1F);                    //Mask 5Bits from hash_tse
    g_icodeBuf[0] = I1_ANTICOLL_SELECT |  (hash);
    g_icodeBuf[1] = FamilyCode;
    g_icodeBuf[2] = ApplicationID;
    g_icodeBuf[3] = g_icodeBuf[0] >> 5;
    g_icodeBuf[4] = 0×00;
    g_icodeBuf[5] = 0×00;

    ts = (g_icodeBuf[3] == 0] ? 1 : 2 << g_icodeBuf[3];

    i1_OldAnticollTs = ts;
    len = 8;

    WriteRC(RegFIFOLevel, 0×3E) ; //hiAlert : FIFO water level 2

    init_iltxbuf();              //init cmd info
    i1_flagQuit = 1;                //anticoll select는 quit value 필요
    i1_Totalts = ts;               //TSR에서 현재 ts를 계산
    i1_nByteToSend = 6;            //send할 command의 byte 수
```

(6) 태그IC에 명령 전송

충돌 방지/선택 명령 형식과 타이밍에서 고려한 것처럼 명령크기에 따른 타임설정(TimerReload)을 하고 인터럽트 관련 플래그를 설정한 후 Fifo 레지스터를 초기화한 후 전체 인터럽트를 활성화시켜서 태그IC 응답에 따른 처리를 하게 된다.

```
char send_command(BYTE rcvLen, int ts)
{
    int TimeSlotPeriod;
    BRTE TimerReload;
    char status = I1_OK;

    if(ts > 1) SetBitMask(RegTimerClock, 0×20); //set TAutoRestart :
TReloadValue값            자동restsrt
    if(i1_flagQuit) {
      TimerReload = 0×38;                      //수신 타임설정
      TimeSlotPeriod = 0×BF;                 //응답할 quit frame 시작 시간 설정
TSP1=O×OBF
      WriteRC(RegTimeSlotPeriod, TimeSlotPeriod);
      ClearBitMask(RegSigOutSelect, 0×10); //clear TimeSlotPeriod MSB
    } else {
    SetBitMask(RegDecoderControl, 0×40; //Rx Multiple enable : 한 frame 이상 수신
    TimerReload = rcvLen * 0×02 +0×04 +0×04; // 수신 타임설정
    }
    if(ts == 0) TimerReload = 0×21;

    SetBitMask(RegChannelRedundancy, 0×04);         //enable TxCRC
    WriteRC(RegTimerReload, TimerReload);           //set TimerReloadVal
    WriteRC(RegTimerControl, 0×02):  //set TStartTxEnd : 라벨IC로 명령이
송신 완료되는 //시점에서 타이머가 자동으로 시작하게 설정
```

```
   FlushFIFO();                        //Fifo 레지스터를 초기화

   WriteRC(RegCommand, 0×00); //만약 이전의 명령이 수행되어 아직까지
실행되고 있다면 현재의 명령을 취소한다.
   WriteRC(RegInterruptEn, 0×81); //set LowAlertEn to wrice data to FIFO
   WriteRC(RegInterruptTq, 0×3f);  //clear all IRqs : 모든 인터럽트 비트 초기화
   WriteRC(RegInterruptEn, 0×10 | 0×80);  //enable TxIEn

    StopTimer1();                          //stop timer3 interript
    StartTimer1(210);                      //set timeout to 2100 ms
        EnableExtIntr(0);                  //enable INTO

   WriteRC(RegCommand, PCD_TRANSCEIVE);  //라벨 IC로 명령 전송 개시

    While (! (i1_irqSource & 0×10  | |  !(timervalue3)) ()
    // wait for cmd completion (TxEndIrq) or timeout (max 100 ms)

    if(! timervalue3) return I1_TIMEOUT;
ClearBitMask(RegChannelRedundancy, 0×04);  //계산된 CPC 송신데이터 열에
자동 추가 전송 disable

     //Set new values for Timer, Timeslotperiod and interupt
     if(status == I1_OK)
     {
         WriteRC(RegInterruptEn, 0×10);       //disable TxIEn
         WriteRC(RegTimerControl, 0×00);     //disable TStartTxEnd

     if(ts > 1) {
           if(i1_flagQuit) {
              TimerReload = 0×38;
              TimeSlotPeriod = 0×BF;            //응답할 quit frame
//시작 시간 설정 TSP2=0×1BF
           SetBitMask(RegsigoutSelect, 0×10); // set TimeSlotPeriod MSB
```

```
            WriteRC(RegTimeSlotPeriod, (char)TimeSlotPeriod);
        } else TimerReload = rcvLen * (g_timerReloadScale) + 0×04 + 0×02;
          WriteRC(RegTimerReload, TimerReload);

      } else {
          WriteRC(RegTimerReload, 0×00);       // clear TimerReloadVal
          WriteRC(RegTimeSlotPeriod, 0×00); // clear TimeSlotPeriod
      }
      WriteRC(RegInterruptEn, 0×2A | 0×80); // enable TimerIEn, RxIEn, HiAlertIEn
    }
    g_icodeBuf[0] = 0;
    return status;
}
```

(7) 태그IC로부터 데이터 수신

rxirq가 올 때까지 대기하다 데이터를 수신해서 에러 및 정상여부를 판별해서 상태를 저장한다.

```
if(status == I1_OK) {
   // RxIrq occured
   if( i1_irqSource & 0×08) {
       if(i1_nBitReceived  % 8) status = I1_COUNTERR;
       else {
           err = ReadRC(RegErrorFlag);
           if(err & 0×08) status = I1_COUNTERR;
           if(err & 0×01) {
               ststus = I1_COLLERR;
               i1_collPos = ReadRC(RegCollPos);
```

```
                }
            }
        } else if(i1_irqSource & 0×20) status = I1_NO_TAG;
        il_CurrTs++;
    }
    return status;
}

char receive_timeslot(void)
 {
      char status, err;

      status = I1_OK;
      init_i1rxbuf();

      // if last timeslot reset Timer and TimeSlotPeriod register
       if((i1_currTs + 1) == i1_TotalTs && (i1_TotalTs 〉 1)) {
           WriteRC(ReaTimeSlotPeriod, 0×00);  // get TimeSlotPeriod to 00
           ClearBitMask(RegSigOutSelect, 0×10); // clear TimeSlotPeriod MSB
           WriteRC(RegTimerReload, 0×00);    // set TimerReloadVal to 00
           ClearBitMask(RegTimerClock, 0×20);  // set TAutoRestart to 00
       }
       // wait for TimerIRq or RxIRq or timeout
       // quit value를 만들기 위해 4 byte이상 들어오면, 여기서 한번
세운다.
       while(!(i1_irqSource & 0×28 | | ! (timervalue3)) &&
(i1_nByteReceived 〈 4)) {}

       //serial number byte를 가지고 quit value를 구함
       if(i1_flegQuit && i1_nByteReceived 〉= 4) {
           i1_QuitVal = calc_CRCB(i1_HashVal + 8, (BYTE* ) g_icodeBuf);
#ifdef_TRACE_ISR
       if(g_bTraceISR) {
           g_isrTrace[g_isrCount++] = 0×77;
           g_isrTrace[g_isrCount++] = i1_HashVal
```

```
            g_isrTrace[g_isrCount++] = i1_QuitVal;
            g_isrTrace[g_isrCount++] = g_icodeBuf[0]
            g_isrTrace[g_isrCount++] = g_icodeBuf[1]
            g_isrTrace[g_isrCount++] = g_icodeBuf[2]
            g_isrTrace[g_isrCount++] = g_icodeBuf[3]
        }
#endif
    }
    // wait for TimerIRq or RxIRq or timeout
    while (!(i1_irqSource & 0×28 | | !(timervelue3))) {}

    if(!tlmervalue3) return I1_TIMEOUT;
```

(8) 데이터를 해당 타임슬롯 버퍼에 저장

구조체 선언은 다음과 같다.

(9) typedef struct _i1_dat{

```
BYTE TSn; //timeslot number
BYTE TSSt; //timeslot status
BYTE TSDat[8]; //timeslot block data
}I1Dat;
```

(10) I1Dat I1dat;

현재의 슬롯번호에 해당하는 구조체 버퍼에 상태와 수신된 데이터를 해당 슬롯에 저장한다.

```
    if (status == I1_TIMEOUT)
    {
        SetIdle();
        return status;
    }
    i1_nByteToSend = 0;
    i1_HashVal = hash;

    for(curTS = 0, i=0; curTS < ts; curTS++) {

         status = receive_timeslot();

         if(status == I1_TIMEOUT) {
              SetIdle();
              return status;
         }
         I1dat[i].TSSt=status;
         I1dat[i].TSn=curTS;

         switch(status) {
         case I1_NO_TAG;
                  break;
      case I1_OK;
                  memcpy(&I1dat[i].TSDat[0], g_icodeBuf, len);
                  FlushFIFO();

                  WriteRC(RegFIFOData, i1_QuitVal);
                  nTAG++;
                  i++;

#ifdef _ Trace_ISR
          if(g_bTraceISR) {
               g_isrTrace[g_isrCount++] = 0×78;
               g_isrTrace[g_isrCount++] = i1_QuitVal;
          }
```

```
#endif
    break;
        case I1_COUNTERR;
        case I1_CRCERR;
        case I1_COLLERR;
            memcpy(&I1dat[i] .TSDat[0], g_icodeBuf, len);
            nTAG++;
            I++;
            break;
        default;
                    break;
            }
          }
```

(11) Idle 처리

모든 인터럽트를 비활성화시키고 SL RC400을 아이들(idle)상태로 한다.

```
BYTE SetIe(void)
{
    DisagleExtIntr(0) ; //disable INTO

    WriteRC(RegInterruptEn, 0×3f); //disable interrupts
    WriteRC(RegInterruptRq, 0×3f);
    ClearBitMask(RegDecoderControl, 0×40);    //Rx Multiple disable
    WriteRC(RegFIFOLevel, 0×20);
    WriteRC(RegCommand, PCD_IDLE);          //command idle

    tetum I1_OK;
}
```

(12) 인터럽트 핸들러(Interrupt Handler) RC400

SL RC400 인터럽트 핸들러는 태그IC와 관련된 모든 명령을 수행할 때 공동으로 사용되는 루틴으로 SL RC400에 설정한 인터럽트 소오스와 관련되어 MPU의 인터럽트가 발생된다.

이 인터럽트는 펜딩된 인터럽트를 포함한 모든 인터럽트 이벤트를 검출하여 한번에 처리할 수 있게 되어있다.

〈그림 8-21〉 인터럽트 핸들러 RC400

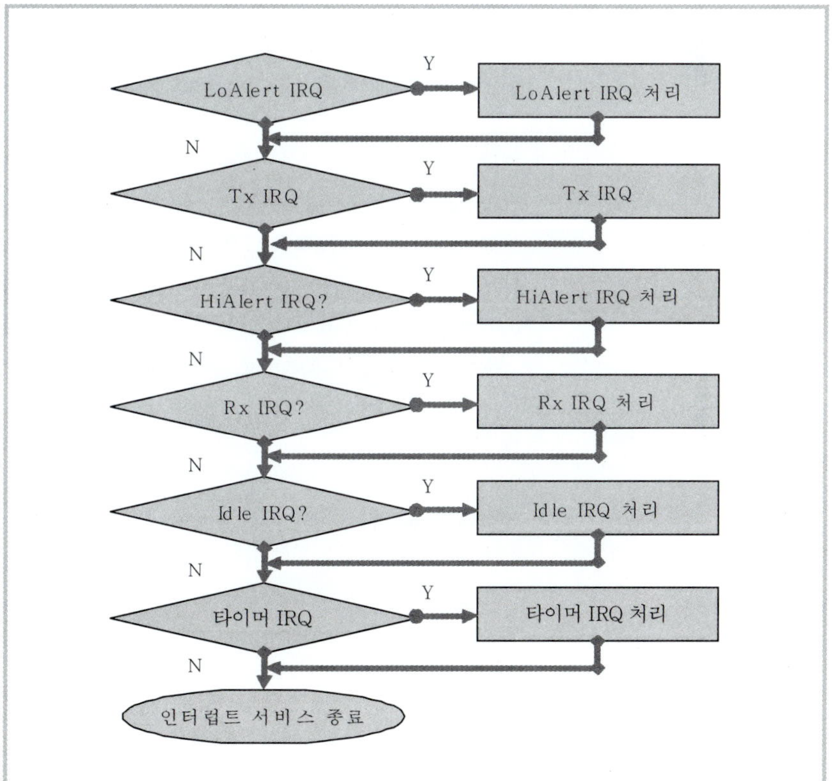

(13) LoAlert IRQ 처리

태그IC에 명령을 보낼 때 사용되며 SL RC400의 FIFO에 레벨을 설정하여 설정된 레벨보다 FIFO내용이 비워졌을 때 인터럽트를 일으켜 연속해서 다음 명령을 중단없이 바로 보낼 수 있게 FIFO에 데이터 열을 전송 후 이 IRQ 비트를 클리어시킨다.

```
    //LoAlertIRQ 처리 ******************************
    if(irqBits & 0×01) {
#ifdef_TRACE_ISR
        if(g_bTraceISR) g_isrTrace[g_istCount++] = 0×71;
#endif
        //nBytes = 64- current_ fifo _data_count++
        nbytes = DEF_FIFO_LENGTH - RdRawRC(RegFIFOLength);

        if((i1_ nByteToSend - i1_nByteSent) <= nbytes) {
          nbytes = i1_nByteTosend - i1_nByteSent;//data byte size 계산
          WrRawRC(RegInterruptEn, 0×01);//disabel LoAlert IRQ
        }
        for(cnt = 0; cnt < nbytes; cnt++) {
          WrRawRC(RegFIFOData, g_icodeBuf[i1_nByteSent]);
          i1_nByteSent++;
        }
        //reset IRQ bit
        WrRawRC(RegInterruptRq, 0×01);
          }
```

(14) Tx IRQ 처리

FIFO내용이 태그IC측에 완전히 전송되면 이 인터럽트가 걸리며, 이 IRQ 비트를 클리어시킨다.

```
            //TxIRQ 처리 ****************************************
        if(irqBits & 0×10)  {

#ifdef _TRACE_ISR
        if(g_bTraceISR) g_isrTrace[g_isrCount++] = 0×72;
#endif
        //TxIRQ biT clear
        WrRawRC(RegInterruptRq, 0×10);
        //HiAlert, Irq enable
        WrRawRC(RegInterruptEn , 0×82);

        i1_irqSource |= 0×10;
    }
```

(15) HiAlert IRQ 처리

태그IC로부터 데이터를 받게 되어 SL RC400의 FIFO에 저장될 경우 설정된 상위 FIFO레벨을 초과할 경우 인터럽트가 발생된다. 이때 FIFOLength 레지스터 값을 읽어서 수신된 데이터의 바이트 수를 알 수 있으며 g_icodeBuf에 데이터 열을 저장한 후 이 IRQ 비트를 클리어시킨다.

```
//HiAlertIRQ 처리 ***********************
        if(irqBits & 0×02)  {
            nbytes = RdRawRC(RegFIFOLength);

#ifdef _ TRACE_ISR
```

```
        if(g_bTraceISR)  {
          g_isrTrace[g_isrCount++] = 0×73;
          g_isrTrace[g_isrCount++] = nbytes;
        }
#endif
        for(cnt = 0; cnt < nbytes && cnt < 8; cnt ++) {
            g_dbg = RdRawRC( RegFIFOData);
#ifdef_TRACE_ISR
          if (g_bTraceISR) g_isrTrace[g_isrCount++] = g_dbg;
#cndif
          g_icodeBuf[i1_nByteReceived] = g_dbg;
          i1_nByteReceived ++;
        }
        // reset IRQ bit
        WrRawRC(Reg InterruptRq, 0×02 & irqBits);
    }
```

(16) Rx IRQ 처리

태그IC로부터 데이터를 받게 되어 SL RC400의 FIFO에 저장될 경우 설정된 상위 FIFO레벨을 초과할 경우 인터럽트가 발생되어 데이터를 저장하기도 하지만 데이터를 완전히 수신할 경우에도 수신된 데이터가 있다면 HiAlert IRQ처럼 처리하며 이 IRQ 비트를 클리어시킨다.

```
//RxIRQ Handling 처리 ****************************************
        if(irqBits & 0×08) {
            nbytes = RdRawRC(RegFIFOLength);
```

```
#ifdef _TRACE_ISR
        if(g_bTrace ISR) {
            g_isrTrace[g_isrCount ++] = 0×74;
            g_isrTrace[g_isrCount ++] = nbytes;
        }
#endif
        for(cnt = 0; cnt < nbytes && cnt < 8; cnt ++] {
        g-dbg = RdRawRC(RegFIFOData);
#ifdef _TRACE_ISR
        if(g_bTraceISR) g_isrTrace[g_isrCount++] = g_dbg;
#endif
        g_icodeBuf[i1_nByteReceived] = g_dbg;
        i1_nByteReceived++;
            }
            //reset IRQ bit
            WrRawRC(RegInterruptRq, 0×08 & irqBita);
    }
```

(17) Idle IRQ 처리

명령의 레지스터에 현재의 명령을 취소할 때 인터럽트가 발생되며 (Idle)과 타이머에 관련된 비트를 클리어한다.

```
    //IdleIRQ Handling 처리 ******************
    if(irqBits & 0×04) {
#ifdef _TRACE_ISR
        if(g_bTraceISR) g_isrTrace[g_isrCount++] = 0×75;
#endif
        WrRawRC(RegInterruptEn,0×20);    //disable Timer IRQ
```

```
        WrRawRC(RegInterruptRq,0×20);    //disable Timer IRQ request

        irqBits & = ~ 0×20;    //clear Timer IRQ in local var
        i1_irqSource & = ~0×20); //idle irq 발생시는 timeout cancel
        WrRawRC(RegInterruptRq,0×04); //reset IRQ bit
        }
```

(18) Timer IRQ 처리

SL RC400에 설정한 타이머 값이 0으로 될 때 발생되며 관련된 비트를 클리어한다.

```
        //TimerIRQ Handling 처리 **************************
        if(irqBits & 0×20); {
#ifdef_TRACE_ISR
        if(g_bTraceISR) g_isrTrace[g_isrCout++] = 0×76;
#endif
        //reset IRQ bit
        WrRawRC(RegInterruptRq, 0×20);
       }
     }
    WrRawRC(RegPage, o1dPageSelect |0×80)
  }
```

4) 내부 트레이스 코드

프로그램 소스를 보면 아래와 같이 트레이스를 목적으로 만들어둔 모니터용 코드인데 사용해보면 생각보다 동작상황을 알기 쉽게 해주기 때문에 소개하기로 한다.

```
#ifdef _TRACE_ISR
        if(g_bTraceISR) {
            g_isrTrace[g_isrCount++] = 0×77;
            g_isrTrace[g_isrCount++] = i1_HashVal;
            g_isrTrace[g_isrCount++] = i1_QuitVal;
            g_isrTrace[g_isrCount++] = g_icodeBuf[0];
            g_isrTrace[g_isrCount++] = g_icodeBuf[1];
            g_isrTrace[g_isrCount++] = g_icodeBuf[2];
            g_isrTrace[g_isrCount++] = g_icodeBuf[3];
        }
#endif
```

(1) 코드종류

- 71: 하위 alert로 FIFO가 비어 있을 때 서비스함을 의미한다.
- 72: Tx irq로 태그IC로 FIFO안에 있는 내용이 완료됨을 의미한다.
- 73: 상위 alert로 수신 바이트를 의미하며 73 다음은 바이트 수이며 0을 제외한 숫자일 경우 그 바이트 수만큼 수신된 데이터가 됨을 의미한다. 예를 들면 73 02 73 74로 되어 있다면 앞의 73은 상위 alert로 2바이트를 수신했으며 그 데이터 는 73(하위 바이트) 74(상위 바이트)인 것을 의미한다.
- 74: Rx irq로 수신이 완료됨을 의미하며 73의 hi alert와 사용법이 같다.
- 76: 타이머 irq는 정해진 타임을 초과했을 경우 서비스함을 의미한다.
- 77: 해쉬 값, quit 값, 낮은 블록 시리얼 번호의 순서로 목적은 quit 값을 정확히 계산한지를 나타내는 부분이다. 예를 들면 77 00 5F 2A 2C B9 33의 경우에는 77 다음은 해쉬 값으로 00, 그 다음은 quit로 5F이며 계산 근

거에 사용되었던 값은 2A 2C B9 33의 중에서 2C가 사용됨을 의미한다.

- 78: Quit 값 77에서 얻은 quit 값을 실제 전송할 때 표시한다.

트레이스를 할 때 시리얼로 텍스트를 보내는 방법을 주로 사용하지만 인터럽트와 같이 속도가 빠른 부분에 있어서는 시리얼로 보내게 되면 실행속도에 전체적으로 영향을 줄 수 있어서 리얼타임 디버깅에 문제가 있을 수 있다. 그래서 메모리에 가능한 크기의 메모리를 준비해서 디버깅하고자 하는 부분의 내용을 저장하면 이러한 문제를 어느 정도는 해결할 수 있지만 메모리 오버플로우를 주의하지 않으면 안 된다.

5) 해쉬 값으로 타임슬롯 계산

타임슬롯의 계산은 충돌 방지/선택와 비선택 읽기 명령 내에 포함된 해쉬 값이 가리키는 위치로 계산되며 타임슬롯 레지스터 라는 곳에 보관되어진다. 충돌 방지/선택 명령어로 I-CODE1 태그 IC를 선택한 후에는 타임슬롯 레지스터에 보관된 값은 고정된다.

타임슬롯 레지스터는 초기설정이 0x01 이며 이후에는 리셋되지 않는다.

해쉬 값은 비트 어드레스로 간주되며, 블록0의 시리얼 번호에서 연속된 8비트 중 첫번째를 지시한다.

〈그림 8-22〉
해쉬 값(9)

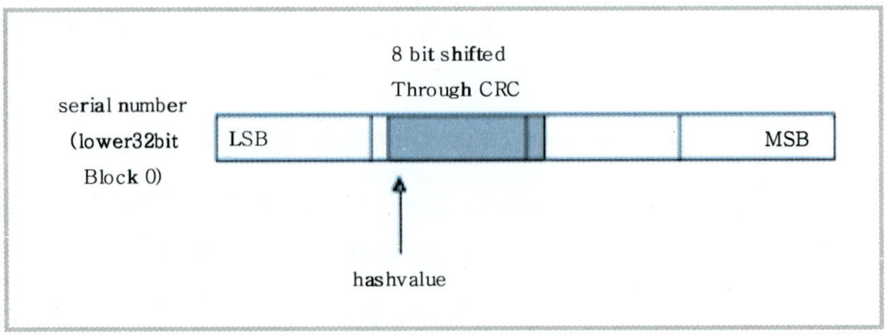

이 예제에서 해쉬 값은 9이다.

타임슬롯의 계산을 위하여 CRC8 레지스터는 타임슬롯 레지스터의 초기값으로 미리 설정된다. 해쉬 값에 의해 시작되는 8비트의 시리얼 번호는 CRC8을 통해 이동된다. 만약 블록0의 MSB가 넘치게 되면 그것은 다시 중첩되어 하위 비트에서 끝이 난다.

〈그림 8-23〉
해쉬 값(0×1E)

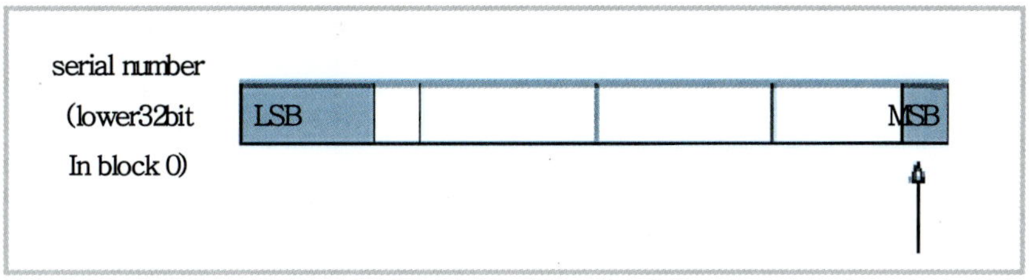

이 예제에서 해쉬 값은 0x1E (십진법 30)이다.

만약 256개 이하의 타임슬롯을 사용할 때, CRC8의 LSB 로 시작되는 그에 해당되는 번호는 타임슬롯의 결과로 사용된다. 항상 CRC8의 8비트는 내부적으로 다음 타임슬롯의 계산에 사용된다.

불규칙하게 분포된 시리얼 번호에서 가장 좋은 방법은 0부터 해쉬 값을 시작해서 하고, 부가적으로 충돌 방지/선택 명령어를 사용 시 8씩 증가한다. 24에 도달한 후에는 다음 시작 값은 4가 된다. 28이 된 후 다음 시작 값은 2가 된다.

6) QUIT 값 계산

충돌 방지/선택 와 쓰기, Halt 명령어에서 QUIT 값을 계산하기 위한 CRC8의 pre-set 값은 상수이다(0xFF). 블록0의 8비트의 시리얼 번호는 CRC8을 통하여 이동된다. 이 8비트의 값은 해쉬 값+8로 되어 어드레스된다.

읽기/쓰기 디바이스에 의해 전송된 값과 I-CODE1 태그IC에 의해 계산된 값이 일치할 때만 실행된다.

〈그림 8-24〉 해쉬 값(9)

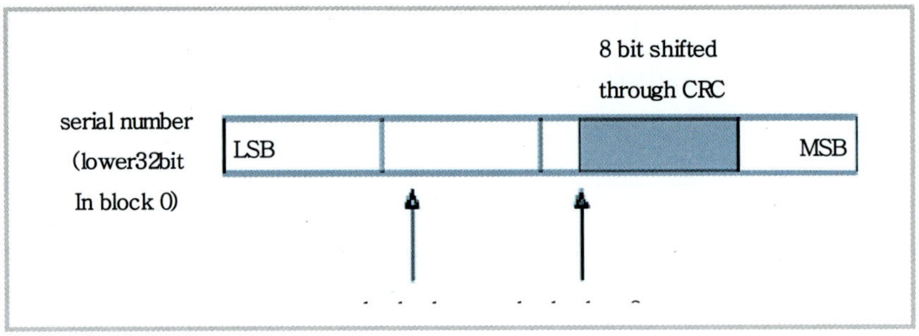

이 예제에서 해쉬 값은 9이다.

만약 블록0의 MSB가 넘치게 된다면, 계산은 블록0의 낮은 비트에서 끝이 나게 된다.

〈그림 8-25〉 해쉬 값(0×16)

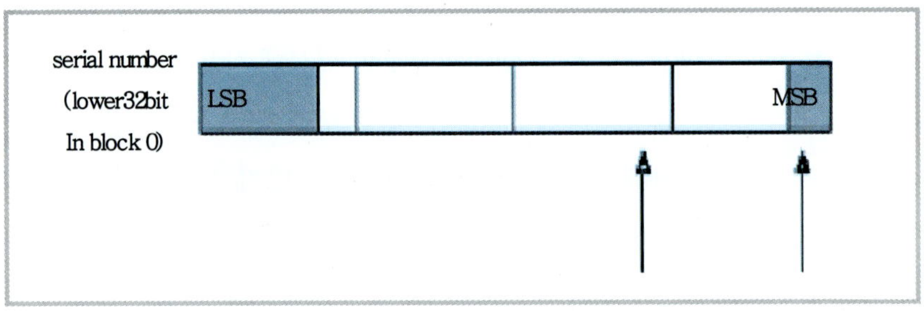

이 예제에서 해쉬 값은 0x16 (십진법 22)이다.

Note

쓰기명령에서 서로 다른 해쉬 값의 사용이 권장된다.

7) 예제 프로그램

태그를 RF 영역 안으로 가져오면 태그는 비선택 모드에 있게 되는데 충돌 방지/선택 RF 영역 안에 들어 온 비선택 모드에 있는 모든 태그에 대해 선택을 시도한다. 이때 충돌 문제 때문에 타임슬롯 수를 설정하며 최대값은 8개가 된다. 일단 선택되면 태그는 자체의 고유 시리얼번호를 반환하는데 이를 호스트 측으로 상태, 타임슬롯 번호, 시리얼 번호를 반환한다.

(1) 실행결과

55 01 02 40 04

55 01 0A 00 01 2A 2C B9 33 00 00 00 01

55 01 02 40 04

55 01 01 01

슬롯수를 0x04로 실행한 결과 상태가 정상 처리되었고, 타임슬롯이 01로 할당되었고, 시리얼 번호가 01 00 00 00 33 B9 2C 2A인 8바이트가 되었다. 똑같은 명령을 한번 더 보내면 아직 선택되지 않은 태그IC가 있으면 선택되지만 위의 경우에는 더 이상의 태그IC가 없는 경우이다.

내부 트레이스 코드 결과는 다음과 같다.

71 72 73 00 76 73 02 2A 2C 73 02 B9 33 77 00 5F 2A

2C B933 73 02 00 00 73 02 00 01 74 00 78 5F 76 76

71 하위 alert, 72 Tx irq, 73 상위 alert , 74 Rx irq,

76 타이머 irq, 77 해쉬 값, quit 값, 하위 블록 시리얼 번호, 78 Quit value

충돌 방지/선택 명령어를 버퍼에 저장 후 인터럽트를 비활성화시키면 71인 하위 alert가 뜨고 인터럽트 루틴에서 코드를 Fifo에 전달한다. 그러면 SL RC400 내부에서 Fifo에 저장된 데이터와 생성한 CRC16을 보낸 후에 72인 Tx irq가 발생되고, 수신한 데이터가 있으면 73인 상위 alert가 발생된다. 73 다음 코드는 수신된 바이트 수이며 73 00이면 상위 alert가 발생했지만 수신된 바이트가 없음을 나타낸다. 0번째 슬롯은 76으로 타이머 irq가 발생되고 1번 슬롯 위치에 2A 2C B9 33, 77다음은 해쉬 값으로 00, 그 다음은 quit로 5F 계산을 했는데 계산 근거는 조금전에 받았던 2A 2C B9 33값이 된다. 즉 시리얼 번호를 받는 중간에 quit값을 계산해서 준비를 해두는 샘이 된다. 나머지 시리얼인 00 00 00 01을 수신 후에 74인 Rx irq가 완료되고 준비해 둔 quit값을 전송한다.

제9장 RFID 시스템의 전자태그 제어 명령(2)

9.1 쓰기 명령(선택, 어드레스)

1) 쓰기 동작설명

충돌 방지/선택에 의해 이전에 선택, 고정된 타임슬롯으로 쓰기명령을 내리면 자신의 타임슬롯에 탈출을 수신하면 1블록의 데이터를 쓰고 64비트 시리얼 번호를 응답한다.

(1) 파라메터

- 해쉬 값 : 이 값은 QUIT 값을 계산하기 위해 사용된다.
- 블록 쓰기 번호 : 태그의 메모리 블록 주소이다.
- 쓰기 데이터 : 태그의 EEPROM에 기록되는 4 바이트의 데이터

(2) 태그IC 응답

자신의 타임슬롯에 Quit를 수신하면 8바이트의 시리얼 번호를 반환한다.

(3) QUIT 값 계산

QUIT 값의 계산 값은 충돌 방지/선택과 같다.

(4) 예제

태그 A와 태그 C는 "비선택" 상태이다. 태그 B와 태그 D는 선택 상태이고, 타임슬롯은 각각 2와 3 이다. 리더는 다음의 파라미터와 함께 블록 쓰기 명령을 전송한다.

해쉬 값 : 8
블록 쓰기 번호 : 6
쓰기 데이터 : 4 데이터 바이트

〈그림 9-1〉 쓰기 명령 타임슬롯 구성

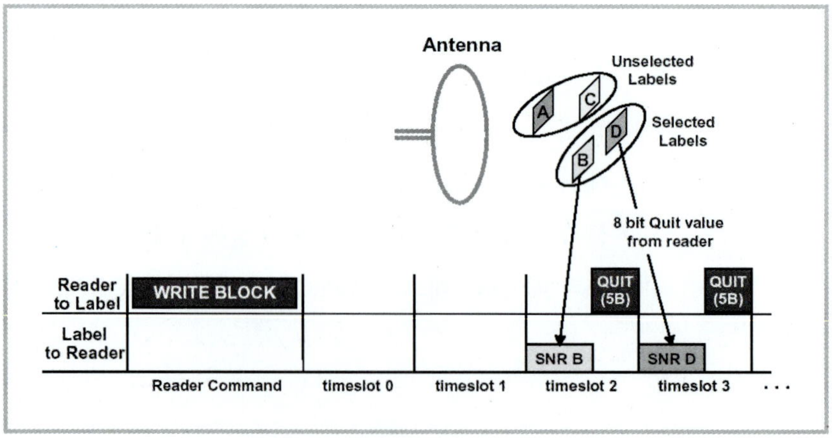

〈그림 9-2〉 선택된 태그 양쪽에서 데이터쓰기

	태그 A	태그 B	태그 C	태그 D
SNR (lower 32 bit)	EB 1E 99 00	02	not selected	A4 14 99 00
Reponse in timeslot	net selected		not selected	03
QIOT value calculation: CRC input for hashvaue+8=16	not selected	99	not selected	99
CRC preset value	not selected	FF	not selected	FF
QUIT value=CRC result (see Appendix A)	not selected	5B	not selected	5B

2) 쓰기 방지

어떤 블록에 값을 기록하기 위해서는 이에 해당하는 블록의 쓰기 액세스 비트가 제한되어 있지 않아야 한다.

만약 두개의 관련 비트가 1로 설정되어 있지 않으면, I-CODE1 태그 IC는 쓰기 명령에 반응하지 않으며, 그렇기 때문에 QUIT는 읽기/쓰기 디바이스에서 발생되지 않는다. 유효한 QUIT가 없기 때문에 I-CODE1 태그 IC는 EEPROM을 프로그래밍하는 것을 시작하지 못한다.

3) 쓰기 명령 형식과 타이밍

먼저 시작 펄스가 9.44us이고, 비트 코딩이 1/256이므로 한 바이트 분은 4.83328ms, 명령길이가 CRC까지 포함하여 8바이트이므로 4.83328ms*8 = 38.66624ms가 된다. 그리고 태그IC가 응답하기 전까지의 보장 시간이 325.68us이다.

수신에서는 한 비트의 전송시간이 37.76us이므로 시리얼번호 64비트와 CRC16으로 37.76us * 80 = 3.0208ms가 된다. 응답 사이의 보장 시간이 278.48us가 된다.

그리고 quit 값 응답 대기시간이 4.83328us이며 다음 타임슬롯의 응답 전까지 보장 시간이 325.68us이다. 지금까지의 수신과정을 주어진 타임슬롯만큼 반복한다.

ConfigICode1 함수에서 RegTimerClock에서 TPreScaler값을 0x0B(십진수로11)를 설정하였는데 이 값은 SL RC400이 리셋되었을 경우의 필수 값이기도 하다. 이 값은 13.56*10exp6/2exp11=6621.1Hz이다. 시간으로 환산하면 151us 인데 이미 RegTimerReload에 설정한 값을 로드한 카운터는 151us마다 변하는 펄스를 입력으로 동기가 되어 카운트다운된다. 이는 결과적으로 302us마다 카운트 다운되는데 이 값은 37.76us * 8과거의 같은 값이 되며, RegTimerReload에서는 간편하게 수신 바이트 수 만큼 설정하게 되는 셈이 된다.

〈그림 9-3〉
쓰기 명령 형식과 타이밍

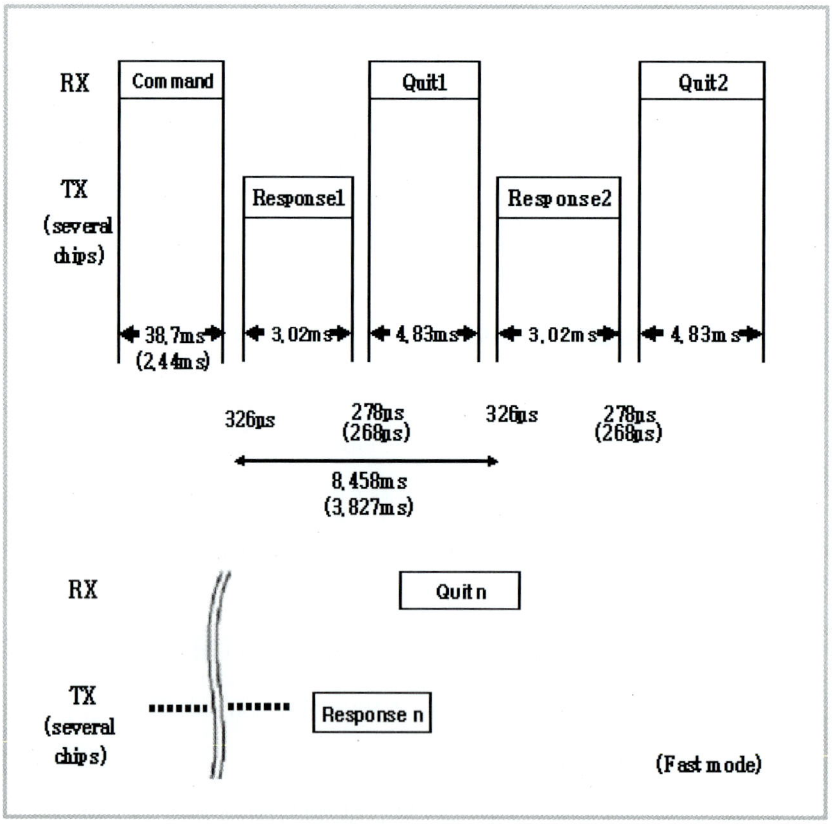

RX command: Instruction code = 60hex + hashvalue(0...31)→(60...7F hex)

Parameter byte 1 = data byte0(0...255)

Parameter byte 2 = data byte1(0...255)

Parameter byte 3 = data byte2(0...255)

Parameter byte 4 = data byte3(0...255)

Parameter byte 5 = x: block address(0...15)

2 CRC16bytes

TX response: 64 bit SNR, 16bit CRC(or nothing if addressed block is already write-protected)

RX quit: 1 byte depending on the serial number of the I • CODE1 Label IC and the hashvalue

Total time | Ms | (n = number of timeslots)

Standard mode: 9.44+38666.24+n*(325.68+3020.8+278.48+483.28)+4852.16= 43527.84+n*

8458.24Ms

Fast mode: 18.88+2416.64+n*(325.68+3020.8+269.04+311.52_+4852.16= 7287.68+n*

3927.04Ms

4) 흐름도

이미 충돌 방지/선택으로 선택된 고정된 타임슬롯으로 쓰기명령을 내리면 메인에서 Cmd_proc을 호출해서 호스트로부터 받은 프로토콜을 비교함으로 시작하며 WriteLabelIC를 호출하며 다음의 명령을 수행한다.

(1) Selwrite 명령

충돌 방지/선택으로 결정된 모든 태그를 지정한 블록으로 1블럭(4바이트) 쓰기 Selwrite 명령은, 먼저 태그가 선택 모드로 설정되어 있어야 한다. 비선택 모드에 있는 태그는 Selwrite 명령에 응답하지 않는다.

(2) AddressedWrite 명령

지정한 시리얼 번호와 동일한 태그에 지정한 블록으로 1블럭(4바이트) 쓰기

① BYTE WriteLabelIC(BYTE nTimeSlot, BYTE blockAddr, BYTE *data)

- BYTE nTimeSlot : 타임슬롯 개수
- BYTE blockAddr : 블록 어드레스
- BYTE *data : 데이터 포인터
- 리턴 값은 명령을 실행한 Status

여기에서 BYTE는 unsigned char로 부호없는 1바이트, 0~255(0x00~0xff) WORD는 unsigned int 로 부호없는2 바이트, 0~65535(0x0000~0xffff)이다.

```
void Cmd_proc(void)
{
    BYTE cmd[10], len, regiddr, regByte, byteValue;

    if('uart0_chkbuf(SYN))return;    //SYN 확인
    if(uart0_rxbuf()!= DevID)return;//device ID 확인
    Length = uart0_rxbuf();//Length 저장
    Cmd = uart0_rxbuf();   //Cmd 저장

    switch(Cmd)    {
```

```
.
.
.
case_SEL_WRITE;
    g_bTraceISR = 1;
    g_isrCount = 0;

    g_bWriteOnlySelectedSnr = 0;
    cmd = [0] = uart0_rxbuf();--Length; //number of timeslot
    cmd = [1] = uart0_rxbuf();--Length; //start block addr (base 0)
    cmd = [2] = uart0_rxbuf();--Length;     //data0
    cmd = [3] = uart0_rxbuf();--Length;     //data 1
    cmd = [4] = uart0_rxbuf();--Length; //data 2
    cmd = [5] = uart0_rxbuf();--Length; //data 3

    writeLabelIC (cmd[0], cmd[1], cmd+2);

    g_RxBuf[0] = SYN;
    g_RxBuf[1] = DevID;

    if (nTAG) {
        g_RxBuf[2] = nTAG*10; //Length
        MovDat(&g_RxBuf[3],&I1dat[0], nTAG,0);
    }
    else {
        g_RxBuf[2] = 1;     //Length
        g_RxBuf[3] = I1dat[0].Tsst;
    }
    TX0_buf(g_RxBuf, g_RxBuf[2] +3);

    break;

case_ADDR_WRTIE;
    g_bTraceISR = 1;
    g_isrCount = 0;
```

```
        g_bWriteOnlySelectedSnr = 1;

        cmd[0] = uart0_rxbuf();--Length;    //number of timeslot

        g_snrTable[0] = uart0_rxbuf();-- Length ;   //snr 0시리얼 번호
8바이트 저장
        g_snrTable[1] = uart0_rxbuf();-- Length ;   //snr 1
        g_snrTable[2] = uart0_rxbuf();-- Length ;   //snr 2
        g_snrTable[3] = uart0_rxbuf();-- Length ;   //snr 3
        g_snrTable[4] = uart0_rxbuf();-- Length ;   //snr 4
        g_snrTable[5] = uart0_rxbuf();-- Length ;   //snr 5
        g_snrTable[6] = uart0_rxbuf();-- Length ;   //snr 6
        g_snrTable[7] = uart0_rxbuf();-- Length ;   //snr 7

        cmd[1] = uart0_rxbuf();-- Length ; //start block addr(bass 0)

        cmd[2] = uart0_rxbuf();-- Length ; //data0
        cmd[3] = uart0_rxbuf();-- Length ; //data1
        cmd[4] = uart0_rxbuf();-- Length ; //data2
        cmd[5] = uart0_rxbuf();-- Length ; //data3

        WriteLabe1IC (cmd[0],cmd[1],cmd +2);

        g_RxBuf[0] = SYN;
        g_RxBuf[1] = DevID;

        if (nTAG) {
            g_RxBuf[2] = nTAG*10; //Length
            MovDat(&g_RxBuf[3],&I1dat[0],nTAG,0);
        }
        else {
            g_RxBuf[2] = 1;      //Length
            g_RxBuf[3] = I1dat[0].TSSt;
        }
        TX0_buf(g_RxBuf, g_RxBuf[2] +3);
```

```
            break;
        }
    }
```

② 쓰기 명령 플로우차트

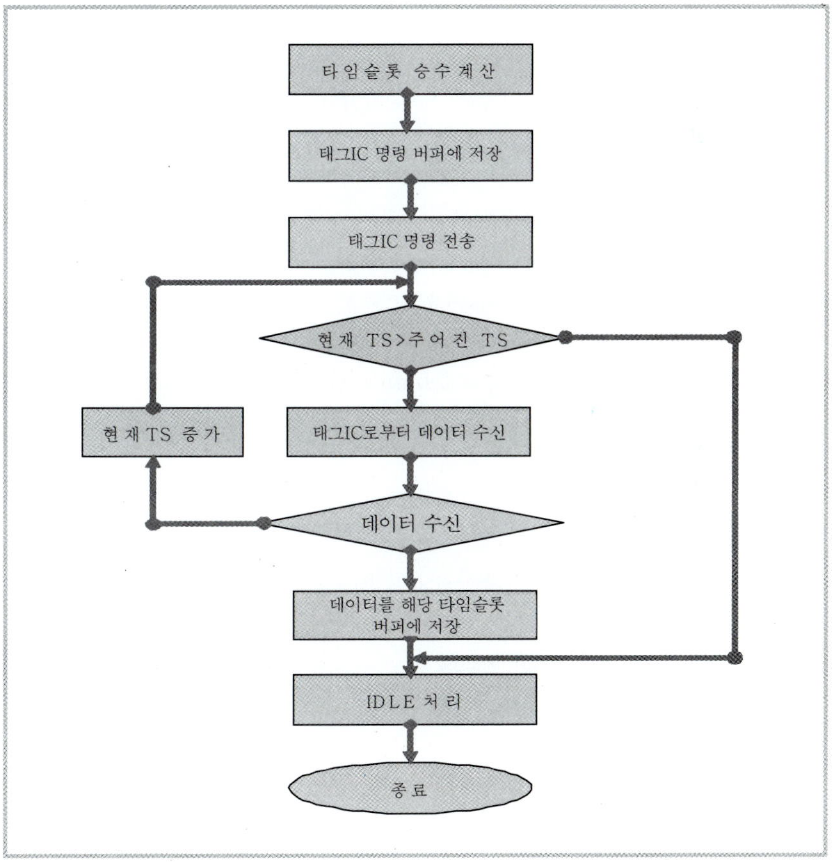

〈그림 9-4〉
쓰기 명령 흐름도

③ 타임슬롯 승수 계산

주어진 타임슬롯의 범위를 확인하고 타임슬롯의 승수를 계산하며 주어진 해쉬 값을 조합하여 주어진 tse_hash 버퍼에 전달시킨다.

④ tse_hash 버퍼

〈그림 9-5〉 tse_hash 버퍼

```
char ca1c_tse_hash(int ts, BYTE hash, BYTE, *tse_hash)
{
    char status = i1_OK;
    BYTE tse;
    if (ts〉 MAX_TIMESLOTS) ts = MAX_TIMESLOTS;

    if (ts 〈4) tse= 0;
    else if (ts〈8) tse = 1;
    else if (ts〈16) tse = 2;
    else if (ts〈32) tse = 3;
    else if (ts〈64) tse = 4;
    else if (ts〈128) tse = 5;
    else if (ts〈256) tse = 6;
    else tse = 7;

    tse = (tse〈〈5)
    *tse_hash = (tse | hash);

    return status;
}
```

⑤ 태그IC 명령 버퍼에 저장

쓰기 명령, 데이터 4바이트, 블록 어드레스, 순서로 태그에 전송할 명령 코드를 버퍼에 저장하고 FIFO레벨을 설정한다. 수신 FIFO레벨을 2바이트 이상 RX로 들어오게 되면 highIrq가 발생하도록 하기 위해서는 0x3E를 4바이트일 때는 RegFIFOLevel에 0x3C을 설정한다. 쓰기에서는 태그IC가 시리얼 번호로 응답할 때 시리얼 번호를 받아서 주어진 해쉬 값의 옵셋으로 CRC8 계산을 하여 리더가 응답하여야 해당 타임슬롯이 고정된다. Quit 값을 계산하기 위해 i1_flagQuit = 1;로 설정한다.

```
hash = (g_icodeBuf[0] & 0×1F);          //Mask 5Bits from hash_tse
g_icodeBuf[0] = I1_WRITE | hash;
g_icodeBuf[1] = data[0];
g_icodeBuf[2] = data[1];
g_icodeBuf[3] = data[2];
g_icodeBuf[4] = data[3];
g_icodeBuf[5] = blockAddr;

ts = i1_OldAntico11Ts;

len = 8;

WriteRC(RegFIFOLevel,0×03E);            //FIFO Water leve1 2

init_i1txbuf();  //init cmd 1nfo
i1_flagQuit = 1; //quit value 필요
i1_Tota1Ts = ts;   //ISR에서 현재 ts를 계산
i1_nByteToSend = 6; //전송할 명령어의 바이트 수
```

⑥ 태그IC에 명령 전송

쓰기 명령형식과 타이밍에서 고려한 것처럼 명령크기에 따른 타임설정(TimerReload)을 하고 인터럽트 관련 플래그를 설정한 후 FIFO 레지스터를 초기화한 후 전체 인터럽트를 활성화시켜서 태그IC 응답에 따른 처리를 하게 된다.

```
char send_commad (BYTE  revLen, int ts)
{
    int TimeSlotPeriod;
    BYTE TimerReload;
    char status = I1_OK;

   if(ts>1) SetBitMask(RegTimerClock,0×20);  //set TAutoRestart :
TReloadValue 값 자동 restart
    if(i1_flagQuit) {
        TimerReload = 0×38;  //수신 타임설정
        TimeSlotPeriod = 0×BF; //응답할 quit frame 시작 시간 설정 TSP2
=0×0BF
        WriteRC(RegTimeSlotPeriod, TimeSlotPeriod);
        ClearBitMask(RegSigOutSelect,0×10);    //clear TimeSlotPeriod MSB
}else{
        SetBitMask(RegDecoderControl, 0×40); //Rx Multiple enable :한 frame
이상 수신
        TimerReload = rcvLen * 0×02 +0×04+0×04; //수신 타임설정
}
if(ts ==0) TimerReload = 0×21;

SetBitMask(RegChannelRedundancy, 0×04);  //enable TxCRC
WriteRC(RegTimerReload, TimerReload);   //set TimerReloadval
WriteRC(RegTimerControl, 0×02); //set TstarTxEnd :태그IC로 명령이 송신
완료되는 //시점에서 타이머가 자동으로 시작하게 설정
```

```
FlushFIFO();                //FIFO 레지스터를 초기화

WriteRC(RegCommand,0×00);  //만약 이전의 명령이 수행되어 아직까지 실행되고
                  //있다면 현재의 명령을 취소한다.
WriteRC(RegInterruptEn, 0×81); //set LowAlertEn to write data to FIFO
WriteRC(RegInterruptEn, 0×3f); //clear all IRqs : 모든 인터럽트 비트 초기화
WriteRC(RegInterruptEn, 0×10 | 0×80);    //enable TxIEn

StopTimer1();               //stop timer3 interrupt
StartTimer1(210);           //set timeout to 2100ms
   EnableExtIntr(0);           //enable INTO

WriteRC(RegCOmmand, PCD_TRANSCEIVE);   //라벨 IC로 명령 전송 개시

while(!(i1_irqSource &0×10 | | !(timervalue3)))    {}
//wait for cmd completion (TxEndIrq) or timeout(max 100ms)

if(!timervalue3) return I1_TIMEOUT;
ClearBitMask(RegChannelRedundancy,0×04); //계산된 CRC16 송신데이터 열에
자동 추가 전송 disable

//Set new values for Timer, Timeslotperiod and Interrupt
if(status == I1_OK)
{
   WriteRC(RegInterruptEn, 0×10);//disable TxIEn
   WriteRC(RegTimerControl.0×00);    //disable TStartTxEnd
   if(ts>1) {
      if(i1_flagQuit) {
         TimerReload = 0×38;
         TimeSlotPeriod = 0×BF;    //응답한 quit frame
//시작 시간 설정 TSP2 = 0×1BF
         SetBitMask(RegSigOutSelect,0×10);    //set TimeslotPeriod MSB Val
         WriteRC(RegTimeSlotPeriod, (char) TimeSlotPeriod);
```

```
        }else TimerReload = rcvLen * (g_timerReloadScale)+0×04+0×02;
        WriteRC(RegTimerReload, TimerReload);
    }else{
        WriteRC(RegTimerReload,0×00);//clear TimerReloadVal
        WriteRC(RegTimeSlotPeriod,0×00); //clear TimeSlotPeriod
    }
    WriteRC(RegInterruptEn, 0×2A | 0×80);  //enable TimerIEn,   RxIEn,
HiAlerrIEn
  }
  g_icodeBuf[0] = 0;
  return status;
}
```

⑦ **태그IC로부터 데이터 수신**

rxirq가 올 때까지 대기하다 데이터를 수신해서 에러 및 정상여부를 판별해서 상태를 저장한다.

```
//wait for TimerIRq or RxIRg or timeout
while (!(i1_irqSource & 0×28  | | !(timervalue3)))   {}

if(!timervalue3) return I1_TIMEOUT;

if(status == I1_OK) {
    //RxIrq occurred
    if (i1_irqSource & 0×80) {
        if(i1_nBitReceived % 8) status = I1_COUNTERR;
        else{
         err= ReadRC(RegErrorFlag);
         if(err & 0×08) status = I1_CRCERR;
```

```
        if(err & 0×01)  {
          status = I1_COLLERR;
          i1_collPos = ReadRC(RegCollPos);
        }
        }
    }else if(i1_irqSource & 0×20) status = I1_NO_TAG;
    i1_CurrTs++;
    }
    return status;
}
char receive_timeslot(void)
{
    char status, err;

    starus = I1_OK
    init_i1rxbuf();

    //if last timeslot reset Timer and TimeSlotPeriod register
    if((i1_CurrTs +1) == i1_Tota1Ts && (i1_Tota1Ts>1)) {
      WriteRC(RegTimeSlotPeriod, 0×00);        //set TimeSlotPeriod to 00
      ClearBitMask(RegSigOutSelect, 0×10);     //clear TimeSlotPeriod MSB
      WriteRC(RegTimerReload, 0×00);           //set TimerReloadVal to 00
      ClearBitMask(RegTimerClock, 0×20);       //set TAutoRestart to 00
    }
    //wait for TimerIRq or RxIRq or timeout
    //quit value를 만들기 위해 4 byte이상 들어오면, 여기서 한번 세운다
    while(!(i1_irqSource & 0×28 | | ! (timervalue3)) && (i1_nByteReceived
<4)) {}

    //serial number byte를 가지고 quit value를 구함
    if(i1_flagQuit && i1_nByte Received >=4){
    1I_Quitval = Calc_CRCB ci1_Hashval+8, (Byte*)9_icode Buf);
#ifdef _TRACE_ISR
```

```
    if(g_bTrace ISR) {
        g_isrTrace[g_isrCount++] = 0×77;
        g_isrTrace[g_isrCount++] = i1_HashVal;
        g_isrTrace[g_isrCount++] = i1_QuitVal;
        g_isrTrace[g_isrCount++] = g_icodeBuf[0];
        g_isrTrace[g_isrCount++] = g_icodeBuf[1];
        g_isrTrace[g_isrCount++] = g_icodeBuf[2];
        g_isrTrace[g_isrCount++] = g_icodeBuf[3];
    }
#endif
     }
```

⑧ 데이터를 해당 타임슬롯 버퍼에 저장

구조체 선언은 다음과 같다.

```
typedef struct _i1_dat{
    BYTE  TSn;        //timeslot number
    BYTE  TSSt;       //timeslot status
    BYTE  TSDat[8]; //timeslot block data
}I1Dat;
```

⑨ I1Dat I1dat[8];

현재의 슬롯번호에 해당하는 구조체 버퍼에 상태와 수신된 데이터를 해당 슬롯에 저장한다.

```
if(status == I1_TIMEOUT) {
    SetIdle();
    return status;
}

i1_nByteToSend = 0;
i1_HashVal = hash;
for (curTS = 0, I =0; curTS < ts; curTS++) {
    status = receive_timeslot() ;
    if(status == I1_TIMEOUT) {
      SetIdle();
      return status;
    }
    I1dat[i] . TSSt=status;
    Iidat[i]. TSn=curTS;

    switch (status) {
    case I1_NO_TAG;
          break;
    case I1_OK;
            memcpy(&I1dat[i]. TSDat[0], g_icodeBuf, len);
            FlushFIFO();

            WriteRC(RegFIFOData, i1_QuitVal);
               nTAG++;
             I++;
#ifdef_TRACE_ISR
    if(g_bTraceISR) {
         g_isrTrace[g_isrCount++] = 0×78;
         g_isrTrace[g_isrCount++] = i1_QuitVal;
```

```
    }
#endif
        break;
    case I1_COUNTERR;
    case I1_CRCERR;
    case I1_COLLERR;
            memcpy(&I1dat[i] .TSDat[0], g_icodeBuf, len);
            nTAG++;
            I++;
               break;
    default;
            break;
    }
}
```

⑩ Idle 처리

모든 인터럽트를 활성화시키고 SL RC400을 아이들(idle)상태로 한다.

```
BYTE SetIdle(void)
{
    DisableExtIntr(0);    //disable INTO

    WriteRC(RegInterruptEn, 0×3f); //disable interrupts
    WriteRC(RegInterruptRq, 0×3f);
    ClearBitMask(RegDecoderControl,0×40);//Rx Multiple disable
    WriteRC(RegFIFOLevel,0×20);
    WriteRC(RegCommand, PCD_IDLE);          //command idle

    return I1_OK;
}
```

⑪ 인터럽트 핸들러 RC400

〈그림 9-6〉
인터럽트 핸들러 RC400

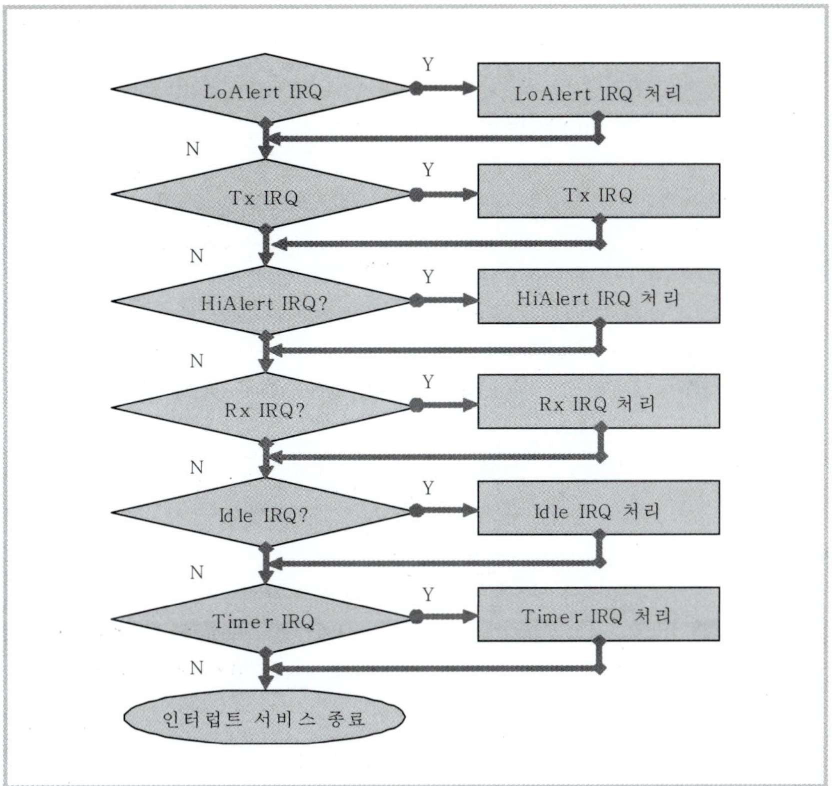

SL RC400 인터럽트 핸들러는 태그IC와 관련된 모든 명령을 수행할 때 공동으로 사용되는 루틴으로 SL RC400에 설정한 인터럽트 소오스와 관련되어 MPU의 인터럽트가 발생된다.

이 인터럽트는 펜딩된 인터럽트를 포함한 모든 인터럽트 이벤트를 검출하여 한번에 처리할 수 있게 되어 있다.

⑫ LoAlert IRQ 처리

태그IC에 명령을 보낼 때 사용되며 SL RC400의 FIFO에 레벨을 설정하여 설정된 레벨보다 FIFO내용이 비워졌을 때 인터럽트를 일으켜 연속해서 다음 명령을 중단없이 바로 보낼 수 있게 FIFO에 데이터 열을 전송 후 이 IRQ 비트를 클리어시킨다.

```
//LoAlertIRQ 처리***************
        if(irqBits & 0×01) {
#ifdef_TRACE_ISR
        if(g_bTraceISR) g_isrTrace[g_isrcount++] = 0×71;
#endif
        //nBytes = 64 - current_fifo_data_count
        nbytes = DEF_FIFO_LENGTH- RdRawRC(RegFIFOLength);

        if((i1_nByteToSend -i1_nByteSent) <= nbytes) (
          nbytes = i1_nByteToSend - i1_nByteSent;//data bye size 계산
          WrRawRC(RegInterruptEn, 0×01);//disable LoAlert IRQ
            }
        for(cnt = 0; cnt < nbytes; cnt++) {
            WrRawRC(RegFIFOData, g_icodeBuf[i1_nByteSent]);
            i1_nByteSent++;
        }
        //reset IRQ bit
        WrRawRC(RegInterruptRq, 0×01);
}
```

⑬ Tx IRQ 처리

FIFO내용이 태그IC측에 완전히 전송되면 이 인터럽트가 걸리며, 이 IRQ 비트를 클리어시킨다.

```
//TIRQ 처리*******************************************
        if(irqBits & 0×10) {

#ifdef_TRACE_ISR
        if(g_btraceISR) g_isrTrace[g_isrCount++] = 0×27;
#endif
        //TxIRQ bit clear
        WrRawRC(RegInterruptRq, 0×10);
        //H1Alert Irq enable
        WrRawRc(RegInterruptEn, 0×82);

        i1_irqSource | =0×10;
      }
```

⑭ HiAlert IRQ 처리

태그IC로부터 데이터를 받게 되어 SL RC400의 FIFO에 저장될 경우 설정된 상위 FIFO레벨을 초과할 경우 인터럽트가 발생된다. 이때 FIFOLength 레지스터값을 읽어서 수신된 데이터의 바이트 수를 알 수 있으며 g_icodeBuf에 데이터 열을 저장한 후 이 IRQ 비트를 클리어시킨다.

```
//H1A1ertIRQ 처리 ******************************
        if(irqBits & 0×02) {
           nbytes " RdRawRC(RegFIFOLength);
```

```
#ifdef_TRACE_ISR
        if(g_bTraceISR) (
            g_isrTrace[g_isrCount++] = 0×73;
            g-isrTrace[g_isrCount++] = nbytes;
        }
#endif
        for(cnt = 0; cnt <nbytes && cnt < 8; cnt++) {
          g_dbg = RdRawRC(RegFIFOData);
#ifdef _TRACE_ISR
        if(g_bTraceISR) g_isrTrace[g_isrCount++] = g_dbg;
#endif
        g_icodeBuf[i1_nByteReceived] = g_dbg;
                    il_nByteReceived++;
            }
        //reset IRQ bit
        wrRawRC(RegInterruptrq, 0×02 & irqBits);
      }
```

⑮ Rx IRQ 처리

태그IC로부터 데이터를 받게 되어 SL RC400의 FIFO에 저장될 경우 설정된 상위 FIFO레벨을 초과할 경우 인터럽트가 발생되어 데이터를 저장하기도 하지만 데이터를 완전히 수신할 경우에도 수신된 데이터가 있다면 HiAlert IRQ처럼 처리하며 이 IRQ 비트를 클리어시킨다.

```
//PXIRQ Handling 처리 ************************************
    if(irqBits  & 0×08) {
        nbytes = RdRawRC(RegFIFOLength);

#ifdef_TRACE_ISR
```

```
    if(g_bTraceISR) {
        g_isrTrace[g_isrCount++] = 0×74;
         g_isrTrace[g_isrCount++] = nbytes;
    }
#endif
    for (cnt = 0; (nbytes && cnt (8 ; cnt++) {
         g_dbg = RdRawRC(RegFIFOData);
#ifdef_TRACE_ISR
        if (g_bTraceISR) g_isrTrace[g_isrCount+] = g_dbg;
#endif
        g_icodeBuf[i1_nByteReceived] = g_dbg;
        i1_nByteReceived++;
    }
    //reset IRQ bit
    wrRawRC(RegInterruptRq, 0×08& irqBits);
   }
```

⑯ Idle IRQ 처리

커맨드 레지스터에 현재의 명령을 취소할 때 인터럽트가 발생되며 Idle과 타이머에 관련된 비트를 클리어한다.

```
//IdleIRQ Hand1ing 처리 ****************************
        if (irqBits & 0×04) {
#ifdef_TRACE_ISR
        if(g_bTraceISR) g_isrTrace[g_isrCount++] = 0×75;
#endif
        WrRawRC(RegInterruptEn, 0×20);  //disable Timer IRQ
        WrRawRC(RegInterruptRq, 0×20);  //disable Timer IRQ request
```

```
    irqBits & = ~0×20;      //clear Timer IRQ in local var

    i1_irqSource & = ~0×20;       //idle irq발생시는 timeout cancel

    WrRawRC(RegInterruptRq, 0×04);  // reset IRQ bit
    }
```

⑰ 타이머 IRQ 처리

SL RC400에 설정한 타이머 값이 0으로 될 때 발생되며 관련된 비트를 클리어한다.

```
//TimerIRQ Hand1ing 처리 ***********************************
        if(irqBits & 0×20) {
#ifdef_TRACE_ISR
        if(g_bTraceISR) g_isrTrace[g_ isrcount++] = 0×76;
#endif
        //reset IRQ bit
        WrRawRC(RegInterruptRq, 0×20);
        }
    }
    WrRawRC(RegPage,oldPageSelect | 0×80);
}
```

5) 내부 트레이스 코드

프로그램 소오스를 보면 아래와 같이 트레이스를 목적으로 만들어둔 모니터용 코드인데 사용해보면 생각보다 동작상황을 알기 쉽게 해주기 때문에 소개하기로 한다.

```
# ifdef _TRACE_ISR
        if(g_bTraceISR) {
          g_isrTrace[g_isrCount++] = 0×77;
          g_isrTrace[g_isrCount++] = i1_HashVal;
          g_isrTrace[g_isrCount++] = i1_QuitVal;
          g_isrTrace[g_isrCount++] = g_icodeBuf[0];
          g_isrTrace[g_isrCount++] = g_icodeBuf[1];
          g_isrTrace[g_isrCount++] = g_icodeBuf[2];
          g_isrTrace[g_isrCount++] = g_icodeBuf[3];
    }
#endif
```

(1) 코드종류

- 71 : 하위 alert로 fifo가비어 있을 때 서비스함을 의미한다.
- 72 : Tx irq로 태그IC로 fifo안에 있는 내용이 완료됨을 의미한다.
- 73 : 상위 alert로 수신 바이트를 의미하며 73다음은 바이트 수이며 0을 제외한 숫자일 경우 그 바이트 수만큼 수신된 데이터가 됨을 의미한다. 예를 들면 73 02 73 74로 되어 있다면 앞의 73은 상위 alert로 2바이트를 수신했으며 그 데이 터는 73(하위 바이트) 74(상위 바이트)인 것을 의미한다.
- 74 : Rx irq로 수신이 완료됨을 의미하며 73의 상위 alert와 사용법이

같다.

- 76 : 타이머 irq는 정해진 타임을 초과했을 경우 서비스함을 의미한다.
- 77 : 해쉬 값, quit 값 낮은 블록 시리얼 번호의 순서로 목적은 quit 값을 정확히 계산한지를 나타내는 부분이다. 예를 들면 77 00 5F 2A 2C B9 33의 경우에는 77 다음은 해쉬 값으로 00, 그 다음은 quit로 5F이며 계산 근거에 사용되었던 값은 2A 2C B9 33의 중에서 2C가 사용됨을 의미한다.
- 78 : Quit 값 77에서 얻은 quit 값을 실제 전송할 때 표시한다.

트레이스를 할 때 시리얼로 텍스트를 보내는 방법을 주로 사용하지만 인터럽트와 같이 속도가 빠른 부분에 있어서는 시리얼로 보내게 되면 실행속도에 전체적으로 영향을 줄 수 있어서 실시간 디버깅에 문제가 있을 수 있다. 그래서 메모리에 가능한 크기의 메모리를 준비해서 디버깅하고자 하는 부분의 내용을 저장하면 이러한 문제를 어느 정도는 해결할 수 있지만 메모리 오버플로우를 주의하지 않으면 안 된다.

6) 해쉬 값으로 타임슬롯 계산

타임슬롯의 계산은 충돌 방지/선택과 비선택 읽기 명령 내에 포함된 hashvalue가 가리키는 위치로 계산되며 타임슬롯 레지스터라는 곳에 보관되어진다. 충돌 방지/선택 명령어로 I-CODE1 태그 IC를 선택한 후에는 타임슬롯 레지스터에 보관된 값은 고정된다.

타임슬롯 레지스터는 초기설정이 0x01이며 이후에는 리셋 되지 않는다.

해쉬 값은 비트 어드레스 로 간주되며, 블록0의 시리얼 번호에서 연속된 8비트 중 첫번째를 지시한다.

〈그림 9-7〉
해쉬 값(9)

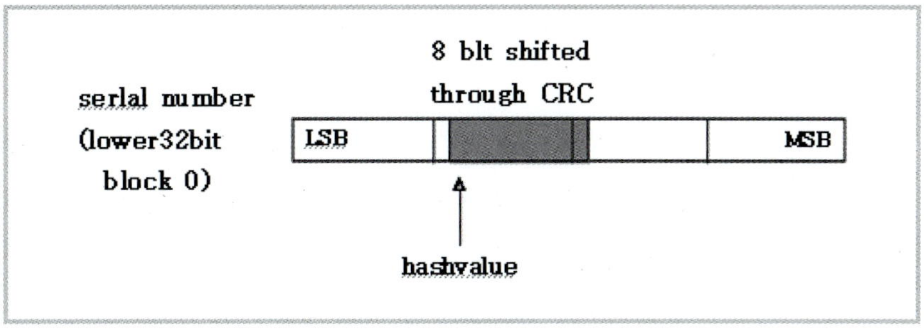

이 예제에서 해쉬 값은 9 이다.

타임슬롯의 계산을 위하여 CRC8 레지스터는 타임슬롯 레지스터의 초기값으로 미리 설정된다. 해쉬 값에 의해 시작되는 8비트의 시리얼 번호는 CRC8을 통해 이동된다. 만약 블록0의 MSB가 넘치게 되면 그것은 다시 중첩되어 하위 비트에서 끝이 난다.

〈그림 9-8〉
해쉬 값(0×1E)

이 예제에서 해쉬 값은 0x1E (십진법 30) 이다.

만약 256개 이하의 타임슬롯을 사용할 때 CRC8의 LSB 로 시작되는 그에 해당되는 번호는 타임슬롯의 결과로 사용된다. 항상 CRC8의 8비트는 내부적으로 다음 타임슬롯의 계산에 사용된다.

불규칙하게 분포된 시리얼 번호에서 가장 좋은 방법은 0부터 해쉬 값을 시작해서 하고, 부가적으로 충돌 방지/선택 명령어를 사용시 8씩 증가한다. 24에 도달한 후에는 다음 시작 값은 4가 된다. 28이 된 후 다음 시작 값은 2가 된다.

7) QUIT 값 계산

충돌 방지/선택와 쓰기, 정지 명령어에서 QUIT 값을 계산하기 위한 CRC8의 pre-set 값은 상수이다(0xFF). 블록0의 8비트의 시리얼 번호는 CRC8을 통하여 이동된다. 이 8비트의 값은 해쉬 값으로 주소가 된다.

읽기/쓰기 디바이스에 의해 전송된 값과 I-CODE1 태그 IC에 의해 계산된 값이 일치할 때 만 실행된다.

〈그림 9-9〉
해쉬 값(9)

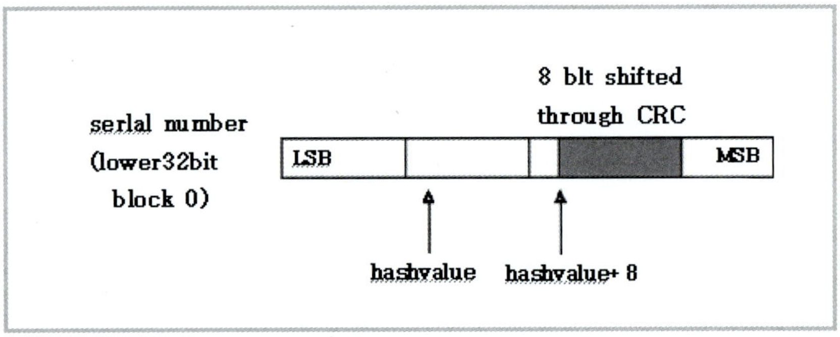

이 예제에서 해쉬 값은 9 이다.

〈그림 9-10〉
해쉬 값(0×16)

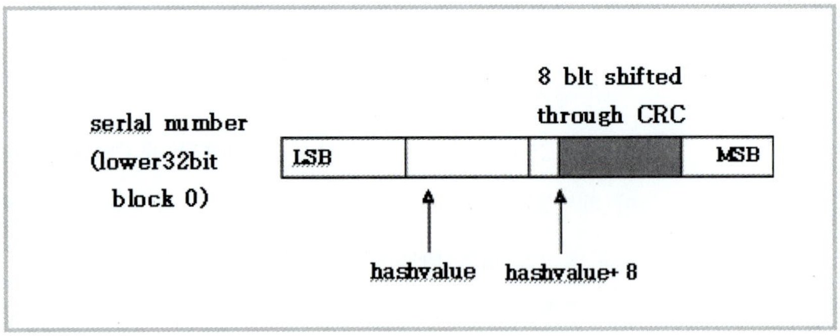

만약 블록0의 MSB가 넘치게 된다면 계산은 블록0의 낮은 비트에서 끝이 나게 된다.

이 예제에서 해쉬 값은 0x16 (십진법 22) 이다.

Note

쓰기 명령어에서 서로 다른 해쉬 값의 사용이 권장된다.

8) 예제 프로그램

태그를 RF 영역 안으로 가져와서 충돌 방지/선택 명령으로 이미 태그IC가 선택되어 있다면 태그IC의 특정 블럭에 주어진 데이터를 써넣기를 시도한다. 일단 데이터 쓰기가 성공하면 태그는 자체의 고유 시리얼 번호를 반환하는데 이를 호스트 측으로 상태, 타입슬롯 번호, 시리얼번호를 반환한다.

(1) 실행결과 1

55 01 07 43 04 05 12 34 56 78

55 01 0A 00 01 2A 2C B9 33 00 00 00 01

충돌 방지/선택 명령으로 결정된 모든 태그의 5번째 블록에 78 56 34 12 값을 써넣는다.

(2) 실행결과 2

55 01 0f 44 04 2a 2c b9 33 00 00 00 01 06 22 33 44 55

55 01 0A 00 01 2A 2C B9 33 00 00 00 01

충돌 방지/선택 명령으로 결정된 태그 중에서 01 00 00 00 33 B9 2C 2A

인 태그의 5번째 블록에 78 56 34 12값을 써넣는다.

내부 트레이스 코드 결과는 충돌 방지/선택 명령의 내부 트레이스 코드 결과와 같다.

71 72 73 00 76 73 02 2A 2C 73 02 B9 33 77 00 5F 2A 2C B9 33 73 02 00 00 73 02 00 01 74 00 78 5F 76 76

71 하위 alert, 72 Tx irq, 73 상위 alert , 74 Rx irq,
76 타이머 irq, 77 해쉬 값, quit value, 하위 블록 시리얼 번호, 78 Quit 값

태그가 선택된 상태에서 쓰기명령을 버퍼에 저장 후 인터럽트를 활성화시키면 71인 하위 alert가 뜨고 인터럽트 루틴에서 코드를 영역 에 전달한다. 그러면 SL RC400 내부에서 Fifo에 저장된 데이터와 생성한 CRC16을 보낸 후에 72인 Tx irq가 발생되고, 수신한 데이터가 있으면 73인 상위alert가 발생된다. 73 다음 코드는 수신된 바이트 수이며 73 00이면 상위 alert가 발생했지만 수신된 바이트가 없음을 나타낸다. 0번째 슬롯은 76으로 타이머 irq가 발생되고 1번 슬롯 위치에 2A 2C B9 33, 77다음은 해쉬 값으로 00, 그 다음은 quit로 5F 계산을 했는데 계산 근거는 조금 전에 받았던 2A 2C B9 33 값이 된다. 즉 시리얼 번호를 받는 중간에 quit값을 계산해서 준비를 해두는 샘이 된다. 나머지 시리얼 인 00 00 00 01을 수신 후에 74인 Rx irq가 완료되고 준비해 둔 quit값을 전송한다.

9.2 기타명령

1) 선택 읽기

(1) 동작설명

선택 읽기는 선택된 태그의 연속된 메모리 블록을 읽는 명령어이다. 이전의 충돌 방지/선택에 의해 선택된 고정된 타임슬롯으로 응답한다.

① 파라메터

블록의 수 : 이 값은 읽을 수 있는 블록의 수보다 1 작은 수로0~15 이다. 이때 각각의 읽기 블록은 EEPROM의 블록갯수 이고 1~16이다.

시작 블록 어드레스 : 유효한 값의 범위는 0~15 이고 이 값은 읽을 블록의 첫 번째 번지를 정의한다.

② 태그IC 응답

태그는 "블록의 번호 + 1" 갯수의 EEPROM 메모리 블록을 전송하는데 이때 앞에 시작 블록 어드레스도 같이 보낸다. 15번 블록(최상위 메모리 블록 주소)을 전송한 후에 태그는 블록 어드레스 0의 값을 보낸다(모듈러 16 계산).

③ 예제

태그A와 태그C가 "비선택" 상태에 있다. 태그B 와 태그D는 선택되어 있고 각각 타임슬롯 2 와 타임슬롯 3에 할당되어 있다. 리더는 다음의 파라미터와 함께 선택 읽기 명령어를 보낸다.

〈그림 9-11〉
선택 읽기 구성

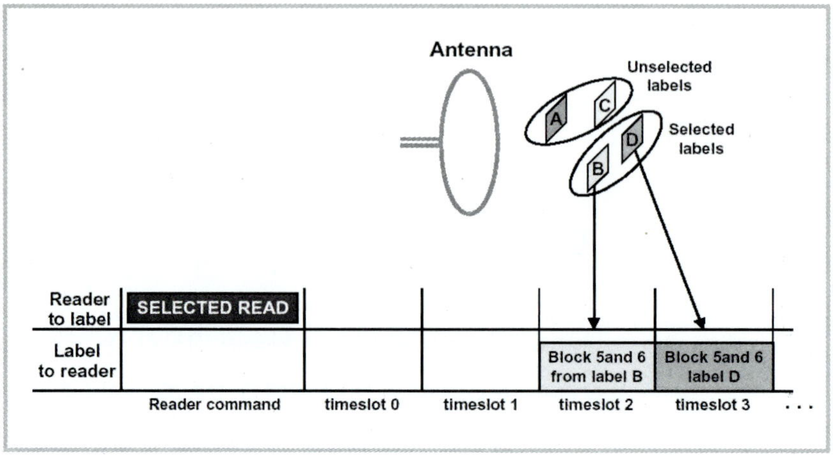

(2) 선택 읽기 명령 형식과 타이밍

〈그림 9-12〉
선택 읽기 명령형식과 타이밍

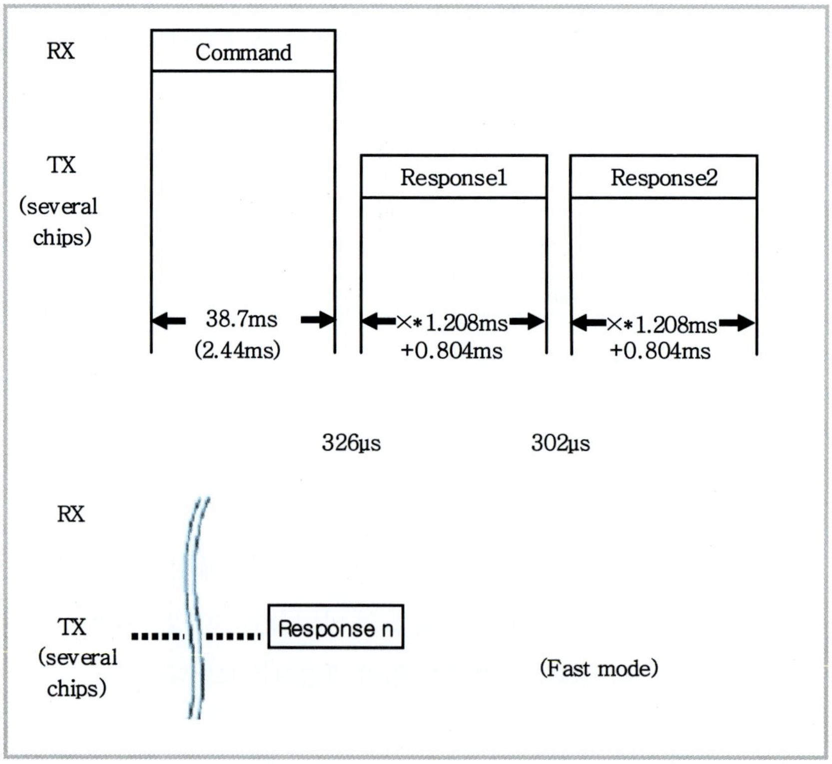

```
RX command: Instruction code = E1 hex
        Parameter byte1 = 00 hex
        Parameter byte2 = 00 hex
        Parameter byte4 = x-1: number of blocks, decreased by
one(x-1=0...15)
        Parameter byte5 = y:block address(0...15)
        2CRC16bytes
TX response: Data bits of x blocks.16bit CRC

RX quit:    None

Total time [us] =         (n= number of timeslots, x=number of blocks)
Standard mode : 9.44+38666.24+325.68+n *(X*1208.32+604.16 +302.08)=
39001_36+n*(x*1208.32+9006_24)us
Fast mode:          18.88+2416.64+325.68+n*(X*1208.32+604.16+302.08)=
                        2761.20+n*(x*1208.32+906.24)us
```

(3) 선택 읽기 소오스

선택 읽기 명령은 메인에서 Cmd_proc을 호출해서 호스트로부터 받은 프로토콜을 비교함으로 시작하며 SReadLabel를 호출하여 명령을 수행한다.

- BYTE SReadLabel(BYTE blockCount, BYTE blockAddr);
- BYTE blockCount : 블록 개수, 1개로 고정시켰음.
- BYTE blockAddr : 블록 어드레스

① 메인루틴부분

```
case _SEL_READ:
    g_bTraceISR = 1;
    g_isrCount = 0;
    len = 0;

    cmd[0] = uart0_rxbuf();-- Length;  //start block addr (base 0)

    regByte = SReadLable1(1, cmd[0]); //BYTE blockCount, BYTE
blockAddr
    nBeep(nTAG);

    g_RxBuf[0] = SYN;
    g_RxBuf[1] = DevID;
    if (nTAG) {    //성공적으로 명령을 수행했을 경우
        g_RxBuf[2] = nTAG*6;  //Length
        MovDat (&g_RxBuf[3],&Iidat[0], nTAG, 1);
    }else{
        g_RxBuf[2] =1 ;      //Length
            g_RxBuf[3] = regByte;
    }
    TX0_buf(g_RxBuf, g_RxBuf[2] +3 );//host로 응답
    break;
```

② SReadLabel 부분

```
BYTE SReadLabe1 (BYTE blockCount, BYTE blockAddr)
{
    WORD ts;
```

```
    char status = I1_NO_TAG;       // I1_OK;
    BYTE len, i;

    Init_TagDat();
    if (blockCount <1 || blockCount > 16 || blockAddr > 15) return
(I1_WRONGPARAM);
#ifdef_TRACE_ISR
    TraceIsrReady();    //for test
#endif
    //command 전송후 recevier를 active 시킬때까지의 delay 설정
    //delay동안 recevier에 들어온 signal은 무시됨
    //4 bit clock동안 delay를 줌, 딜레이는 CoderRate와 관계 있음
    WriteRC(RegRxWait, 0×04);
    g_icodeBuf[0] = I1_SELECTED_READ;
    g_icodeBuf[1] = 0×00;
    g_icodeBuf[2] = 0×00;
    g_icodeBuf[3] = 0×00;

    if(!i1_OldAnticollTs) return(I1_MISS_ANTICOLL);
        else ts = i1_OldAnticollTs;

    g_icodeBuf[4] = blockCount - 1;
    g_icodeBuf[5] = blockAddr;

    len = blockCount *4;  //a block has 4 Bytes
    WriteRC(RegFIFOLevel. 0×03E);//FIFO Water level 2

    init_i1txbuf();  //init cmd info
    i1_Tota1Ts = ts;    //ISR에서 현재 ts를 계산하기 위해
    i1_nByteToSend = 6;  //send 할 command의 byte 수

    //send SLRC command to Card ICs
    status = send_command(len, ts);

    if(status == I1_TIMEOUT) {
```

```
        Set Idle ();
        return status;
    }
    i1_nByteToSend  = 0;

    init_i1rxbuf();
    delay ms(100); //wait for 100ms(시험 값에 따른 대기 값임)
//타임슬롯 전체를 스캔하고 충분히 남을 시간동안까지 대기함
    //anticollision/select시 타임슬롯의 순서대로 datark 리딩 됨
    //select read 명령후 대기 시간이 unmatch되어 명령수행이 안되었음
    //버그 원인분석 파악 안 되었음

    if(i1_irqSource & 0×08) {  //리딩한 값 저장
       if(i1_nByteRecived % 4) status = i1_COUNTERR;
       else {
          nTAG = i1_ nByteReceived/4;
          for(i = 0; i1_nByteReceived ! = 0; I ++){
                i1_nByteReceived-=4;
                memcpy(& I1dat[i] . TSDat[0], &g_icodeBuf[i*4],4);
          }
       }
    }
    SetIdle ();
    WriteRC(RegRxWait,0×08);

    return status;
}
```

(4) 예제 프로그램

태그를 RF 영역 안으로 가져와서 충돌 방지/선택 명령으로 이미 태그IC가 선택된 후 8장의 예제와 같이 데이터를 저장하였다. 이제 선택 읽기 명령으로 쓰기한 블록의 데이터를 읽어본다.

① **실행결과 1**

55 01 02 41 05

55 01 06 00 00 12 34 56 78

55 01 02 41 06

55 01 06 00 00 22 33 44 55

내부 트레이스 코드 결과는 선택 읽기 명령의 내부 트레이스 코드 결과와 같다.

71 72 73 00 76 76 73 02 22 33 73 02 44 55 74 00 76 76 76 76

71 하위 alert, 72 Tx irq, 73 상위 alert , 74 Rx irq,

76 타이머 irq, 77 해쉬 값, quit 값, l낮은 블록 시리얼 번호, 78 Quit 값

2) 정지

(1) 동작설명

정지는 하나 또는 하나 이상의 선택된 태그를 "정지" 상태로 만든다. 패밀리 코드와 응용 확인기는 충돌 방지/선택에 의해 이전에 주소가 부여되어 있다.

① **파라메터**

해쉬 값:이 값은 QUIT 값을 계산하기 위해 사용된다.

② **태그IC 응답**

시리얼 번호.

③ **QUIT value 계산**

QUIT 값의 계산값은 충돌 방지/선택과 같다.

Note

"Halt" 와 "Quiet" 의 차이점

Halt 명령어는 "Halt" 상태로 만든다. "Halt" 상태에서는 태그는 파워온리셋(POR)이 되기 전에는 어떠한 명령어에도 응답하지 않는다. 만약 태그가 영역 내에서 벗어났다가 다시 영역 내에 재 진입하면(또는 리더가 영역을 off할 때) 태그는 "비선택" 상태로 돌아간다. 만약 많은 수의 태그가 동일한 영역 내에 있을 때, HALT는 임시적으로 태그들을 비활성화 상태로 만들 때 사용될 수 있다.

④ 예제

태그 A 와 태그 C가 "Unselected" 상태에 있다. 태그 B 와 태그 D는 선택되어 있고 각각 타임슬롯 2와 3에 있다고 가정한다. 리더는 다음의 파라미터와 함께 HALT를 보낸다.

HALT:

해쉬 값 : 16

〈그림 9-13〉은 태그 D를 halt 상태로 만드는 타이밍을 보여주고 있다. 해쉬 값이 16이고, 이제 타임슬롯 3은 해제 된다. 다른 태그는 충돌 방지/선택에 의하여 이 타임슬롯에 할당되어 질 수 있다.

〈그림 9-13〉
HALT상태의 타이밍

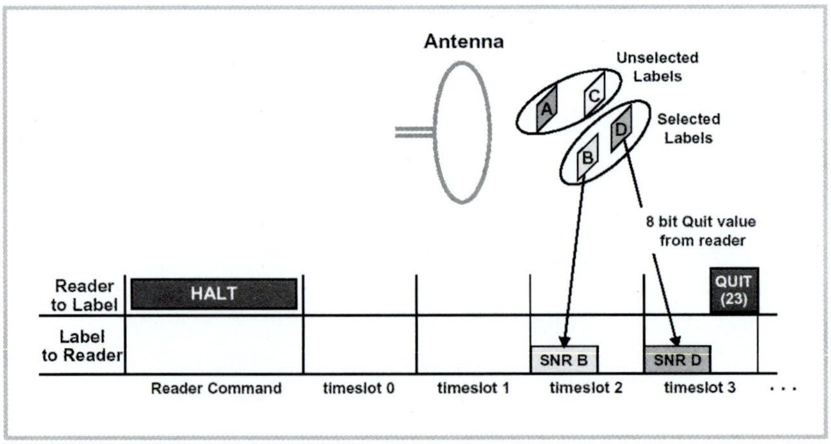

〈그림 9-14〉
HALT상태의 타임슬롯 할당

	태그 A	태그 B	태그 C	태그 D
SNR (lower 32 bit)	EB 1E 99 90	55 1B 99 00	F2 14 99 00	A4 10 99 00
Response in timeslot	not selected	02	not selected	03
QUIT value calculation: CRC input for hashvaue+8=24	not selected	00	not selected	00
CRC preset value	not selected	FF	not selected	FF
QUIT value=CRC result	not selected	no Quit	not selected	23

(2) HALT 명령 형식과 타이밍

〈그림 9-15〉
HALT명령 형식과 타이밍

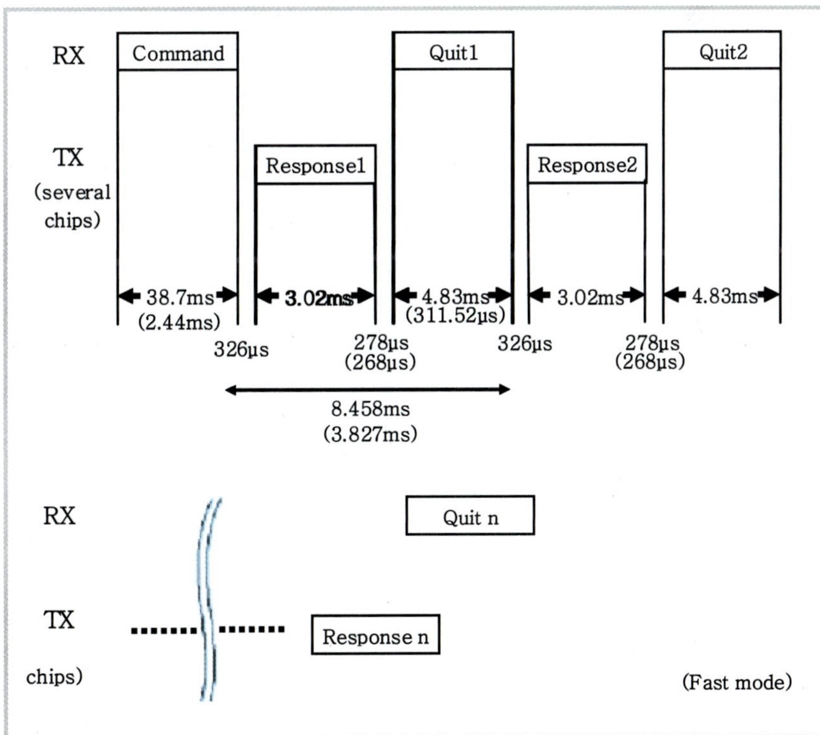

RX command: instuction code = 80hex + hashvalue (00...31)→(80...9F hex)

Parameter byte 1 = 00 hex

Parameter byte 2 = 00 hex

Parameter byte 3 = 00 hex

Parameter byte 4 = 00 hex

Parameter byte 5 = 00 hex

2CRC16 bytes

TX reponse : 64 bit SNR, 16 bit CRC

RX quit: I byte depending on the serial number of the I*CODE1 Label IC and the hashvalue

Total time [µs]

Standard mode : 9.44+38666.24 +n*(325.68+3020.8+278.48+4833.28) = 38675.68+n*8458.24 µs

Fast mode : 18.88+2416.64+n* (325.68+3020.8+269.04+311.52) = 2435.52 +n*3987.04µs

If an I*CODE1 Label IC is set into HALT mode it does not rspond to any command until the next power-on reset (e·g · leaving and re_entering the antenna field or switching off and on the RF).

(3) HALT 소오스

① 메인 루틴부분

```
case _HALT;
    g_bTraceISR = 1;
    g_isrCount = 0;
```

```
len = 0;
cmd[0] = uart0_rxbuf(); --Length;   //number of time slot

regByte = HaltLabel (cmd[0]);

g_RxBuf[0] = SYN;
g_RxBuf[1] = DevID;

if (nTAG) {
  g_RxBuf[2] = nTAG*10;    //Length
  MovDat(&g_RxBuf[3] ,I1dat[0] , nTAG, 0);
}
else {
    g_RxBuf[2] = 1; //Length
    g_RxBuf[3] = regByte;
}
TX0_buf(g_RxBuf , g_RxBuf[2] +3);
break;
```

② HaltLabel 부분

```
BYTE HaltLabel (BYTE nTimeSlot)
{
    WORD ts, curTS;
    BYTE len, I, hash;
    static int autoclr = 0;
    char status = I1_OK;

    nTAG = 0;
    ts = (int)nTimeSlot ;   //타임슬롯 최대값 검사 (본 예제는 최대 8개임)
    if(ts > MAX_TIMESLOTS) return (I1_WRONGPARAM);
#ifdef _TRACE_ISR
```

```
    TraceIsrReady ();        //트레이스 초기화
#endif
    calc_tse_hash(ts ,0/*hash*/, g_icodeBuf);

    hash = (g_icodeBuf[0] & 0×1F);    //Mask 5Bits from hash_tse
            g_icodeBuf[1] = I1_HALT□□ (hash);//홀트명령
            g_icodeBuf[2] = 0;
            g_icodeBuf[3] = 0;
            g_icodeBuf[4] = 0×00;
            g_icodeBuf[5] = 0×00;

    if (! i1_OldAnticollTs) return (T1_MISS_ANTICOLL);    //select 되지
않았을 경우
    else ts = i1_OldAnticollTs;
    len = 8;
    len = 8;

    WriteRC(RegFIFOLevel , 0×3E);//fifo 레벨 설정

    init_i1txbuf();  //init cmd info
    i1_flagQuit = 1;    //anticoll select는 quit value 필요
    i1_TotalTs = ts;
    i1_nByteTosend = 6;

    status = send_command (len, ts); //send SLRC command to tage

    if(status == I1_TIMEOUT)
    {
        SetIdle();
        return status;
    }
    i1_nByteToSend = 0;
    i1_HashVal = hash;
    for(curTS = 0,I =0; curTS < ts; curTS++) { //타임슬롯 증가
        status = receive_timeslot();
        if(status == I1_TINEOUT) {
```

```
            SetIdle ();
            return status;
        }
        I1dat[i]. TSSt = status ;     // 타임슬롯 순서되로 상태, 데이터 저장
        I1dat[i]. TSn = curTS;

        switch(status) {
        case I1_NO_TAG;
            break;
        case I1_OK;
                memcpy (&I1dat[i]. TSDat[0].g_icodeBuf , len);
                FlushFIFO();

                WriteRC(RegFIFOData, i1_QuitVal);
                nTAG++;
                I++;

#ifdef _TRACE _ISR
     . if(g_bTraceISR) {
          g_isrTrace [g_isrCount ++] = 0×78;
          g_isrTrace [g_isrCount ++] = i1_QuitVal;
       }
#endif
          break;
    case I1_COUNTERR:
    case I1_CRCERR:
    case I1_COLLERR:
          memcpy(&I1dat[i]. TSDat[0] , g_icodeBuf, len);
          nTAG++;
          I++;
          break;
             default;
          break;
           }
    }
    delay_ms(5);    //wait for 300us after writing quit value
```

```
    SetIdle();
    return I1_OK;
}
```

(4) 예제 프로그램

태그를 RF 영역 안으로 가져와서 충돌 방지/선택 명령어로 이미 태그IC가 선택되었다. HALT 명령을 보내면 선택된 태그는 RF 영역을 떠나서 다시 진입하기 전까지는 더 이상 응답을 하지 않는다. HALT 명령을 받은 태그는 시리얼 번호를 반환한다.

① 실행결과 1

55 01 02 45 04

55 01 0A 00 01 2A 2C B9 33 00 00 00 01

3) EAS/Quiet

(1) EAS 동작설명

태그IC의 블록3은 EAS와 Quiet 모드를 위한 특별 기능 제어 비트를 담고 있다.

EAS 기능은 도난 방지기능에 사용된다. 리더는 EAS 명령을 태그에 보내고 태그는 특별한 EAS 패턴으로 응답한다. 만약 EAS 기능이 비활성화되었다면 태그는 수신된 EAS 명령을 무시한다.

만약 두 개의 EAS 비트 (블록3의 비트0 와 비트1)가 1로 설정되면 EAS 명령 수행 시 태그IC는 미리 설정된 특별한 EAS 패턴(256비트)에 응답한다.

EAS 명령은 선택되거나, 비선택되어 있어도 동작하며, 모든 태그IC의 특별한 타임슬롯에 상관없이 RF 영역 내에서 유효하다.

이 기능은 프로그램에서는 구현되지 않았다.

(2) Quiet 동작설명

"Quiet" 는 파워 온 리셋 후 "Quit" 모드 비트가 설정되어 있으면 바로 진입한다. "Quiet" 상태에서 태그는 EAS와 리셋 QUIET 비트 명령어를 제외하고는 어떠한 명령어에도 반응하 않는다. "리셋 QUIT 비트" 명령어는 블록3에 있는 "Quit" 모드 비트를 지우고, 태그를 "비선택" 상태로 설정한다.

블록 3에 있는 "Quiet" 모드 비트는 쓰기 블록 명령어를 사용하여 1로 설정될 수 있다. 만약 태그가 더 이상 사용이 필요치 않으면, "Quiet" 모드는 태그의 통신을 비활성화시키기 위해서 사용될 수 있다.

〈그림 9-16〉
Quiet 동작 타이밍

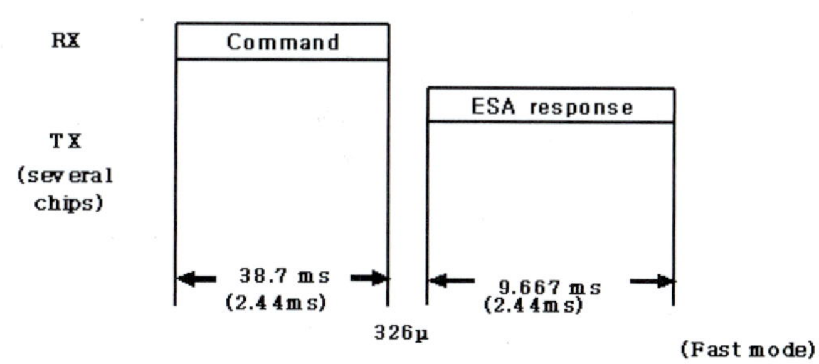

RX command: Instruction code = E0 her

Parameter byte 1 = 00 her or Family Code (1...255)

Parameter byte 2 = 00 her or Application Indentifier (1...255)

Parameter byte 3 = 00 her

Parameter byte 4 = 00 her

Parameter byte 5 = 00 her

2 CRC16 bytes

TX response: 256 bit special EAS response

RX quit: None

Total time [μ s]

Standatd mode: 9.44+38666.24+325.68+256*37.76=48667.92μ s

Faat mode; 18.88+2416.64+325.68+256*37.76=12427.76μ s

EAS response(starting with the LSB, which is transmitted first: read from left to right):

11110100 11001101 01000110 00001110 10101011 11100101 00001001 11111110

00010111 10001101 00000001 00011100 01001011 10000001 10010010 01101110

01000001 01011011 01011001 01100001 11110110 11110101 11010001 00001101

10001111 00111001 10001011 01001000 10100101 01001110 11101100 11110111

The corresponding 32bytes in hexadecimal notation are(as they are received by the read/write device):

2F	B3	62	70	D5	A7	90	7F
E8	B1	80	38	D2	81	49	76
82	DA	9A	86	6F	AF	8B	B0
F1	9C	D1	12	A5	72	37	EF

(3) 리셋 QUIET 비트 명령 형식과 타이밍

만약 두개의 QUIET 비트 (블록3의 비트2 와 비트3)가 1로 설정되면 (QUIET 모드 활성화), I-CODE1 태그 IC는 어떠한 명령어에도 응답하지 않는다.(EAS mode가 활성화되있다면, EAS 명령어는 예외이다). 심지어 태그가 영역 내에서 벗어났다가 field 로 재진입해도 응답하지 않는다. 이런 경우의 용도는 제품이 팔려서 계산이 끝났을 경우 태그를 무효화 하는데 사용된다.

물론 쓰기 비활성화시키면 영구적으로 못쓰게 할 수도 있다.

리셋 QUIET 비트 명령어는 I-CODE1 태그 IC의 두개의 QUIET 비트를 삭제 시킨다.

이 기능은 프로그램에서는 구현되지 않았다.

〈그림 9-17〉
리셋 QUIET 비트명령
형식과 타이밍

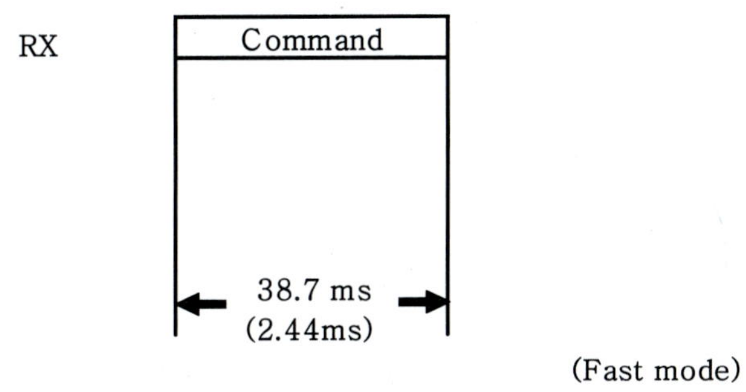

RX command: Instruction code = E_2 hex

Parameter byte 1 = 00 her or Family Code(1...255)

Parameter byte 1 = 00 hex

Parameter byte 1 = 00 hex

Parameter byte 1 = 00 hex

Parameter byte 1 = 00 hex

2 CRC16 bytes

TX response: None

RX quit: None

Total time [μ s]

Standard mode: 9.44+38666.24+5154.24=43829.92μ s

Fast mode: 18.88+ 2416.64+5154.24= 7589.76μ s

Dus to EEPROM programming in the I•CODE1 Label IC a minimum delay time of 5154.24μ s (included in 'total time') is required before the staring of a new command or switching off the RF.

The QUIET bits ate cleared for all I•CODE1 Label ICs in the field which are in QUITE mode. These bits con only be set by a normal Wnte command to block 3.

Part 4

E D 3 1 0 0 을 이 용 한 R F I D 구 조 및 응 용

RFID 시스템 응용

제10장 RFID 시스템의 응용 실습(1)

10.1 ActiveX의 개요

ActiveX는 DLL과 같은 라이브러리로 소프트웨어를 하나의 부품처럼 만들어서 어플리케이션의 기능을 바로 확장시킬 수 있는 컴퍼넌트이다. 확장자가 OCX 로 되어 있어 OCX(OLE custom control)라고도 한다.

비주얼베이직과 C++은 OCX와 ActiveX 제어를 만들기 위해 많이 사용된다. 메인 소프트웨어와 OCX는 〈그림 10-1〉과 같이 method, Property, Event를 통해서 데이터를 주고받는다.

〈그림 10-1〉
소프트웨어와 OSC 관계

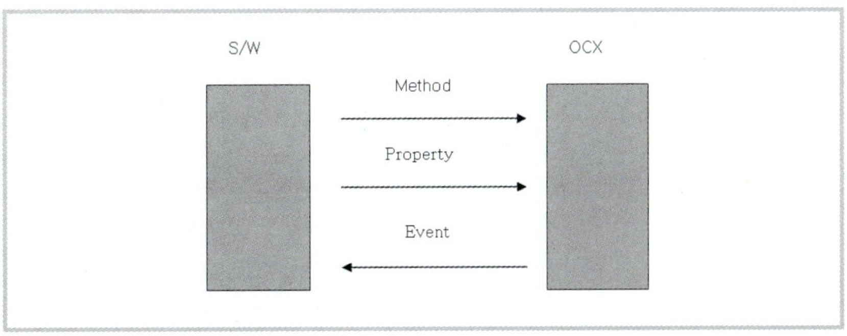

ED-3100에서 제공 되는OCX는 직렬 포트를 제어하는 컴퍼넌트 이다.

시리얼 포트를 제어하여 RFID장비와 통신할 때, 응용 프로그램에서 OCX의 호출만으로도 충분히 제어할 수 있는 기능이 포함되어 있다.

〈그림 10-2〉에서와 같이 소프트웨어에서 메시지 형태로 명령을 OCX로 전달하게 되면 OCX에서는 명령을 RFID와 통신할 수 있는 HEX 코드로 변환 하게 된다.

비주얼 베이직, 비주얼 C++ 과 연계하여 다양한 애플리케이션을 만들 수 있다.

〈그림 10-2〉
메시지 형태로 OCX에 전달

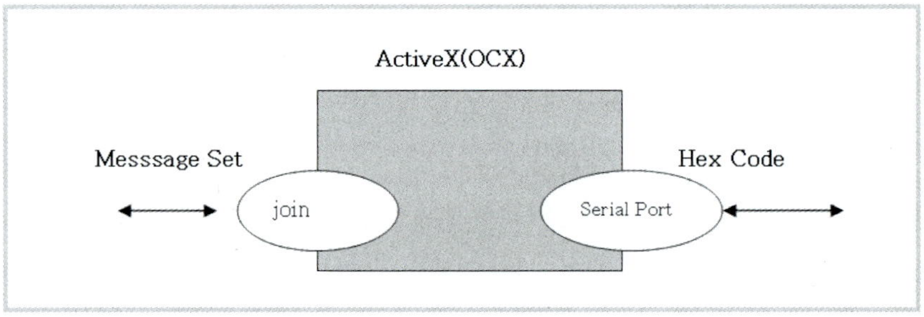

10.2 ActiveX 등록

OCX를 사용하기 위해서는 운영체제, 즉 윈도우에 등록을 해야 한다.

등록하는 방법은 여러 가지가 있겠지만 여기서는 직접 등록하는 방법으로 하겠다.

1. command 창을 연다.
2. 등록하고자 하는 폴더를 정한 후 OCX를 옮긴다.
3. regsvr32 〈폴더 주소〉 ICodeRFAgent.ocx 실행한다.

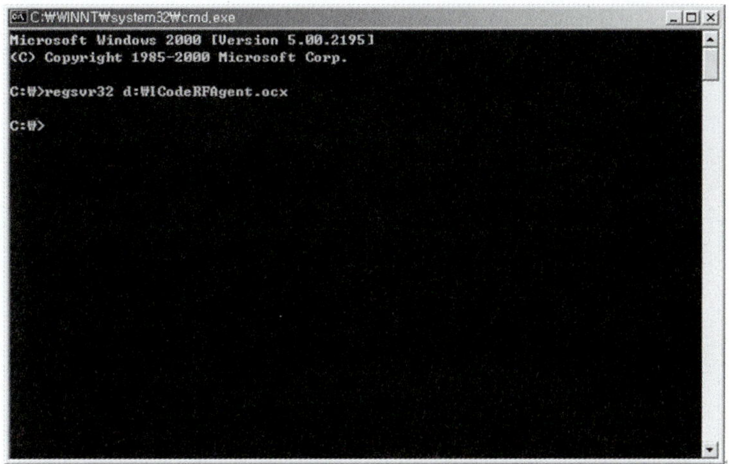

〈그림 10-3〉
Activex 등록함

등록이 성공하면 운영체제에서 〈그림 10-4〉 정보창을 띄운다.

〈그림 10-4〉
등록 성공 확인 창

10.3 ActiveX 사용하기

1) 구성요소 등록

비주얼 베이직을 사용하여 OCX를 제어하는 예제를 만들어 보겠습니다.

OCX는 하나의 컴퍼넌트이기 때문에 사용하기 전 등록을 해 주어야 한다. 여러 구성 요소 중 regsvr32를 통해 등록한 ICodeRFAgent.ocx을 찾을 수 있다. 컨트롤에 나타나게 되면 성공적으로 OCX를 등록하게 된 것이다.

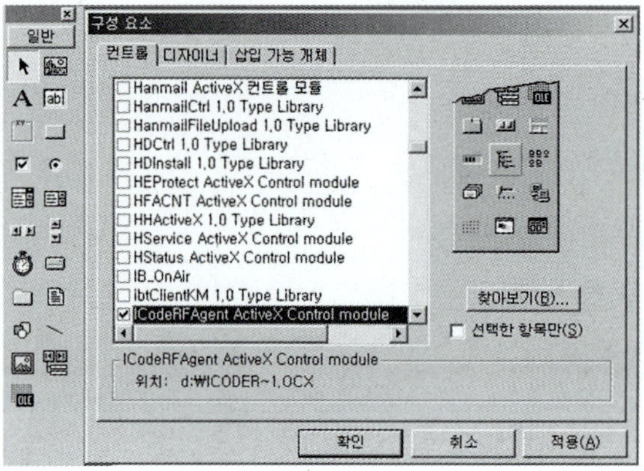

〈그림 10-5〉 구성요소

적용하고 나면 일반 구성요소를 사용하는 것처럼 사용할 수 있다.

OCX을 구성요소에 등록하는 것만으로도 시리얼 포트를 통해 데이터를 주고받을 수 있는 기능이 추가가 된 것이다.

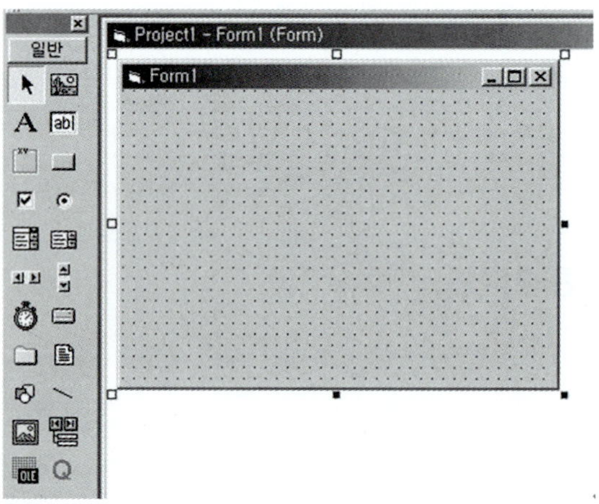

〈그림 10-6〉 Ocx를 구성요소 등록

2) 시리얼 포트 연결하기

OCX 연결하여 시리얼 포트를 Open하는 버튼을 만들어보겠습니다.

Form에서 버튼을 하나 만들고, ICodeRFAgent도 버튼과 같이 만든다. Message Set을 출력할 수 있는 List box도 만든다.

〈그림 10-7〉 시리얼 포트연결

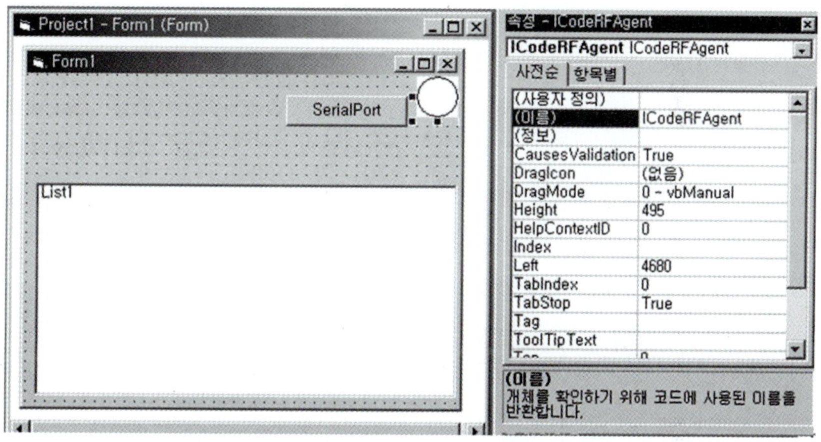

〈그림 10-8〉 시리얼 Com 1포트설정

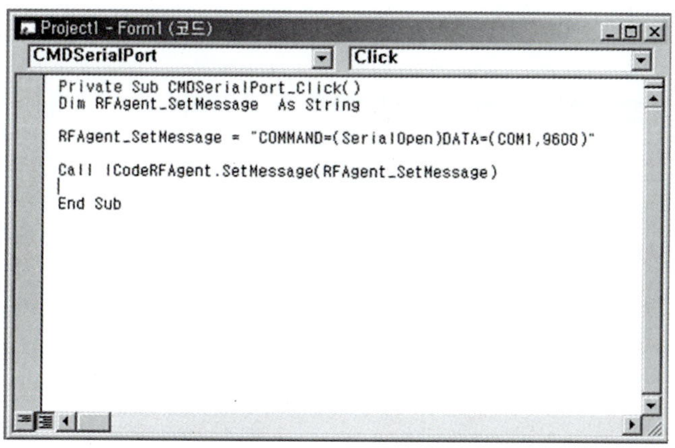

위의 그림은 시리얼 Com1 포트를 9600 bps 속도로 open 하는 message

Set 이다.

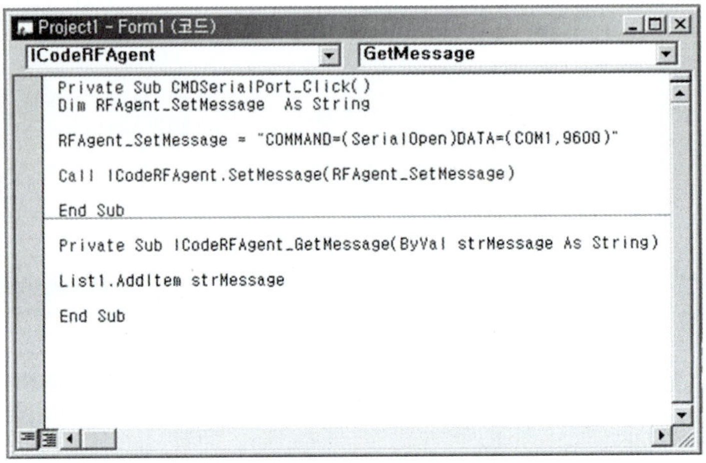

〈그림 10-9〉
Ocx에서 발생 Event

"ICodeRFAgent_GetMessage" 는 OCX에서 발생하는 Event로 이 코드를 통해 OCX로부터 Return 값을 받을 수 있다.

만약 직렬 Open이 성공하였다면 〈그림 10-10〉과 같은 메시지를 OCX로부터 받을 것이다.

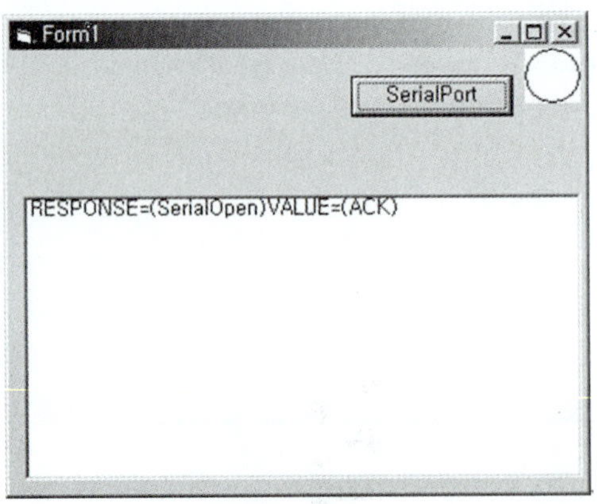

〈그림 10-10〉
시리얼 오픈 성공 메시지

같은 방법으로 직렬 Port Close 버튼을 만들어서 실행하게 되면 〈그림 10-11〉과 같다.

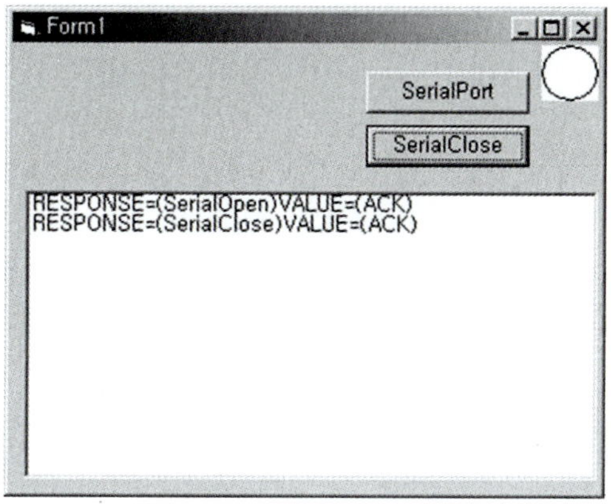

〈그림 10-11〉 시리얼 포트 Close 실행

```
Private Sub CMDSerialClose_Click()
Dim RFAgent_SetMessage   As String

RFAgent_SetMessage = "COMMAND=(SerialClose)DATA=()"

Call ICodeRFAgent.SetMessage(RFAgent_SetMessage)
End Sub
```

10.4 메시지 설정 포멧(Message Set Format)

OCX를 통해 주고받는 명령 및 응답 들은 모두 문자열 형태로 정의되어 있다.

[송신]

COMMAND=(Cmd)DATA=(Data0,Data1,)

COMMAND=(Cmd) : 명령

DATA=(Data0,) : 명령 전달 인자

[수신]

RESPONSE=(Cmd)VALUE=(Value0,Value1,),

RESPONSE=(Cmd) : 명령

Value=(Value0,) : 명령 결과 값

1) MessageSet은 String 형태의 문자열 구성
2) Register Setting 시 어드레스, 데이터는 Hex값으로 표시해야 한다.

[Status & Error Code]

정상	: OK
No Tag	: NoTag
CRC Err	: CRCErr
Collision Detect	: CollisionDetect
Writing fail	: WritingFail
특정 timeslot fail	: TimeSlotFail
지원 안 함	: NotActive
ACK	: ACK

NAK : NAK

(1) 직렬 Port

직렬 Port Control 로써 포트를 Open, Close할 수 있다.

Serial Open

COMMAND=(SerialOpen)DATA=(COM1,9600)

-> Serial Port COM1를 9600bps 로 Open(권장)

COM1 ~ COM4, 9600bps, 19200bps, 38400bps, 57600bps 가능

OK : RESPONSE=(SerialOpen)VALUE=(ACK)

NG : RESPONSE=(SerialOpen)VALUE =(NAK)

Serial Close

COMMAND=(SerialClose)DATA=()

-> Serial Port Close

OK : RESPONSE=(SerialClose)VALUE =(ACK)

NG : RESPONSE=(SerialClose)VALUE =(NAK)

(2) RESET_SLRC

RESET_SLRC

COMMAND=(Reset_RF)DATA=()

OK : RESPONSE=(Reset_RF)VALUE=(ACK)

NG : RESPONSE=(Reset_RF)VALUE=(NAK)

(3) STD_MODE

STD_MODE

COMMAND=(Start_RF)DATA=()

OK : RESPONSE=(Start_RF)VALUE=(ACK)

NG : RESPONSE=(Start_RF)VALUE=(NAK)

(4) IDLE_MODE

IDLE_MODE

COMMAND=(Idle_RF)DATA=()

OK : RESPONSE=(Idle_RF)VALUE=(ACK)

NG : RESPONSE=(Idle_RF)VALUE=(NAK)

(5) HALT_MODE

HALT_MODE

COMMAND=(Halt_Tag)DATA=()

OK : RESPONSE=(UnSelRead)VALUE=(Value0,Value1,Value2),

-> Read Tag 수만큼 VALUE=(Value0,Value1,Value2)가 붙음

Value0 : Status, Value1 : Time Slot 번호,Value2 : Block Data(HEX Code)

NG : RESPONSE=(Halt_Tag)VALUE=(NAK)

(6) READ_REG

READ_REG

COMMAND=(Read_Reg)DATA=(00)

-> 0x00 ~ 0x3F, Hex값으로 표현

OK : RESPONSE=(Read_Reg)VALUE=(00,XX)

->XX는 0x00 주소의 HEX 값

NG : RESPONSE=(Read_Reg)VALUE=(Error Code)

(7) WRITE_REG

WRITE_REG

COMMAND=(Write_Reg)DATA=(00,XX)

-> XX는 0x00 주소의 HEX 값

OK : RESPONSE=(Write_Reg)VALUE=(ACK)

NG : RESPONSE=(Write_Reg)VALUE=(Error Code)

(8) Read_EEPROM

Read_EEPROM

COMMAND=(Read_EEPROM)DATA=(00)

OK : RESPONSE=(Read_EEPROM)VALUE=(00,XX)

-> XX는 0x00 주소의 HEX 값

NG : RESPONSE=(Read_EEPROM)VALUE=(Error Code)

(9) UnSelectRead

UnSelectRead

COMMAND=(UnSelRead)DATA=(Data0,Data1)

-〉 Data0 : Read Tag 수, Hex 값으로 표현(0x00 ~ 0x0F)

Data1 : Block address, Hex 값으로 표현(0x00 ~ 0x0F)

RESPONSE=(UnSelRead)VALUE=(Value0,Value1,Value2),

-〉 Read Tag 수만큼 VALUE=(Value0,Value1,Value2)가 붙음

Value0 : Status, Value1 : Time Slot 번호,Value2 : Block Data(HEX Code)

(10) SelRead

SelRead

COMMAND=(SelRead)DATA=(Data0)

-〉 Data0 : Block address, Hex 값으로 표현(0x00 ~ 0x0F)

RESPONSE=(SelRead)VALUE=(Data0,Data1,Data2)

-〉 Data0 : Status

Data1 : Time slot

Data2 : Block Data(HEX Code)

Tag 수에 따라 VALUE 반복

(11) SelWrite

SelWrite

COMMAND=(SelWrite)DATA=(Data0,Data1,Data2)

-〉 Data0 : Slot

Data1 : Block address, Hex 값으로 표현(0x00 ~ 0x0F)

Data2 : Block Data 4 byte(HEX값으로 표현)

ex) "1234" -〉 3132334

RESPONSE=(SelWrite)VALUE=(Data0,Data1,Data2)

-〉 Data0 : Status

Data1 : Time slot

Data2 : SerialNo (HEX Code)

Tag 수에 따라 VALUE 반복

(12) AddressedWrite

AddressedWrite

COMMAND=(AddressedWrite)DATA=(Data0,Data1,Data2,Data3)

-〉 Data0 : Slot

Data1 : SerialNo(HEX값으로 표현)

Data2 : Block address, Hex 값으로 표현(0x00 ~ 0x0F)

Data3 : Block Data 4byte(HEX값으로 표현)

RESPONSE=(AddressedWrite)VALUE=(Data0,Data1,Data2)

-〉 Data0 : Status

Data1 : Time slot

Data2 : SerialNo(HEX Code)

Tag 수에 따라 VALUE 반복

(13) AddressedWrite

AddressedWrite

COMMAND=(Anticoll_Select)DATA=(Data0)

-〉 Data0 :Time Slot 수

RESPONSE=(Anticoll_Select)VALUE=(Data0,Data1,Data2)

-〉 Data0 : Status

Data1 : Time slot

Data2 : SerialNo (HEX Code)

Tag 수에 따라 VALU

제11장 RFID 시스템의 응용실습(2)

11.1 RFID 응용 시스템 ED-3100의 자동창고 응용

자동창고는 물품의 입고와 출고를 컴퓨터 시스템을 이용하여 자동으로 관리하는 시스템이다. 현재 상용화되어 있는 자동창고의 형태로 RFID 시스템을 이용한 방법을 소개하도록 하겠다.

입고되는 물품은 상품 단위로 일정한 묶음(제품적재 팔레트)으로 분류되어 입고와 출고가 관리된다. 일단 창고에 입고가 되면 적재 팔레트 단위로 입고일자, 상품내역, 상품 정보 등 유통에 필요한 모든 데이터가 팔레트에 부착된 RFID 태그에 입력되고, 자동창고 내에서는 이 상품에 대하여 입고 위치, 재고관리, 물품이동 등 모든 관리를 컴퓨터 시스템에 의해 자동으로 관리하게 된다.

본 예제에서는 RFID 시스템 ED-3100의 컨베이어 라인과 부착된 RFID 리더 보드를 이용하여 간단한 형태의 자동창고를 만들어 보겠다.

RFID 태그에 정보를 기록하기 위해서는 RFID 리더에서 태그를 선택하는 동작이 가장 먼저 이루어져야 한다. 기록하고자 하는 태그를 선택하면 선택된 태그에 쓰고자 하는 블록 번호와 블록 데이터(4바이트)를 쓰면 된다. 이때 블록 번호는 사용자가 임의로 하면 태그를 못쓰게 되는 경우가 발생한다. 사 용자가 기록이 허락된 블록은 5번 이후의 블록이다.

이번 창고관리 예제에서는 7번 블록에 데이터를 기록한다.

〈그림 11-1〉
태그 선택과 정보 기록

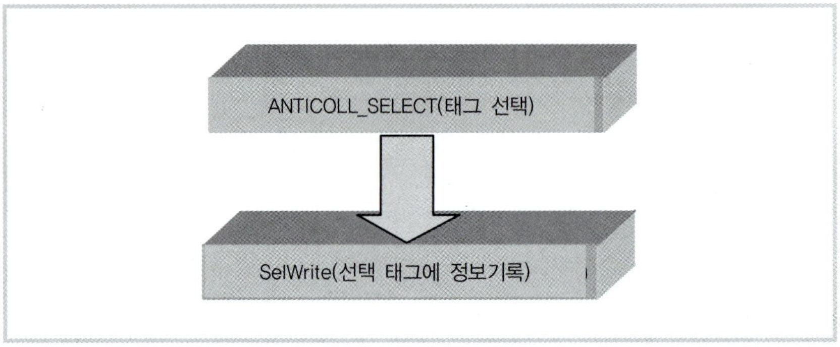

〈그림 11-2〉
ED-3100 장치 창고관리 제어 창

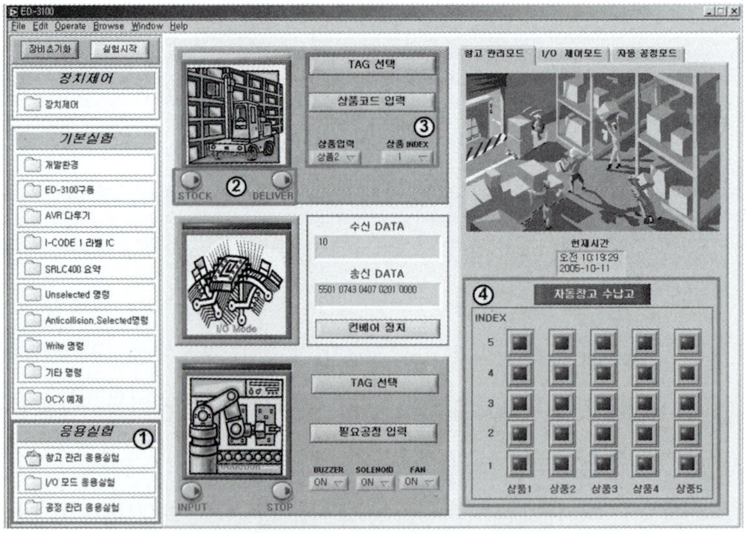

① 응용실험 선택 폴더 : 3가지 실험(창고관리, I/O 모드, 공정관리)에 대하여 학습할 내용을 선택하는 폴더. 이곳에서 선택을 하면 관련된 실험 항목으로 이동하고 컨베이어는 선택 된 것에 적합한 모드로 동작한다.

② 입고, 출고 스위치 : 창고 관리 모드에서 입고, 출고를 관리하는 스위치 STOCK은 입고 스위치이고, DELIVER는 출고 스위치이다.

③ 태그 기록 스위치 : 정보를 기록하기 위하여 리더에서 태그를 선택하고 상품정보를 기록하는 스위치이다.

④ 창고 수납지시등 : 창고 관리모드에서 물품의 입고와 출고를 나타내는 지시등이다.

1) 입고, 출고 실습

ED-3100으로 응용실험을 하기 위해서는 RFID 안테나를 응용 모듈 측으로 전환한 후에 실험을 해야 한다. 우선 안테나를 전환해 보자. ED-3100의 리더 보드에는 릴레이가 있어서 스위치 조작을 통하여 안테나를 자동으로 전환시켜준다.

〈그림 11-3〉
ED-3100 RFID 장비

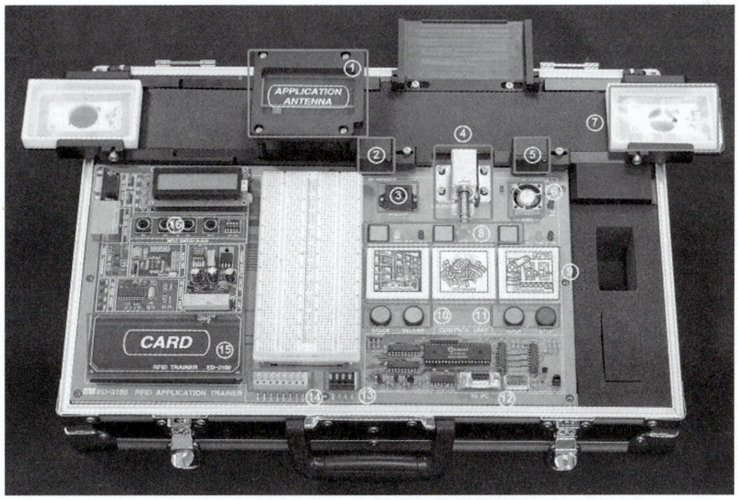

위의 〈그림 11-3〉에서 보면은 리더 보드 안테나 ⑮와 응용실험 안테나 ①을 스위치를 통하여 전환하고 각각의 용도에 맞게할 수 있다.

안테나의 전환은 〈그림11-4〉의 스위치 ⑥으로 한다. 장치제어 창에서 안테나를 전환한 후 학습단원을 창고 관리 응용실험으로 전환한다.

〈그림 11-4〉
창고 관리 응용 실험 창

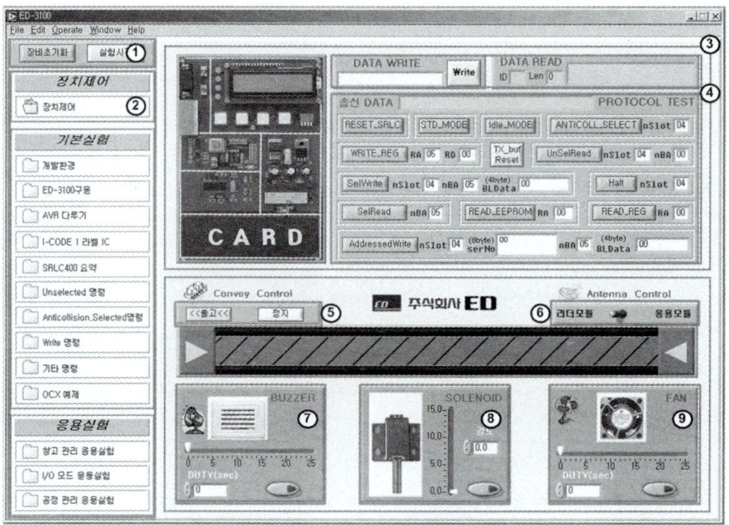

장치제어 창으로 전환하면 〈그림 11-2〉 상태로 돌아올 것 이다.
여기서 RFID 태그에 정보를 기록해보자.

〈그림 11-5〉
태그에 정보를 입력하는 스위치 블록

〈그림 11-5〉는 태그에 정보를 입력하는 스위치 블록이다. 입력하는 순서는

① 상품입력,
② 상품 INDEX 선택
③ 태그 선택
④ 상품코드 입력

순으로 버튼을 누른다.

예를 들어 임의의 태그에 상품종류 : 상품2, 상품 INDEX :1을 입력하고자 하면 〈그림 11-5〉와 같이 상품을 선택 후 태그 선택한 후에 상품코드 입력 버튼을 차례로 누르면 된다. 이때 태그는 응용실험 안테나 위에 올려놓는다.

우선 적당량(실습 장비에 4개 보유)의 태그를 가지고 직접 창고 관리 응용실험을 실시해보자. 우선 4개의 태그에 각각 정의된 정보를 기록한다.

상품은 다음과 같이 기록한다.

① 첫 번째 태그 : 상품입력 : 상품1 상품 INDEX : 1
② 두 번째 태그 : 상품입력 : 상품2 상품 INDEX : 2
③ 세 번째 태그 : 상품입력 : 상품3 상품 INDEX : 3
④ 네 번째 태그 : 상품입력 : 상품4 상품 INDEX : 4

위와 같이 각각의 태그에 정보를 입력한다. 입력하는 방법은 위에 기술된대로 하면 오류없이 기록이 가능할 것이다. 입력이 완료되었으면 각각의 태그는 사용자가 설정한 상품의 묶음이 되는 것이다.

이것을 태그 케이스에 담아 컨베이어 라인에 실어 나르면 이송되는 도중에 태그의 정보를 읽고 이 정보를 호스트 컴퓨터 내의 자동창고 화물 수납 고에 불이 들어오며 재고 관리가 된다.

각각의 태그를 케이스에 한 장씩 담아서 입력 대기 장소에 놓고 〈그림 11-5〉에서 ②번 블록에서 STOCK을 누른다. 그러면 컨베이어는 입고되는 방향으로 돌아갈 것이고, 태그 케이스를 컨베이어 위에 올리면 태그는 자동으로 흘러간다.

이와 같이 모든 태그에 대하여 실험을 하면 다음과 같은 결과가 될 것이다.

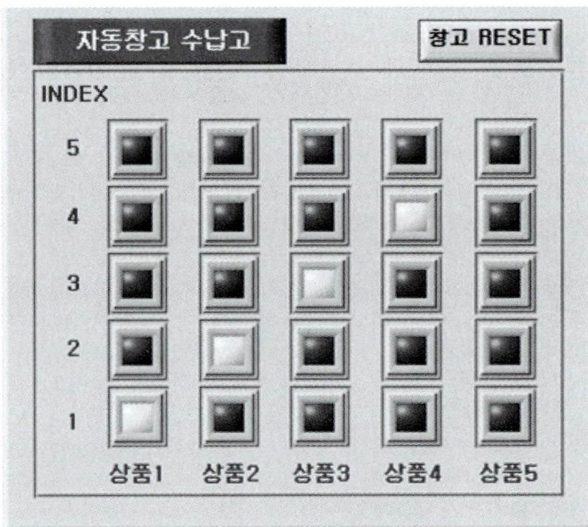

〈그림 11-6〉 창고저장장치 응용실험 결과(입고상태)

모든 입고를 마치면 우리가 처음에 기록한 태그 정보와 일치하는 〈그림 11-6〉의 그림과 같이 입고 상태가 변할 것이다. 이와 같은 방법으로 창고의 재고 관리를 할 수 있다. 좀 더 많은 품목과 여러 가지의 통계 데이터를 표현하고자 한다면 입고되는 데이터를 응용프로그램에서 가공하여 표현할 수 있다.

출고도 비슷한 방법으로 하면 된다.

출고는 우선 입고된 상품에 대하여 창고로부터 꺼내는 것을 의미하기 때문에 창고 문(안테나)을 나서는 즉시 데이터 베이스에서 기록을 삭제하면 된다.

이전 입고 때와 마찬가지로 태그 케이스에 담아 〈그림 11-5〉의 ②번 블록에서 DELIVER을 누른다. 그러면 태그는 케이스에 담겨져 안테나를 통과하게 되고 이때 출고 관리가 되는 것이다.

네 개의 태그를 모두 통과시키면 창고의 화물칸 불은 모두 꺼지고 〈그림 11-7〉과 같이 된다.

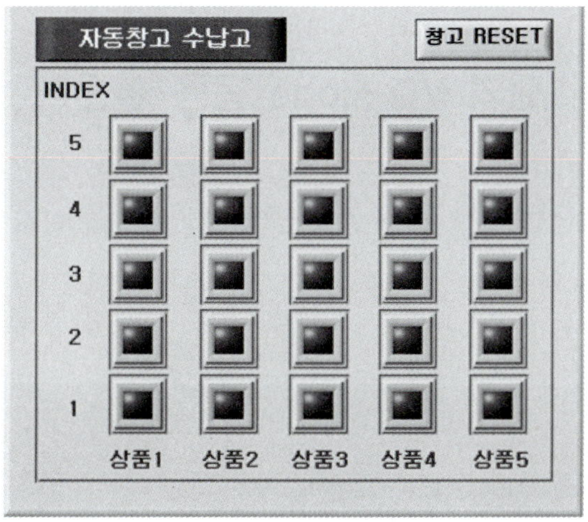

〈그림 11-7〉 창고 저장장치 응용실험결과 (C출고상태)

자동 창고 입출고 이외에 ED-3100을 이용하여 응용예제 연습을 하고자 하면 제공된 프로토콜 시트(7장~9장)를 참고하여 프로그램을 개발하면 될 것이다.

7장~9장의 전자태그 기술을 참고하기 바란다.

센서로부터 들어오는 데이터는 다음과 같다.

응용 안테나 옆의 센서에 물체가 감지될 때 들어오는 데이터:

hex : 55 02 01 01

솔레노이드 옆의 센서에 물체가 감지될 때 들어오는 데이터:

hex : 55 02 01 02

이 이외의 데이터는 수신 데이터, 송신 데이터 창을 통하여 볼 수 있다.

실습 1) 태그 4개를 이용하여 상품 입력 2~5까지 하고 상품 INDEX를 5~2 순으로 실행하여 실습한다.

실습 2) 실습 1에 의하여 자동 창고 수납고에 입고된 상품을 최근에 입고된 순서로 반출하는 실습을 한다.

11.2 RFID 응용 시스템의 I/O Mode 응용 실습

1) RFID 시스템 ED-3100의 I/O 모드 실습

I/O Mode 실습은 RFID 시스템 ED-3100의 8개 출력 핀을 제어하는 실험이다.

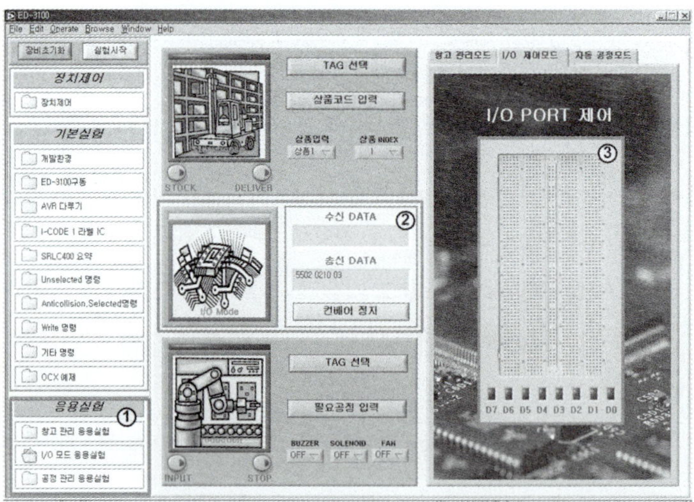

〈그림 11-8〉 ED-3100장치 I/O 모드 제어 창

출력 핀을 제어하여 브래드 보드에 사용자 회로를 구성한 후 적절하게 응용을 개발할 수 있다.

① 실험 선택 폴더

3가지 실험(창고관리, I/O 모드, 공정관리)에 대하여 학습할 내용을 선택하는 폴더. 이곳에서 선택을 하면 관련된 실험 항목으로 이동하고 컨베이어는 선택된 것에 적합한 모드로 동작한다.

② I/O 모드 활성 창

① 번창에서 I/O 모드로 선택되면 이곳에는 불이 들어온다.

그리고 수신 데이터, 송신 데이터 창은 호스트 컴퓨터에서 ED-3100 으로 나가는 프로토콜 데이터를 보여준다. 이곳에 나타나는 데이터를 분석하여 응용 프로그램에 활용할 수도 있다. 노란색 버튼은 컨베이어 벨트의 정지 버튼이다. 모든 모드에서 사용 가능하다.

③ 스위치 조작 블럭

하단의 8개의 LED를 누르면 해당하는 포트가 제어가 된다. LED를 눌러 불이 들어오면 ED-3100 보드 상에도 LED가 켜지고 포트 핀에서는 출력값이 나간다. 각각의 핀이 독립적으로 움직이기 때문에 필요한 곳에 할당한 후 송신, 수신 프로토콜을 확인하기 바란다. 다른 프로그램으로 응용예제를 작성하는 경우 이창에서 핀 제어 프로토콜을 확인하기 바란다.

11.3 RFID 응용 시스템의 공정 관리 응용 실습

1) ED-3100 공정관리 응용 실습의 제어창

국내외의 많은 생산현장에서 RFID를 이용한 공정라인의 자동화는 계속 그 사용이 확대되어 가고 있다. 가장 대표적이고 적극적으로 도입되는 곳이 자동차 생산 라인이다.

여기서는 국내, 국외 각각 한군데씩 예를 설명하겠다.

우선 국외 사례를 살펴보면, 독일의 BMW사는 1996년 말부터 자동차의 생산 공정에서 RFID를 사용하고 있다. 태그를 차체의 본넛에 장착하여 작업공정에 진입하면 해당 모델의 테이터가 태그에 기록된다. 이때 기록되는 것은 모델별로 가공되어져야 할 공정과 페인트 색상 고객의 옵션사항 등 생산단계에서 이루어져야 할 사항들이 기록되고 별도의 차트없이 공정라인에 진입하면 각각의 공정 단계에서는 필요한 데이터를 RFID 태그로부터 읽어서 작업을 한다. 이렇게 되면 생산라인의 자동화와 생산이력관리 등이 컴퓨터에 의하여 자동으로 관리될 수 있으며 출고된 이후에도 제품의 이력관리가 쉽다.

국내에서는 현대, 기아, 대우, 쌍용 등 모든 자동차 회사에서 90년대 중반부터 페인트 공정에 최초로 도입한 이후 꾸준히 도입을 늘려나가고 있고 현재는 조립라인을 비롯한 모든 곳에서 도입이 이루어지고 있다.

이처럼 많은 부분에서 공정라인에 RFID를 도입하고 있으며 생산성 향상에 크게 기여한다.

이번 실험은 ED-3100을 이용하여 컨베이어 라인을 자동생산 공정라인으로 활용하는 실험을 해 보자. 버저, 슬레노이드, 팬 등을 자동차 공장의 각각의 공정으로 생각하자.

그리고 공정라인에 반제품을 투입하기 전에 가공되어져야 할 공정들을 태그에 기록한다.

기록을 하여 라인에 투입시키면 기록된 정보를 바탕으로 버저, 슬레노이드, 팬 등은 가동되기도 하고 가동되지 않기도 한다.

우선 태그에 정보를 기록하기 위해서는 앞에서와 마찬가지로 태그를 선택하는 동작이 가장 먼저 이루어져야 한다. 기록하고자 하는 태그를 선택하면 선택된 태그에 쓰고자 하는 블록 번호와 블록 데이터(4바이트)를 쓰면된다. 이때 블록 번호는 사용자가 임의로 하면 태그를 못쓰게 되는 경우가 발생한다. 사용자가 기록이 허락된 블록은 5번 이후의 블록이다.

이번 공정관리 예제에서는 8번 블록에 데이터를 기록한다.

〈그림 11-9〉
태그 선택과 정보기록

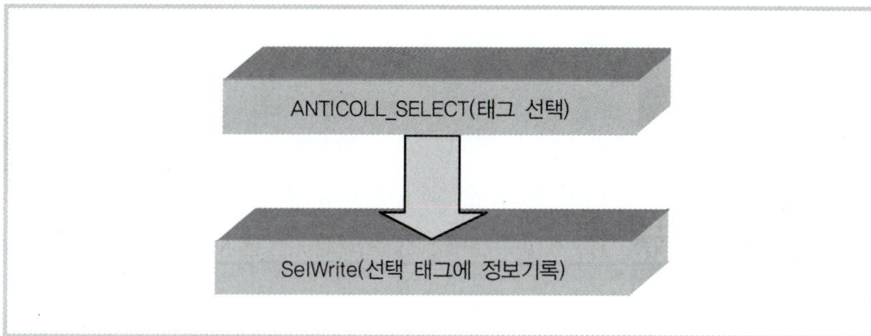

〈그림 11-10〉
ED-3100장치 공정관리 제어 창

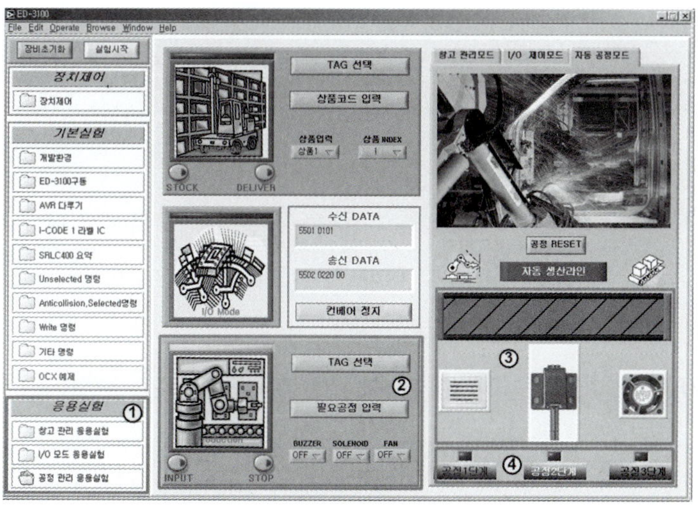

태그의 선택과 기록에 대한 방법은 기본실험 학습단원에서 공부하길 바란다.

태그에 정보를 기록하고, 기록된 정보를 블록 단위로 읽고, Uid 등을 읽기 위해서는 정해진 흐름에 따라 명령어를 보내고, 읽어와야 한다. 이런 기술적인 사항들이 기본 실험 단원과 7~9장에서 자세히 기술되어 있다.

① 실험 선택 폴더 : 3가지 실험(창고관리, I/O 모드, 공정관리)에 대하여 학습할 내용을 선택하는 폴더. 이곳에서 선택을 하면 관련된 실험 항목으로 이동하고 컨베이어는 선택된 것에 적합한 모드로 동작한다.

② 제어 스위치 블록 : 공정 관리 모드에서 필요로 하는 스위치 블록. INPUT은 반제품 입고 스위치이고 STOP은 공정 정지 스위치이다.
그리고 태그 선택과 필요공정 입력 스위치는 태그에 정보를 기록하기 위한 스위치이다. 아래의 버저, 슬레노이드, 팬은 기록될 정보 설정 스위치이며 아랫방향의 화살표를 누르면 ON. OFF를 설정할 수 있는 설정 사항이 나타난다.

③ 태그 기록 스위치 : 공정라인에서 가동되는 제어요소. 구동 명령을 내리면 제어요소 그림이 움직인다.

④ 창고 수납 지시등 : 기록한 공정정보를 읽어서 나타내는 정보. ②에서 기록한 설정대로 나타난다.

2) ED-3100 공정관리 응용 실습

ED-3100으로 응용실험을 하기 위해서는 RFID 안테나를 응용 모듈 측으로 전환한 후에 실험을 해야 한다. 우선 안테나를 전환해 보자. ED-3100의 리더 보드에는 릴레이가 있어서 스위치 조작을 통하여 안테나를 자동으로 전환시켜준다.

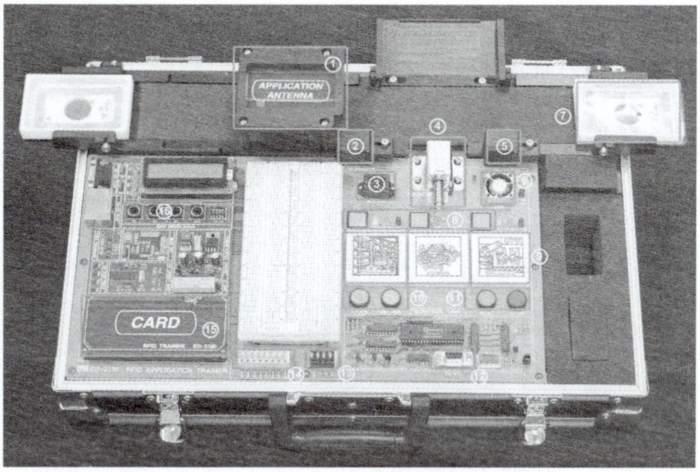

〈그림 11-11〉
ED-3100 RFID장비

위의 〈그림 11-10〉에서 보면 리더 보드 안테나 ⑮ 와 응용실험 안테나 ①을 스위치를 통하여 전환하고 각각의 용도에 맞게 사용할 수 있다.

안테나의 전환은 〈그림 11-11〉의 스위치 ⑥으로 한다. 장치제어 창에서 안테나를 전환한 후 학습단원을 공정관리 응용실험으로 전환한다.

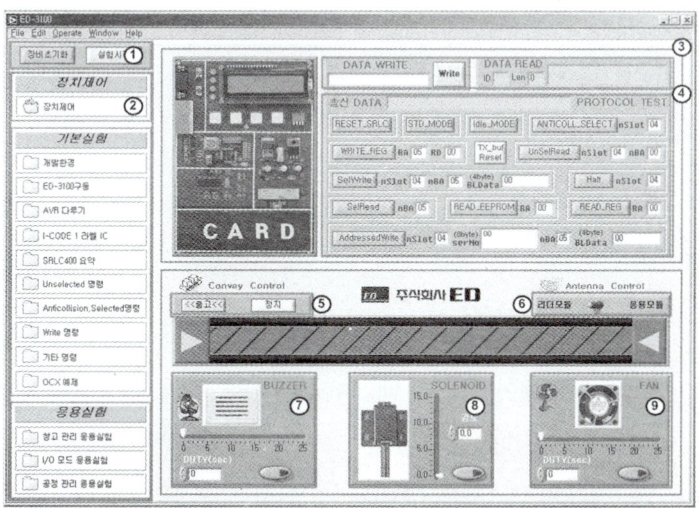

〈그림 11-12〉
공정관리 응용 실험 창

공정관리 창으로 전환하면 〈그림 11-12〉 상태로 돌아올 것이다.

여기서 RFID 태그에 정보를 기록해보자.

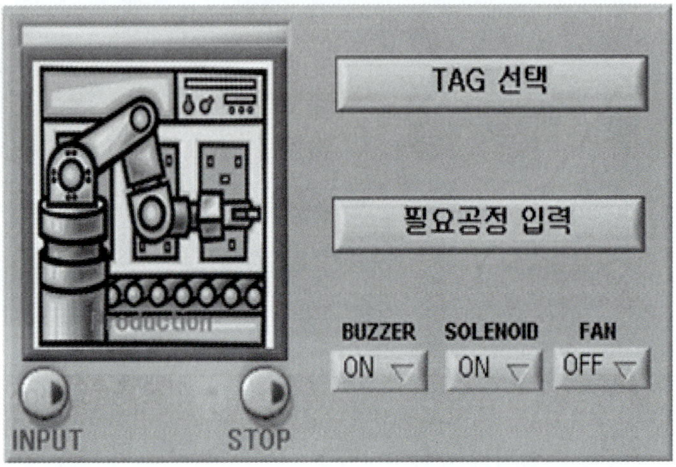

〈그림 11-13〉 태그에 정보를 입력하는 스위치 블록

〈그림 11-13〉는 태그에 정보를 입력하는 스위치 블록이다. 입력하는 순서는

① BUZZER; ON

② SOLENOID: ON

③ FAN의OFF 선택

④ 태그 선택

⑤ 필요공정 입력

순으로 버튼을 누른다.

예를 들어 임의의 태그에 BUZZER: ON, SOLENOID : ON, FAN : OFF를 선택했다면 설정상태는 〈그림 11-13〉와 같을 것이다.

〈그림 11-13〉와 같이 공정을 선택 후 태그 선택 -〉 필요공정 입력 버튼을 차례로 누르면 된다. 이때 태그는 응용실험 안테나 위에 올려놓는다.

위에서 기록한 태그를 공정라인에 올려서 실험을 해보자.

태그 케이스에 공정을 입력한 Card를 담은 후 INPUT 스위치를 누른다. 그러면 태그는 컨베이어 벨트위에 올려져서 흘러가게 되고 안테나를 지나는 순간 공정 정보가 읽혀지고 〈그림 11-14〉과 같이 공정 1단계(BUZZER)와 공정 2단계 (SOLENOID)의 LED에 불이 들어온다.

〈그림 11-14〉
공정단계별 LED상태 표시

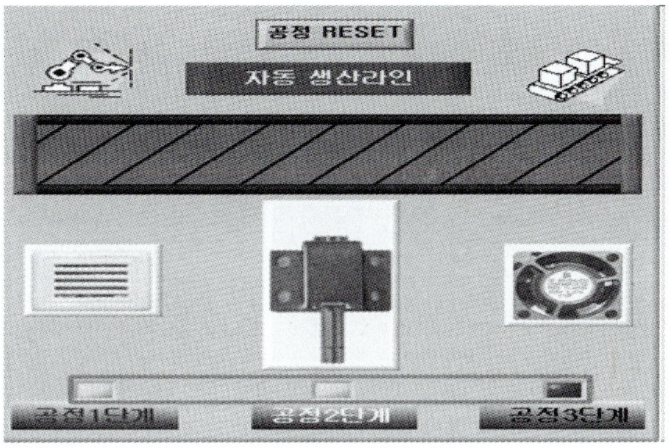

이와 같이 하여 여러 장의 태그에 다양한 조합으로 공정정보를 기록하여 실험을 해보길 바란다.

참고문헌

[1] 전자신문 (http://www.etimesi.com)

[2] 전자신문, 2004 년 6 월 14 일

[3] 전자신문, 2005년 7월 6일

[4] 전자신문, 2005년 7월 12일

[5] 전자신문, 2005년 8월 1일

[6] 전자신문, 2004년 8월 30일

[7] 전자신문, 2005년 9월 1일

[8] 전자신문, 2005년 9월 6일

[9] 전자신문, 2004년 9 월 14 일

[10] 전자신문, 2004년 9 월 17 일

[11] 전자신문, 2005년 10월 11일

[12] 전자신문, 2005년 10월 14일

[13] 전자신문, 2005년 10월 15일

[14] 전자신문, 2005년 10월 18일

[15] 전자신문, 2005년 10월 20일

[16] 전자신문, 2005년 10월 21일

[17] 전자신문, 2004 년 7 월 1 일

[18] 디지털타임즈 (http://www.dt.co.kr/)

[19] 디지털타임스, 2005년 10월 20일

[20] 디지털타임스, 2005년 8월 24일

[21] 아이뉴스24, 2005년 9월 1일

[22] 한국정보통신기술협회

[23] 정보통신연구진흥원

[24] 한국RFID/USN협회

[25] 한국전자거래협회

[26] 정보통신부

[27] 산업자원부

[28] 전자통신연구원, http://www.etri.re.kr

[29] 모바일 RFID 포럼, http://www.mrf.or.kr

[30] 유비쿼터스 컴퓨팅, http://justit.gigaro.net/

[31] 권수갑 "RFID 개념과 동향" 전자정보센터(www.eic.re) 2004. 12.

[32] 장동원 조평동 "RFID 기술 기준 도입을 위한 기술 분석" 기술기준 연구원

[33] 넥스트아이디 (www.nextid.co.kr)

[34] 로지스밸리 (www.logisvalley.com)

[35] http://blog.naver.com/hongjig/140004030997

[36] http://itjr.co.kr/issue/04040103-1.htm

[37] http://www.elim.com/rfid.html#1-1

[38] www.uidcenter.org

[39] www.nca.or.kr

[40] http://www.alientechnology.com

[41] http://www.nca.or.kr

[42] μ -chip, http://www.hitachi-ae.com/data/b01_09.html

[43] http://comist.soongsil.or.kr/%7Eeunyung/newtech/RFIDSys.htm

[44] http://www.cygnusin.co.kr/imagetop/barcode/barcord2.htm

[45] EPCglobal, http://www.epcglobalinc.org/

[46] ASTAP, http://www.aptsec.org/

[47] ECRYPT, eStream – The ECRYPT Stream Cipher Project,
http://www.ecrypt.eu.org/estream/

[48] ISO, http://www.iso.ch/iso/en/ISOOnline.openerpage

[49] IEC, http://www.iec.ch/

[50] ISO, IEC, http://www.ats.go.kr/contents/f_1_2.asp

[51] JTC1/SC31, http://usnet03.uc-council.org/sc31/

[52] RF World map with Regions, http://www.cra.ba/en/freq-mgmt/?cid=61

[53] RFID system, http://www.rfid-handbook.com/rfid/index.html

[54] Smart Labels Analyst, http://www.idtechex.com/slaoct02.pdf

[55] GCI, http://www.gci-net/org/

[56] μ -chip, http://www.hitachi-ae.com/data/b01_09.html

[57] ISM, http://www.ean-austria.com/html/EAN.UCC_GTAG.pdf

[58] ISO/IEC JTC1 SC31, http://usnet03.uccouncil.org/sc31/

[59] NIST, Cryptographic Hash Function Workshop(Oct. 31–Nov.1, 2005), NIST, Gaithersburg, Maryland, http://www.csrc.nist.gov/pki/HashWorkshop/index.html 2005.

[60] A. Juels, "Privacy and authentication in low-cost RFID tags", In submission, Available at http://www.rsasecurity.com/rsalabs/staff/bios/ajuels/

[61] A. Juels, "Minimalist Cryptography for Low-Cost RFID Tags", Available at
http://www.rsasecurity.com/rsalabs/staff/bios/ajuels/publications/index.html

[62] 유승화, 아주대학교, RFID 기술 동향과 적용사례.

[63] 권수갑, 정보통신기술사 자격대비 핵심정리, 신화전산기획, 2003.

[64] 김남영, 광운대, "RFID TRM" KETI 사업개발센터 2005.9.

[65] 김형준, 모바일 RFID 표준화 동향, KTR& DZINE 제3호, 2005

[66] RFID 시범사업현황 및 추진방향, 한국전산원

[67] RFID 산업동향 및 전망, 한국RFID/USN협회

[68] U-센서 네트워크 구축 기본계획, 정보통신부

[69] RFID 표준현황 및 대응방안, 기술표준원

[70] 김완석, 'RFID 제조업체 현황' ,주간기술동향 제 1159 호, 2004 년 8 월 18 일 발' , 전자공학회논문지 제 41 권 00 편 제 1 호, 2004 년 1 월

[71] 안순신 "RFID 활용 서비스" , Computer Network Lab, Korea University, 2004.

[72] 한국RFID / USN 협회 "2004 년도 RFID기술 및 관련정책 연구" 한국전산원, 2004.

[73] "RFID 관련기술개발 워크샵 자료" 미국 상무부 주관. 2005.4.6.

[74] 정민화, RFID 국제 · 국가표준화 동향, 정보처리학회지, 제12권 5호, 2005

[75] 정부만, 공공부문 RFID/USN 시범사업 추진현황과 활성화 전략, 정보처리학회지, 제12권 5호,2005

[76] 이성국 · 김완석, 유비쿼터스 총서 4권 세계 각국의 유비쿼터스 컴퓨팅 전략, 전자신문사, 2003. 10. 24.

[77] 함우석 외 "QoSS의 연구 동향과 적용" 2002년도 한국정보보호학회 학술대회, pp. 352-355, 항공대, 2002. 11. 16.

[78] 사단법인 일본자동인식시스템협회편, 'これでわかったRFID,' オ-ム社, 平城15년 9월 10일

[79] UFJ총합연구소, 정보통신가족회사실저, 'IC카드 비즈니스 최전선,' 공업조사회, 2000.

[80] 荒川弘熙 편, NTT 데이터 · 유비쿼터스연구회저, 'ICタグって 何だ?,' (주)カットシステム, 2003. 11. 10.

[81] 岩田昭男 저, 'IC카드 비즈니스,' 실업지일본사, 2003년 8월 2일

[82] Karibe hiroshi 저, '비접촉형IC카드,' 일간공업신문사, 2003년 10월 30일

[83] 권영빈, 'RFID 국제 표준화 동향,' '2004년 RFID 국제심포지엄,' 2004. 2. 5.

[84] TTA저널 통권 95호. "RFID 기술 및 표준화 동향" 2004. 10

[85] KTTC. "무선 태그(RFID) 시스템" 2004. 11

[86] 기술표준원, 기술표준동향 "RFID 기술 및 표준화 동향" 2004. 12

[87] 순천대학교 정보통신공학부 조병록. "RFID 기술개요 및 표준화 동향" 2005. 5

[88] 전자산업동향예보제. "RFID(Radio Frequency Identification)" 2005. 6

[89] 한국전자통신연구원. 전자통신동향분석 제20권 제3호 2005. 6

[90] 특허청. "RFID 물류정보 통합관리기술 특허동향" 2005. 9

[91] 권수갑, 'RFID/USN동향,' 전자정보센터 IT리포트, 2005년 7월 21일

[92] 정보통신부, "안전한 u-Korea 구현을 위한 중장기 정보보호 로드맵," 2005. 5.

[93] 박미애 · 이옥연, "IT839 3대 인프라에 관련된 보안위협과 대응," IITA 주간기술동향 제1199호, 2005.

[94] 심원태, "IT839 3대 인프라 보호를 위한 대응 전략," IITA 주간기술동향 제1188호, 2005.

[95] 이강신, "IT839 정보보호," IITA 주간기술동향 제1217호, 2005.

[96] 이동훈, "USN 정보보호 기술 동향," IITA 주간기술동향 제1213호, 2005.

[97] 임종대, "RFID 실무가이드," 2005년 8월 6일

[98] 문연주 · 이정석, "IC태그 활용가이드 RFID," 2005년 6월 29일

[99] 정교일, "알기쉬운 전파식별" , 2005년, 홍능과학출판사

[100] 유승화, "유비쿼터스 사회의 RFID" , 2005년 3월 10일

[101] 김길수, "유비쿼터스 컴퓨팅의 핵심 RFID HANDBOOK" 제 03-00095호, 2004, 2005

[102] 최은영 · 이동훈, "RFID 정보보호 기술 동향," 정보처리학회지 제12권 5호, 2005.

[103] 홍도원 · 염용진 · 정교일 · 지성택, "IT839전략과 정보보호," 정보보호학회지 제 14권 5호, 2004.

[104] 정보통신연구진흥원, "IT839 전략 기술개발 Master Plan(RFID/USN)," 2005. 5.

[105] 표철식, 채종석, 김창주, "RFID시스템 기술," 한국전자파학회지, Vol.15, No.2, 2004. 4.

[106] 이수련 · 이채우, "RFID시스템의 다중 인식 기술 현황," 한국전자파학회지, Vol.15, No.2, 2004. 4.

[107] 장병준 · 안선일 · 이윤덕, "RFID/USN 기술개발 동향," 정보과학회지 제23권 제2호, 2005. 2, pp.83~87.

[108] 장병준, "RFID/USN 기술개발 동향 및 발전 전망," 한국인터넷정보학회지 제5권 제3호, 2004. 9, pp.77~83.

[109] 전자부품연구원, "Slim 트랜스폰더 마이크로파 ID기술개발" , 2001. 5.

[110] Mindbranch, "세계 RFID 시장 현황 및 산업 동향," IT수출정보데이터베이스, 2005. 10.

[111] ISO/IEC 15961, Information technology -Radio frequency identification (RFID) foritem management - Data protocol:application interface

[112] ISO/IEC 15962, Information technology -Radio frequency identification (RFID) for item management - Data protocol: data encoding rules and logical memory functions

[113] Klans Finkenzeller, "RFID Handbook, Second Edition, John Wiley &Songs., Ltd., England, 2003.

[114] M. Feldhofer, S. Dominikus, J. Wolkerstorfer, "Strong authentication for RFID systems using the AES algorithm," CHES2004, 2004.

[115] G. Gaubatz, J. Kaps, B. Sunnar, "Public Key Cryptography in Sensor Nerworks-Revisited," ESAS2004, 2004.

[116] S. Garfinkel, B. Rosenberg, "RFID Applications, Security and Privacy," Addison-Wesley, 2005.

[117] A. Juels, "RFID Security and Privacy: A Research Survey," to appear at IEEE Journal on Selected Areas in Communication, 2006.

[118] A. Juels, R. Rivest, M. Szydlo, "The Blocker Tag: Selective Blocking of RFID Tags for Consumer Privacy," 10th ACM CCS, 2003.

[119] C. Lim, T. Korkishko, "Design and Implementation of Efficient Block Cipher for Ubiquitous Computing Security," WISA2005, 2005.

[120] X. Wang, Y. Yin, H. Yu, "Finding Collisions in the full SHA-1," CRYPTO2005, 2005.

[121] S. Weis, "Radio-frequency identification security and privacy," Master' s thesis, MIT, 2003.

[122] EPCglobal Object Name Service(ONS) 1.0,EPGglobal, 29 November 2004

[123] EPCglobal Object Information ServiceOIS) 1.0, EPCglobal, 8 March 2005

[124] A. Juels, R. Pappu, "Squealing Euros: Privacy protection in RFID-Enabled Banknotes" , In Proceedings of Financial Cryptography FC' 03, 2003.

[125] A. Juels, R.L. Rivest and M. Szydlo, "The Blocker Tag : Selective Blocking of RFID Tags for Consumer Privacy" , In Proceedings of 10th ACM Conference on Computer and Communications Security (CCS 2003), Oct. 2003.

[126] K. Romer, T. Schoch, F. Mattern, and T. Dubendorfer, "Smart Identification

Frameworks for Ubiquitous Computing Applications" , PerCom03, pp.253-262,2003. 3.

[127] R.L. Rivest, "Approaches to RFID Privacy" ,RSA Japan Conference 2003

[128] S. Sarma, S. Weis, and D. Engels, "RFID Systems, Security & Privacy Implications" , Auto-ID Center. White paper. 2002. 11. 1.

[129] S. Sarma, S. Weis, and D. Engels, "Radio-Frequency Identification : Security Risks and Challenges" , CryptoBytes, 2003.

[130] S. Weis, "Security and Privacy in Radio-Frequency Identification Devices" , Master' s thesis, MIT. 2003.

[131] S. Weis, S. Sarma, R. Rivest, and D.Engels, "Security and privacy aspects of low-cost radio frequency identification systems" , In Proceedings of the 1st Security in Pervasive Computing, 2003.

[132] M. Ohkubo, K. Suzuki, and S. Kinoshita, "Forward-secure RFID Privacy Protection using Hash Chain" , NTT Laboratorie, 2003.

[133] ISO/WD 17367, AutoID.

[134] G. Gaubatz, J. Kaps, B. Sunar, "Public Keys Cryptography in Sensor Networks -Revisited" , to appear in the Proceedings of the 1st European Workshop on Security in Ad-Hoc and Sensor Networks (ESAS 2004).

[135] A. Perrig, et al., "SPINS : Security Protocols for Sensor Networks" , Mobile Computing and Networking 2001, Rome, Italy.

[136] Xiaoyun Wang and Xuejia Lai, "Collisions for Hash Functions MD4, MD5, HAVAL-128 and RIPEMD" , Crypto2004, Rump Session, UCSB, 2004. USA.

[137] Klaus Finkenzeller, "RFID Handbook," second edition, John Wiley &Sons, 2003.

[138] EPC Global, "EPCTM Radio-Frequency Identity Protocols Class-1 Generation-2 UHF RFID Protocol for Communications at 860 MHz – 960MHz Version 1.09," 2005.

찾아보기

저자 약력

■ 남 상 엽

공학박사
삼성종합기술원 정보시스템연구소 근무
모토로라 반도체통신(주) 기술연구소 근무
(현) 경문대학 정보통신과 교수

■ 변 상 기

공학박사(Auburn Univ.)
국방과학연구소 선임연구원 근무
현대전자(주) 반도체연구소 수석연구원 근무
(현) 전자부품연구원(KETI) 연구실장, 수석연구원
(현) RFID 국제표준(ISO SC31/WG4) 한국대표

■ 정 교 일

공학박사(한양대)
한국통신기술협회(TTA) 전략기획위원
한국전자지불산업협회(KEPIA) 전자지불포럼 표준화위원장
ITU-T SGIG 연구위원
Asia IC Card 포럼 운영위원
과학기술연합대학원 대학교(UST) 차세대 정보보호 트랙 책임교수
(현) 한국전자통신연구원(ETRI) 정보보호연구단 정보보호기반 그룹장

RFID 구조 및 응용

2007년 9월 1일 2판 1쇄 발행

저 자 남상엽 · 변상기 · 정교일
발행인 남 승 우

발행처 도서출판 상尙 학學 당堂

서울특별시 동작구 사당3동 220-43
TEL : 02) 595-1692~4
FAX : 02) 595-1394
E-mail : namdoo6@unitel.co.kr
신고 : 2-155호 (1968. 11. 29)

(CD 포함) **정가 25,000원**

ISBN 89-85437-30-5 93560

http://www.ed.co.kr

U-IT 토탈솔루션

Embedded System / SoC (System on a Chip)
USN (Ubiquitous Sensor Network)
RFID (Radio Frequency IDentification)
Intelligent Robot

ED Corporation

EMBEDDED SYSTEM

임베디드 시스템 구성도 EMBEDDED SYSTEM

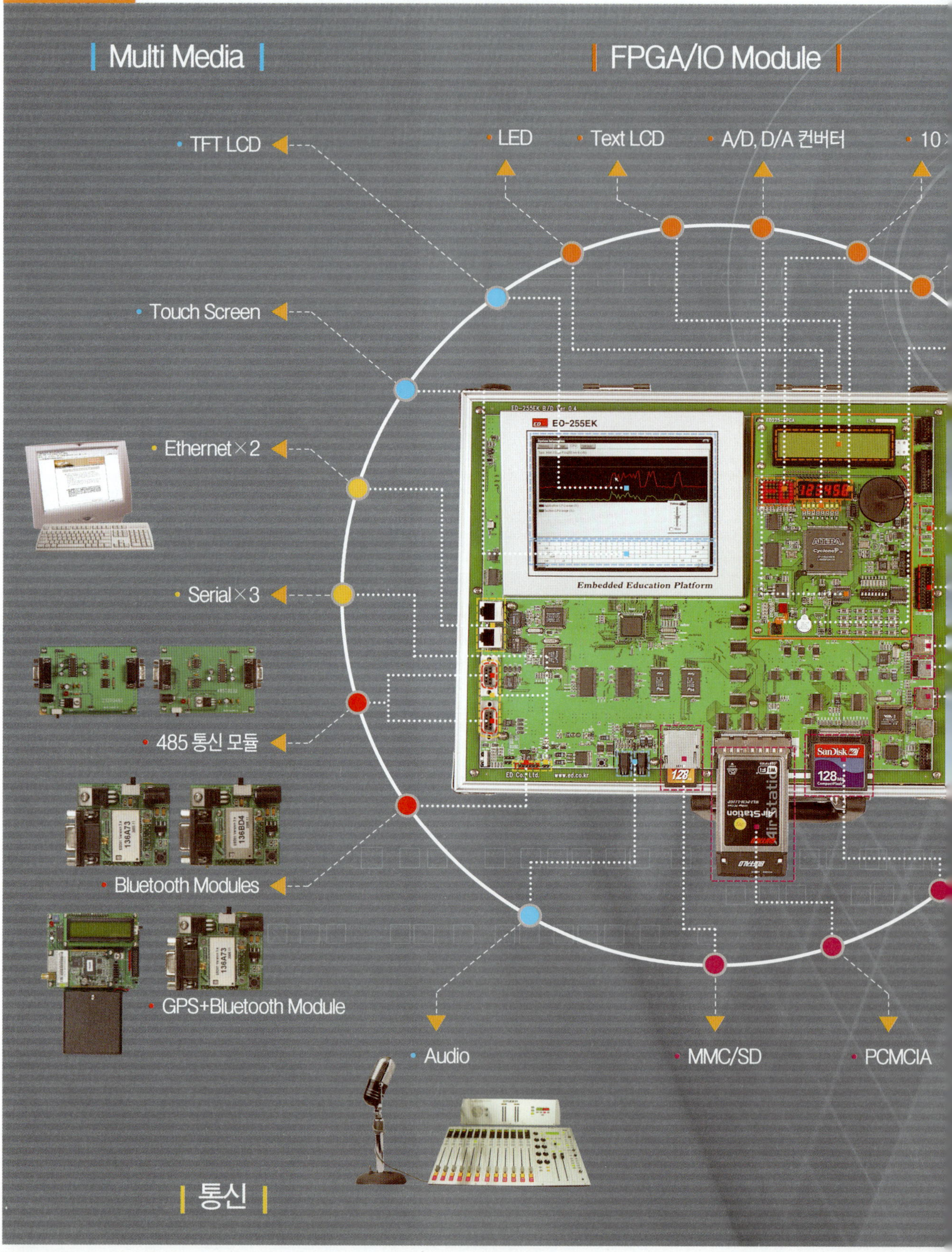

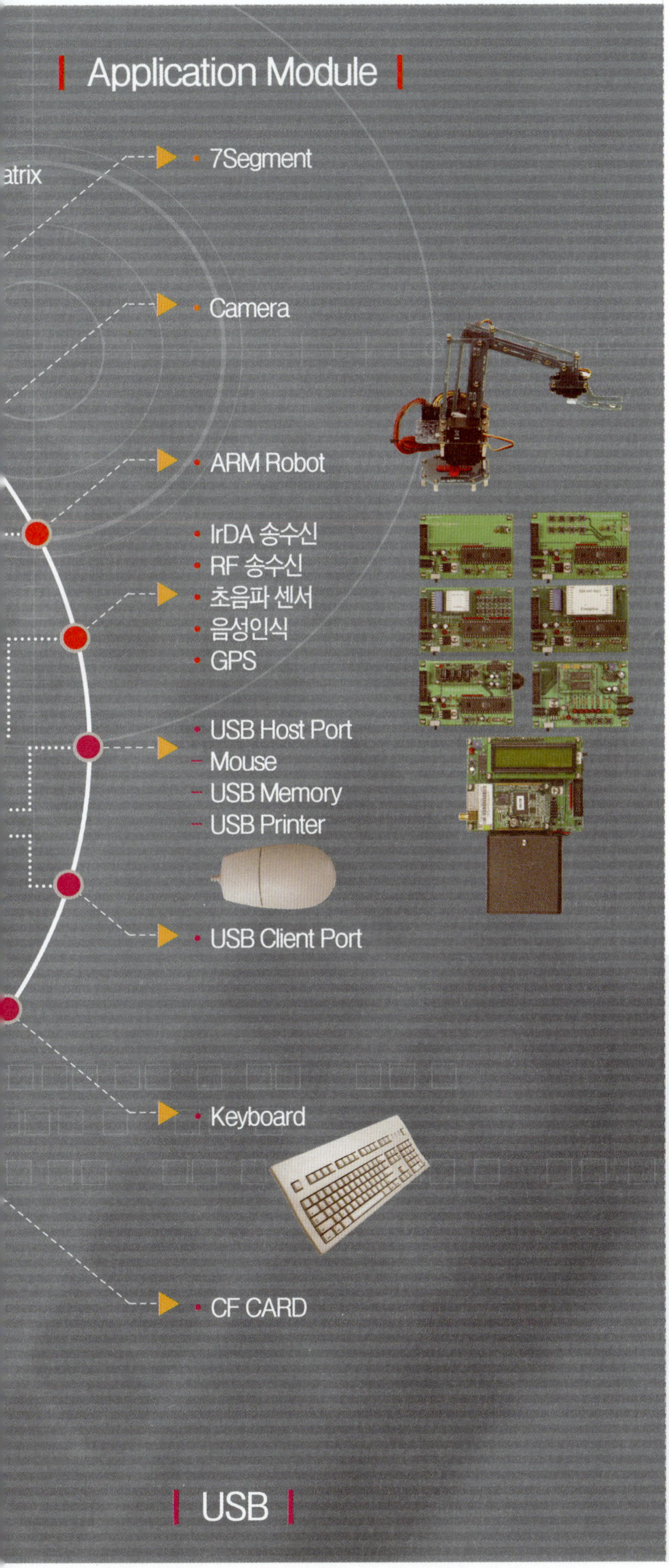

임베디드 응용 시스템 활용 구성
(Embedded System)

ED-255EK

Intel XScale PXA255 400MHz의 저전력 고성능의 프로세서를 채택하였으며 이 실습 장비를 이용하여 네비게이션, Bluetooth, PDA, 라우터, 웹 패드 등 보다 빠른 IT장비들을 개발하기 위한 임베디드 실습 및 개발 솔루션을 제공합니다.

풍부한 시스템 제원

Flash 32Mbyte, SDRAM 128Mbyte, 10Mbps Ethernet 포트와 10/100 Ethernet 포트, Wireless LAN을 지원하여 다양한 네트워크 디바이스를 경험할 수 있으며 USB 1.1/2.0Host/Client, UART, 6.4″ TFT LCD, AC'97 Codec, RTC와 Multi Media Card들인 PCMCIA, CF, MMC/SD Card를 지원하여 시스템 활용을 극대화 시켰습니다.

12만 Gate FPGA 지원

임베디드 시스템과 독립적으로 또는 병행하여 시스템을 운용할 수 있으며 직접 VHDL코드로 설계하여 LED, Text LCD, A/D, D/A 컨버터, 7-Segment, Dot Matrix, Step Motor, Buzzer, CMOS Image Sensor 등을 설계하고 응용할 수 있습니다.

확장 어플리케이션 시스템 지원

ED-255EK장비의 활용을 극대화하기 위해 다양한 어플리케이션 모듈과 이 모듈들을 설명하는 교재도 같이 제공하고 있습니다. 모듈은 GPS, 초음파, IrDA, RF, 485통신, Bluetooth, 음성인식, ARM Robot 등이 있으며 현재 필드에서 많이 사용되는 것들로 구성을 하였습니다.

임베디드 시스템 응용 모드

▶ Application Module
- 음성인식 • Robot • ARM로봇 • IrDA
- RF • GPS • Bluetooth • 초음파

▶ FPGA/IO(Option) Module
- FPGA/IO • 20X2 Text LCD • Key Pad
- AD/DA • Motor • Camera • LED • Buzzer

▶ 통 신
- 네트워크 장비 • 인터넷 • 홈 네트워크 • Webserver

▶ Multi Media
- Audio • Display • MP3 • 동영상 플레이

▶ USB
- 입력/저장/출력 • Multi Media • Webcam • Printer

SoC 토탈솔루션

System on a Chip Training System

Model : ED-SoCwinner

특징

- 10만, 40만, 100만 Gates 모두 사용 가능한 통합 Platform으로 구성
- 마이크로 프로세서인 ARM922T를 내장, 쉽고 빠른 OS 탑재가 가능
- Ethernet, UART, IDE, VGA Port, USB, PCMAIA 등의 주변 장치들을 다양한 IP 검증 및 OS를 이용한 디바이스 제어가 가능
- PCI Master / Slave 설계 구현 및 테스트
- 640×480 6.4″ TFT LCD와 CMOS Image Sensor를 이용하여 멀티미디어 장비 구현 가능
- Xilinx Vertex II 3,000,000 ~ 8,000,000 Gate 디바이스가 장착된 확장 모듈을 지원

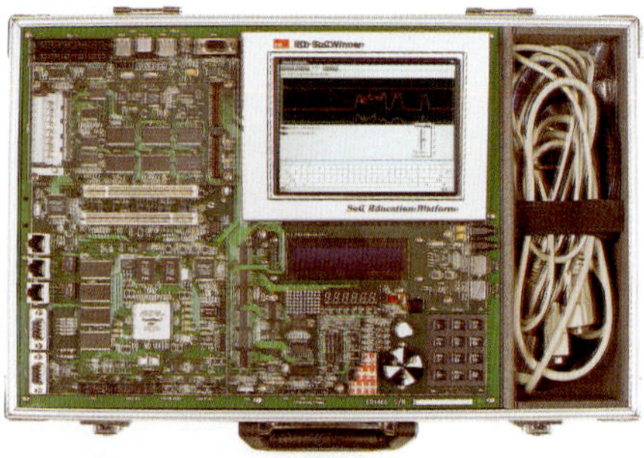

실험실습내용

- H/W와 S/W Co-Verification 및 알고리즘
- AMBA AHB Bus 설계 및 검증
- DMA 설계 및 실습
- CMOS Image Sensor를 통한 영상 처리 실습
- IDE를 이용한 대용량 HDD 제어 실습
- AC97 Codec을 이용한 MP3
- 리눅스 디바이스 드라이버를 설계하여 주변 기기 제어
- 리눅스 OS 포팅
- ARM 프로세서 구조 및 개념
- SDRAM Controller 설계 및 실습
- TFT LCD / VGA 포트를 통한 이미지 처리 실습
- Dual Ethernet 을 통한 네트워크 실습
- AD/DA 컨버터 제어 실습
- 다양한 주변기기를 활용한 IP 설계 및 제어

규격

Excalibur	Device (EPXA4F672C3, EPXA10F1020C2, EPXA1F672C3)
	CPU (ARM922T)
	FPGA 10만/40만/100만 Gates
	SRAM (128kbytes) / DPRAM (64kbytes)
Memory	Flash : 32Mbytes (Max. 64Mbytes), SDRAM : 256Mbytes (Max. 512Mbytes)
TFT-LCD	6.4″ TFT Color LCD
VGA	VGA Port
Serial	UART Port (2ea)
Ethernet	10/100Mbps Ethernet Port (2ea)
PS/2	PS/2 Port 2ea for Keyboard / Mouse
USB	USB 2.0 Host / Client Port (2ea)
RTC	Real Time Clock
Audio	AC97 Audio Codec
CMOS Camera	Hynix CMOS Image Sensor
Character LCD	20×2 Character LCD
ADC / DAC	12bit A/D Converter / 14bit D/A Converter
Dot Matrix	5×7 Dot Matrix (2ea)
7-Segment	6×7-Segment
Keypad	4×4 Keypad / DIP S/W (8 Input DIP Switch)
Step Motor	Step Motor
Buzzer	Buzzer
Expansion	Ubiquitous Sensor Network Board (Option)
	FPGA Daughter Board (Option)
	Application Module Port
Debug	JTAG Port, Multi-ICE Port

RFID 토탈솔루션

RFID Application Trainer

Model : ED-3100

특징

- RFID 리더기에 대한 F/W 프로그램 실습
- Air-interface 등의 실험이 가능하도록 다수의 Test Point 제공
- Anti-Collision 기능 지원
- Application Engineer를 위한 OCX Library 제공
- 범용으로 사용되는 13.56MHz I-CODE Type
- Tag에 Data를 Read / Write 가능
- 컨베이어와 연동되는 미니 플랜트 제공 (창고관리, 공정관리, 주차관리 등)
- 탈부착이 가능한 응용 모듈 (출입통제, 물류관리, 자판기 등)

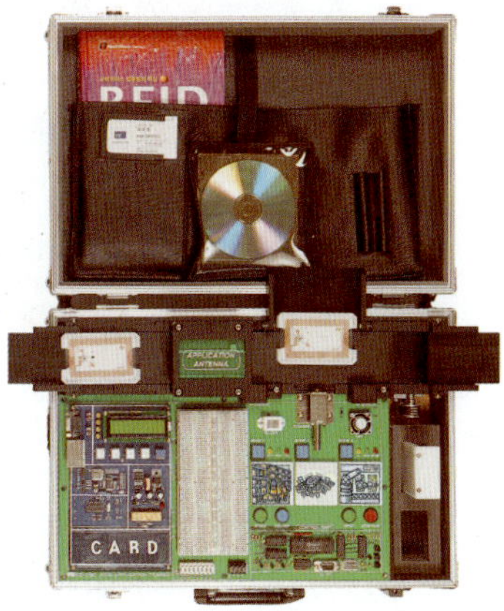

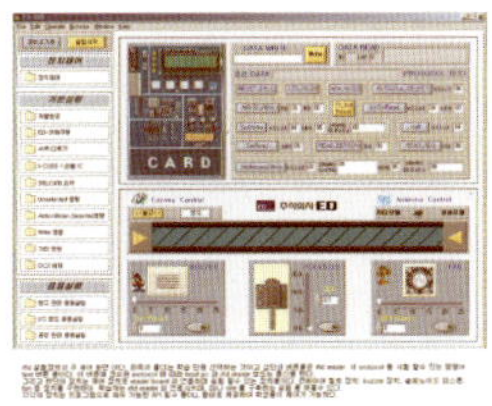

실험실습내용

- 개발환경 익히기 (AVR, JTAG, 컴파일러)
- ED-3100 구성 및 구동법
- 예제를 통한 AVR 장치 학습
- I-CODE1 라벨 IC 학습
- SLRC400 Reader IC 학습
- Unselected 명령어 학습
- Anticollision and Selected 명령
- Write, Selected, Addressed 명령
- 기타명령 (Selected Read, Halt, EAS/Quiet)
- OCX (예제)

규격

RFID Reader	Reader Control CPU	ATMEG128
	Carrier Frequency	13.56MHz ± 1kHz
	Protocol	I-CODE1
	Reading Distance	100mm 내외
	Display	4 Line Character LCD
	입력장치	모드설정용 입력 스위치 4ea
	Interface	RS-232, RS-422
RFID Antenna	2종 (PCB패턴, 플랜트 실습부)	
RFID Tag	13.56MHz I-CODE1 (R/W) : 10ea	
응용모듈	창고관리, 공정관리, I/O확장모드	

유비쿼터스 센서네트워크 토탈솔루션

Ubiquitous Sensor Network Trainer

Model : ED-3120, ED-3160

ED-3120 특징

- 유비쿼터스 센서네트워크 ZigBee (IEEE 802.15.4) 방식 원리 및 개념이해 가능
- 다양한 센서의 장착 및 확장성 확보 (조도센서, 온도센서, 습도센서, 가스센서, 초음파센서)
- 센서네트워크 시스템 교육 및 개발에 필요한 토탈 솔루션을 제공
- 다양한 적응 분야 (운영체제, 네트워크, Security, 로봇, H/W 개발, 센서 응용 등)
- PAN Coordinator에 접수된 화재, 가스누출 등의 경보상황을 PC를 통해 모바일 SMS로 수신 가능

ED-3120

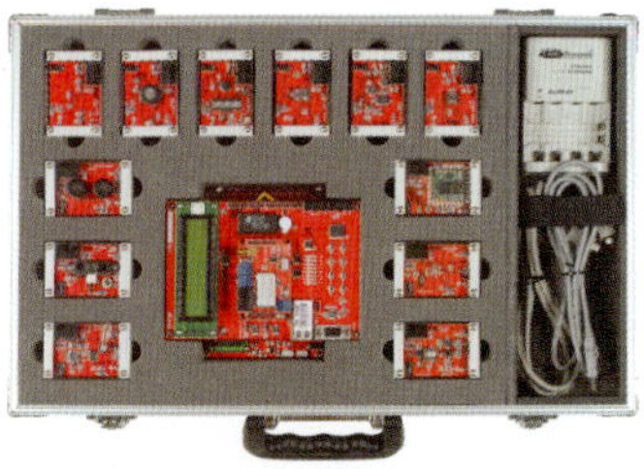

ED-3160

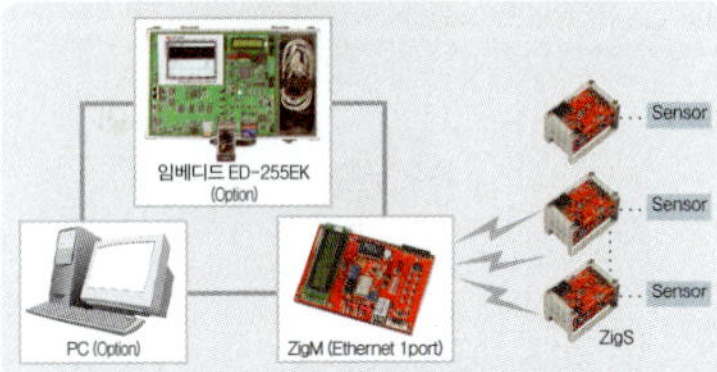

■ ED-3160 구성도

ED-3120 실험실습내용

- 센서 네트워크의 개요
- 센서 네트워크 모듈 하드웨어 이해
- 센서 네트워크 OS의 이해
- 센서 네트워크 환경 구축
- UART를 이용한 통신 프로그램
- 센서 기초 프로그램 (가스, 습도, 온도, 조도)
- 센서 기초 프로그램 (맥박, 체온, 기울기, 방위센서 등)
- RF 응용실습
- 센싱 및 제어 프로그램 및 Multi-hop Routing 프로그램
- Multi-hop을 이용한 제어 프로그램
- 센서네트워크 모니터링
- SMS 전송장치 연동 모니터링
- 센서 네트워크 구축 텀 프로젝트 제안서 작성
- 센서 네트워크 구축 텀 프로젝트 중간보고 및 프로젝트 수정
- 센서 네트워크 구축 텀 프로젝트 최종 보고 및 자료정리
- 텀 프로젝트 결과평가 및 보고회

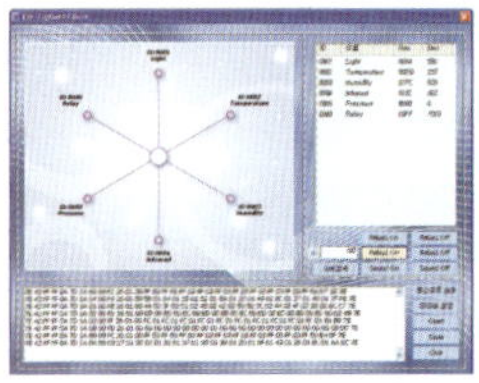

제품문의 : 031-730-7362 www.ed.co.kr

지능형 로봇 토탈솔루션

Intelligent Robot Trainer

Model : ED-7270, 7271, 7272

ED-7270 특징

- 유비쿼터스 및 홈네트워크 기반 실험실습에 적합
- 차세대 2차 전지(리튬이온)을 사양한 배터리 소형화 및 사용시간 증가
- 대화형 언어(프로그램)을 통한 다양한 콘텐츠 로봇 실험실습
- 지능형 로봇에 대한 전반적인 이해와 단계별 실습 가능
- Pan/Tilt USB 카메라를 이용한 영상처리 학습 기능
- 경사도 15°에서 안정된 자세 제어를 통한 주행 알고리즘 적용
- 무인 방범 기능을 활용한 홈 시큐리티 실험실습
- 인간과 교감할 수 있는 인간 친화형 디자인

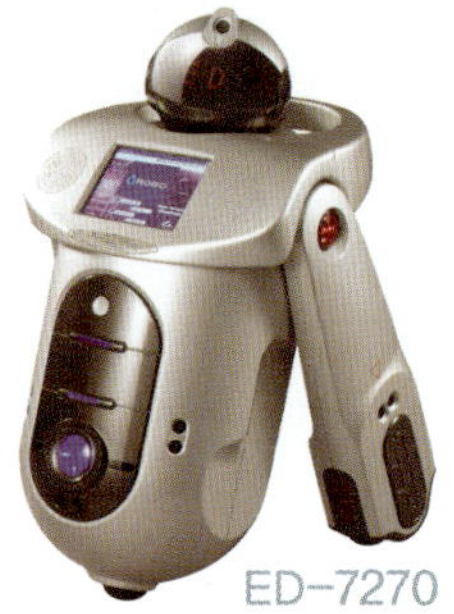

ED-7270

ED-7271 특징

- 지능형 로봇에 꼭 필요한 센서 9종 및 구동기 3종, 응용모듈 4종으로 구성
- 지능형 로봇 구조를 쉽게 파악할 수 있는 시스템
- 초기 로봇 입문 및 활용 교육까지 가능한 풍부한 실습예제 제공
- 창의적인 실험실습이 가능한 탈부착 모듈형 타입
- 유비쿼터스 및 홈 네트워크에서 사용되는 센서 응용 학습 가능
- 센서 결과 데이터를 Visual한 그래픽 형태로 표현하여 센서의 특성 파악 용이
- USB 카메라를 이용한 영상처리 학습 기능
- USB High Speed(480Mbps) 인터페이스 방식 채용

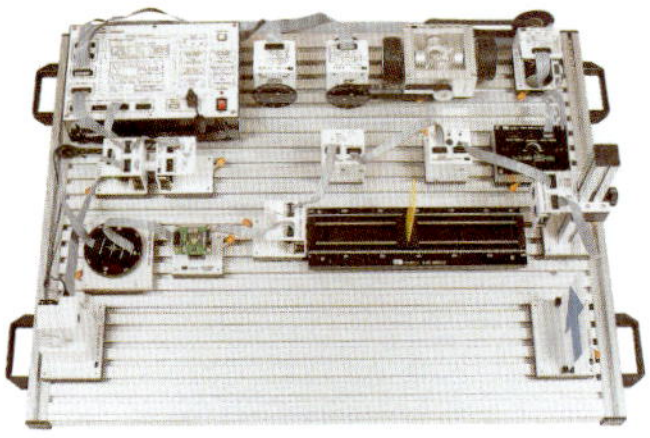

ED-7271

ED-7272 특징

- 무선 네트워크를 통한 실시간 원격제어 가능
- 지능형 로봇 센서 9종에 대한 요소 기술 및 응용 학습 기능
- 화상통신 및 영상처리를 이용한 로봇 응용 실험실습
- 초음파 및 적외선 거리 감지 센서를 이용한 장애물 감지 기능 제공
- USB 카메라를 이용한 영상처리 학습 기능
- USB High Speed(480Mbps) 인터페이스 방식 채용
- 무인 방범 기능을 활용한 홈 시큐리티 실험실습
- 5-Joint ARM을 부착한 통합 로봇 시스템(Option)

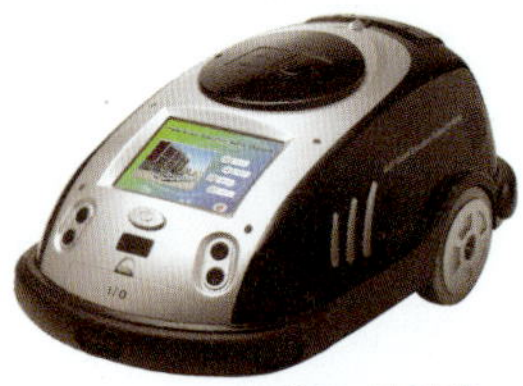

ED-7272

실험실습내용

- 지능형 로봇의 이해
- 지능형 로봇의 요소기술 분류
- 로봇의 기본 구조, 메커니즘 종류 및 장단점 실험실습
- 센서 모듈의 기본 원리 이해 및 실험실습
- Actuator 종류, 특성에 대한 기본 이해와 실험실습 (DC Servo motor, Step motor, RC motor)
- CCD Image Sensor을 이용한 영상처리 실험실습 (디지털 영상처리 기초이론, 패턴, 색채 인식에 대한 원리 및 실험실습)

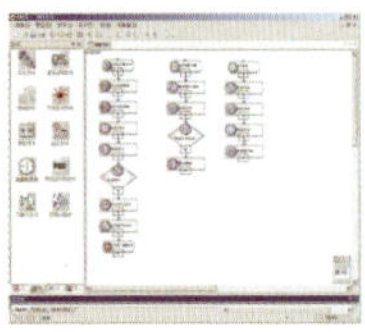